W0172495

Fließendes Geld

Ludwig Gartz

Fließendes Geld

Die Geburt des Goldenen Zeitalters

ARAGORN

1. Auflage 2008
Aragorn Verlag, Sankt Augustin

Lektorat: Eberhard Radandt
Umschlaggestaltung: Cornelia Berner
Satz: noitpanic arts
Druck: Ozgraf SA, Olsztyn

ISBN: 978-3-9812507-0-1

www.aragorn-verlag.de

Dankworte

Ich bedanke mich bei allen, die mich direkt oder indirekt unterstützt haben, dieses Buch zu schreiben, zu viele an der Zahl, um sie alle zu nennen.

Mein besonderer Dank gilt meinem Freund und Lektor, Eberhard Radandt. Sein Wissen, seine Ideen, seine Inspiration, seine Beiträge und sein Einsatz waren grundlegend für die Möglichkeit, dieses Buch überhaupt zu schreiben. Es war sein Engagement für das Fließende Geld, was mich Feuer fangen ließ, dieses Buch zu schreiben.

Des Weiteren bedanke ich mich bei Klaus Popp von der Fairconomy und bei Alwine Schreiber-Martens für ihre kritischen Anmerkungen und Beiträge. Es war eine große Unterstützung.

Ich bedanke mich bei allen Autoren, deren Bücher und Beiträge zum Fließenden Geld mich inspiriert haben: Helmut Creutz, Jürgen Probst, Wolfgang Berger, Margrit Kennedy, Bernard A. Lietaer und bei J.R.R. Tolkien.

Schließlich bedanke ich mich bei Prof. Dorothée Brämer für ihr Korrekturlesen und ihr kontinuierliches aufbauendes Coaching im Verlauf der Monate, in denen ich das Buch geschrieben habe. Es war eine kraftvolle Unterstützung von unschätzbarem Wert für mich.

Om, lokah samastha sukhino bhavantu.

Mögen alle Menschen und alle Lebewesen im Universum glücklich sein.

(altes Sanskrit-Gebet)

Inhaltsverzeichnis

Nach Golde drängt, am Golde hängt doch alles. Ach, wir Armen!

Johann Wolfgang von Goethe, Faust

Ach, wir armen Hamster, die wir das Zinsgold nicht durchschauen, in dessen Rad wir uns seit Jahrhunderten vergeblich abmühen!

Einleitung

Was bewegt mich dazu, ein Buch über Geld zu schreiben?

Zeitlebens habe ich mich kaum je für Finanzsysteme interessiert und fand Texte zu diesem Thema in der Regel trocken und langweilig.

Was mich bewegt hat, war stets eher die Frage, ob und wie ein Weg gefunden werden kann, dass die ganze Menschheit in Zufriedenheit, Frieden und Wohlstand leben kann.

Vor ein paar Jahren deckte mir mein Freund Eberhard Radandt einige unmittelbare Zusammenhänge zwischen dem Zinssystem und den Missständen in der Welt auf. Er deckte mir die Möglichkeit auf, diese Missstände durch die Einführung Fließenden Geldes zu beseitigen. Ich begann zu begreifen, dass im Geldsystem tatsächlich der entscheidende Schlüssel zu finden ist hinsichtlich der Frage, ob und wie sich der Traum einer glücklichen Menschheit verwirklichen lassen würde.

Mir wurde klar, wenn ein weltweiter Frieden und Wohlstand einkehren, die Natur beschützt, der Planet vor der Plünderung und die Menschheit vor der Selbstzerstörung bewahrt werden soll, muss ein grundlegender Wandel im Finanzsystem stattfinden. Mir wurde klar, ohne diesen Wandel wird sich keines dieser Ziele erreichen lassen und mit diesem Wandel sind diese Ziele mühelos erreichbar.

Ich setzte mein vergleichendes Wissen aus anderen Disziplinen ein, um das Wesen der Finanzsysteme zu durchdringen. So erkannte ich, dass wir als Menschheit trotz zunehmender Missstände in der Welt bereits deutlich und unbeirrbar auf diesen Wandel zusteuern. Ich erkannte, dass wir uns als Menschheit in der Situation eines Mannes befinden, der lange Zeit durch eine große finstere Halle gestolpert ist.

Jetzt befindet er sich am Ende der Halle und tastet nach dem Generallichtschalter. Sobald er ihn findet, wird die Finsternis im nächsten Moment enden. Wir wissen noch nicht, wie das Licht aussehen wird, aber es wird ein Goldenes Zeitalter sein und wir stehen kurz davor.

In mir entbrannte der Wunsch, diese reale Vision, die ich greifbar vor mir sehe, verständlich zu machen und ein Buch zu schreiben. Dieses Buch soll einen Beitrag leisten, uns als Gesellschaft zu inspirieren, den letzten noch ausstehenden Schritt rasch und mutig zu gehen und ein Geldsystem Fließenden Geldes einzuführen. Nachdem ich Eberhard Radandt von meiner Idee berichtete, war er bereit, mich als Ideengeber, monetärer Berater und Lektor zu unterstützen.

Das vor uns liegende Goldene Zeitalter wird kommen. Es ist aber nicht angebracht, die Hände in den Schoß zu legen, Kaffee zu trinken und tatenlos abzuwarten. Der letztendliche Zeitpunkt des Übergangs hängt von dem Beitrag ab, den jeder von uns dafür leistet. Auch die Art des Übergangs hängt sehr von der Entschlossenheit und Klarheit ab, mit der wir das Goldene Zeitalter herbeiführen.

Über dieses Buch können Sie die Zusammenhänge verstehen und vielleicht auch real nachvollziehen, dass dieser tief greifende Wandel bevorsteht. Wenn diese tiefere Erkenntnis in Ihnen dämmert, wird Sie nichts und niemand mehr in Angst versetzen und mit anderen Szenarien täuschen können.

Nun bin ich, wie gesagt, von Haus aus kein Finanzexperte, sondern Übersetzer, der sich darin übt, komplexe Inhalte in einer leicht verständlichen Sprache wiederzugeben. Als solches sehe ich meine Aufgabe in diesem Buch, die Zusammenhänge möglichst einfach aus der vordergründigen Komplexität der Materie hervorzuheben und für meine Leser verständlich zu machen.

Eine der Aussagen dieses Buches lautet:
„Das herrschende Geldsystem wirkt wie ein tiefer liegendes Gesetz, das die geltenden Gesetze einer Demokratie dominant überlagert.

Im Falle eines Zinssystems tut es das im negativen (wirkliche Demokratie verhindernden), im Falle Fließenden Geldes im positiven (wirkliche Demokratie sicherstellenden) Sinne."

Wer die Finanzsysteme durchleuchtet und diese Aussage nachvollzieht, erkennt, dass es heute vielfach wichtiger ist, unser Geldsystem zu wandeln als unsere Regierung im Rahmen eines unveränderten Geldsystems zu wechseln. Wichtiger als unterschiedliche demokratische Absichten ist die Haltung, eine Partei oder eine Regierung danach zu wählen, welches Geldsystem sie unterstützt. Die existierenden Parteien unterstützen und bewahren – bis auf zwei kleine Ausnahmen, die Humanwirtschaftspartei und die Violetten – die Zinswirtschaft. Die herrschende politische Landschaft ist bis heute sozusagen rein „zinsradikal" orientiert (was sich im einen oder anderen Fall ja vielleicht auch noch wandeln kann).

Die Politik lebt in und mit der Zinswirtschaft und arbeitet für sie. Wir leben in einer zinsgestimmten, bzw. zinsverstimmten Welt. Diese Verstimmung, die eine Vielzahl von Symptomen mit sich bringt, gilt es umzustimmen, damit die Welt wieder in ihre Mitte rückt und sich auf Gesundheit, Frieden und Wohlstand im Einklang mit der Natur einstimmt.

Was braucht es, um diese Umstimmung zu bewirken?

Ich denke, folgende Schritte:

■ Eine breitenwirksame Aufklärung über die Natur der Zinswirtschaft, ihre grundlegende Funktionsweise und ihre Auswirkungen. Es gilt, den Zusammenhang zwischen der Zinswirtschaft und den Missstände in der Welt zu allgemeinem Wissensgut zu machen. Es ist wichtig, dass der Einzelne nicht nur eine vage Vorstellung von ihr hat, sondern möglichst genau versteht, welche Welt durch sie erzeugt wird. Wenn wir zu wenig bereit sind, selber nachzudenken, werden wir durch kontroverse Diskussionen verwirrt und sagen dann: „Der sagt das und der sagt jenes. Ich weiß nicht, was ich glauben soll." Genau darum geht es. Es gilt, dass uns die Wichtigkeit des Themas bewusst wird, so dass wir selber solange darüber nachdenken, bis unsere eigene Wahrheit zum Thema in uns aufleuchtet. Wenn wir selber erkennen, was unser gewohntes Geld aus der Welt und aus unserem Bewusstsein macht, sind wir nicht mehr darauf angewiesen, diesem oder jenem zu glauben und lassen uns nicht mehr leicht verwirren.

Bei der Verwirrung selbst handelt es sich um eine der unmittelbaren Auswirkungen der Zinswirtschaft auf das menschliche Bewusstsein. Außer der Verwirrung werden wir uns die insgesamt neun negativ dominanten Tendenzen anschauen, die die Zinswirtschaft in der Welt und in unserem Bewusstsein erzeugt.

Kapitel I dieses Buches soll ein Beitrag zur Aufklärung über die Zinswirtschaft sein. Das Zinssystem ist komplizierter als Fließendes Geld und daher auch etwas schwieriger zu erklären. Das liegt zum Teil an der grundsätzlichen Verwirrung, die die Zinswirtschaft erzeugt. Es liegt aber auch an einem charakteristischen, automatisch entstehenden Ungleichgewicht. Dieses vergrößert sich trotz ständiger regulierender Zinskorrekturen immer mehr. Schließlich können auch die ständigen Zinskorrekturen den Zusammenbruch des Zinssystems nicht mehr aufhalten. Bei den komplizierteren Abschnitten handelt es sich um die Unterkapitel „Das Zinsgeld", „Arbeitslosigkeit" und „Die Abzinsung der Zukunft" von Kapitel I. Danach geht das Kapitel mehr und mehr zur Auswirkung der Zinswirtschaft auf unser Bewusstsein über. Dieses Thema wird Sie packen. Der Rest des Kapitels und des Buches wird leicht verständlich.

■ *Es braucht eine genauso breitenwirksame Aufklärung über umlaufgesichertes Geld, über die Natur Fließenden Geldes. Dazu kommen zwei weitere notwendige Faktoren, die in Kapitel II besprochen werden: Bodenreform und Natursteuer. Es geht nicht um einen Ideologiestreit, nicht um glauben oder hoffen, sondern darum, dass uns unmittelbar einleuchtet, welche Welt durch eine umlaufsichere Währung geschaffen wird. Ein wirkliches Erkennen wird alle Ängste einer Gewissheit weichen lassen, dass wir mit dieser Währung einen raschen Wohlstand für alle herbeiführen und auch die zahlreichen anderen zinsbedingten*

Missstände rasch zum Verschwinden bringen, vor allem Arbeits-
losigkeit und Armut, sowie die Zerstörung der Umwelt.
Die Einführung Fließenden Geldes bedeutet für das menschliche
Bewusstsein eine tiefgreifende Transformation. Wir werden uns also
anschauen, wie das Fließende Geld die neun negativ dominanten
Tendenzen des Zinses transformiert und welches Bewusstsein es in
uns fördern wird.

Kapitel II dieses Buches soll ein Beitrag zur Aufklärung sein,
welches Paradies (in Relation zu dem, was wir jetzt haben) durch
die Einführung einer umlaufsicheren Währung erschaffen wird.

Es ist erforderlich, dass mehr und mehr Personen eine feste Haltung
für die Einführung einer umlaufsicheren Währung in ihrem Land
einnehmen. Auch wenn dies zunächst aussichtslos erscheinen mag,
so gab es doch aussichtslosere Fälle in der Geschichte, die dennoch
zum Erfolg führten, wie z. B. Gandhi. Gandhi nahm eine feste
Haltung für die friedliche Befreiung Indiens von der englischen
Besatzung ein und hatte schließlich Erfolg damit. Es ist erforderlich,
dass in allen gesellschaftlichen Gruppierungen und Berufsständen
Einzelne eine feste Haltung einnehmen und die Aufklärungsarbeit
betreiben, welche die Bevölkerung umstimmt. Jeder kann eine feste
Haltung einnehmen, jeder, der sich dazu inspiriert fühlt.

Zur Unterstützung dieser Tätigkeit schildert Kapitel III noch einmal
die Auswirkungen einer Währungsumstellung auf verschiedenen
gesellschaftliche Bereiche, Funktionen und Berufsstände. Dies gibt
Ihnen eine klare Vision für das, was wir erreicht haben werden,
nachdem das Fließende Geld eingeführt worden sein wird. Es gibt
viele Standpunkte hinsichtlich einer Umstellung. Ich werde mich auf
eine Vielzahl dieser Standpunkte stellen und einen Beitrag leisten,
Klarheit in persönliche Anliegen zu bringen.

Es ist notwendig, dass wir mit den Menschen in unserem Leben die
aufgezeigte Problematik diskutieren. Dabei ist wichtig, dass sich der
Einzelne der Fragen bewusst wird, die er zum Thema Geldsystem
hat und dass er seine Fragen klärt bis er wirkliche Klarheit gefunden
hat. Kein Mensch ist zu dumm, die Struktur und Auswirkungen eines
Währungssystems zu verstehen, wenn ihm die Zusammenhänge in

einer für ihn verständlichen Sprache erläutert werden. Mein Eindruck ist, dass zum Thema Geldsystem auf breiter Basis Unklarheit und auch eine gewisse Lethargie herrscht, die aufgerüttelt werden will. Wie viele Menschen können die Frage beantworten: „Warum muss eigentlich die Wirtschaft ständig wachsen, damit wir nicht immer weniger haben?" Hier liegt eine offensichtliche mathematische Unlogik vor, die allgemein einfach geschluckt wird. Nach dem Motto: „Der Wachstumszwang kostet uns zwar das Überleben des Planeten, aber sei's drum, Hauptsache ich stehe nicht als dumm da, nur weil ich nicht verstehe, warum die Wirtschaft unbedingt wachsen muss, damit nicht alles schlimmer wird. Ich merke ja, dass alles schlimmer wird, also muss die Wirtschaft wachsen." Warum gehen die Fragen nicht tiefer, weiter, bis an den Grund? Warum wird gar nicht gefragt?

Falls Sie in der Vergangenheit für sich beschlossen haben, dass Sie zu dumm sind, um finanzielle Zusammenhänge zu durchschauen, werfen Sie diesen Gedanken über Bord.

Falls Sie glauben, sowieso nichts ausrichten zu können, werfen Sie den Gedanken zum Fenster hinaus.

Viele denken auch einfach, dass Geld nichts weiter ist als ein Zahlungsmittel, über das nachzudenken sich nicht lohnt. Zu denen gehören Sie nicht, weil Sie ja dieses Buch lesen.

Falls Sie irgendwie das Gefühl haben, dass Sie nicht darüber nachdenken dürfen oder sollen, ergründen Sie, wo dieses Verbot herkommt.

In vielen Gesprächen scheint mir ein Tabu zum Geldthema zu wirken. Es scheint, nicht hinterfragt werden zu dürfen. Manchmal erscheint das gesellschaftliche Geldbewusstsein wie unter einer Tabuhypnose. Die wachsende Zahl von Büchern zum Thema scheint mir aber auch auf ein langsames Erwachen aus dieser Hypnose hinzudeuten. Die zinsbedingten Missstände werden sich ihrer Natur gemäß solange weiter verschärfen, wie es das aktuelle Währungssystem noch gibt. Es wird immer schwieriger werden, einfach von den Problemen wegzuschauen und nicht darüber nachzudenken.

Es gibt zum Thema Geldsystem viel Unklarheit, viele berechtigte und einige zum Teil etwas seltsame Fragen. Kapitel IV wendet sich der Beantwortung der Fragen zu, die im Laufe der Zeit an mich herangetragen wurden. Andere Fragen wurden mir durch Gespräche oder Lektüre klar. Die Beantwortung dieser Fragen soll ein weiterer Beitrag zu diesen Diskussionen sein, die bald hoffentlich überall stattfinden.

▓ Es ist erforderlich, Klarheit über die Möglichkeiten zu gewinnen, Fließendes Geld einzuführen. In diesem Zusammenhang werden in Kapitel V zunächst Dynamiken deutlich gemacht, die nachvollziehbar machen, an welchem Punkt wir auf dem Weg zur Einführung Fließenden Geldes heute stehen.

Sodann gehe ich dazu über, den Herrn der Ringe aufzuschlüsseln. Bei diesem handelt es sich tatsächlich nicht um eine Fantasiegeschichte, sondern um eine verschlüsselte, detaillierte und präzise Prophezeiung über das Ende der Zinsherrschaft unserer Zeit und den Übergang in das bevorstehende Goldene Zeitalter. Die aufgeschlüsselten Zusammenhänge sollen Ihnen Klarheit und Zuversicht geben, wie nah wir trotz aller Missstände in der Welt dem Ziel von Frieden und Wohlstand für die ganze Menschheit und der Rettung des Planeten heute sind.

Zuletzt zeige ich die verschiedenen Möglichkeiten auf, für den bevorstehenden Wandel tätig zu werden. Ihnen wird klar werden, was es jetzt noch zur Einführung Fließenden Geldes braucht, ob Sie einen Beitrag dazu leisten wollen und welcher Beitrag dies für Sie sein wird.

Dieses Buch soll Missstände aufzeigen und wie diese durch die Zinswirtschaft bedingt sind. Die Absicht besteht ausschließlich darin, die Strukturen zu wandeln, die diese Missstände hervorrufen, damit sich die Missstände auflösen.

Es gibt keine Absicht, Menschen bloßzustellen, ins Unrecht zu setzen oder anzuprangern. Aus diesem Grunde werden in diesem Buch keine Namen genannt, obwohl sich hinter bestimmten gesellschaftlichen Strukturen natürlich auch Menschen verbergen, die Namen tragen. Ebenfalls verzichte ich natürlich auf das Anführen konkreter Beispiele konkreter Firmen, um niemanden in Verruf zu bringen.

In der Tat wünsche ich mir auch, dass der geneigte Leser und die geneigte Leserin sich nicht in Schuldzuweisungen ergehen, sobald er oder sie Zusammenhänge durchschaut, sondern die wirkenden Prinzipien und ihre Ursache erkennt. Wir sollten unsere Aufmerksamkeit und Absicht darauf richten, jenen Wandel zu unterstützen, der die Missstände aufhebt oder mit wenig Mühe lösbar macht, und unsere Energie nicht auf die Anklage vermeintlich Schuldiger verschwenden.

Die spannendste Arbeit für mich war die Entschlüsselung des Herrn der Ringe. Um diese nachzuvollziehen, ist es notwendig, vorher zumindest Kapitel I und II zu lesen. Jene Leser, die den Herrn der Ringe nicht kennen, mögen es vorziehen, diesen Abschnitt zu überspringen. Er ist auch nicht unbedingt erforderlich, damit die Botschaft des Buches ankommt. Ich finde es nur selbst verblüffend, wie genau die monetär-politisch-psychologisch-spirituellen Zustände unserer Zeit dort vorausgesagt sind. Der „Eine Ring" steht für die Zinswirtschaft. Am Ende des Herrn der Ringe wird der „Eine Ring" zerstört. Dies ist eine symbolisch verschlüsselte Prophezeiung, dass es der Menschheit gelingen wird, die Zinswirtschaft durch ein gerechtes System zu ersetzen.

Seit der Warenaustausch unter den Menschen durch allgemeine Zahlungsmittel, also durch Geld geregelt wird, gibt es ein Problem, dessen Lösungsansatz darüber bestimmt, ob wir uns auf Erden die Hölle oder das Paradies erschaffen: der Wunsch, Geld zu horten. Das Auftauchen von Gier führt zu keinem Problem, solange das Geldsystem sie neutralisiert. Die Antwort unseres Geldsystems auf Gier enthemmt sie aber. Dies führt wenige in einen ungehemmten Geldrausch und die Mehrheit in den Mangel. Es ist die gesellschaftliche Toleranz der Gier, die die Zinswirtschaft salonfähig macht. Es ist die Zinswirtschaft, welche die Masse jeder Gesellschaft und der Menschheit in einen sich zunehmend verschärfenden Kampf gegen Knappheit versetzt. Dieser aussichtslose Kampf gegen die zinsbedingte Verknappung füttert am Ende nur die Gier einiger Weniger, während der Planet geplündert wird.

Kapitel I

Einleitung

Es ist das Geld, was die Welt zu dem macht, was sie ist. Nicht das Geld an sich, das wir in Händen halten. Es ist die gemeinschaftliche Übereinstimmung der Menschen, das Geld zu verwenden, das verwendet wird, die es diesem Geld gestattet, die Welt so zu formen wie sie ist. Ein Geldsystem gibt vor, wie das Erwirtschaftete auf die Menschen verteilt wird. Da es sich beim Geld um eine gesellschaftliche Übereinkunft handelt, sind alle an das gebunden, was das Geld ihnen möglich macht und was es ihnen an Möglichkeiten verwehrt. Unser Geld ist so strukturiert, dass wenige einen wachsenden Vorteil zu Lasten eines sich verschärfenden Nachteils der großen Mehrheit erwerben. Wir können davon ausgehen, dass ein solches Geld mit einer gewissen Unbewusstheit verwendet wird. Die Mehrheit der Menschen würde wohl kaum absichtlich und freiwillig sich immer mehr verschärfende Nachteile wählen. Warum sollten wir das tun, wenn wir uns bewusst wären, dass es eine Alternative gibt, die nicht solche Nachteile mit sich bringt? Wir dürfen davon ausgehen, dass eine Welt voller Missstände nicht durch eine bewusste Wahl entsteht. Eine unbewusste Wahl treffen wir aus der Einstellung heraus, dass wir keine Wahl haben. Wir können davon ausgehen, dass die aktuellen Missstände in der Welt noch so bleiben, solange die Wahl, die diese Welt erschaffen hat, im Unbewussten verbleibt. Zunächst gilt es also, dass wir uns als Gesellschaft bewusst werden, dass wir dem aktuellen Geldsystem und den durch dieses System in der Welt hervorgerufenen Missständen nicht schicksalhaft ausgeliefert sind. Der Einzelne kann wenig tun. Aber als Gesellschaft haben wir die Wahl. Es gilt, die Alternative, die sich uns anbietet, zu erkennen, zu verstehen, zu wählen und umzusetzen.

Dazu müssen wir uns zunächst eingestehen, dass wir bisher eher unbewusst ein System verwendet haben, das wir nicht bewusst als Bestandteil unseres Lebens erwählt haben. Dieses System hat uns erwählt, ES in Gang zu halten. Als freie Menschen sollten wir diejenigen sein, die das Geldsystem bewusst auswählen. Das von uns verwendete Zinsgeld schafft eine Welt, die wir als unwandelbare Realität wahrnehmen. Wir sind uns nicht bewusst, dass diese Realität nur durch die Auswirkungen der Zinswirtschaft erschaffen wird. Unsere Vorfahren haben etwas erschaffen (das Zinsgeld). Wir haben vergessen, dass es sich nur um etwas von Menschen Erschaffenes handelt. Wir halten es daher für eine gottgegebene Realität. Auf einer tieferen Ebene sehen wir die Welt der Zinswirtschaft als unverrückbare Realität an. Wir haben unsere Schöpferkraft vergessen, uns eine ganz andere Realität zu erzeugen. Wir fühlen uns den durch die Zinswirtschaft bewirkten Realitäten ausgeliefert wie einer Naturkatastrophe. Die Zinswirtschaft hat uns, nicht wir haben sie. Wir leben nicht mit der Zinswirtschaft, sondern die Zinswirtschaft lebt uns.

Ein Kaninchen vor der Schlange kommt nicht auf die Idee wegzulaufen. Es glaubt, sich dadurch retten zu können, dass es nichts gegen die Gefahr unternimmt, die auf sie zukommt. Die Schlange suggeriert ihr Sicherheit, wenn es ihr vertraut.

Genauso kommen wir, wenn überhaupt, meist nur theoretisch und nicht ernsthaft, auf die Idee zu erforschen, ob wir die Zinswirtschaft vielleicht durch ein besser funktionierendes System freier Marktwirtschaft ersetzen können. Was, wenn die Schlange böse wird, dass ich weglaufe? Was, wenn die mit dem ganzen Geld böse werden, dass wir die Zinswirtschaft abschaffen wollen? Wie das Kaninchen vor der Schlange warten wir auf Erlaubnis. Irgendwie würde ich ja lieber weglaufen wollen. Wirst Du mir nicht böse sein, wenn ich weglaufe? Nein? Oder wir halten schon vor dem Nachdenken über eine Alternative den Gedanken, dass wir vielleicht weglaufen könnten, für absurd. So sehr hat uns die Zinswirtschaft.

Wenn wir verstehen wollen, warum es all die Missstände in der Welt gibt, und warum sie sich trotz der Bemühungen schlauester Leute noch verschlimmern, lohnt sich zumindest der Versuch, die Antworten auf diese Fragen in der Natur unseres Geldes zu suchen. Mal schauen, was wir da ausfindig machen können. Wir können verstehen, welche Realität das Zinsgeld, das wir zurzeit verwenden, erschafft. Wir können erkennen, wie unser Bewusstsein durch dieses Geld beeinflusst wird. Wir können verstehen, welche Realität durch eine Alternative erschaffen wird. Wir können erkennen, wie unser Bewusstsein dadurch transformiert wird. Wenn wir dies verstehen und erkennen, können wir eine bewusste Wahl treffen, so dass wir ein Geldsystem haben und nicht das Geldsystem uns hat.

Allgemeine Betrachtungen

Bei dem Geld, das wir in Händen halten, handelt es sich um Zinsgeld. Es heißt auch Kreditgeld, weil es nur durch Kredite in Umlauf gebracht wird, für die ein Zins fällig ist. Ich ziehe den Begriff Zinsgeld vor, weil es im Kapitalismus (Zinswirtschaft) immer nur um die Verzinsung des eingesetzten Geldes geht. Diese Form der Herausgabe des Geldes bedeutet, dass durch die Herausgabe von Geld eine Schuld entsteht, für die ein Zins gezahlt werden muss. Wollte eine Gesellschaft der Zinsschuld entkommen, müssten alle Schulden zurückgezahlt werden. Damit wäre dann das Geld ganz und gar aus der Wirtschaft verschwunden. Der Austausch käme zum Erliegen. Eine Gesellschaft, die ihre Wirtschaft im Fluss halten will, kann den Schulden also nicht entkommen. Aus diesem Zusammenhang ergeben sich eine Reihe von unangenehmen Konsequenzen, die das Zinsgeldsystem mit sich bringt:

- jede Herausgabe von Geld erzeugt gleichzeitig ein Guthaben (eine Forderung) und ein Soll (eine Schuld) gleicher Höhe; dies bewirkt, dass Guthaben und Schulden immer gleich groß sind; ein Volk mit einem Pro-Kopf-Rekordguthaben ist gleichzeitig rekordverschuldet.
- es müssen immer weiter Schulden gemacht werden, damit überhaupt Geld in Umlauf bleibt, welche auch immer weiter anwachsen müssen, um Zins und Zinseszins bezahlen zu können.
- und dies ist der Grund, warum die Kreditgeber von alleine immer reicher werden, ohne etwas dafür tun zu müssen; wer einmal

obenauf ist, kann seine Position verewigen, wenn er sich nicht dumm anstellt, ohne jemals wirkliche Produktivarbeit zu leisten.

- auch wenn das Geld von einer Zentralbank herausgegeben wird, neigt es sofort dazu, sich in den Händen weniger anzusammeln, die Kredite vergeben, und die Mehrheit zu Zinszahlern macht. Es entsteht immer ein OBEN von privaten Kreditgebern, die von der Zinswirtschaft profitieren, und ein UNTEN von Kreditnehmern, die Zinsen zahlen müssen; es entsteht immer eine Zins-Klassengesellschaft; wenn die öffentlichen Kassen zu diesem UNTEN dazugehören, werden sogar Staat und Gesellschaft von diesem OBEN dominiert und beherrscht.

- dabei entsteht eine Schere zwischen arm und reich; diese geht allein durch die Zinswirtschaft bedingt immer weiter auseinander, auch wenn die Reichen faul und die Armen fleißig sind.

Dieses soziale Ungleichgewicht, in das die Zinswirtschaft die Gesellschaft stets in zunehmendem Maße bringt, schafft einen Nährboden für zahlreiche Missstände, die es ohne die Zinswirtschaft nicht oder nur in geringem Maße gäbe. Dies, sowie auch die Lösung all dieser Missstände durch die Einführung von Fließendem Geld, schauen wir uns an verschiedenen Stellen des Buches näher an.

Werfen wir im Folgenden einen näheren Blick auf die technischen Details des Zinsgeldes. Wenn Ihnen die Funktionsweise des Zinses gar nicht vertraut ist, wird das Lesen der folgenden Seiten etwas Mühe für Sie mit sich bringen. Die Zinswirtschaft ist leider ein bisschen kompliziert. Dies sind aber die einzigen, etwas schwierigeren Passagen dieses Buches. Weiter unten wird das Buch anfangen, Sie zu packen und mitzureißen, weil wir zu der Frage übergehen, wie die Zinswirtschaft das menschliche Bewusstsein beeinflusst und kontrolliert.

| Das Zinsgeld

In seiner Broschüre „Perspektiven Fließenden Geldes" gibt Jürgen Probst* einen gerafften Überblick über die Funktionsweise unseres

---

* Jürgen Probst, Perspektiven Fließenden Geldes, Ein Spaziergang durch unser Währungssystem, Initiative für Natürliche Wirtschaftsordnung

Währungssystems. Ich werde im Folgenden die knappe und klare Darstellung des Autors noch knapper zusammenfassen.

Unser Geld wird von der Europäischen Zentralbank in Umlauf gebracht. Sie vergibt dazu im Wesentlichen kurzfristige Kredite an Geschäftsbanken oder kauft Wertpapiere auf, die sie mit neuem Geld bezahlt. In beiden Fällen erfolgt eine relativ kurzfristige Zurücknahme des Geldes durch Kredittilgung oder den Verkauf der angekauften Wertpapiere. In Wirklichkeit werden jedoch ständig neue Schulden bei der Zentralbank aufgenommen, so dass stets genug Geld herausgegeben ist, das in Umlauf bleiben kann. Durch das ständige Herausgeben und Zurücknehmen von Geld behält die Zentralbank die Möglichkeit, die hinausgegebene Geldmenge an die Wirtschaftsleistung anzupassen.

Täte sie dies nicht, gäbe es eine Inflation, d.h. eine Entwertung des Geldes, falls zu viel Geld in Umlauf kommt. Dies würde die angesparten Vermögen entwerten. Es gäbe eine Deflation, falls zu wenig Geld in Umlauf ist. Hierdurch müssten die Preise sinken, um sich der verknappten Geldmenge anzupassen. Unternehmen haben aber viele feststehende Kosten. Eine Preissenkung ist nur bedingt möglich. Es kommt zu Absatzstockungen, Umsatzrückgängen, Entlassungen und Pleiten, also zu einer ausgewachsenen Krise in Folge einer Deflation.

Da sowohl Inflation als auch Deflation negative Folgen nach sich ziehen, versucht die Zentralbank, beides zu vermeiden. Sie ist stets bestrebt, das durchschnittliche Preisniveau stabil zu halten.

Hierbei hat die Zentralbank ein Problem. Stets wird ein Teil des herausgegebenen Geldes aus vielerlei Gründen zurückgehalten/gehortet. Es kann in unterschiedlichen Situationen Vorteile mit sich bringen, eine bestimmte Menge an Geld flüssig zu halten und nicht auszugeben oder in fester Form anzulegen. Zurückgehaltenes Geld fehlt dem Geldumlauf. Es kann nicht verdient werden. Daher wirkt es sich genauso aus wie eine Verknappung des Geldes, also wie eine Deflation. Obwohl die Zentralbank weiß, dass es ein solches

Zurückhalten von Geld gibt, weiß sie nie genau, wie groß die Menge des zurückgehaltenen Geldes ist. Diese ist unvorhersehbaren Schwankungen unterworfen. Die Tendenz zum Horten ist nicht zuletzt abhängig von der Höhe des Zinses der dafür gezahlt wird, dass das Geld in Umlauf (zur Bank) gebracht wird.

Die Auswirkungen einer Deflation sind schlimmer als die Auswirkungen einer Inflation. Daher gibt die Zentralbank immer etwas mehr Geld in Umlauf als nach ihrer Einschätzung vermutlich zurückgehalten wird. Es entsteht eine schleichende Inflation, durch die die Gefahr einer Deflation verringert wird. Kommt es dennoch zu einer Deflation, wird der Geldhahn durch eine Zinssenkung der Zentralbank aufgedreht. Dies schafft einen Ausgleich für das gehortete Geld, damit genug Geld in Umlauf kommt. Jetzt ist natürlich zu viel Geld in Umlauf. Die Preise pendeln sich auf einem höheren Niveau wieder ein. Eine entstehende Deflationsneigung führt zu einer verstärkten Inflation. Dies ist ein weiterer Grund, warum die Zentralbank lieber eine schleichende Inflation erzeugt.

Kommen wir nun zu der Frage, warum Geld überhaupt zurückgehalten wird. Das hat damit zu tun, dass es sich beim Geld nicht nur um ein Zahlungsmittel, sondern auch um einen Vermögenswert handelt. Ein Zahlungsmittel kennzeichnet sich dadurch aus, dass es immer weiter und weiter gegeben wird. Ein Vermögenswert ist nur ein Vermögenswert, wenn ich ihn als Möglichkeit zur Verfügung halte. Geld als Zahlungsmittel zu benutzen bedeutet also, es als Vermögenswert aufzugeben. Ein Zahlungsmittel ist eine öffentliche Einrichtung, die allen zur Verfügung steht. Ein Vermögenswert ist privat und schließt alle anderen von der Nutzung aus.

Der Vorteil, Geld als Vermögenswert zurückzuhalten und (noch) nicht als Zahlungsmittel zu nutzen, besteht darin, es dann als Zahlungsmittel verfügbar zu haben, wenn sich die beste Chance im Markt ergibt. Gäbe man Geld immer gleich aus, hätte man zu einem Zeitpunkt vielleicht kein Geld, zu dem sich die günstigste Kaufgelegenheit bietet.

„Das Geld ist der allgemeine (generalisierte) Repräsentant aller Tauschobjekte. Als solcher ist er der Joker unter den Waren, Diensten und Risiken, die im Marktspiel gehandelt werden: So wie der Joker im Kartenspiel jede andere Karte aussticht, so passt das Geld im Marktspiel beim Tausch zu jeder Ware, zu jedem Dienst, zu jedem Risiko. So wie im Kartenspiel der Joker in dieser Runde gezogen werden kann oder in der nächsten oder erst in der übernächsten, je nach Bedarf und Chance, so kann auch das Geld heute, morgen oder erst übermorgen die günstigste Chance am Markt wahrnehmen. So wie der Joker im Kartenspiel gegenüber diesem oder gegenüber jenem Spieler ausgespielt werden kann, so kann auch das Geld gegenüber diesem oder jenem Marktteilnehmer als Nachfrage auftreten."*

Wer Geld flüssig (liquide) hält, ist zahlungsfähig. Wer Geld nicht liquide hält, ist zahlungsunfähig. Daraus ergibt sich, dass Liquidität an sich einen realen Wert mit großer wirtschaftlicher Relevanz hat. Liquidität schafft die Möglichkeit, unerwartete Belastungen zu verkraften und unerwartete Chancen zu nutzen. Liquidität erzeugt beim Inhaber Sicherheit und Flexibilität. Die Liquidität des Geldes macht es zum Joker. Bargeld lacht.

Der englische Wirtschaftswissenschaftler John Maynard Keynes prägte den Begriff der Liquiditätsprämie. Dies bezeichnet den Vorteil, der sich durch das Ausmaß der Liquidität eines Vermögenswerts ergibt. Nicht nur Geld, sondern auch andere Vermögenswerte, wie z. B. Land weisen eine gewisse, wenn auch geringere, Liquidität auf. Je schneller ein Vermögenswert als Geld verfügbar ist, desto liquider ist er.

Die Höhe der Liquiditätsprämie eines Vermögenswertes richtet sich nach seiner Liquidität. Die höchste Liquidität hat Bargeld. Geld auf einem Girokonto ist immer noch sehr liquide, aber weniger als Bargeld. Grundbesitz weist eine geringere Liquidität auf und langfristige Geldanlagen eine noch geringere. Je längerfristig die Liquidität aufgegeben wird, desto weniger wird sie für andere blockiert.**

---

* Dieter Suhr, Geld ohne Mehrwert, S. 59.
** Dirk Löhr / J. Jenetzky, Neutrale Liquidität – zur Theorie und praktischen Umsetzung, Frankfurt 1996, S. 60 ff.

„In einem freien Markt stehen den Wirtschaftssubjekten verschiedene Vermögenswerte zur Auswahl, auf die sie ihr Vermögen aufteilen können, so z. B. Geld, kurzfristige Anlagen, Wertpapiere, Aktien, Fabriken, Wohnhäuser, Grundbesitz etc. Es ist möglich, über den Markt einen Austausch der Vermögenswerte vorzunehmen."*

Es wird immer vermehrt in die Vermögenswerte mit der höchsten Verzinsung, dem höchsten Ertrag, investiert. Die Vorteile aus den jeweiligen Vermögenswerten gleichen sich immer wieder an. Investitionen erhöhen das Angebot. Ein erhöhtes Angebot verringert die Knappheit, und damit den Preis und damit den Ertrag.

Der Begriff „Eigenzins" bezeichnet den tatsächlichen Vorteil aus einem Vermögenswert, den man wie folgt betrachten kann: Die Summe der Erträge des Vermögenswerts abzüglich seiner Kosten und wiederum zuzüglich der Liquiditätsprämie. Das heißt, der gesamte Vorteil eines Vermögenswertes setzt sich zusammen aus seinen Erträgen, seinen Kosten und den nicht direkt als Ertrag messbaren Vorteilen (= Liquiditätsprämie).

Die aufgeführten Werte verdeutlichen die ungefähre Größenordnung. Es sind keine exakten Werte.

Vermögens-gegenstand	Ertrag bzw. Zins	Kosten	Liquiditäts-Prämie (Joker)	Eigenzins (Gesamt-vorteil)
Bargeld	0%	0%	6%	6%
Sichtguthaben	2%	0%	4%	6%
Termineinlagen	4%	0%	2%	6%
Langfr. Anlagen	6%	0%	0%	6%
Aktie XY-AG	6%	0%	0%	6%
Wohnungen	7%	-2%	1%	6%
Grundbesitz	3%	0%	3%	6%
YZ-Fabrik	150%	-144%	0%	6%

Tabelle: Jürgen Probst*

* Jürgen Probst, Perspektiven Fließenden Geldes, Ein Spaziergang durch unser Währungssystem, Seite 16

Die Liquiditätsprämie des Bargelds bestimmt, welche Erträge die weniger liquiden Vermögenswerte mindestens abwerfen müssen, damit es sich lohnt, Bargeld aufzugeben und in diese Vermögenswerte zu investieren. Daher bleibt auch der Geldzins immer oberhalb eines bestimmten Wertes. Die Liquiditätsprämie des Geldes setzt den Standard, unter den der Geldzins nicht sinken kann. Dieser Standard nennt sich Sockelzins. Sinkt der Geldzins unter den Sockelzins, ist es lohnender, Bargeld liquide zu halten als es gegen diesen Zins herzugeben. Durch die Geldhortung in der Folge eines zu niedrigen Geldzinses sinkt die umlaufende Geldmenge. Dies hat zur Folge, dass wieder ein höherer Zins gezahlt wird, damit das zurückgehaltene Geld zur Bank und damit wieder in Umlauf gebracht wird. Durch die Zinsanhebung kommen die Banken an das benötigte Geld vom Kapitalmarkt.

Die Tatsache, dass der Geldzins den Sockelzins nicht unterschreiten kann, hat weit reichende Konsequenzen. Sinkt der Sachkapitalzins unter den Geldzins, so wird Sachkapital unrentabel. Es wird lohnender, das Geld gegen einen Zins anzulegen als es in dieses Sachkapital zu investieren. Bei einer entsprechenden Krise wird das am wenigsten rentable Sachkapital stillgelegt. Es kommt zu einer Verknappung des Sachkapitals. Es gibt Konkurse und Standortschließungen. Durch die Verknappung des Sachkapitals steigt die Rentabilität des verbleibenden Sachkapitals. Die Verknappung der Waren bewirkt, dass sie begehrter werden. Die steigende Begehrtheit der Waren gibt dem Anbieter die Macht, einen Preis durchzusetzen, der einen Sachkapitalzins abwirft, der oberhalb des Geldzinses liegt.

Der Geldzins erzwingt eine ständige Knappheit des Sachkapitals, die sich niemals beseitigen lässt. Nur diese Knappheit erwirkt eine Rentabilität, die oberhalb des Geldzinses liegt. Es ist die Liquiditätsprämie des Geldes, die die Höhe des Geldzinses festlegt. Es ist der Geldzins, der das Ausmaß an Knappheit festlegt, das eine ausreichende Rentabilität des Sachkapitals gestattet.

Eine nicht zinsverfälschte Marktwirtschaft würde den Bedarf in jedem Bereich immer weiter decken. Die Sachkapitalzinsen würden im

Laufe der Zeit immer gegen Null laufen. Wenn akzeptiert wird, dass die Sachkapitalzinsen gegen Null laufen, wird die Knappheit überwunden. Es wird eine wirkliche Sättigung des Marktes eintreten. Alle wären versorgt.

Auf diesen Zustand der Sättigung steuert unsere kapitalistische Marktwirtschaft stets zu. Sie strebt stets die Marktsättigung an. Diese wird durch die für das Erzielen eines Zinses erforderliche Verknappung aber immer wieder verunmöglicht. Wenn die Marktwirtschaft ein Esel ist und die wirkliche Marktsättigung eine Möhre, dann kann der Esel die Möhre vor seinem Maul niemals erreichen. Der Markt kann niemals die Sättigung erreichen, die er anstrebt. Die Knappheit kann nie beseitigt werden. Die Gesellschaft kann niemals annähernd so gut versorgt werden wie durch eine zinslose Wirtschaft.

Die propagierte Lösung für die Auswirkungen der von der Zinswirtschaft erzeugten Knappheit besteht in einem wirtschaftlichen Wachstum um jeden Preis. Ohne permanentes Wirtschaftswachstum käme es sehr schnell zu Massenarbeitslosigkeit und zum Zusammenbruch der Wirtschaft. Unter den Bedingungen eines Nullwachstums würde nämlich die relative Zinsbelastung der Wirtschaft in einem solchen Tempo ansteigen, dass nur durch permanente Lohnkürzungen auf breiter Front diese Belastungen kompensiert werden könnten. Das aber hätte den sofortigen Zusammenbruch der Binnenwirtschaft zufolge. Die Kaufkraft der Konsumenten würde rasant absinken.

Wirtschaftswachstum erwirtschaftet mehr Geld. Wenn dieses Mehr an Geld für die Zahlung der steigenden Kapitalerträge verwendet wird, kann dadurch das Absinken der Löhne verhindert oder abgebremst werden. Die Geldvermögen wachsen nämlich auch weiter, wenn die Wirtschaft nicht wächst. Bei Nullwachstum würde dies sehr schnell allen offensichtlich werden. Daher ist es die vorrangige Aufgabe der Politik, für ein permanentes Wirtschaftswachstum zu sorgen. Nur durch das Wirtschaftswachstum kann die Verarmung der Bevölkerung verhindert oder – wenn die Kapitalerträge schließlich zu hoch werden – zumindest noch abgebremst werden.

Das Wirtschaftswachstum dient also nur dazu, dass die Umverteilung des Erwirtschafteten von den Arbeitseinkommen auf die Kapitaleinkommen nicht zu einem Zusammenbruch der Konsumkraft der Arbeitseinkommen führt.

Durch das Anwachsen der privaten Vermögen geht die Schere zwischen arm und reich immer weiter auseinander. Das Wirtschaftswachstum sorgt nur dafür, dass die Konsumkraft der Arbeitseinkommen nicht erlischt und die durch das Anwachsen der privaten Vermögen stattfindende Umverteilung auch weiter geführt werden kann.

Durch Wirtschaftswachstum sinken die Reallöhne langsamer, steigt die Arbeitslosigkeit langsamer an und geht die Schere zwischen Arbeitseinkommen und Kapitaleinkommen auf eine Weise auseinander, die der arbeitenden Bevölkerung das wirtschaftliche Überleben gestattet.

Das Wirtschaftswachstum soll also nur verschleiern, dass die Arbeitseinkommen permanent zugunsten der Kapitaleinkommen zurückgehen. Letztlich geht es beim Wirtschaftswachstum also nur um die Verschleierung, dass die Arbeitskraft durch das Kapital mehr und mehr ihres Lohns beraubt wird.

Die privaten Vermögen wachsen durch die Kapitalerträge. Im Gleichschritt wächst auch die Verschuldung an. Bereits gleich bleibende Kapitalerträge bedeuten, dass der Anteil des Gesamtkuchens, der in die Kapitalerträge fließt, (durch den Zinseszins) wächst. Dadurch schrumpft der für die Bezahlung von Arbeit verfügbare Anteil des Gesamtkuchens beständig weiter. Beim Kampf um ein Wirtschaftswachstum geht es für die arbeitende Bevölkerung in Wirklichkeit ausschließlich um ein Ankämpfen gegen die Verknappung des Geldes, das sie verdienen kann.

Das bedeutet: Jedes Wirtschaftswachstum fließt auf Dauer immer nur in die Kapitalerträge, nicht in die Arbeitseinkommen. Die von der arbeitenden Bevölkerung investierte Tüchtigkeit, Weiterbildung, Effizienz, Produktivität und Fleiß dient der Erwirtschaftung der steigenden Kapitalerträge, während sie selbst nur gegen die durch die Umverteilung entstehende Verknappung ankämpft.

Arbeitslosigkeit

In dem Maße, in dem bei einem Wirtschaftswachstum rentable Bereiche ausgeschöpft werden, nimmt die Anzahl der Investitionen zu, die mangels ausreichender Rendite nicht zustande kommen. Es gibt also sehr viel Arbeit, die zustande käme, wenn eine Unternehmung, die z. B. nur 1% Verzinsung abwirft, nicht von der Rentabilitätsforderung gestoppt würde. Je höher die gesamtwirtschaftliche Verschuldung, desto größer ist der Bereich an Unternehmungen, die schwarze Zahlen nur im Bereich einer Verzinsung unterhalb des aktuellen Geldzinsniveaus schreiben würden. Diese sind daher unrentabel und kommen nicht zustande. Dies bedeutet, dass die Arbeitslosigkeit im Gleichschritt mit der gesamtwirtschaftlichen Verschuldung anwächst.

Die Entstehung von Arbeitslosigkeit durch die Zunahme der Verschuldung lässt sich auch aus der Sicht des Einzelnen, des Unternehmens und des Staats sichtbar machen. Die gesamtwirtschaftliche Verschuldung findet in drei Bereichen statt: private Haushalte, Wirtschaft und Staat.

Die Zunahme der Verschuldung in den Privathaushalten bedeutet, dass der Einzelne mehr Arbeit leisten muss, um Zinsen und Kredittilgung zu erwirtschaften. Deren Betrag steht ihm ja nicht mehr zum Bestreiten seiner Lebenshaltungskosten zur Verfügung. Die vom Einzelnen mehr geleistete bezahlte Arbeit bedeutet, dass er dieses Mehr an Arbeit jemand anderem wegnimmt. Gesamtwirtschaftlich bedeutet die Zunahme der Verschuldung der Privathaushalte also eine Zunahme von Arbeitslosigkeit. Der Anteil des erarbeiteten Geldes, der in Zinszahlungen fließt, wächst und der Anteil, der als Lohn für die Arbeit übrig bleibt, schrumpft. Durch die wachsende Verschuldung bleibt immer weniger Geld für die Bezahlung der geleisteten Arbeit übrig, wodurch die gesamtwirtschaftlich verfügbare Arbeit immer schlechter bezahlt und die bezahlte Arbeit immer knapper wird.

Die Zunahme der Verschuldung in der Wirtschaft bedeutet, dass ein immer größerer Anteil der Umsatzerlöse in die Zahlung von Zinsen fließt. Ein immer geringer werdender Anteil der Erlöse bleibt für die Bezahlung der geleisteten Arbeit übrig. Der Unternehmer muss von dem leben, was nach Zahlung aller Kosten, auch der Zinsen, übrig bleibt. Auch für die Bezahlung seiner Arbeit schrumpft das Geld. Wenn ein immer geringer werdender Anteil der Erlöse für die Bezahlung der geleisteten Arbeit übrig bleibt, ist der Unternehmer gezwungen, entweder Mitarbeiter zu entlassen, oder die Löhne zu senken, oder sein Unternehmen zu schließen. In aller Regel ist es leichter durchzusetzen, Mitarbeiter zu entlassen als die Löhne zu senken, oder das Unternehmen geht in Konkurs. In beiden Fällen steigt durch die wachsende Verschuldung in erster Linie die Arbeitslosigkeit weiter an. In der Großindustrie sieht man in aller Regelmäßigkeit, dass die Gehälter der Spitzenmanager angehoben werden, wenn Tausende von Mitarbeitern entlassen werden. Die Entlassungen steigern die Rentabilität des Unternehmens. Auch hier bleibt durch die wachsende Verschuldung immer weniger Geld für die Bezahlung der geleisteten Arbeit übrig.

Die Zunahme der Staatsverschuldung bedeutet, dass ein immer größerer Anteil der Steuereinnahmen in die Bezahlung der Zinsen fließt. Der Staat hat zum Erfüllen seiner eigentlichen Aufgaben immer weniger Geld zur Verfügung. Der Staat ist ein Arbeitgeber für Lehrer, Verwaltungsbeamte usw. Die wachsende Staatsverschuldung bedeutet, dass für die Bezahlung der vom Staat finanzierten Arbeit immer weniger Geld zur Verfügung steht. Für die Schulen bedeutet dies einen chronischen Lehrermangel. Der Staat verfügt nach Erbringen der Zinszahlungen über zu wenig Geld für seine Aufgaben. Auch hier bedeutet die wachsende Verschuldung also, dass immer weniger Geld zur Bezahlung der geleisteten Arbeit übrig bleibt.

Insgesamt bedeutet die zunehmende Verschuldung also immer, dass im Gleichschritt mit der Verschuldung immer weniger Geld für die Bezahlung der geleisteten Arbeit übrig bleibt. Dies erzwingt entweder sinkende Löhne oder eine Zunahme der Arbeitslosigkeit oder beides.

Hier sieht man, dass Guthaben und Schulden immer im Gleichschritt anwachsen sowie den direkten Zusammenhang dieser Kurven mit der Höhe der Arbeitslosigkeit

Zinslast und Arbeitslosigkeit
1979 bis 2000 – ab 1991 Gesamtdeutschland

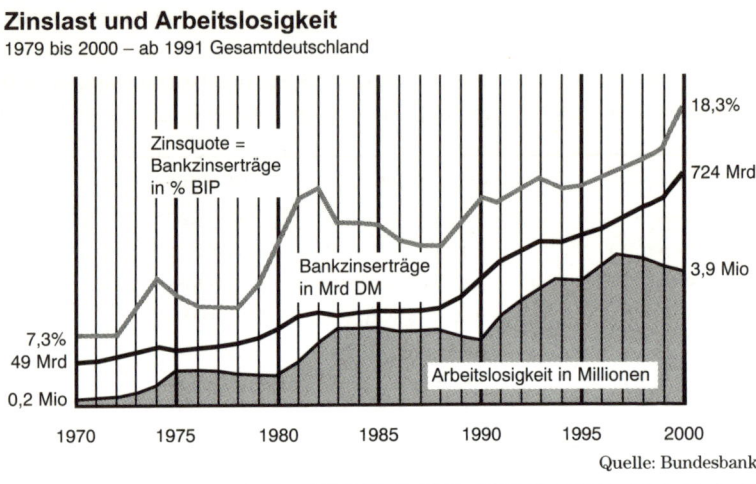

Quelle: Bundesbank

Abb. 1: Entwicklung der Schulden, Guthaben und Arbeitslosigkeit

Die Zeche für die Verschuldung der Privathaushalte zahlt der verschuldete Einzelne, die für die Verschuldung der Wirtschaft zahlt der Konsument (also wir alle), da die Zinsen auf die Produktpreise aufgeschlagen werden, und die für die Staatsverschuldung zahlt der Steuerzahler, also ebenfalls wir alle.

Aufgrund der Wirtschaftsverschuldung fließen inzwischen etwa 40% allen ausgegebenen Geldes in Zinszahlungen. Das bedeutet, dass wir den Lohn von fast 5 Monaten pro Jahr abtreten müssen, ohne etwas dafür zu bekommen, weil unsere Wirtschaft verschuldet ist. Nur für 60% des Geldes, das wir ausgeben, bekommen wir tatsächlich etwas. Jeder, der nicht 40% seines Finanzbedarfs aus Zinsen, Mieten, Sachkapitalzinsen etc. decken kann, gehört zu den Verlierern des Systems, die nur draufzahlen. Das dürfte in Deutschland inzwischen an die 90% des Volkes sein. Es kommt zu keinen Massenprotesten und keinem nennenswerten

Widerstand gegen diese Zustände. Hier findet eine sehr geräuschlose Umverteilung des Volksvermögens von den unteren Einkommensgruppen zum obersten Zehntel der Bevölkerung statt. Die Umverteilung beschleunigt sich exponentiell (d.h. immer schneller), da Zinsforderungen von ihrer mathematischen Natur her entsprechend anwachsen.

Die folgende Tabelle zeigt die Entwicklung der Geldvermögen und Schulden von 1950 bis 2000 in Deutschland.

Jahr	Geldvermögen	Schulden
1950	30	34
1960	172	155
1970	473	436
1980	1222	1190
1990	2467	2211
2000	6279	6340

Tabelle: Angaben in Mrd. € – aus: Jürgen Probst, Perspektiven Fließenden Geldes, Ein Spaziergang durch unser Währungssystem, S. 25

Die Tabelle zeigt die exonentielle Entwicklung auf. Es ist ersichtlich, dass Geldvermögen und Schulden in einem geschlossenen Wirtschaftsraum immer gleich groß sind. Die gesamte Verschuldung ist das Spiegelbild der gesamten Geldvermögen und umgekehrt. Die Geldvermögen müssen sich gegen einen Zins dem Markt anbieten, da sonst die Wirtschaft zum Erliegen kommt. Dies ist gleichbedeutend damit, dass die Verschuldung wachsen muss, damit die Wirtschaft nicht zum Erliegen kommt.

Um die wachsende Zinslast aus der wachsenden Verschuldung bezahlen zu können, ohne dass die Wirtschaft wegen Geldmangel der Konsumenten zusammenbricht, ist ständiges Wirtschaftswachstum nötig. Die Wirtschaft wächst für die Zahlung der Zinslast.

Die wachsende Verschuldung ist zwingend notwendig, weil anders die wachsenden Geldvermögen nicht erneut als Nachfrage auftauchen, was Deflation mit sich bringen würde. Die Verschuldung wächst von allein und erzeugt Arbeitslosigkeit.

Da mit der Verschuldung die Arbeitslosigkeit wächst, wird inzwischen klar geworden sein, dass das System stets an einen Punkt kommen muss, an dem es zusammenbricht. Nun, das ist in der Vergangenheit auch immer so gewesen und wird aktuell auch wieder so sein.

Wenn der in Zinszahlungen fließende Anteil immer größer wird und der Anteil für die Bezahlung von Arbeit immer kleiner wird, müssen entweder wachsende Teile der Bevölkerung verarmen, oder eine Inflation einsetzen, die die Vermögen entwertet und die Schulden verringert, oder – da die propagierte Ökonomie diese beide Auswirkungen möglichst vermeiden will – die Wirtschaft muss wachsen. Dies geht auf Dauer natürlich zu Lasten der Umwelt. Von den Zinsökonomen wird es den beiden anderen Effekten aber vorgezogen.

Das Wirtschaftswachstum kann die Verarmung weiter Teile der Bevölkerung und/oder eine Inflation nur zeitlich etwas hinausschieben. Die Wirtschaft kann niemals so schnell wachsen wie die Zinsforderungen schließlich ansteigen. Die Zerstörung der Umwelt für das Wirtschaftswachstum ist nicht nur ökologisch selbstmörderisch, sondern auch ökonomisch völlig sinnlos. Wenn die Wirtschaft schließlich – wegen des ständigen Wachstumszwangs – trotz allen Wachstums zusammenbricht, wird unsere Natur auch noch schwer beschädigt sein.

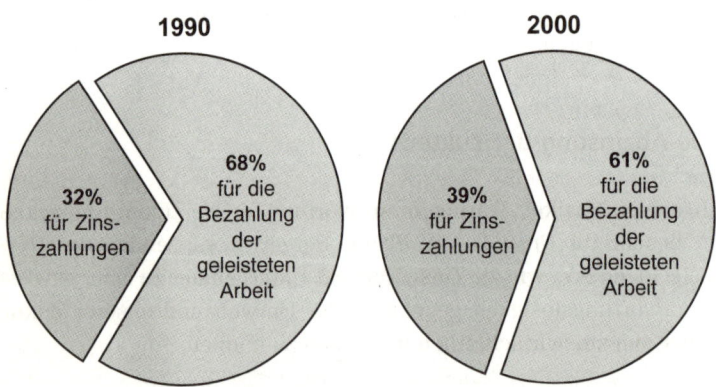

1990 **2000**

32% für Zinszahlungen

68% für die Bezahlung der geleisteten Arbeit

39% für Zinszahlungen

61% für die Bezahlung der geleisteten Arbeit

Abb. 2: Relation Leistungsloser Einkommen zur Bezahlung der geleisteten Arbeit (Circa-Angaben)

Das linke Kuchenstück zeigt den Anteil des Erwirtschafteten, der in Zinszahlungen fließt.

Das rechte Kuchenstück zeigt den Anteil des Erwirtschafteten, der für die Bezahlung der geleisteten Arbeit zur Verfügung steht.

Die überwiegend oder ganz von der Bezahlung ihrer Arbeit lebende Bevölkerung lebt innerhalb des rechten Kuchenstücks. Sie denkt, dies sei das Ganze. Sie glaubt, dass trotz Wirtschaftswachstum tatsächlich die Zeiten immer schlechter und härter werden und versteht nicht, dass dies nur durch die Zinswirtschaft so ist.

Für die Produktion von Waren gilt trotz allen Wirtschaftswachstums immer: nur wenn Waren knapp sind, lässt sich ein Preis erzielen, der einen Sachkapitalzins oberhalb des Geldzinsniveaus abwirft. Die Rentabilitätsforderung beendet Unternehmungen mit Sachkapitalzinsen unterhalb des Geldzinsniveaus oder lässt sie gar nicht erst zustande kommen. Sie bewahrt und erzeugt immer wieder jene Knappheit, die für das Erzielen eines Sachkapitalzinses benötigt wird.

Für die Knappheit an Geld gilt: die Zentralbank passt den Geldumlauf stets an die Wirtschaftsleistung an. Die Knappheit des Sachkapitals überträgt sich damit auf das Geld. Die Zinswirtschaft kann also nichts anderes als eine chronische Knappheit an Waren und Geld zu erzeugen.

Die Abzinsung der Zukunft

In seinem Artikel „Warum Verantwortung für die Zukunft unrentabel ist" beschreibt Prof. Dr. Wolfgang Berger, Vorsitzender der INWO Deutschland e.V., wie die Zinswirtschaft Unternehmer zu einer gewissen Verantwortungslosigkeit gegenüber der Umwelt und unserer Zukunft zwingt, um zinswirtschaftlich überleben zu können.

In der Zinswirtschaft ist eine Million heute mehr wert als eine Million in zehn Jahren. Denn wenn wir es geschickt anfangen, können aus der Million in zehn Jahren zwei Millionen werden. Dies lässt sich auch umgekehrt rechnen: Eine sichere Million in zehn Jahren und eine halbe Million heute haben denselben Wert. Das ist deshalb so, weil wir die Million in zehn Jahren auf den heutigen Wert herunterrechnen. Die Fachleute nennen diesen Vorgang „Abzinsen". Bei den genannten Zahlen liegen 7% im Jahr zugrunde. Um zukünftige Ausgaben und Einnahmen miteinander vergleichen zu können, müssen wir sie also alle auf den heutigen Wert abzinsen. Erst dann können die Ausgaben von den Einnahmen abgezogen werden und wir wissen, ob die Investition vorteilhaft ist oder nicht. Die Differenz zwischen den abgezinsten Einnahmen und den abgezinsten Ausgaben nennen die Fachleute auch „Kapitalwert". [Bei Investitionen in Sachkapital, nennt sich der Kapitalwert Sachkapitalzins. Gewöhnlich] werden die Investitionen vorgezogen, die die höchsten Kapitalwerte haben.

[Da die Verzinsung von Sachkapitalinvestitionen deutlich über dem Geldzins liegen muss, damit sie sich lohnen, rechnen mittelständische Unternehmen oft mit 12%. Bei einer Investition, die in zehn Jahren eine Million Euro bringt, wird die erwartete Einnahme mit 12% auf den Wert von heute abgezinst.] *Dies ergibt dann nur noch 321.973€. Wenn wir so rechnen, sind*

1 Mio € in *10 Jahren heute 321.973€*
1 Mio € in 25 Jahren heute 58.823€
1 Mio € in 50 Jahren heute 3.460€
1 Mio € in 75 Jahren heute 204€
1 Mio € in 100 Jahren heute 12€.

Viele global agierende Unternehmen verlangen [einen Sachkapitalzins] *von 25%. Die Deutsche Bank hat 2005 sogar 35% erzielt. Mit 25% gerechnet, erhalten wir andere Zahlen. So sind*

1 Mio € in 10 Jahren heute 107.374€
1 Mio € in 25 Jahren heute 3.778€
1 Mio € in 50 Jahren heute 14€
1 Mio € in 75 Jahren heute 0,05€
1 Mio € in 100 Jahren heute 0,0002€.

Das bedeutet: Wenn wir in hundert Jahren eine Million Euro ausgeben müssen oder einnehmen und sie mit 25% auf den Wert von

heute abzinsen, erhalten wir 0,0002€ - den Hundertsten Teil eines
Zwei-Cent-Stücks.

[Mit 25% Verzinsung gerechnet kostet uns ein Umweltschaden, der in
100 Jahren 1 Milliarde kosten würde, heute 20 Cent. (1 Mio € = 0,0002€;
1 Milliarde = 0,0002€ * 1000 = 0,20€, ganze 20 Cent.) Abgezinst kostet
uns eine Sintflut in der Zukunft heute fast nichts, geht daher auch nicht
in die Kostenrechnung ein und kann nach uns ruhig kommen. In der
Zinswirtschaft können die Unternehmen aufgrund der Abzinsung nur
die kurzfristigen Vorteile berücksichtigen. Der Erhalt von Trinkwasser-
quellen, sauberer Luft, Artenvielfalt, tropischen Regenwäldern und des
klimatischen Gleichgewichts ist nicht rentabel, während ihre Zerstörung Sachkapitalzinsen einbringt und uns zinswirtschaftlich
gesehen in der Zukunft fast nichts kostet.]

Ein Unternehmen, das im Einklang mit der Natur und den
Bedürfnissen der Umwelt operiert, senkt durch unrentable
Investitionen seinen Wert an der Börse und wird ein Kandidat für
eine „feindliche Übernahme". Ethisches Verhalten einzelner
Unternehmer kann die durch die Zinswirtschaft angerichtete globale
Zerstörung nicht stoppen. In den letzten Jahren wurden viele gut
geführte Unternehmen mit niedrigem „Shareholder Value" von –
teilweise viel kleineren – Konkurrenten übernommen, weil deren
kurzfristig ausgerichteten und deshalb rentablen Investitions-
programme eine Übernahme finanzierbar machten. Hundert-
tausende Arbeitsplätze sind so abgebaut, die Bemühungen um um-
weltfreundliches Wirtschaften bestraft [und vom neuen Eigentümer
natürlich auch nicht weitergeführt] worden.*

In einer Zinswirtschaft müssen alle Investitionen einen
ausreichenden Zins erwirtschaften, damit sich ihre Tätigkeit überhaupt
lohnt und sie überhaupt stattfinden. Es besteht immer der Druck,
Kosten auf die Zukunft zu verschieben. Der Zwang, Kosten auf die
Zukunft verlagern zu müssen, bewirkt, dass ein Kunde in der Regel
Geld spart, wenn er Ramsch kauft, anstatt qualitativ hochwertige und

---

* Prof. Dr. Wolfgang Berger „Warum Verantwortung für die Zukunft unrentabel ist" lang anhaltende Ware, so dass ein Hersteller oder Lieferant seinen Sachkapitalzins steigert, wenn er Ramsch herstellt anstatt qualitativ hochwertige und lang haltende Ware und sich die Zinseinsparung mit dem Kunden teilt.

Wenn ein Käufer zwei Mal hintereinander zum halben Preises einer anderen Maschine, die doppelt so lange hält, eine Maschine kauft, kann er beim ersten Kauf 50% seiner Einkaufskosten in die Zukunft verlagern und damit insgesamt beträchtliche Zinskosten sparen. Für den Hersteller bedeutet dies, dass er, wenn er zweimal hintereinander eine Maschine zu den halben Kosten einer anderen Maschine baut, die doppelt so lange hält, für die Ramschversion mehr als 50% der doppelt so lange lebenden Version verlangen und dadurch bei gleichen Investitionskosten seinen Sachkapitalzins steigern kann, wobei der Kunde immer noch Geld spart.

Die Fertigung von Ramsch und die damit einhergehenden Müllberge sind also eine unmittelbare Auswirkung der Zinswirtschaft. Die Wegwerfgesellschaft mit ihrer Verschwendung ist ein Produkt der Zinswirtschaft. Die Überflussgesellschaft ist nicht gleichzusetzen mit einer Gesellschaft, in der wirklicher Wohlstand herrscht. Vielmehr ist es gerade die zunehmende Knappheit, die den Unternehmer drängt, seine Investitionskosten zu minimieren und die billigst möglichen Produkte zu kaufen.

Die Zukunft abzuzinsen, bedeutet nichts anderes als sie zu entwerten. Wir stehlen die Zukunft, um die Knappheit in der Gegenwart zu stopfen. Eine intakte Welt in der Zukunft hat heute keinen Wert für uns. Es lohnt sich nicht, uns unsere Welt für unsere Zukunft zu bewahren. Es lohnt sich nicht, etwas dafür zu investieren, weil sie heute keinen Wert hat.

Ich möchte Ihnen die Erzeugung von Knappheit durch die Zinswirtschaft noch einmal ein wenig abgewandelt vor Augen führen. In der Zinswirtschaft sieht es so aus als verdienten manche Menschen ihr Geld durch Arbeit und manche Menschen ihr Geld durch Geld. Die Kreisläufe dafür könnte man etwa wie folgt darstellen:

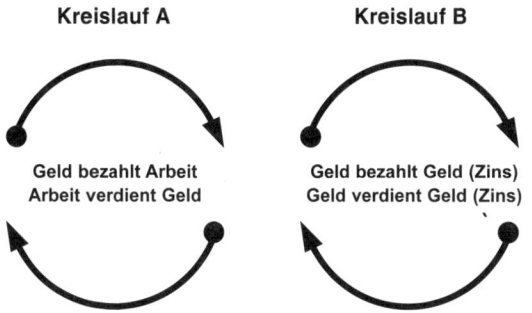

Abb. 3: Der Kreislauf des Geldes?

Falls die gezeigten Kreisläufe so richtig dargestellt wären, gäbe es keine Auswirkung auf die Höhe des Lohns für geleistete Arbeit, wenn Guthaben/Schulden wachsen. Dem ist aber nicht so, weil mit wachsenden Guthaben/Schulden die Reallöhne sinken und die Arbeitslosigkeit steigt.

Die obige Darstellung enthält also eine große Lüge. Und diese Lüge, die man von sehr reichen Leuten gelegentlich auch in Worte formuliert hört, lautet: „Ich arbeite nicht. Ich lasse mein Geld für mich arbeiten."
Die Wahrheit ist: „Geld arbeitet nicht." Nur Menschen arbeiten. Geld arbeitet nicht, sondern hat nur die Aufgabe, das, was uns die Natur gibt, die Maschine produziert und der Mensch erarbeitet, zu verteilen.

In Wirklichkeit muss die obige Grafik also wie folgt aussehen:

Abb. 4: Die tatsächlichen Verhältnisse

Die Grafik zeigt, dass von dem von der arbeitenden Bevölkerung Erwirtschafteten stets ein Teil an die Bezieher der Kapitalerträge abgezweigt wird. Diese Abgezweigte stellt die permanente Umverteilung von unten nach oben dar, welche sich durch den Zinseszins beschleunigt. Bei dieser Darstellung ist klar, dass die durch die wachsende Verschuldung zunehmenden Kapitalerträge zwingend bewirken, dass immer weniger und weniger Geld für die Bezahlung von Arbeit übrig bleibt. Dies hat die unausweichliche Folge sinkender Reallöhne und wachsender Arbeitslosigkeit. Die Arbeit des Menschen, die Produktion der Maschine und die Geschenke der Natur kommen finanziell nur den Inhabern der großen Privatvermögen zu gute, anstatt

- die Arbeit des Menschen diesem selbst
- die Produktion der Maschine allen (z. B. durch kürzere Arbeitszeiten, sinkende Steuern und/oder ein Grundeinkommen)
- die Geschenke der Natur der Regenerierung und Sanierung der Natur.

Die Aussage: „Ich arbeite nicht, ich lasse mein Geld für mich arbeiten", bedeutet also ungeschönt: „Ich habe Zinssklaven, die für mich arbeiten und nichts dagegen tun können, solange es eine Zinswirtschaft gibt."

Nur regelt die Zinswirtschaft die „Sklaverei" so elegant und unsichtbar, dass sie ihren „Arbeitssklaven" die Hoffnung lässt, sie könnten sich ihre Freiheit erarbeiten, wodurch sie optimal motiviert sind, besser zu arbeiten als echte Sklaven es je getan haben. Mensch, Maschine und Natur werden zugunsten einer Kredit gebenden Minderheit durch die Zinswirtschaft effizient für ihre Kapitalanhäufung genutzt. Am Ende konzentriert sich das Volksvermögen in den Händen von 10% der Bevölkerung, und dabei wieder vornehmlich bei dem oberen 1%.

Man könnte diesen Vorgang bildlich mit dem Vorgang der Perlenzucht vergleichen. Man bringt ein Sandkorn in eine Muschel, die dadurch in einen Krisenzustand versetzt wird, in dem sie ihr äußerstes gibt, um das Sandkorn unschädlich zu machen und immer mehr einzuhüllen. Sobald sie dann unter Aufwendung aller ihrer Kräfte eine Perle hervorgebracht hat, nimmt der Perlenzüchter diese weg.

Genauso versetzt die Zinswirtschaft die Gesellschaft in einen Krisenzustand. Ein so akuter wie chronischer Mangelzustand, wie er durch die Zinswirtschaft entsteht, ist nichts anderes als eine fortdauernde Krise. In dieser wird analog der Perle ein Vermögen erwirtschaftet, das durch die Zinswirtschaft zu den privaten Kreditgebern transferiert wird. Die Muscheln mobilisieren in der Hoffnung, einen Zustand normaler Gesundheit herbeizuführen, alle ihre Kräfte. Der Perlenzüchter entlässt sie aber niemals aus diesem Krisenzustand, da er die Perlen haben will.

Genauso ist es die Hoffnung der arbeitenden Menschen, durch Mobilisierung all ihrer Kräfte den durch die Schulden bedingten Mangelzustand überwinden zu können, welche die Kreditgeber mit einem riesigen Reichtum ausstattet. Dabei haben diese niemals die Absicht, die Gesellschaft, die Wirtschaft und die privaten Haushalte jemals aus der Verschuldung zu entlassen. Sie wollen einfach immer mehr Perlen, das ist alles.

Damit wären wir bei den Nutznießern des Ganzen, die dafür sorgen, dass dieses immer mehr Ungleichgewicht erzeugende System nicht abgeändert wird. Aus Sicht der profitierenden Geldelite könnte das System nämlich gar nicht besser funktionieren, weil es fortlaufend sehr effizient das Volksvermögen von unten nach oben verteilt.

Der Geldmachtapparat

Wie erhält sich dieses Unrechtssystem selbst? Wie schafft die durch die Zinswirtschaft nach und nach entstehende Geldelite es nun, dass die Bemühungen um

- eine gerechte Verteilung des Wohlstands
- die Schaffung von Arbeitsplätzen
- die Anhebung der Reallöhne
- die Beseitigung von Armut, Hunger und Elend in der Welt
- und die Beseitigung vieler anderer Missstände

dass alle diese Bemühungen nicht wirklich mit Erfolg oder sogar mit wachsendem Misserfolg gesegnet sind?

Was macht die Geldelite, um die zinsbedingte Umverteilung von unten nach oben so aufrecht zu erhalten, dass möglichst niemand dagegen protestiert?

Professor H.J. Krysmanski von der Universität Münster hat diesen Umverteilungsmechanismus von unten nach oben in einer Studie mit dem Namen „Wem gehört die EU?" im Auftrag des Europäischen Parlaments detailliert beschrieben.*

Die Zinswirtschaft macht aus den Eigentümern der Großbanken und der Großindustrie eine Geldelite, die durch sie zwangsläufig immer reicher wird. Ungeachtet der wirtschaftlichen Entwicklung bleiben die Zinsforderungen bestehen. Die sich immer mehr beschleunigende Zunahme dieser Zinsforderungen finanziert sich zum Teil, allerdings zunehmend weniger, durch ein Wirtschaftswachstum. In zunehmendem Maße finanzieren sich diese Zinsforderungen jedoch durch sinkende Löhne, steigende Steuern, steigende Lebenshaltungskosten und einen zunehmenden Zugriff auf die Altersrücklagen des Volkes, z. B. in Form von Rentenreformen.

Insgesamt findet durch die Zinswirtschaft eine sich selbst immer mehr beschleunigende Umverteilung von unten nach oben statt, weg von den unteren Einkommensgruppen hin zur Geldelite. Da die Zinseinnahmen der Geldelite weit in die Milliarden gehen, können sie leicht einige Mitläufer-Eliten mit großen Summen beteiligen, damit diese dafür sorgen, dass die Umverteilung reibungslos und optimal läuft und die Gewinne der Geldelite maximiert.

Der Bericht unterscheidet 3 Mitläufer-Eliten, die Wirtschaftselite, die Politelite und die Wissenselite. (Es gibt noch eine Informations-Elite, die Inhaber der Massenmedien, die Teil der Geldelite ist. Sie hat die Aufgabe, das Treiben des Geldmachtapparats als unentrinnbare Realität darzustellen, damit niemand ernsthaft auf die Idee kommt, es könnte auch anders gehen.) Die Gesamtheit dieser Eliten und ihr Zusammenwirken nennt Prof. Krysmanski den *Geldmachtapparat*.

---

* http://www.uni-muenster.de/PeaCon/wemgehoertdieeu/eu-krys-sept-06.pdf

Abb. 5: Der Geldmachtapparat

Der Hauptunterschied zwischen der Geldelite und den Mitläufer-Eliten besteht darin, dass die Geldelite im Verborgenen bleibt, während die Mitläufer-Eliten in der Öffentlichkeit stehen. Die Geldelite ist durch nichts absetzbar (außer durch die Einführung Fließenden Geldes, wie Sie noch sehen werden). Die Mitläufer-Eliten können nur durch die Gunst der Geldelite in Lohn und Brot stehen und jederzeit ihren Job verlieren, sobald die Geldelite ihre Gunst jemandem schenkt, der seinen Job besser erfüllt.

Aufgabe der Wirtschaftselite ist das Erwirtschaften eines optimierten Sachkapitalzinses für die Investitionen der Geldelite in die Wirtschaft. Dazu gehört auch das Minimieren der Lohnkosten. Dass die Managergehälter steigen, wenn tausende von Mitarbeitern entlassen werden, stellt eine Belohnung durch die Geldelite dar.

Die Aufgabe der Politelite (vor allem also der Spitzenpolitiker in den Parteien) besteht darin, die durch die Zinswirtschaft insgesamt stattfindende Umverteilung von unten nach oben zum Gesetz zu machen und die Bürger und Wähler dafür bei der Stange zu halten. So beschließt die Politelite steigende Steuern zur Finanzierung der Staatsverschuldung, von der allein die Geldelite profitiert. Sie muss jene Renten- und anderen Reformen durchsetzen, mit denen die

Rücklagen des Volkes in die Taschen der Geldelite fließen. Sie muss die Arbeitnehmerrechte so weit aushöhlen, dass die Reallöhne immer weiter sinken können. Sie muss für die Solidarität des Volkes werben, dass alle gemeinsam bereit sind, kürzer zu treten, weil das Geld ja immer knapper wird. Sie muss dafür sorgen, dass die Bevölkerung tatsächlich glaubt, dass die Zeiten unvermeidlich schlechter werden und dass sie gar nicht erst auf die Idee kommt, in Frage zu stellen, dass es sich beim Zinsrecht um ein unantastbares Naturgesetz handelt, dass jeder anständige Bürger respektieren muss.

Die Aufgabe der Wissenselite besteht darin, Programme zur Umverteilung von unten nach oben zu entwerfen, die die Politelite dann in die Tat umsetzen kann. Außerdem müssen sie die öffentliche Debatte dominieren können, so dass nur als Wirklichkeit wahrgenommen wird, was innerhalb der Welt der Zinswirtschaft als wirklich auftaucht. Was in Wirklichkeit eine rücksichtslose Ausbeutung der Mehrheit des Volkes ist, soll als marktkonforme oder unvermeidliche Normalität dastehen. Die Wissenselite verschafft dem Zinssystem die benötigte Reputation. Die Menschen sollen gar nicht erst auf die Idee kommen können, gar nicht erst denken können, wie denn eine Welt ohne Zins aussehen und eine Wirtschaft ohne Zins funktionieren könnte. Dies erreicht man vor allem dadurch, dass man durch den entsprechenden Fachjargon der Masse der Menschen den Eindruck vermittelt, zu dumm zu sein, um finanzielle Zusammenhänge durchschauen zu können.

Die Aufgabe der Informations-Elite ist ähnlich der der Wissenselite: Sie muss die Zinswelt als einzig denkbare oder einzig vernünftige Realität darstellen, zu der eine alternative Realität nicht denkbar ist und nicht gedacht werden soll und am besten die Menschen so unterhalten, dass sie sich für die wirklichen finanziell-wirtschaftlichen Zusammenhänge ihrer Beraubung gar nicht erst interessieren. Wie in der Zinswirtschaft des Alten Rom herrschen Brot und Spiele zur Ablenkung von den „Segnungen" der Zinswirtschaft. HartzIV ist das Brot und das Fernsehen sorgt für die Spiele.

Die negativ dominanten Tendenzen der Zinswirtschaft

An verschiedenen Stellen des Buches benutze ich gleichbedeutend Begriffe wie „Geldelite" oder „Zinsherrschaft". Das Wort „Zinsherrschaft" meint mehr das Prinzip der Herrschaft einer Geldelite. Gruppierungen, welche die Zinswirtschaft zur Grundlage nehmen, nenne ich „zinsradikal", da dies ihr gemeinsamer Wesenskern ist.

Bis hier hin haben wir uns die materiellen Auswirkungen des Zinses auf Wirtschaft und Gesellschaft angeschaut. Für den Rest dieses Kapitels werden wir uns die Tendenzen anschauen, die die Zinswirtschaft in der Welt und in den Menschen erzeugt. Dies beginnt mit der materiellen Tendenz zur Erzeugung von Knappheit und geht dann stufenweise in andere Tendenzen über, die immer mehr auch das Bewusstsein des Menschen betreffen, in welchem die Zinswirtschaft bestimmte Tendenzen verstärkt hervorbringt.

Eine Währung legt nicht nur fest, wie Geld erwirtschaftet werden kann und verteilt wird. Sie erzeugt vor allen Dingen dominante Tendenzen in unserem Bewusstsein. Diese Bewusstseinstendenzen gestalten anschließend unser Leben, so wie eine Gussform das gegossene Erzeugnis gestaltet. Wenn eine Gussform einen Fehler hat, weisen alle Erzeugnisse dieser Form denselben Fehler auf. Die Zinswirtschaft birgt einen unsichtbaren Fehler in sich, der automatisch – ohne dass es hierzu eines bösen Menschen auf der Erde bedarf – verschiedene Aspekte von Negativität in der Welt und vor allem in unserem Bewusstsein erzeugt. Mit diesen negativen Tendenzen in unserem Bewusstsein werden wir selbst zu einer Gussform, die eine Welt voller Missstände erzeugt.

Insgesamt kann man also alle im Folgenden betrachteten Tendenzen als Bewusstseinstendenzen sehen, denn auch der Mangel existiert im Bewusstsein. Es ist unser Mangelbewusstsein, welches die anderen Tendenzen hervorbringt. Dies schauen wir uns im Weiteren näher an.

Wenn man sieht, wie weit verbreitet diese Tendenzen des Zinses überall in der Welt sind, kann man sich leicht vorstellen, dass das Geld, das wir verwenden, einen weit größeren Einfluss auf unser Leben hat als z. B. die Religion, die Weltanschauung und unsere generellen Glaubenssätze. Was das Geld mit uns macht und zu wem das Geld uns macht, liegt tatsächlich tiefer als all dies.

Ich werde im Rest dieses Kapitels und in den folgenden Kapiteln aufzeigen, wie das Geld dies anstellt, so dass Sie ein möglichst konkretes Gewahrsein entwickeln, dass der schnellste Weg zu einem grundlegenden Bewusstseinswandel der ganzen Menschheit in der aktuellen Phase darin bestehen kann, die Währung zu wandeln und Fließendes Geld einzuführen.

Die Zinswirtschaft erzeugt im Lebensgefühl der Menschen eine Verstimmung, von der sich niemand wirklich bewusst ist, wie unnatürlich sie ist, weil wir und unsere Vorfahren seit Jahrhunderten damit leben. Diese Verstimmung wird nach der Einführung einer zinsfreien Wirtschaft innerhalb kurzer Zeit wegfallen.

Die Zinswirtschaft beherrscht die Menschen, die ihrer Herrschaft unterliegen, auf verschiedene Weise und hält sie in Abhängigkeit. Ich beobachte hier neun negativ dominante Tendenzen, die die Zinswirtschaft automatisch durch die Art erzeugt, wie sie strukturiert ist.

Man könnte das Wesen der Zinswirtschaft auch als dunklen Edelstein bezeichnen, der neun geschliffene Seiten aufweist. Jede dieser Seiten stellt ein Gesicht dar, das sie der Welt zuwendet. An jedem dieser Gesichter lässt sich erkennen, dass dahinter die Zinswirtschaft wirkt. Gleichzeitig hängen diese Gesichter zusammen und bilden ein Ganzes. In jedem Fall hängen diese Tendenzen zusammen, bedingen einander und verstärken sich gegenseitig so, dass sie die Herrschaft des Zinses absichern. Aus diesem Grund kann man diese neun Tendenzen auch als negativ dominant bezeichnen, denn sie lassen andere Tendenzen kaum aufkommen. Diese neun negativ dominanten Tendenzen (*Neun ND-Tendenzen*) sind im Herrn der Ringe als die Neun Schwarzen Reiter dargestellt.

Dass die Zinswirtschaft diese Tendenzen erzeugt, bedeutet nicht, dass es sie ohne die Zinswirtschaft nicht in unserem Bewusstsein geben würde. Es handelt sich tatsächlich um menschliche Schwächen, die es auch vor dem Zins sicher schon gab. Wahrscheinlich war es die zunehmende Ausprägung dieser Schwächen, welche es der Zinswirtschaft dereinst gestatteten, sich festzusetzen und die Kontrolle des wirtschaftlichen Lebens und damit auch der Gesellschaft zu übernehmen. Sobald sich eine Zinswirtschaft etabliert hat, bringt sie diese Tendenzen so massiv im Menschen hervor, dass andere – positive – Tendenzen dadurch in den Hintergrund gedrängt werden, so dass sie ihre positive Kraft nicht entwickeln.

Bei der unmittelbar aus der Zinswirtschaft entstehenden Tendenz handelt es sich um jene der Knappheit, welche im Verbund mit der Gier auftritt. Aus dieser Tendenz ergeben sich acht weitere Tendenzen, die immer weniger materieller Natur sind und immer mehr das Bewusstsein betreffen, so dass wir eine Reihenfolge von materiellen bis geistigen Gesichtern der Zinswirtschaft erhalten.

- die Tendenz zur Verknappung
- die Tendenz zum feindlichen Wettbewerb
- die Tendenz zur Beraubung
- die Tendenz zur Verschwendung
- die Tendenz zur Bestechung
- die Tendenz zur Täuschung
- die Tendenz zur Verwirrung
- die Tendenz zur Angst
- die Tendenz zur Schuldzuweisung

Aus materieller Sicht besteht das größte Problem in der Tendenz zur Verknappung. Materiell gesehen muss erst der Mangel überwunden werden, um die anderen Tendenzen transformieren zu können.

Aus der Sicht des Bewusstseins besteht das größte Problem in der Tendenz, empfundene Schuld auf andere abzuwälzen und darauf zu beharren, dass man selber Recht hat. Denn die Tendenz zur Schuldzuweisung verhindert, dass wir wirkliche Verantwortung für unser Leben übernehmen und uns und unser Leben zu Fülle, Glück und Wohlstand transformieren. Wir beharren lieber darauf, dass andere

Schuld an unserem Elend haben, als Verantwortung für den Wandel des Elends in Wohlstand und Glück zu übernehmen. Geistig betrachtet muss also in erster Linie unsere Tendenz zum Rechthaben transformiert werden, damit auch die anderen Tendenzen transformiert werden können.

Im Zentrum der neun Tendenzen steht die Bestechung. In einer Welt, in der man erfolgreich sein will, indem man geistige und materielle Werte im Gleichgewicht hält, muss als erstes Integrität und Rechtschaffenheit geschaffen werden. Dies ist die wichtigste Grundlage für alle materiellen und geistigen Errungenschaften, während die Zinsherrschaft über Bestechung sowohl die materielle Welt als auch das Bewusstsein der Menschen kontrolliert.

Der Herr der Ringe unterscheidet bei den Neun Schwarzen Reitern nicht, welcher Reiter für welche Qualität steht. Dies weist auf die zusammenhängende Einheit dieser *ND–Tendenzen*, welche einander bedingen und gegenseitig verstärken. Nur der König der Schwarzen Reiter wird hervorgehoben. Er steht für die automatische Verknappung des Geldes in der Welt bis hin zu Armut und Elend. Aus dieser ergeben sich die anderen acht. Dieser Schwarze König stirbt zum Schluss der Trilogie, während die anderen noch eine Weile weiterleben. Der Herr der Ringe prophezeit für die nahe Zukunft das Ende der Armut auf Erden, während die Zinswirtschaft noch für eine kurze Weile weiter bestehen und die anderen acht Tendenzen in unserem Bewusstsein erzeugen wird. Diese werden dann erst mit dem Ende der Zinswirtschaft transformiert. Doch dazu kommen wir später in Kapitel V.

Schauen wir uns nun im Einzelnen an, wie die Zinswirtschaft diese neun negativ dominanten Tendenzen hervorbringt.

Die Tendenz zur Verknappung

Das zentrale Ziel in der Zinswirtschaft besteht im Erzielen von Erträgen für das eingebrachte Kapital. Nur wenn Waren knapp sind, kann ein Preis verlangt werden, der einen Sachkapitalzins abwirft. Da die Forderung, für Investitionen einen Sachkapitalzins zu erzielen, niemals endet, führt die Zinswirtschaft immer wieder die für das Erzielen der Sachkapitalzinsen benötigte Knappheit herbei.

Hocheffiziente Fertigungsverfahren setzen das Knappheitsgebot nicht außer Kraft. Auch eine hocheffiziente Fertigung wird eingestellt, wenn der erwirtschaftete Sachkapitalzins nicht hoch genug ist. Die Knappheit lässt sich durch technischen Fortschritt also nicht beseitigen.

Unbegrenzt dezentral verfügbare Produkte eignen sich nicht für das Erwirtschaften eines Sachkapitalzinses. Um mit solchen Produkten einen Sachkapitalzins erwirtschaften zu können, muss eine künstliche Knappheit hergestellt werden. Im Energiesektor entsteht eine künstlich erzeugte Knappheit, da Mineralöl und Atomstrom nicht zum Verschwinden gebracht werden, sondern durch Bremsen und Unterdrücken der unerschöpflichen regenerativen Alternativen künstlich zu Lasten des Wohlstands der Bevölkerung und zu Lasten der Umwelt als stets knapp bleibende Hauptenergieversorgung erhalten werden.

Das heißt, alles was für das Erwirtschaften von Sachkapitalzinsen herhalten muss, steht der Gesellschaft nur mit einer kontrollierten Knappheit zur Verfügung, die nicht durchbrochen werden kann, solange die lösenden Alternativen nicht zum Zuge kommen.

Zusätzlich zur generellen Knappheit im Angebot aller Waren bewirkt die Zinswirtschaft eine permanente Umverteilung des Vermögens von unten nach oben, von der nur etwa 10% der Bevölkerung profitieren. Auf diese Weise wird die große Mehrheit der Gesellschaft in einen sich immer mehr verschärfenden Überlebenskampf gegen eine chronische, unentrinnbare Knappheit gestürzt. Während wenige immer reicher werden, treibt der Kampf der Mehrheit gegen den Mangel ein gnadenloses Wirtschaftswachstum voran, in dessen finanziellen Nutzen nur eine Minderheit kommt.

Es ist das Mangelbewusstsein (aller Einkommensgruppen), was dafür sorgt, dass die Menschen nach einer Absicherung streben, falls sie einmal nicht mehr genug Geld verdienen. Es wird als Absicherung betrachtet, über Vermögen zu verfügen, das einen Zins abwirft, der einen versorgt, wenn die Zeiten knapper werden. Dieses Sicherheitsdenken macht die Zinswirtschaft begehrenswert. Es ist jedoch genau dieser Zins, der genau diesen Mangel erzeugt, gegen den das verzinste Vermögen uns schützen soll. Unser Bestreben, uns durch verzinste Rücklagen für die Zukunft gegen Mangel abzusichern erzeugt kollektiv genau jenen Mangel, vor dem wir uns schützen wollen.

Wir belügen uns selbst, wenn wir uns beschweren, dass eine Minderheit durch die Zinswirtschaft ihre Gier auf Kosten der Mehrheit füttert, wenn es vielmehr unser eigenes Mangelbewusstsein ist, was die Zinswirtschaft festhält. Wir weisen jenen wenigen die Schuld dafür zu, dass wir selbst nicht die Verantwortung übernehmen, ein System herbeizuführen, das ohne Zins funktioniert. Es ist nicht wahr, dass die Gier der wenigen einen Wandel nicht zulässt. Wenn sich die Mehrheit klar darüber ist, was sie will, kann sie sich in einer Demokratie auch gegen Widerstände durchsetzen und ein gerechtes System für alle herbeiführen. Es ist verlogen, wenn wir lieber an unserem verborgenen Sicherheitsdenken festhalten und dann den Superreichen vorwerfen, dass sie uns ausbeuten. Diese Lüge ist bequem.

In Indien werden Affen gefangen, indem man ihnen ein Krug anbietet, an dessen Boden sich Nüsse befinden, welche die Affen ganz besonders mögen. Der Arm der Affen gelangt nur knapp durch den Hals des Kruges. Sobald sie die begehrten Nüsse erfasst haben und versuchen, ihren Arm wieder aus dem Krug herauszuziehen, sind sie gefangen, weil die Faust mit den Nüssen darin nicht mehr durch den Hals des Kruges passt. Sie wissen, dass sie ihre Freiheit behalten können, wenn sie die Nüsse loslassen und weglaufen. Ihr Verlangen nach den Nüssen ist aber so groß, dass sie nicht loslassen und sich lieber einfangen lassen.

Um den für die Abschaffung der Zinswirtschaft benötigten Bewusstseinssprung zu schaffen, dürfen wir nicht mehr wie die Affen denken. Denn genauso erzeugt das Mangelbewusstsein im Menschen ein Sicherheitsdenken, das es ihm sehr schwer macht, auf eine verzinste Vermögensabsicherung zu verzichten. Wie Recht hat der Affe damit, den Menschen vorzuwerfen, dass sie böse sind, weil sie ihn seiner Freiheit berauben, wenn er der Freiheitsberaubung durch seine eigene Gier zugestimmt hat? Wieviel Recht haben wir, uns über die Missstände in der Welt zu beklagen, die wir durch unser Verlangen nach Zinsen oder Sachkapitalzinsen selbst erzeugen?

Die Zinswirtschaft erzeugt Knappheit. Sie bewirkt einen Kampf gegen die Knappheit. Der Kampf gegen die von der Zinswirtschaft erzeugte Knappheit hält sie in Gang, so dass sie fortfahren kann, Knappheit zu erzeugen. Innerhalb der Zinswirtschaft sind wir gefangen im Mangel und im Mangeldenken. Die Zinswirtschaft erzeugt dieses Denken. Im Gegenzug hält dieses Denken die Zinswirtschaft in Gang.

Die Tendenz zum feindlichen Wettbewerb

Der Wettbewerb zwischen den Unternehmen führt zur Marktsättigung. Das erhöhte Angebot senkt die Preise und damit auch die Rentabilität. Sobald der Ertrag unter den Geldzins absinkt, gilt das Unternehmen als unrentabel und wird geschlossen, auch wenn es deutlich schwarze Zahlen schreibt. Da der Markt immer die Bedarfsdeckung anstrebt, kommt stets der Punkt, an dem ein Teil der Unternehmen als unrentabel geschlossen wird. Eine Schließungswelle in Folge einer Übersättigung des Marktes stellt die erforderliche Knappheit wieder her. Unternehmen operieren im ständigen Wettbewerb darum, wen die Schließung trifft und wen nicht. Der Wettbewerb ist daher feindlich gestimmt. Alle verlangen mehr als auf Dauer da ist. Daher müssen immer wieder einige auf der Strecke bleiben.

Durch das erfolgreiche Verdrängen ihrer Wettbewerber können Unternehmen ihre Rentabilität steigern. Das erfolgreiche Unterdrücken von Wettbewerbsprodukten kann die Rentabilität der eigenen Produkte bewahren, wenn diese sonst ins Hintertreffen gerieten. Die Phänomene der Verdrängung und Unterdrückung ergeben sich also durch die Sachkapitalzinsforderung.

Je höher der geforderte Sachkapitalzins, desto größer muss die Macht sein, andere Unternehmen zu verdrängen oder Wettbewerbsprodukte zu unterdrücken. Die Macht zur Verdrängung und Unterdrückung steigt mit wachsender Unternehmensgröße. Es bilden sich immer größere Konzerne mit einer wachsenden Macht nach außen. Mittelständische Unternehmen verlangen in der Regel eine Sachkapitalverzinsung um die 12%. Bei Großkonzernen ist eine Sachkapitalverzinsung von 25% durchaus üblich.

Die zunehmende Marktsättigung senkt den Sachkapitalzins. Um den Lohnkostenanteil bei sinkendem Sachkapitalzins zu senken, müssen Mitarbeiter entlassen werden. Die eingesparten Lohnkosten steigern den Sachkapitalzins. Je größer ein Unternehmen ist, desto anonymer ist die Beziehung zwischen Geschäftsführung und Mitarbeitern und desto rigoroser kann es nach Bedarf Mitarbeiter entlassen. Die wachsende Konzernbildung ergibt also auch eine wachsende Macht nach innen. Dies zeigt insgesamt die größere wirtschaftliche Macht von Konzernen nach außen wie auch nach innen.

Der Zuwachs an Geld lässt sich ummünzen in einen Zuwachs an Sachkapital. Je größer die Konzerne, desto größer die Wettbewerbsmacht. Das heißt, der Zuwachs an Geld lässt sich ummünzen in einen Zuwachs an Macht. Der Zuwachs an Macht wiederum lässt sich ummünzen in das Erzielen höherer Sachkapitalzinsen, also in ein schnelleres Wachstum des Vermögens. Daraus folgt, dass die Reichsten die größte Macht ausüben und ihre Vermögen am schnellsten weiter anwächst.

Es lohnt sich, soviel Macht zu haben, dass man Knappheit durch Marktkontrolle künstlich herstellen und die Preise diktieren kann. Es bilden sich Kartelle und Monopole. Da die Vermögensanhäufung keine natürliche Grenze nach oben hat, ist es potentiell möglich, so reich zu werden, dass man Märkte kontrolliert und Macht über alle anderen im System hat. Die durch die Zinswirtschaft erzeugte Tendenz zum feindlichen Wettbewerb bringt wenige an die Spitze und verleiht ihnen die Macht. Der Geldzins lässt Guthaben sowieso schon ins Unermessliche wachsen. Der feindliche Wettbewerb setzt Geld in Macht um und beschleunigt das Anwachsen des Reichtums erheblich weiter. Allein bei einer Verzinsung von 25% verdoppelt sich ein Vermögen durch den Zinseszins in nur drei Jahren.

Die Reichsten und Mächtigsten der Geldelite sind letztlich durch konsequenten feindlichen Wettbewerb dort hingekommen, wo sie sind. Jene, die etwas weniger reich sind, werden durch die Verzinsung auch immer reicher. Wenn sich einer an der Spitze in einen Menschenfreund wandelt, Verantwortung für seine Mitmenschen und für die Umwelt übernimmt und dadurch sein Vermögenswachstum verlangsamt, wird ein anderer, der dies nicht tut, an ihm vorbeiziehen und die Spitze übernehmen. Das heißt, die an der Spitze können nur dort bleiben, indem sie ihren feindlichen Wettbewerb weiterführen und immer reicher werden. Das heißt, die Wahrscheinlichkeit, dass die Personen ganz an der Spitze der durch den feindlichen Wettbewerb entstehenden Pyramide mit freundlichen Augen auf die Welt und ihre Probleme schauen, ist nicht sehr groß. Die Wahrscheinlichkeit, dass sie ein offenes Ohr für die Probleme in der Welt haben, ist nicht sehr groß. Die Wahrscheinlichkeit, dass sie sich für einen Wandel des Systems begeistern, der die Missstände in der Welt behebt, ist nicht sehr groß.

Der feindliche Wettbewerb findet auch zwischen Volkswirtschaften statt, die gegeneinander um Exportüberschüsse kämpfen. Bei dem Wunsch, eine konkurrierende Volkswirtschaft zu verdrängen oder zu unterdrücken, könnte es sich also auch um ein Kriegsmotiv handeln. Die Beseitigung einer konkurrierenden Volkswirtschaft würde die Renditen der eigenen Volkswirtschaft steigern.

In der Zinswirtschaft läuft ein automatischer Umverteilungsprozess ab. Dieser schafft einen wachsenden Vorteil für wenige zulasten einer zunehmenden Verschlechterung für die meisten. Gleichzeitig erzeugen die entstehenden Möglichkeiten der Bereicherung auf Kosten anderer eine Tendenz zur Gier.

Da, wo Vorteile entstehen, sorgt die Gier für einen feindlichen Wettbewerb um diese Vorteile, weil diese nur auf Kosten anderer erzielt werden können. Da, wo eine Verknappung entsteht, sorgt diese für eine Tendenz zum feindlichen Wettbewerb um das knapper werdende Gut.

Durch den automatischen Umverteilungsprozess wird das zur Bezahlung von Arbeit zur Verfügung stehende Geld automatisch knapper. Dies bewirkt wachsende Arbeitslosigkeit und schrumpfende Reallöhne.

Die wachsende Arbeitslosigkeit bedeutet, dass die bezahlte Arbeit knapper wird. Es entsteht eine Tendenz zum feindlichen Wettbewerb um die Arbeitsplätze. Die schrumpfenden Löhne und Gehälter erzeugen eine Tendenz zu einem feindlichen Wettbewerb um eine ausreichende Bezahlung.

Die entstehende Tendenz zum feindlichen Wettbewerb um knapper werdendes Gut kann dazu benutzt werden, Wettbewerber gegeneinander auszuspielen. Stellenbewerber können gegeneinander ausgespielt werden. Angestellte können gegeneinander ausgespielt werden. Auch auf größerer Ebene können Unternehmen gegeneinander ausgespielt werden. Es lassen sich sogar ganze Volkswirtschaften gegeneinander ausspielen, wenn es darum geht, dass die zur Erhaltung von Arbeitsplätzen benötigten Investitionen nur der erhält, der die günstigsten Konditionen bietet. Das heißt, nur die Volkswirtschaften, die der internationalen Hochfinanz die größten Gewinne versprechen und die schlechtesten Bedingungen akzeptieren, können überhaupt bewirken, dass bei ihnen investiert wird.

Hierdurch können Lohnkosten minimiert und die Gewinne am oberen Ende der Umverteilungskette maximiert werden. Die durch den feindlichen Wettbewerb entstehende größere Verdrängungs- und Unterdrückungsmacht beim jeweils Reicheren gibt die größte Macht dem Reichsten.

Das heißt in der Summe des bisher Dargestellten: die in der Zinswirtschaft stattfindende automatische Umverteilung von unten nach oben erzeugt eine automatische Tendenz zum feindlichen

Wettbewerb im Bewusstsein der Menschen. Dies betrifft sowohl jene, die von diesem System profitieren, als auch jene, die dadurch ins Hintertreffen geraten. Jegliche Tendenz zum feindlichen Wettbewerb dient im Endeffekt nur denen an der Spitze der durch die Zinswirtschaft automatisch entstehenden Geld- und Machthierarchie.

Es ist unser aller Tendenz zum feindlichen Wettbewerb, unsere feindlichen Tendenzen im Umgang mit anderen Menschen, welche die Geldelite in ihrer Machtposition hält. Wir alle als Gesellschaft sind es, die verursachen, dass diese Mächtigsten dort sind, wo sie sind, und dass sie so sind, wie sie sind. Der kollektive feindliche Wettbewerb unter uns allen lässt nichts anderes zu als die Bildung einer Macht-pyramide, deren Spitze das System beherrscht.

Der einzige Weg, diese Machtstrukturen aufzulösen, besteht in einer Umstimmung der allgemeinen Atmosphäre weg von einem feindlichen Wettbewerb in den zwischenmenschlichen Beziehungen und hin zu einem freundlichen Umgang unter Gleichen. Die Zinswirtschaft erzeugt den feindlichen Wettbewerb immer wieder neu durch ihre unablässige Forderung nach Sachkapitalzinsen. Sie kann sich nur durch feindlichen Wettbewerb überhaupt in Gang halten. Hier bietet sich die einzige Möglichkeit für den Wandel des Systems. Nur unser aller fortlaufende Transformation, welche uns als Gesellschaft unseren feindlichen Wettbewerb untereinander überwinden lässt, wird ein System ein-führbar machen, in dem Geld nicht mehr umgemünzt werden kann in Macht. Ein starkes kollektives Verlangen, den feindlichen Wettbewerb zu überwinden, wird dazu führen, dass wir eine friedliche Alternative zur Zinswirtschaft einführen können. Unsere kollektive Transformation als Menschheit ist unsere einzige Chance, dieses System zu wandeln.

Die Tendenz zur Beraubung

In der Zinswirtschaft berauben die Vermögenden die Arbeitskräfte eines immer größer werdenden Teils ihres Arbeitslohns. Dieser Beraubung kann man nicht entgehen, weil sie in allem enthalten ist, was wir uns kaufen und was wir an Steuern zahlen. Man kann nur in dem Maße einen Ausgleich schaffen, in dem es gelingt, selbst leistungsloses Einkommen zu erzielen, das andere erarbeiten müssen. Somit ist es der allgemeine Kampf, der Beraubung durch Beraubung zu entgehen, der die Beraubung zur Kultur macht.

Überschüssige Gelder einer gesättigten Volkswirtschaft wandern ins Ausland, um dort höhere Zinsen zu erwirtschaften. Durch den allgemeinen Kampf um leistungslose Einkünfte geben wir unsere Unterschrift und unser Einverständnis für die Ausbeutung der Arbeitskräfte in jenen Billiglohnländern, in denen die Arbeitskraft am wenigsten geschützt ist. Der Großteil von uns heißt eine globale Ausbeutung durch sein Verhalten gut, nur um selbst nicht zu den absoluten Verlierern zu gehören, die kaum oder keine leistungslosen Einkünfte erzielen.

Unser allgemeiner Kampf heißt eine Beraubung gut, von der letztlich nur die Reichsten profitieren und die die Zahl der Verlierer einher mit dem uferlosen Superreichtum wachsen lässt. Die Gewinnmaximierung von Kapitalinvestitionen ist niemals fair und immer gnadenlos. Je höher der Gewinn, desto größer die involvierte Beraubung von Arbeitskraft.

Das Gebot des Optimierens leistungsloser Einkommen auf Kosten der Arbeitenden öffnet ein Tor zu einer Kultur des Beraubens. Das Erzielen eines Sachkapitalzinses macht die systematische Entlassung von Mitarbeitern gesellschaftsfähig, obwohl diese offensichtlich ihrer bezahlten Arbeit beraubt werden. Unternehmen, die von Kapitalinvestoren als unrentabel geschlossen werden, berauben die Arbeitskräfte ihrer bezahlten Arbeit. Der Steuerzahler wird durch die Staatsverschuldung beraubt und der Konsument durch die Verschuldung der Wirtschaft.

Durch einen Gang an die Börse zur Beschaffung risikolosen Kapitals setzt sich der Raubzug fort. Die leistungslosen Renditen müssen von Mitarbeitern und Unternehmer erwirtschaftet werden. Die abfließenden Renditen fehlen für die Bezahlung ihrer Arbeit.

Börsen werden noch in einem weiteren Sinne zur Beraubung genutzt. Die Aktienkurse folgen nicht dem realen Geschehen in der Wirtschaft.

Sie folgen nur der Menge der gekauften und verkauften Aktien. Die größten Anleger kaufen daher allein durch die Größe ihrer Investition zu niedrigeren Kursen und verkaufen zu höheren Kursen, wenn sie einigermaßen geschickt vorgehen. Die kleineren Anleger, die den künstlichen Tendenzen folgen, weil sie sie für real halten, kaufen zu bereits erhöhten Kursen und verkaufen zu bereits gefallenen Kursen. Somit ist die Börse für die größten Vermögen ein passendes Werkzeug, um die Investitionen der kleineren Anleger abzuschöpfen.

Börsen führen zudem zur Beraubung ethisch verantwortungsbewusst geführter Unternehmen, wenn diese wegen zu niedrigem „Shareholder Value" durch feindliche Übernahme den Besitzer wechseln.

Die Börsen sind ein reines Zinsphänomen und werden in einem System Fließenden Geldes verschwinden (siehe Kapitel II).

Ein weiterer Weg der Beraubung in der Zinswirtschaft besteht im internationalen Devisenhandel. Der Tausch von Geld gegen Geld kann nur Gewinne einbringen, wenn es gelingt, eine Kursentwicklung richtig vorauszusagen oder zu manipulieren. Durch systematischen Währungsverkauf kann der Devisenhandel kleinere Volkswirtschaften in die Knie zwingen.

Er führt gelegentlich zu Milliardenverlusten auf Seiten der Spekulanten. Diese werden vom Steuerzahler aufgefangen, wenn ansonsten ein Banken-Crash droht. Das heißt, nur die Multimilliardenverluste der Reichsten werden vom Steuerzahler aufgefangen.

Wer die Wechselwirkungen zwischen Aktienkursen, Devisenkursen und Zinsniveau kennt, kann durch Manipulation mit ausreichend großen Beträgen gigantische leistungslose Gewinne auf Kosten von Arbeitskräften und Mitspekulanten einstreichen. Auf diesem Spielfeld berauben sich die Vermögenden gegenseitig, wobei die Kleineren aufgrund der Strategien der Größeren leichter unter die Räder kommen. Weniger die Intelligenz siegt, als vielmehr die Manipulations- und Täuschungskraft durch die Größe des Einsatzes, denn im Bereich leistungsloser Tätigkeiten sind einerseits die Verdienste der einen immer die Verluste der anderen. Andererseits sind die gesamten leistungslosen Verdienste die Verluste der Arbeitenden und der Steuerzahler.

Das tägliche Handelsvolumen auf dem internationalen Devisenmarkt beträgt zurzeit etwa 7 Billionen Dollar.

Der spekulative Devisenhandel wird mit Fließendem Geld unlukrativ. Damit werden auch die Beraubungsstrategien, welche die Wechselwirkungen zwischen Aktien- und Devisenkursen sowie Zinsniveau ausnutzen, verschwinden (siehe Kapitel II).

Die Zinswirtschaft wirkt sich auch auf die Beziehung zwischen Mensch und Natur aus. Sie betrachtet die Ressourcen der Natur gerne als kostenlos. Die Tendenz zur Verknappung macht es notwendig, Kosten in die Zukunft zu verschieben. Die finanzielle Verknappung lässt sich hinauszögern, wenn man für die Ressourcen der Natur nichts zahlen muss. Daher windet sich die Zinswirtschaft vor dem Gedanken, die Natur für ihre Leistungen angemessen zu entlohnen und sie dadurch auch zu erhalten. Umweltsanierungskosten in ferner Zukunft können als vernachlässigbar gerechnet werden, weil sie heute abgezinst fast nichts kosten. In Wahrheit sind die Naturressourcen unbezahlbar, weil wir die Natur für unser Überleben brauchen.

Wer diesen Gedanken akzeptiert und verantwortungsbewusst gegenüber der Natur wirtschaftet, gerät leicht in ein Hintertreffen gegen den, der es nicht tut, und wird aussortiert, z.B. durch eine feindliche Übernahme an der Börse. Die Tendenz zum feindlichen Wettbewerb benachteiligt verantwortungsbewusstes Handeln also im systemimmanenten Verdrängungswettbewerb. Der ständige Zwang zur Kosteneinsparung erzeugt immer den Druck, die Kosten zu senken. So wird als Argument zur Rechtfertigung der Umweltzerstörung gerne auf die Arbeitsplätze verwiesen, die durch die Pflicht zur Erhaltung der Natur verloren gingen. Wenn der Zwang zum Wirtschaftswachstum Vorrang behält vor den Bemühungen zum Schutz der Natur, wird sich unser Planet nicht retten lassen. Die Zinswirtschaft erzeugt also eine Tendenz, sowohl den Menschen des Lohns seiner Arbeit zu berauben als auch die Geschenke der Natur zu plündern.

Die wachsenden Guthaben bieten sich dem Markt gegen einen Zins an und wollen diesen auch immer weiter und weiter erzielen. Gesamtwirtschaftlich gesehen besteht die Intention der Kreditgeber also darin, die Gesamtheit der Kreditnehmer dazu zu bewegen, ihre Schulden zu vergrößern anstatt sie abzubauen. Die Guthaben können nur wachsen, wenn die Schulden wachsen. Die Gesamtheit der Kreditnehmer wird durch die Zinswirtschaft zwangläufig in eine zunehmende Zinsknechtschaft genommen, welche allein den Kreditgebern zu gute kommt.

Dabei wird durch das Gegenrechnen von Guthaben gegen Schulden gerne verschleiert, dass es sich bei Kreditgebern und Kreditnehmern nicht um dieselben Menschen handelt. Handelte es sich um dieselben Menschen, könnten sie mit ihren Guthaben ihre Schulden tilgen. Dies passiert nicht und weist damit auf die Spaltung der Gesellschaft in Nettozinsverdiener und Nettozinszahler hin. Durch das ständige Anwachsen von Guthaben/Schulden verstärkt sich diese Spaltung immer mehr. Die Kreditnehmer werden systematisch eines Teils der Bezahlung ihrer Arbeit beraubt und tendenziell wachsen ihre Schulden immer mehr an, anstatt dass sie sie abbauen können.

Die Tendenz zur Verschwendung

In der Zinswirtschaft müssen Schulden gemacht werden, um neue Arbeitsplätze zu schaffen.

Durch den technischen Fortschritt in der Fertigung (durch automatisierte Maschinen) und in der Verwaltung (durch Computer) können die für die Versorgung der Gesellschaft erforderlichen Arbeiten bei effizienter Organisation aller Systeme immer weiter reduziert werden. Somit entsteht eine Situation, in der entweder immer weniger Menschen, oder alle Menschen immer weniger arbeiten müssten, während alle reichlich mit allem versorgt sind, das sie benötigen oder wünschen. Diese Möglichkeit wird von der Zinswirtschaft aber durchkreuzt, da sie nicht auf die gute Versorgung aller, sondern auf das Erwirtschaften von Sachkapitalzinsen ausgerichtet ist. Hierzu benötigt sie Knappheit.

Die Zinswirtschaft verlangt die Investition der vorhandenen Guthaben, damit diese einen Zins erwirtschaften, was gleichbedeutend damit ist, dass sie ein Anwachsen der Schulden verlangt. Wenn

Schulden gemacht und in Arbeitsplätze investiert werden müssen, die niemand braucht, weil der technische Fortschritt diese nicht benötigt, verbleibt allein die Möglichkeit, Arbeitsplätze für Tätigkeiten zu schaffen, die aus der Sicht effizienter Organisation überflüssig sind.

Somit bewirkt die Zinswirtschaft verschiedene Effekte, die alle dafür sorgen, dass der technische Fortschritt und die Effizienzsteigerung nicht zu einer Vereinfachung des Lebens und zu einer besseren Versorgung des Einzelnen führen:

1. Es wird eine Vielzahl komplizierter Gesetze erlassen, deren Verwaltung vielen Beamten eine Arbeit verschafft. Gleichzeitig zwingen solche komplexen Gesetze die Wirtschaft, einen Verwaltungsapparatur zur korrekten Einhaltung der gesetzlichen Vorschriften zu schaffen. Weitere Arbeitsplätze entstehen für Steuerberater und Rechtsanwälte. Somit entsteht durch komplizierte Gesetze eine Vielzahl von Arbeitsplätzen, die aus der Sicht effizienter Organisation überflüssig sind. Während viele Menschen sich zurecht Gedanken über eine mögliche Vereinfachung der Gesetzgebung machen, fordert die Zinswirtschaft eine zunehmende Komplizierung, damit genug Geld in überflüssige Arbeiten investiert wird, um die Neuverschuldung so hoch zu halten, dass das System weiterexistiert.

2. In der industriellen Fertigung erzeugt die Zinswirtschaft Verschwendung, indem sie durch den Zwang zur Kosteneinsparung die Produktion kurzlebiger Produkte favorisiert. Würden Waren produziert, die vielfach länger halten als die heutzutage produzierten Waren, würde sich der Arbeitsaufwand zur Fertigung dieser Waren natürlich drastisch verringern. In einem System, das die Fertigung qualitativ hochwertiger Waren zuließe, die jahrzehntelang halten, würde sich die durchschnittliche Arbeitszeit drastisch verkürzen.

3. Ein weiteres Beispiel für die Verschwendung in der Zinswirtschaft besteht im Transportwesen. Durch den feindlichen Wettbewerb der Unternehmen entstehen zentrale Großunternehmen. Produktionsstätten werden in Billiglohnländer ausgelagert. Diese beiden zinsbedingten Tendenzen sorgen für enorme Transportwege, die eine

riesige Verschwendung gegenüber einer dezentralen regionalen Versorgung mit sich bringen.

Auch die Ressourcen der Umwelt werden durch die Zinswirtschaft verschwendet:
1. Die Produktion kurzlebiger Produkte verschwendet in einem raschen Tempo die Ressourcen der Erde.
2. Wären alternative Energiequellen zinslos finanzierbar, würden Wirtschaft und Privathaushalte rasch von Strom aus Kohle- und Kernkraftwerken sowie vom Mineralöl unabhängig, was die Ressourcen der Erde schonen würde. Durch die Zinswirtschaft sind die Alternativen zu teuer, so dass es billiger ist, die Ressourcen zu verschwenden.

Während die Zinswirtschaft einen riesigen Mangel erzeugt, bewirkt sie gleichzeitig eine gigantische Verschwendung. Die Volkswirtschaft wird zu einer Verschwendung gezwungen, die allein dem Bedürfnis dient, dass die privaten Guthaben investiert werden und eine Verzinsung erzielen.

Die Knappheit ist in der Zinswirtschaft nicht behebbar, weil Sachkapitalzinsen erwirtschaftet werden müssen. Jede Zunahme in der Effizienz industrieller und verwaltungstechnischer Arbeit führt lediglich zu einer Zunahme der Verschwendung, zu einer Zunahme unproduktiver, ineffizienter und überflüssiger Tätigkeiten, so dass der wirkliche Nutzen aus dem technischen Fortschritt niemals bei der arbeitenden Bevölkerung ankommt.

Was dabei ebenfalls verschwendet wird, ist unser kreatives Potential. Wenn wir einfache und funktionierende Lösungen für gesellschaftliche Probleme finden, zum Beispiel für eine sinnvolle Vereinfachung des Steuersystems, lassen sich diese oft nicht in die Realität umsetzen. Der Zwang zu zunehmender Verschuldung lässt einfache Lösungen oft nicht zum Zuge kommen, wenn diese zu Kosteneinsparungen führen.

Die Verschwendung ist in der Zinswirtschaft unumgehbar, denn es ist allein die Verschwendung, die den Schuldenapparat am Laufen hält und den Zusammenbruch des Systems vermeidet. Dies wiederum trägt permanent zur Verwirrung unserer Bemühungen ums Sparen bei. (Mehr zur Tendenz zur Verwirrung weiter unten.)

Obwohl niemand die Verschwendung will, wird sie gesellschaftlich doch toleriert, sonst würde sie ja nicht stattfinden. Welches sind nun die Kräfte, die zu dieser Toleranz führen? Die Hauptursache für die Toleranz der Verschwendung findet sich in der Angst vor Armut in ihren Formen der:

- Angst vor dem Verlust des Arbeitsplatzes
- Angst vor dem Verlust der Altersrücklagen
- Angst vor dem Verlust des Vermögens

Auch wenn wir erkennen, dass wir eine im Grunde genommen überflüssige Tätigkeit ausüben und die Verschwendung darin erkennen, akzeptieren wir die Verschwendung, weil wir nicht arbeitslos sein wollen.

Wenn die Zinswirtschaft zusammenbricht, werden unsere Sparrücklagen fürs Alter, Wertpapiere und dergleichen wertlos. Die Wirtschaft kann nur durch Verschwendung in Gang gehalten werden, damit das erforderliche Maß an Verschuldung erreicht wird. Wir akzeptieren die Verschwendung von Arbeitskraft und Ressourcen, weil wir natürlich unser hart erarbeitetes Geld vor dem Zusammenbruch der Wirtschaft retten wollen.

Hier gilt es, uns von der Angst vor Armut zu befreien und Verantwortung für die Einführung eines Systems zu übernehmen, in welchem es keinen Zwang zur Verschwendung gibt.

Die Tendenz zur Bestechung

Wenn es gelingt, andere über eine Zinswirtschaft eines Teils des Lohns für ihre Arbeit zu berauben, entsteht bei den Beraubten ein Widerstand gegen die Beraubung. Dies erzeugt bei den Zinsverdienern die Tendenz, Menschen in verantwortlichen Positionen an den Zinsgewinnen zu beteiligen, damit der Widerstand nicht zu einem Wandel des Systems führt. Die zunehmende Beraubung führt zu einem zunehmenden Widerstand, welcher auch den Bestechungsaufwand ansteigen lässt.

Die Zinswirtschaft führt zu einer Kultur des Bestechens, die sich für die sich durch den Zins immer mehr anhäufenden bestechenden Privatvermögen, sowie für die Bestochenen lohnt. Diese Praxis geht auf Kosten der Mehrheit, der es nun nicht gelingt, das System zu wandeln. Das Einvernehmen zwischen den bestechenden Privatvermögen und den Bestochenen in den verantwortlichen Positionen kann in einer „demokratischen" Gesellschaft zur Bildung eines Geldmachtapparats führen, wie von Professor Krysmanski beschrieben.

Die durch die Zinswirtschaft stattfindende Umverteilung des Volksvermögens von unten nach oben findet in drei Bereichen statt. Durch die wachsende Verschuldung:

- der Privathaushalte
- der Wirtschaft
- des Staates

Die steigende Wirtschaftsverschuldung verteilt das Volksvermögen durch steigende Lebenshaltungskosten und durch wachsende Arbeitslosigkeit um, welche durch eine Teuerung der Sozialversicherung bezahlt wird, so dass die arbeitende Bevölkerung die Arbeitslosigkeit bezahlt, nicht die Privatvermögen, die sie durch ihr Anwachsen erzeugt haben.

Die steigende Staatsverschuldung verteilt das Volksvermögen wie folgt an die Geldelite:

- durch Anhebung der Steuern und Abgaben,
- durch Kürzung der Renten,
- durch andere Reformprogramme.

Durch Bestechung lassen sich die gesetzlichen Regelungen zugunsten der Zinszahlungen an die Geldelite optimieren und absichern. Da sich die Großkonzerne in der Regel in Händen der Geldelite befinden und der Mittelstand nicht, kann durch Bestechung die Steuergesetzgebung so beeinflusst werden, dass Großkonzerne ganz andere Steuersparmöglichkeiten haben als mittelständische Betriebe.

Durch die Bestechung genialer Wissenschaftler können Programme entwickelt werden, welche die von der Politik zum Gesetz gemachte Umverteilung optimieren. Außerdem können solche Wissenschaftler die „Wissenschaft" im Sinne der Geldelite betreiben und damit die öffentliche Debatte dominieren.

Der feindliche Wettbewerb erzeugt eine Tendenz, schneller Geld und Macht anzuhäufen als die Wettbewerber. Im feindlichen Wettbewerb lohnt es sich, Wettbewerbsprodukte oder umweltfreundliche, dezentral verfügbare Innovationen, welche keine Sachkapitalzinsen einbringen würden, zu unterdrücken. Durch Bestechung besteht z. B. die Möglichkeit,

- unerwünschte Produkte oder Technologien verbieten zu lassen
- vorhandene Technologien gesetzlich vorzuschreiben und die Zulassung alternativer Innovationen zu verhindern oder hinauszuzögern
- teure Zulassungsvorschriften zu erlassen, die sich nur Großkonzerne leisten können

Wenn wir in einem gesellschaftlichen Klima, in dem die Bestechung so weit verbreitet ist, ein System einführen wollen, in welchem Machtausübung und Geldanhäufung durch Bestechung nicht mehr möglich ist, müssen wir zuallererst selbst unkorrumpierbar sein und unsere Integrität wahren. Sich in einer Zinswirtschaft Integrität und Rechtschaffenheit zu bewahren, weist auf Charakter hin. Wenn wir eine solche Charakterstärke entwickeln, entsteht ein Klima, in dem es möglich wird, ein funktionierendes zinsfreies System einzuführen.

Solange in einer Gesellschaft das unterschwellige Verlangen vorherrscht, selbst einmal auf der Gewinnerseite zu stehen und durch eigenes Vermögen auf Kosten anderer leben oder sogar reicher werden zu können, gibt es auch bei der benachteiligten Mehrheit eine Zustimmung zur Zinswirtschaft an sich. Das Ausmaß der Zustimmung misst sich nicht zuletzt an der Bestechlichkeit der Einzelnen, ihre Integrität aufzugeben, um dadurch Vorteile auf Kosten anderer oder der Allgemeinheit zu Erzielen. Nur wenn eine Kultur der Integrität Einzug hält, kann sich eine Tür öffnen, die Zinswirtschaft durch ein gerechtes System zu ersetzen.

Ohne eine Zinswirtschaft wird Bestechung schon alleine deshalb verschwinden, weil sie nicht mehr bezahlbar ist. Wenn kein Geldstrom von einer Masse zu einer Minderheit fließt, kann auch kein Teil dieses Stromes zur Finanzierung von Bestechung verwendet werden.

Die Tendenz zur Täuschung

Die Zinswirtschaft führt zu einem kontinuierlichen Anstieg der Guthaben/Schulden. Dieser steigert den Umfang der leistungslosen Einkommen und senkt den Anteil des Geldes, der für die Bezahlung von Arbeit übrig bleibt. Dadurch ist die Zinswirtschaft für den größten Teil der Bevölkerung von einem zunehmenden Nachteil. Dennoch möchte die Zinswirtschaft in unseren Augen gut dastehen. Damit wir sie für ehrenwert und begehrenswert halten, täuscht sie uns auf vielerlei Weise.

Sie macht uns glauben, wir könnten als Gesellschaft positive gesellschaftliche Zustände durch sie herbeiführen.

Die Wahrheit ist, sie spaltet die Gesellschaft immer mehr in arm und reich und sorgt damit bei der Mehrheit für eine Verschlechterung der Zustände.

Sie macht uns glauben, alle könnten sich durch Kompetenz, Effizienz und Fleiß einen Wohlstand erarbeiten und die Verlierer des Systems wären inkompetent, ineffizient und faul.

Die Wahrheit ist, die sich zunehmend beschleunigende Umverteilung macht immer mehr Menschen zu Verlierern des System, egal wie hoch das allgemeine Niveau an Kompetenz, Effizienz und Fleiß ist.

Sie macht uns glauben, dass alle ihren Wohlstand durch Zinsen vermehren und sich eine Existenz aufbauen können.

Die Wahrheit ist, dass in der Zinswirtschaft nur etwa 10% der Bevölkerung am Zins verdienen, während der große Rest zunehmend draufzahlt.

Sie macht uns glauben, wir könnten die auftretenden Engpässe durch besondere Kraftanstrengungen überwinden, so dass es anschließend wieder besser und einfacher läuft.

Die Wahrheit ist, dass sich der Engpass auf Dauer stets verschärft und die Verknappung durch das Ankämpfen dagegen nur hinausgezögert werden kann.

Sie macht uns glauben, die Zeiten würden allgemein härter und schwieriger, so dass alle solidarisch sein und gemeinsam kürzer treten müssen.

Die Wahrheit ist, während es für 80-90% immer knapper wird, werden 10% durch die stattfindende Umverteilung immer reicher.

Sie macht uns glauben, die Gewinner des Systems hätten durch Kompetenz, Effizienz und Fleiß Erfolg.

Die Wahrheit ist, die wirklich Vermögenden tun für ihre Einkünfte nichts oder nicht viel.

Sie macht uns glauben, das System wäre sicher. Uns wird erzählt, man hätte aus den Fehlern der Inflation und Weltwirtschaftskrise im 20. Jahrhundert gelernt und dies könne nicht mehr passieren.

Die Wahrheit ist, unbegrenztes Wachstum in einer begrenzten Welt führt am Ende immer zum Zusammenbruch des Systems.

Sie macht uns glauben, Wirtschaftswachstum schaffe und sichere Arbeitsplätze.

Die Wahrheit ist, auf Dauer wächst die Verschuldung stets schneller als die Wirtschaft. Wachsende Verschuldung führt zu wachsender Arbeitslosigkeit und/oder sinkenden Reallöhnen.

Die Zinsherrschaft macht uns glauben, die Interessen der Arbeitenden und Benachteiligten in der Gesellschaft würden durch die Parteien im Parlament vertreten.

Die Wahrheit ist, die Parteien erfüllen die Aufgabe, die in der Zinswirtschaft stattfindende Umverteilung von unten nach oben gesetzlich abzusichern und zu optimieren. Durch Bestechung befolgen die Parteien die Wünsche der Geldelite und kommen nicht dem Wählerauftrag nach.

Sie macht uns gerne glauben, die Mineralölsteuer diene der Förderung der umweltfreundlichen Alternativen.

In Wahrheit werden diese klein gehalten, weil die Mineralölsteuern für die Staatsausgaben benötigt werden. Die Staatsverschuldung ist zu hoch. Die Steuern werden für die Zinszahlungen benötigt.

Sie macht uns glauben, in den Massenmedien herrsche eine absolute Meinungsfreiheit und Meinungsvielfalt.

In Wahrheit verbirgt sich hinter der Meinungsvielfalt eine Gleichschaltung in Bezug auf die Interessen der Geldelite, die laufende Umverteilung reibungslos weiterzuführen.

Die von der Zinswirtschaft ausgehende Irreführung wird vielfach gar nicht als solche wahrgenommen, weil wir halt nichts anderes kennen. Wir sind es gewohnt, selber alles daran zu setzen, um gut dazustehen. Wenn wir unsere Tendenz überwinden, immer gut dazustehen, und uns stattdessen authentisch zum Ausdruck bringen, lässt sich eine Kultur herbeiführen, die ohne eine Zinswirtschaft funktioniert.

Die Tendenz zur Verwirrung

Die Zinswirtschaft ist schizophren und erschafft eine schizophrene Welt, die uns in eine permanente Grundverwirrung stürzt, die ständig gegenwärtig ist.

Der freie Wettbewerb bewirkt eine zunehmende Marktsättigung. Die Kraft des Zinses fließt in Richtung Bedarfsdeckung.

Mit der zunehmenden Bedarfsdeckung sinken die Sachkapitalzinsen. Unternehmen mit Sachkapitalzinsen unterhalb des Geldzinsniveaus werden wegen Unrentabilität geschlossen. Der Markt schrumpft.

Die Kraft des Zinses fließt in Richtung Marktschrumpfung.

Die Marktschrumpfung erhöht die Nachfrage für die, die übrig bleiben.

Die Kraft des Zinses fließt wieder in Richtung Bedarfsdeckung.

Mit der zunehmenden Bedarfsdeckung sinken die Sachkapitalzinsen wieder. Weitere Unternehmen mit Sachkapitalzinsen unterhalb des Zinsniveaus werden geschlossen. Der Markt schrumpft.

Die Zinswirtschaft strebt eine Bedarfsdeckung an, die sie selbst immer wieder bremst.

Hü und Hott, Hü und Hott, Hü und Hott, wie ein Stopp und Go-Fahren auf der Autobahn.

Gleichzeitig wächst mit jedem Schrumpfungsvorgang die Arbeitslosigkeit immer mehr an, die Anzahl der Verlierer wächst und die Gefahr für die Überlebenden, irgendwann auch zu den Verlierern zu gehören, steigt.

Die Kräfte des Zinses bewirken einen steten Wechsel von Ausdehnung und Schrumpfung. Dies erzeugt eine Schizophrenie, die die Gesellschaft niemals zur Ruhe kommen lässt. Einerseits müssen wir sparen (was

Schrumpfung bewirkt), um Kredite zurückzahlen und so wirtschaften zu können, dass wir nicht in Schulden ersticken. Andererseits müssen insgesamt die Schulden wachsen (was Ausdehnung bewirkt), damit überhaupt genug Geld in Umlauf bleibt. Die Zinswirtschaft zwingt den Einzelnen durch die auferlegten Zinslasten zur Sparsamkeit. Gleichzeitig zwingt sie die Gesamtwirtschaft durch den Zwang, die sich anhäufenden Guthaben gegen Zins zurück in den Geldumlauf zu bringen, zu einer wachsenden Verschuldung. Wenn die Verschuldung nicht zunimmt, bricht das System zusammen. Die Verschuldung muss wachsen, auch wenn dies zwangsläufig eine zunehmende Verschwendung mit sich bringt.

Einerseits müssen wir Ressourcen effizient nutzen, um rentabel sein zu können, andererseits erzwingt die Notwendigkeit wachsender Verschuldung die Gesamtwirtschaft zu einem Haufen von Arbeitsbeschaffungsmaßnahmen. Diese lassen das Ausmaß überflüssiger Tätigkeiten anwachsen. Was könnte ineffizienter sein als das. Auch die Produktion von Ramsch beinhaltet quasi Arbeitsbeschaffungsmaßnahmen, da die Fertigung qualitativ hochwertiger und langlebiger Produkte mit viel weniger Aufwand betrieben werden könnte.

Einerseits muss der Staat eisern sparen, da er die Steuern nur senken kann, wenn er die Schulden abbaut. Andererseits muss er sich weiter verschulden, damit genug Geld in Umlauf bleibt, wenn Wirtschaft und Privathaushalte sich nicht genug verschulden. Wer hat sich nicht schon aufgeregt über die offensichtliche Verschwendung öffentlicher Gelder? Nun, die Zinswirtschaft erzwingt dies. Die Politiker müssen immer wieder der Verschwendung dienen, auch wenn sie sparen wollen.

Einerseits verknappt die Zinswirtschaft das Geld, so dass wir versuchen müssen, uns Dinge zu kaufen, die länger halten, andererseits erzwingt die Zinswirtschaft die Produktion von Ramsch, der immer schneller kaputt geht, so dass die Ressourcen der Erde (und die finanziellen Ressourcen) immer schneller aufgebraucht werden.

Die Zinswirtschaft verwirrt auch unsere Intelligenz und unser kreatives Potential, einfache Lösungen zu finden. Wenn sich einfache und funktionierende Lösungen für gesellschaftliche Probleme auf Grund des Zwangs zu zunehmender Verschuldung nicht in die Realität umsetzen lassen, sind wir verwirrt, weil wir die Ursache nicht verstehen. Der Misserfolg im Anstreben um eine Vereinfachung der Gesetzgebung verwirrt uns. Das Gebot wachsender Guthaben und damit wachsender Verschuldung hat immer den Vorrang vor dem Gebot zu einer Vereinfachung des Systems.

Selbst wenn umfassende Vereinfachungen und Einsparungen zum Zuge kommen, verstärkt sich an anderer Stelle der Druck, für eine ausreichende Verschuldung der Gesamtwirtschaft zu sorgen. Auch wenn unsere kreative Intelligenz einmal zum Ziel findet, wird die erforderliche Kompliziertheit und Verschwendung an anderer Stelle wieder herbeigeführt. Dies verwirrt die ganze Gesellschaft. Wir erzeugen die gesellschaftliche Verschwendung und Verwirrung selbst, weil uns als Zinsgesellschaft das Erzielen eines Kapitalertrags wichtiger ist als das Funktionieren und die Realisierbarkeit einfacher Lösungen.

Die Frustration in unseren Bestrebungen, einfache und gerechte gesellschaftliche Lösungen herbeizuführen, verstärkt natürlich auch die Tendenz zur Schuldzuweisung (mehr dazu weiter unten). Es gibt viele synergetische Wirkungen mit denen sich die negativen Tendenzen der Zinswirtschaft stets gegenseitig verstärken. Jede einzelne dieser Tendenzen ist dominant, weil die Zinswirtschaft sie unweigerlich hervorruft. Alle neun Tendenzen zusammengenommen üben eine Dominanz aus, die aus unserem Leben auf der Erde wahrhaftig ein Dunkles Zeitalter machen. Das komplexe, unlösbar negative Chaos des Gesamtsystem verwirrt uns natürlich auch.

Die eine durch die Zinswirtschaft erzwungene Bewegung ist immer zusammenziehend, um eine Krise zu überwinden, die andere Bewegung ist immer expandierend, um das System in Gang zu halten, was wiederum die Krise nicht nur beibehält, sondern noch verschärft. Beide Bewegungen werden durch die Zinswirtschaft gleichzeitig ausgelöst und zwar immer massiver, je mehr die Schulden anwachsen. Die Schizophrenie des Zinses steigert ihren Würgegriff immer mehr und verwirrt die ganze Gesellschaft ohne Unterlass.

Wenn unser Nervensystem den Beugemuskel und den Streckmuskel der Waden gleichzeitig aktiviert und beides mit voller Absicht, dann entsteht ein schmerzhafter Krampf, den niemand freiwillig haben möchte. Durch die Zinswirtschaft tun wir unserer Gesellschaft und damit uns selbst diesen Krampf aber ständig an. Der Krampf wird erst enden, wenn das System zusammenbricht, oder wenn wir eine neue Währung einführen, die das Geld zinslos in Umlauf hält.

Die durch die Zunahme der Verschuldung vorprogrammierte negative Richtung, in welche die Zinswirtschaft für den größten Teil der Menschen arbeitet, macht aus der Grundverwirrung eine Grundverunsicherung. Für die meisten ist das Lebensgefühl in der Zinswirtschaft dadurch geprägt, dass bei aller Anstrengung die Dinge letztlich immer in die falsche Richtung laufen. Obwohl der technische Fortschritt viele Arbeiten überflüssig macht und die Arbeitswelt immer effizienter durchorganisiert ist, wird das erfolgreiche Wirtschaften immer schwieriger. Das Geld wird knapper. Der Job wird unsicherer. Das Leben selbst wird unsicherer: obwohl man alles tut, um es sicherer und einfacher zu machen, funktionieren die Dinge letztlich nicht so, wie sie es sollten.

Wie soll sich eine Volkswirtschaft im Gleichgewicht halten, wenn sie gleichzeitig dem Befehl „sei effizient und spare" und dem Befehl „investiere weiter und mache Schulden" ausgesetzt ist? Ein solcher Befehl einer Sache und ihres Gegenteils kann nur Chaos erzeugen und die Volkswirtschaft in ein wachsendes Ungleichgewicht bringen.

Als Gesellschaft sind wir eins. Durch die Zinswirtschaft ist diese Einheit gespalten. Die Spaltung teilt uns in Nettozinsverdiener und Nettozinszahler. Die durch die Zinswirtschaft angehäuften Privatvermögen wollen ihr Geld immer weiter gegen Zins verleihen, damit ihr Vermögen immer weiter wächst, und die arbeitende Bevölkerung will so erfolgreich wirtschaften, dass sie sich von ihren Schulden befreit. Die einen wollen ihre Gewinne optimieren und die anderen kämpfen gegen die zunehmende Verknappung an. Die Zins-Gesellschaft ist also immer gespalten in jene, die ihre Schulden loswerden wollen und jene, die ihre Guthaben vergrößern und damit den Schuldenberg der Masse steigern wollen. Da wir im Außen beobachten können, dass die Privatguthaben und die Schulden immer weiter anwachsen, lässt sich unschwer erkennen, wer seinen Willen in dieser Zins-Spaltung durchsetzen kann. Der Kampf der Masse gegen die Knappheit ist in einer Zinswirtschaft immer zum Scheitern verurteilt.

Die Geldelite ist stets ambivalent und letztlich immer unlogisch in ihrer Beziehung zum Ganzen. Einerseits verdankt sie der arbeitenden Bevölkerung ihren ganzen Superreichtum, andererseits grenzt sie sich entschieden von ihr ab, weil sie ihren Reichtum nicht teilen will, und weil die Armut in der Welt wie ein lebendiger Vorwurf gegen ihre Gier ist. Einerseits befähigt sie mit ihrem Geld Menschen, ihre Projekte durchzuführen, andererseits entfähigt sie einen immer größer werdenden Anteil, seine Schulden abzubauen und treibt ihn in den Konkurs. Einerseits will sie ihre Kreditnehmer zur Zahlungsfähigkeit befähigen, andererseits will sie, dass das gesamte Kreditvolumen ihrer Kreditnehmer immer weiter ansteigt, das heißt sie will die Gesamtheit der Kreditnehmer entfähigen, ihre Schulden loszuwerden, damit ein beständig zunehmender Strom von Zinsleistungen zu den Kreditgebern fließt. Einerseits will sie, dass die Wirtschaft floriert, andererseits treibt sie sie auf Dauer in den Ruin. Einerseits will sie sich ihr Geschäft erhalten, andererseits lässt sie den Planeten zerstören.

Auch die arbeitende Bevölkerung ist ambivalent gegenüber dieser Zinsherrschaft. Einerseits kommt von dort das Geld, was wirtschaftliche Aktivität möglich macht. Andererseits sorgt dieses Geld für immer mehr Knappheit und macht es immer schwieriger, wirtschaftlich zu überleben. Was vor diesem Hintergrund in der arbeitenden Bevölkerung stets gegenwärtig ist, ist ein berechtigtes Misstrauen gegen die Kreditgeber, da diese vordergründig die Wirtschaftsleistung bewahren und Aktivitäten möglich machen, während sie in Wirklichkeit ausschließlich über die Zinszahlungen auf Kosten der Kreditnehmer reicher werden wollen.

Mit dem härter werdenden Konkurrenzkampf ums wirtschaftliche Überleben in der Zinswirtschaft wächst die Zahl der Verlierer des Systems und die Zahl derer, denen ein Abrutschen zu den Verlierern droht. Was unter solchen Umständen natürlich stark zunimmt, sind die

Selbstzweifel der Menschen, die sich fragen, ob sie gut genug sind, in dieser Welt bestehen zu können, und sich fragen, was sie um alles in der Welt bloß falsch machen.

Die Zinswirtschaft erzeugt also die Tendenzen zu Verwirrung, Chaos, Spaltung, Ambivalenz, Misstrauen und Selbstzweifel.

Die Tendenz zur Angst

Die Zinswirtschaft bringt eine Reihe von Phänomenen mit sich, die Angst auslösen. Diese Phänomene gäbe es in einer zinslos funktionierenden Wirtschaft nicht.

Sie bewirkt eine Knappheit im Gesamtsystem sowie eine sich beschleunigende Umverteilung des Vermögens von unten nach oben. Dies führt zu

- sinkenden Reallöhnen,
- steigender Arbeitslosigkeit,
- der Gefahr, in eine Schuldenfalle zu geraten,
- steigenden Steuern und Abgaben,
- sinkenden Renten,
- dem Zwang eines permanenten Wirtschaftswachstums, um die Geldverknappung zu bremsen und damit letztendlich
- dem unvermeidlichen Zusammenbruch des Systems, wodurch die geldgebundenen Vermögenswerte zerstört werden.

Alle diese Tendenzen sind ständig gegenwärtig und lösen die Angst aus, dass es uns trifft.

Sie führt zu einem feindlichen Wettbewerb, der uns zwingt, uns gegen andere so durchzusetzen, dass wir sie zu Verlierern machen, um selber nicht zu den Verlierern zu gehören. Ein Kampf, bei dem Mitmenschen als feindliche Konkurrenten gesehen und behandelt werden, löst – zumindest unterschwellig – immer auch die Angst vor deren Rache aus, in vielen Fällen auch völlig berechtigt.

Das Klima der Beraubung löst die Angst aus, der eigenen Verdienste und Rücklagen beraubt zu werden. Wer an der Börse, im Devisenhandel oder auf anderem Weg spekuliert, um seine leistungslosen Einnahmen zu optimieren und damit andere um einen Teil des Lohns für ihre Arbeit zu bringen, wird leicht selbst zum Opfer der Beraubungsstrategien anderer und verliert seine Rücklagen. Die Gefahr, bei Spekulationen zu verlieren, ist ständig gegenwärtig und löst Angst aus.

Die durch den globalen Wachstumswahn in der Zinswirtschaft entstehende Verschwendung zerstört unsere Umwelt, unseren Planeten und löst die berechtigte Angst vor einem Zusammenbruch des Ökosystems aus, wenn es nicht vorher gelingt, die Zinswirtschaft abzuschaffen.

Die durch Bestechung bewirkte Kontrolle der Gesetzgebung und Kontrolle des Bürgers, damit dieser im Zinssystem reibungslos funktioniert, löst Angst vor Fremdbestimmung und den Verlust der Freiheit aus.

Zinsgeschäfte bringen eine Beraubung des Kreditnehmers zugunsten des Kreditgebers mit sich. Der Kreditgeber will gut dastehen und das Vertrauen des Kreditnehmers gewinnen, um das Geschäft zu ermöglichen. Banken, die ihren Sparern einen Guthabenzins zahlen, sind gezwungen, das Geld verzinst zu investieren, um überhaupt tätig sein zu können. Durch die allgemeine Jagd nach leistungslosen Renditen und Gewinnen entsteht ein allgemeines Klima des „Gut dastehen wollens" und damit der Täuschung. Durch die Gewohnheit, unsere wahren Gedanken oder Absichten zu verbergen, zerstören wir unser gegenseitiges Vertrauen. Es entsteht Misstrauen und Angst, hinters Licht geführt zu werden.

Auch die Verwirrung in der Zinswirtschaft löst Angst aus, wenn es uns nicht gelingt, klare Gedanken zu fassen.

All dies ist in einer Zinswirtschaft ständig gegenwärtig und erzeugt Angst, letztlich am meisten immer die Angst vor der Verarmung in einer bedrohlichen Welt. Wer der Angst Hoffnung entgegensetzt und seine Hoffnung darin setzt, dass sich sein Leben innerhalb der Zinswirtschaft verbessert, kann an seinen Lebensumständen verzweifeln. Wenn durch die Zinswirtschaft bereits feststeht, dass die Arbeitslosigkeit wächst, die Reallöhne schrumpfen, Altersrücklagen entwertet werden und ein ungebremstes Wirtschaftswachstum die Umwelt zerstört, führt es leicht in die Verzweiflung, wenn man hofft, diese Zustände würden sich bessern, ohne zu verstehen, dass sie dies nicht können, weil die Zinswirtschaft die Zustände erzeugt.

Wenn man in einem Auto auf einen Abgrund zufährt und dabei hofft, man möge nicht hinunterstürzen, dann ist Hoffnung unter diesen Umständen die falsche Aktion. Was es braucht, ist den Wagen anzuhalten. Genauso ist Hoffnung innerhalb eines Zinssystems nicht das, was es braucht, sondern eine Aktion, einen Beitrag zu leisten, das System so zu wandeln, dass es ohne Zinswirtschaft funktioniert.

Wenn man keine Möglichkeit sieht, dem zinsbedingten Drangsal zu entkommen, erzeugt die Zinswirtschaft Ohnmacht, ein ohnmächtiges Ausgeliefertsein an die durch die Zinswirtschaft erzeugten Umstände. Während die Zinswirtschaft den Zinsherren große Macht gibt, setzt sie jene, die auf die Bezahlung ihrer Arbeit angewiesen sind, der Gefahr aus, in eine Situation zu gelangen, der sie ohnmächtig ausgeliefert sind.

Da Angst uns auch lähmt, stärkt sie die Macht der Zinsherrschaft, uns mit schlechten Nachrichten und einem Eindruck, dass alles immer schlimmer wird und die Situation ausweglos ist, in lähmende Angst zu versetzen, so dass wir von allem abgeschnitten sind, was uns ermöglichen könnte, das System zu wandeln.

Die durch die Zinswirtschaft in der Gesellschaft herrschende Tendenz zum feindlichen Wettbewerb gibt den Reichsten Macht über den Rest des Systems. Das dadurch herrschende Klima der Fremdbestimmung ist zumindest unterschwellig für jeden spürbar. Es entsteht leicht eine Angst vor dem, was die Reichsten mit ihrer Macht anstellen könnten. Viele steigern sich in eine paranoide Angst vor der Macht der Geldelite. Somit erzeugt die Zinswirtschaft einen Nährboden für Verschwörungstheorien.

Die Tendenz zur Schuldzuweisung

Die bisher dargestellten negativ dominanten Tendenzen der Zinswirtschaft lösen zahllose Missstände in der Welt und in unserem persönlichen Leben aus. Wir neigen dazu, uns schuldig zu fühlen, wenn wir Widrigkeiten erleben oder mit Missständen konfrontiert werden. Wir neigen ebenfalls dazu, die von uns empfundene Schuld auf andere abzuwälzen, um uns von der Last zu befreien, die das Schuldgefühl mit sich bringt.

Wenn wir von dem durch die Zinswirtschaft erzeugten Mangel betroffen sind und uns für den Mangel in unserem Leben schuldig fühlen, weisen wir gerne jenen die Schuld zu, die in unseren Augen das Geld verschwenden und unnötige Kosten auslösen, z. B. Arbeitslose, Ausländer, Beamte usw. Da niemand von uns Schuld an der Verknappung haben will, beharren wir darauf, mit unserer Meinung Recht zu haben und setzen andere ins Unrecht.

Die von uns beim Erfolg im feindlichen Wettbewerb empfundene Schuld weisen wir gerne den Verlierern des Systems zu, indem wir sie als inkompetent, ineffizient oder faul bezeichnen. Die beim Misserfolg empfundene Schuld wälzen wir gerne auf die Gewinner ab und bezeichnen sie als rücksichtslos.

Die durch die Beraubung empfundene Schuld weisen wir gerne denen zu, die es am übelsten treiben und klagen sie an. Wir beschweren uns über die ungebremste Gier der Reichen und Reichsten, so dass wir das Schuldgefühl über unsere eigene Gier auf sie abwälzen.

Falls Sie sich an dieser Stelle wundern, dass ich doch selber auf die Geldelite und ihre Herrschaft durch das Geld hinweise: Es ist wichtig, die Missstände in der Welt und ihre Ursachen nüchtern erkennen und beschreiben zu können, um die richtige Lösung zu finden. Man muss unterscheiden zwischen dem Übel, das getan wird, und dem Menschen, der dies tut. Wenn wir das Übel nicht verurteilen, stimmen wir ihm stillschweigend zu. Wenn wir den Menschen anklagen und verurteilen, der dieses Übel tut, stellen wir uns über ihn und verunmöglichen eine Lösung, für die dieser Mensch sich öffnen kann. Wenn wir Menschen nicht verurteilen, sondern nur ihre falschen Taten, geben wir ihnen die Chance zur Einsicht und Korrektur ihres Verhaltens. Außerdem übernehmen wir keine Verantwortung für den Wandel in der Welt, wenn wir im Schuldzuweisen verharren, egal wie Recht wir dabei haben mögen. Wenn wir das Schuldzuweisen aufgeben und Verantwortung übernehmen, entsteht ein Klima, das eine Lösung zum Wohl des Ganzen zulässt. Es ist also von höchster Wichtigkeit, die Übel, die in der Welt getan werden, und jene, die sie tun, genau zu unterscheiden, und die Übel zu verurteilen und die Menschen dahinter nicht. Schließlich wollen wir auf unsere eigenen Verfehlungen auch nur aufmerksam gemacht und nicht dafür verurteilt werden. Und was Du nicht willst, das man Dir tu, das füg auch keinem anderen zu.

Das Schuldgefühl über die Verschwendung in der Welt wälzen wir gerne auf die Gier der Reichen ab und sehen nicht unserer Beitrag, den wir durch das Ankämpfen gegen den Mangel leisten. Denn es ist unser Kampf gegen den Mangel, der das ständige Wirtschaftswachstum hervorruft.

Wenn wir für persönliche Vorteile unsere Integrität opfern, wälzen wir das Schuldgefühl gerne auf die Bestechung bei den Verantwortlichen in der Gesellschaft, als würde dies unseren Mangel an Integrität rechtfertigen. Nach dem Motto: Bestechlich ist doch jeder.

Unsere Schuldgefühle über unser „Gut dastehen wollen" wälzen wir gerne auf die Lügen der Verantwortlichen und Mächtigen sowie auf die Lügen in der Gesellschaft überhaupt ab, als wären wir ausgeliefert und könnten deswegen nicht authentisch sein.

Die Schuldgefühle wegen unserer Verwirrung wälzen wir gerne auf jeden ab, der uns Informationen gibt. Das können die Medien sein, die Politik und alle möglichen Menschen in unserem Leben.

Wenn wir uns von der Angst beherrschen lassen, geben wir die für einen positiven Wandel benötigte Kraft ab. Auch unsere Schwäche löst Schuldgefühle aus. Unsere Schuldgefühle lösen wiederum Angst vor einer Bestrafung aus. Angst und Schuld sind eng verwoben. Die Schuldgefühle wegen unserer Angst wälzen wir gerne auf den Nächstbesten ab, der sich dafür eignet.

Wir haben als Menschen sowieso eine Tendenz zum Schuldzuweisen. Die Zinswirtschaft verstärkt diese Tendenz durch die überhand nehmenden Missstände in der Welt um ein Vielfaches, so dass sie in unserer Gesellschaft und in unserem Leben allgegenwärtig ist. Der Kampf um das Rechthaben gegenüber jemand anderem und darum, die Oberhand dabei zu behalten, setzt sich überall in der Gesellschaft fort, auch dort, wo es gar nicht um Geld geht. Überall kämpfen wir darum, Recht zu haben und uns als Opfer anderer hinzustellen, die an allem Schuld sind. Am meisten geben wir denen die Schuld, die uns an allem die Schuld geben. Auch vor Gericht sind die Fronten häufig so verhärtet, dass es für uns mehr ums Recht bekommen geht als darum, dass wirkliche Gerechtigkeit herrscht.

Die Kultur des Rechthabens kann nur überwunden werden, indem wir immer wieder bewusst auf Schuldzuweisungen verzichten und Verantwortung für unser Leben und die Gesellschaft übernehmen.

Spirituell-psychologische Analogie zu den *Neun ND–Tendenzen*

Im weiteren Verlauf des Buches kürze ich „Die neun negativ dominanten Tendenzen der Zinswirtschaft" ab als die *Neun ND–Tendenzen*. Das spart Platz.

Im Folgenden stelle ich einige spirituell-psychologische Betrachtungen an. Wenn Sie zu jenen gehören, die den Menschen nur als physischen Körper mit Emotionen und Verstand betrachten, können Sie sich gedanklich in die Sichtweise versetzen, den Menschen als Bewusstsein zu sehen, das vorübergehend die Erfahrung macht, einen Körper zu haben oder Sie überschlagen diese Abschnitte.

Gehen wir einfach einmal davon aus, dass der Mensch unsterbliches Bewusstsein ist, welches vorübergehend Gedanken, Emotionen und einen physischen Körper annimmt, diese für eine Zeitlang behält und nach dem physischen Tod wieder in den Zustand reinen Bewusstseins zurückgeht.

Verknappung als Bewusstseinseigenschaft

Setzen wir dies voraus, dann schneidet uns die Identifikation damit, Körper und Verstand zu sein, von dem Bewusstsein ab, das unsterbliche, ewige Bewusstsein zu sein, das uns auf immer reichlich mit allem versorgt, was wir zum Leben benötigen. Durch dieses Abgeschnittensein von der inneren Quelle entsteht ein Mangelbewusstsein.

So wie die Zinswirtschaft die Knappheit durch kein Wirtschaftswachstum jemals beseitigen kann, so kann andererseits keine Anhäufung von Vermögen jemals den inneren Mangel beseitigen. Als Bewusstseinseigenschaft ist Gier nichts anderes als ein Ankämpfen gegen den inneren Mangel. Da das Mangelbewusstsein durch Vermögensanhäufung niemals überwunden werden kann, wird auch die Gier niemals befriedigt, egal wie viel sie gefüttert wird.

Wer den Zugang zur Quelle in sich selbst verliert, versucht, von außen Energien in Form von Aufmerksamkeit, Bewunderung, Ansehen, Geld, Vermögen etc. zu erhalten, die ihn erfüllen sollen. Diese chronische Suche im Außen verschüttet die innere Quelle immer mehr, so dass ein Zustand zunehmenden Mangels, zunehmender Knappheit entsteht.
Dieses zunehmende Gefühl des Mangels durch das Abgetrenntsein von der inneren Quelle wird durch den zunehmenden Mangel im Außen, den die Zinswirtschaft erzeugt, perfekt nachgebildet.

Bewusstseinsmäßig wird es das wachsende Mangelbewusstsein durch das zunehmende Abgetrenntsein von der inneren Quelle gewesen sein, welches im Mittelalter den Übergang von Fließendem Geld zur Zinswirtschaft bewirkte. Man kann sich für diesen Übergang leicht Folgendes vorstellen:

Die Menschen im Mittelalter des 11.–13. Jahrhunderts lebten mit umlaufsicheren Währungen, welche eine große Blütezeit hervorbrachten. In dieser Blütezeit waren die Menschen auch noch gut an ihre innere Quelle angeschlossen. Als die Neigung, Erfüllung im Außen zu suchen, zunahm, wurde auch die Versorgung durch die innere Quelle schwächer. Irgendwann entstand im Bewusstsein der Menschen ein Maß an Mangel, das eine Gier hervorbrachte, welche die Einführung eines Zinses gestattete, welcher im Anschluss Mangel und Gier enorm verstärkte. Im Außen war es die Gier der Könige und Landesherren, welche dem Fließenden Geld und damit der Blüte jener Zeit ein Ende bereiteten. Danach war die Menschheit von Europa ausgehend zunehmend in der Zinswirtschaft gefangen. (Mehr zu den Geschichtsepochen Fließenden Geldes in Kapitel IV.)

Feindlicher Wettbewerb als Bewusstseinseigenschaft

Durch das Abgeschnittensein von der inneren Quelle richtet sich unsere Aufmerksamkeit weg von einer uns unerschöpflich versorgenden Quelle im Innern und hin zu einer nur begrenzt verfügbaren Quelle im Außen. Da es für diese nur begrenzt verfügbare Quelle viele Wettbewerber gibt, erzeugt das Abgeschnittensein von der unerschöpflichen inneren Quelle einen feindlichen Wettbewerb um die begrenzten Ressourcen im Außen.

Wer in einem Zustand inneren Mangels lebt, ist ständig auf der Suche, Aufmerksamkeit und Zuwendung von außen zu erlangen. In einer Gruppe, in der jeder einzelne soviel Aufmerksamkeit wie möglich von allen anderen erhalten will, entsteht ein feindlicher Wettbewerb um diese Aufmerksamkeit, denn jeder, der Aufmerksamkeit erhält, nimmt diese allen anderen weg. Auch hier kann dieser Kampf zur Unterdrückung führen, wenn man das Ansehen einzelner so sehr senkt, dass sie keine Aufmerksamkeit mehr oder nur noch negative Aufmerksamkeit erhalten.

Der feindliche Wettbewerb unter den Menschen führt zu einem Gefühl des Getrenntseins und der Isolation, so dass die Verbundenheit immer mehr verloren geht.

Beraubung als Bewusstseinseigenschaft

Durch den Verlust der inneren Quelle, suchen wir die von uns benötigte Energie im Außen. Aber keine im irdischen Leben verfügbare

Energie, die wir uns (durch Ansehen, Aufmerksamkeit, Ruhm, Vermögen etc.) im Außen holen, kann die innere Leere ausreichend füllen, so dass ein nicht endender Raubzug auf Energien im Außen entsteht, sobald wir unser Glück und unsere Erfüllung im Außen suchen.

Auch auf einem Rechthaben zu beharren und sich damit gegenüber jemandem durchzusetzen, wirkt wie eine Beraubung. Da von zwei Seiten in der Regel beide Recht behalten wollen, hört der gegenseitige Raubzug auf die Energie des anderen nicht auf.

Wenn ein gegenseitiger Raubzug stattfindet, stimmen die Vorwürfe, vom anderen beraubt zu werden, in der Regel, so dass es leicht ist, auf dem eigenen Rechthaben zu beharren und dieses zu beweisen. Dummerweise hilft es niemals weiter, die Schwächen des anderen aufzuzeigen, wenn nicht die Einstellung vorherrscht, den anderen zu nehmen wie er ist und sich selbst zu wandeln.

Da die Beraubung in unserem eigenen Bewusstsein lediglich dazu dient, unser eigenes Überleben zu sichern, fällt uns nicht auf, wie schlimm wir auf andere wirken, so dass wir uns über die Missstände in der Welt aufregen, aber unseren eigenen Beitrag dazu nicht sehen.

Verschwendung als Bewusstseinseigenschaft

Durch die eigensinnige Suche nach Erfüllung im Außen leugnen wir die Möglichkeit, uns aus der unerschöpflichen Quelle im Innern zu nähren und verschwenden damit unser eigentliches Potential, als Bewusstsein in dieser Welt glücklich zu sein, ohne mit dieser Welt identifiziert zu sein. Die Wahrheit zu verleugnen und die Erfüllung an einem Ort zu suchen, wo sie nicht ist (nämlich im Außen), bringt eine nicht mehr endende Verschwendung mit sich.

Glücklich zu sein, ist eine Eigenschaft des Bewusstseins. Wenn wir Glück im Außen suchen, verschwenden wir damit die Möglichkeit, glücklich zu sein. Dadurch, dass unsere Gedanken gewohnheitsmäßig in Themen oder Gegenständen außerhalb unseres wahren Selbst umherschweifen, um dort Glück oder Befriedigung zu finden, findet

Verschwendung überall statt, wo unsere Gedanken unkonzentriert durch die Gegend wandern. Wenn es nicht gelingt, in unserem Geist ein Gleichgewicht und Konzentration herbeizuführen, geht viel Energie durch ziellose Gedankentätigkeit verloren, wodurch wir auch unsere Zeit verschwenden.

Die Zinswirtschaft bildet die Verschwendung bei dieser falschen Suche nach Glück nach. So wie es für den Menschen unmöglich ist, Glück und Erfüllung im Außen zu finden, so ist es unmöglich, mit einer Zinswirtschaft Fülle und Wohlstand für eine ganze Gesellschaft zu erwirtschaften.

Bestechung als Bewusstseinseigenschaft

Wenn nur die Außenwelt wirklichen Wert für uns hat, haben vermeintlich jene alle Vorteile, die im Außen am besten dastehen. Es sieht lohnend aus, innere Werte für Vorteile in der Außenwelt zu opfern, so dass wir unsere Integrität, Rechtschaffenheit und Ehrenhaftigkeit verlieren und damit die wichtigste Grundlage, um die Wahrheit des Einsseins allen Bewusstseins wieder erkennen zu können.

Nur wer den Erfolg in der äußeren Welt höher schätzt als die Treue zu seinen höheren Werten und zu seinem gegebenen Wort, kann auf die Idee kommen, dass es sich wirklich lohnt, seine Ehre zu verkaufen und in Ehrlosigkeit zu leben. An einem solchen Punkt haben wir so sehr die Verbindung zu unserem unsterblichen Bewusstsein und unserem Gewissen verloren, dass uns nicht mehr klar ist, dass wir mit allem, was wir anderen oder der Gesellschaft angetan haben, in diesem Leben oder danach einen Ausgleich werden erbringen müssen.

Bei dem, was Karma genannt wird, handelt es sich nicht um eine Bestrafung für begangene Sünden, sondern um eine Rückwirkung von Taten, die aus falschem Denken stammen, so dass das Denken korrigiert werden kann. Sich von anderen Menschen getrennt zu sehen, ist falsches Denken, weil wir in Wahrheit eins sind mit allem Leben und damit auch mit allen anderen Menschen. Dadurch dass wir am eigenen physischen Leib erfahren, was wir uns selbst angetan haben, in dem, was wir anderen angetan haben, haben wir die Chance, jene Liebe und jenes Mitgefühl zu entwickeln, durch das wir mit anderen wieder wie eins sind, wodurch wir die grundlegende Verbundenheit mit allen Menschen erfahren können.

Wer diese Wahrheit in der Tiefe erkennt und gegenwärtig hält, wird gegen die Versuchung immun, sich jemals Vorteile auf Kosten anderer zu erschleichen.

Täuschung als Bewusstseinseigenschaft

Durch die Grundtäuschung, Körper und Verstand zu sein anstatt unsterbliches Bewusstsein, täuschen wir uns selbst darüber, wer wir sind. Wenn wir glauben, dass wir für unser Leben in erster Linie Ansehen, Aufmerksamkeit, Anerkennung, sozialen Status und dergleichen benötigen, sind wir automatisch darauf fokussiert, in den Augen anderer Menschen gut dazustehen. Wenn dieses "Gut dastehen" uns unbewusst wichtiger wird als unser authentischer Selbstausdruck, entsteht eine Welt voller unbewusster automatischer Lügen.

Im schlimmsten Fall geht dies soweit, dass wir unsere Mitmenschen sogar absichtlich systematisch täuschen, wenn wir glauben, dass dies zu unserem Vorteil ist, solange wir nicht dafür bestraft werden. Teil der Selbsttäuschung ist die Unwissenheit über die Karma-Gesetze, welche uns zu dem Glauben verleitet, wir wären mit Vorteilen auf Kosten anderer davongekommen, wenn wir einer Bestrafung entgehen konnten.

Verwirrung als Bewusstseinseigenschaft

Durch die Grundtäuschung, Körper und Verstand zu sein, geraten wir ebenfalls in eine tiefe Verwirrung darüber, wer wir in Wahrheit sind. Bis die Wahrheit wiederentdeckt wird, kann diese Verwirrung auch nicht enden. Der Versuch, eine Lösung für unsere Probleme nur im Außen zu suchen, andere Menschen zu verändern und Dinge zu korrigieren, die uns nicht passen, erzeugt permanent Verwirrung, weil wir zwar unseren Geist wandeln können, der Glaube aber eine Illusion ist, wir könnten andere Menschen ändern oder die äußere Welt so hinwerkeln, wie wir sie haben möchten.

Angst als Bewusstseinseigenschaft

Durch den Glauben, ein sterblicher und anfälliger Körper zu sein, entsteht eine tiefe Angst, vernichtet zu sein, wenn der Körper stirbt. Nur durch die bewusste Erfahrung, unsterbliches Bewusstsein zu sein, kann diese Angst wirklich erlöst werden. Wie sollte es auch anders gehen?

Die Angst schneidet uns von der inneren Quelle ab, die uns befähigt, machtvoll im Leben handeln zu können. Ohne Verbindung zur inneren Quelle kann der Mensch leicht an widrigen Lebensumständen verzweifeln, denen er sich ohnmächtig ausgeliefert sieht.

Wenn wir der Angst erlauben, unser Leben zu beherrschen, verlieren wir unsere positive Schöpferkraft und die Angst erschafft unser Leben.

Schuldzuweisung als Bewusstseinseigenschaft

Durch unser Abgeschnittensein von unserem unsterblichen Bewusstsein, welches unser einziges wahres Selbst ist, entsteht ein Gefühl der Schuld, welches so unerträglich ist, dass wir es automatisch stets auf andere schieben wollen. Im Kampf um die Erlösung von dieser Schuld kämpfen wir permanent darum, mit unseren Ansichten Recht zu haben und die Schuld für Missstände bei anderen zu suchen.

In unserer Selbstwahrnehmung tritt das Rechthaben und Schuldzuweisen nur als ein Ankämpfen gegen einen inneren Notstand auf. Wir kämpfen gegen den Notstand an, an irgendetwas Schuld zu sein und rechtfertigen uns.

Unsere Mitmenschen nehmen unsere Tendenzen zum Rechthaben und Schuldzuweisen aber als aggressiv und vorwurfsvoll wahr, so dass sie möglicherweise in einen Zustand versetzt werden, in dem sie ihrerseits gegen den inneren Notstand möglicher Schuld ankämpfen, sich rechtfertigen und uns Vorwürfe machen, was wir wiederum als aggressives vorwurfsvolles Verhalten wahrnehmen und so weiter uns so fort.

Durch das allgemeine Ankämpfen gegen diesen inneren Notstand möglicher Schuld übernehmen wir keine Verantwortung für das Glück, den Erfolg und das Wohlbefinden in unserem Leben und für glückliche und voll ausgedrückte Beziehungen mit unseren Mitmenschen.

| Zusammenfassung

Eigentlich ist es also unser kollektives Bewusstsein, das die neun negativ dominanten Tendenzen des Zinses überhaupt erst ins Leben ruft. Es war also unser kollektives Bewusstsein, das ursprünglich die Zinswirtschaft ins Leben rief, welche dann ihrerseits die *Neun ND-Tendenzen* in der Welt hervorbringt und in unserem Bewusstsein verstärkt. Mit der Trennung von der inneren Quelle sind wir kollektiv in eine Falle gegangen, zu der die Zinswirtschaft die Klappe ist, die zuschnappte als sie sich etablierte, so dass sich unsere Gefangenschaft in den *Neun ND-Tendenzen* immer mehr verfestigt hat, so dass es keinen Ausweg zu geben scheint. Da wir durch die kollektive Gewohnheit, die Schuld für Missstände anderen zuzuweisen, nicht die tatkräftige Verantwortung für unser Leben übernehmen, üben wir in unserem Leben auch keine schöpferische Macht aus und machen daher kollektiv die Erfahrung, dass eine kleine Geldelite Macht über die Gesellschaften der Erde ausübt. Bewusstseinstechnisch gesehen hat also die kollektive Tendenz zum Schuldzuweisen die Geldelite an die Macht gebracht.

Auch wenn wir nicht an eine unsterbliche Seele glauben, verstehen wir, dass es das Bewusstsein ist, in dem wir leben, mit dem wir uns die Welt um uns herum so erschaffen wie sie ist. Die Zinswirtschaft beeinflusst unser Bewusstsein so, dass permanent die *Neun ND-Tendenzen* erzeugt und verstärkt werden. Mit diesen Tendenzen in unserem Bewusstsein erschaffen wir dann die Welt um uns herum, so dass uns nicht auffällt, wie unnatürlich die Tendenzen sind, die die Zinswirtschaft ständig in der äußeren Welt erschafft. Die Dunkelheit in unserem Bewusstsein und die von der Zinswirtschaft erschaffenen Missstände greifen Hand in Hand.

Die Macht des Zinsgeldes

Bevor ich nun übergehe zu Kapitel II und der Welt des Fließenden Geldes, fasse ich noch einmal dieses Kapitel zusammen.

Der Besitz von Geld verleiht Vorteile, die sich durch den Begriff der Liquiditätsprämie darstellen lassen. Wenn das Geld gegen die Zahlung eines Zinses in Umlauf gebracht wird, muss der Geldzins oberhalb dieser Liquiditätsprämie verbleiben, damit Geld nicht gehortet wird und es nicht zu einer Deflation durch Geldhortung kommt. Wenn der Sachkapitalzins aus Investitionen in die Wirtschaft den Geldzins unterschreitet, werden Unternehmen geschlossen. Der Wettbewerb führt zu einer zunehmenden Marktsättigung, welche die Sachkapital-zinsen gegen Null laufen lässt. Vorher wird durch Unternehmens-schließungen immer wieder die Knappheit hergestellt, die für das Erwirtschaften eines Sachkapitalzinses erforderlich ist. Die Guthaben und Schulden steigen über die Verzinsung immer weiter an. Da alle Guthaben einen Zins erzielen wollen, erzeugt die Sachkapital-zinsforderung eine chronische Verknappung des Sachkapitals, die niemals durchbrochen werden kann.

Das Anwachsen der Guthaben verstärkt die Spaltung zwischen arm und reich immer mehr. Der zusätzlich entstehende feindliche Wettbewerb lässt den Reichtum der Reichsten erheblich schneller anwachsen als den aller anderen. Dies lässt eine Geldelite entstehen, die über die Verknappung den Rest der Gesellschaft kontrolliert und sich dabei immer mehr bereichert.

Aus Knappheit und Mangel leiten sich acht weitere negativ dominante Tendenzen ab, die das Zinssystem für seine Herrschaft nutzt, und welche die Macht der Geldelite unanfechtbar erscheinen lassen. Die Zinswirtschaft erschafft eine Welt aus Knappheit und Gier, feindlichem Wettbewerb, Beraubung, Verschwendung, Bestechung, Täuschung, Verwirrung, Angst, sowie Schuldzuweisung.

Diese Tendenzen verstärken sich gegenseitig und machen aus der Zinswirtschaft einen Selbstläufer, der die Zinsherrschaft immer reicher und mächtiger macht. Wir haben hier also eine Zinswirtschaft, die unsere Welt an den Rand des Untergangs bringt und der dringenden Transformation bedarf. Eine Umkehrung der kontinuierlichen Reichtumsanhäufung zugunsten des Ganzen scheint unmöglich. Denn die Zinswirtschaft geht einher mit einer mächtigen Zinsherrschaft, die durch eine Transformation Einbußen an Macht und Reichtum erleiden würde.

Die Transformation des Zinssystems

In Anbetracht der Missstände in der Welt und der Bedrohung des Ökosystems der Erde stellt sich die dringende Frage, ob wir nicht doch einen Weg finden können, diese Missstände zu wandeln und den Planeten und die Menschheit zu retten.

Für das menschliche Bewusstsein muss es kein Problem sein, in einer Zinswirtschaft zu leben, so wie es für ein Schiff kein Problem sein muss, auf dem Wasser zu fahren. So wie das Schiff nur Probleme bekommt, wenn es leckt und Wasser in das Schiff eindringt, so dass es vielleicht sinkt, so bekommen wir in unserem Bewusstsein nur Probleme, wenn wir die *Neun ND-Tendenzen* in uns hineinlassen und sie uns zu Eigen machen.

Die Zinswirtschaft kann nur Macht über unser Bewusstsein ausüben, wenn uns die eine oder andere von ihr erzeugte Tendenz zu eigen machen und unsere innere Fülle, unseren Frieden, unser Beitragen zur Gemeinschaft, unsere konzentrierte Ausrichtung, unsere Integrität, unsere Authentizität, unsere Klarheit, unseren Mut, unsere Selbstverantwortung für unser Leben und/oder insgesamt unsere positiven Kräfte verlieren.

Gemessen an den *Neun ND-Tendenzen* stellen sich für unsere Gesellschaft als Ganzes also die folgenden konkreten Fragen:

Wie können wir dem aussichtslos erscheinenden Kampf gegen die Verknappung und der daraus resultierenden Gier entkommen und einen Wohlstand für alle herbeiführen?

Wie können wir den feindlichen Wettbewerb in der Wirtschaft wandeln in einen freundlichen Wettbewerb, in dem ein wohlwollendes Miteinander herrscht und alle mit ihren Projekten zum Zuge kommen können?

Wie können wir eine Gesellschaft herbeiführen, in der wir uns nicht mehr gegenseitig unserer Kräfte berauben, sondern gegenseitig in unseren Möglichkeiten befähigen, unsere Talente zu entwickeln und unsere Träume und Visionen zu verwirklichen?

Wie können wir die Verschwendung stoppen und in einen achtsamen Umgang mit der Arbeitskraft des Menschen und mit unserer Umwelt wandeln?

Wie lässt sich die Kultur der Bestechung und Korruption beenden und eine Kultur der Integrität und Rechtschaffenheit herbeiführen?

Wie können wir die Kultur der Täuschung beenden und eine Gesellschaft herbeiführen, in der sich jeder authentisch zum Ausdruck bringt?

Wie lässt sich unsere Verwirrung über die Zustände in der Gesellschaft auflösen und eine für alle offensichtliche Klarheit in den Strukturen der Wirtschaft und der Gesellschaft schaffen?

Wie lässt sich das Klima der Angst wandeln in ein Klima gegenseitigen Vertrauens, in ein Urvertrauen ins Leben und ein Leben in Selbstbewusstsein?

Wie können wir eine Gesellschaft herbeiführen, in der wir uns nicht mehr in einem endlosen Kampf um Schuldzuweisungen ständig gegenseitig aufreiben, stattdessen die volle Verantwortung für unser Leben übernehmen und uns gegenseitig unseren Beitrag zur Gemeinschaft anerkennen und dafür wertschätzen?

Auf der Suche nach den Antworten auf diese Fragen wenden wir uns nun zunächst Kapitel II zu.

Die Zinswirtschaft spaltet uns in Gewinner und Verlierer. Die Gewinner entfalten nicht ihre Schöpferkraft, weil sie ihren Vorteil kontrollieren. Die Verlierer entfalten nicht ihre Schöpferkraft, weil sie ihrer Möglichkeiten beraubt werden.

Fließendes Geld vereint uns in die Schöpferkraft.

Kapitel II – Die Welt des Fließenden Geldes

Einleitung

Das herrschende Geldsystem wirkt wie ein tiefer liegendes Gesetz, das die geltenden Gesetze einer Demokratie dominant überlagert. In einer Zinswirtschaft tut es das im negativen (wirkliche Demokratie verhindernden) Sinne, wie wir in Kapitel I gesehen haben. In einer Wirtschaft, die mit Fließenden Geld funktioniert, tut es dies im positiven (wirkliche Demokratie sicherstellenden) Sinne, wie wir in diesem Kapitel sehen werden.

Sie haben sich vielleicht schon häufiger gefragt, warum sich im Großen und Ganzen die gesellschaftlichen und wirtschaftlichen Missstände tendenziell eher verschärfen. Dabei scheint es auch keinen wirklichen Unterschied zu machen, ob Sie die eine oder die andere Partei wählen. Nach der Lektüre von Kapitel I sind Sie vielleicht schon zu folgendem Schluss gekommen: wo es eine Zinswirtschaft gibt, herrscht das Geld und es ist es egal, welche Parteien an der Regierung sind. Nicht die Parteien regieren, sondern das Zins tragende Geld.

Wie ist es nun, wenn das Geld nicht mehr herrscht, sondern stattdessen dem Menschen dient? Was sind die Voraussetzung, um ein Geld zu erhalten, das dem Menschen dient? Es stellt sich also die Frage: muss Geld den Menschen beherrschen oder kann es so strukturiert werden, dass es dem Menschen dient?

Wir haben in Kapitel I gesehen, dass es eine Liquiditätspräferenz gibt, die dafür sorgt, dass der Inhaber von Geld sein Geld nicht ohne weiteres hergibt. Es muss also eine Kraft geben, die den Inhaber von Geld dazu bewegt, die Liquiditätspräferenz aufzugeben und sein Geld in Umlauf zu bringen. Dies kann auf zweierlei Weise bewerkstelligt werden:

- durch einen Zins, der den Verzicht auf den Liquiditätsvorteil vergütet.
- durch eine Umlaufsicherungsgebühr, die den Besitz von Geld mit einer Gebühr belegt, so dass es lohnender ist, das Geld in Umlauf zu bringen als es zurückzuhalten.

Wir haben ebenfalls gesehen, dass Geld zwei Funktionen ausübt, die einander widersprechen:

- die Funktion als Zahlungsmittel, das öffentlicher Natur ist (für alle zugänglich).
- die Funktion als Vermögenswert, der privater Natur ist (allen anderen vorenthalten).

Für die reibungslose Funktion der Wirtschaft ist es essentiell, dass das Geld seine Funktion als Zahlungsmittel fließend ausüben kann. Wird Geld zurückgehalten, entsteht Deflation, die Schließungen und Arbeitslosigkeit nach sich zieht. Die Funktion des Geldes als Vermögenswert ist für das Funktionieren der Wirtschaft nur insofern wichtig, als der Besitz von Geld dem Besitz einer Ware ebenbürtig sein muss, um als Tauschwert akzeptiert zu werden. Es ist nicht erforderlich, sondern für die Wirtschaft eher hinderlich, wenn der Besitz von Geld als Vermögenswert dem Besitz einer Ware als Vermögenswert sogar überlegen ist. Wenn der Liquiditätsvorteil des Geldes nicht neutralisiert, sondern im Gegenteil durch die Zinswirtschaft bestätigt und verstärkt wird, dann ist der Besitz von Geld als Vermögenswert dem Besitz einer Ware als Vermögenswert aber überlegen.

Für den einzelnen Wirtschaftsteilnehmer ist die Funktion des Geldes als Vermögenswert interessanter als seine Funktion als Zahlungsmittel, weil der Besitz von Geld Zahlungsfähigkeit (im Gegensatz zu Zahlungsunfähigkeit) bedeutet, eine Sicherheit gegenüber unkalkulierbaren Risiken in der Zukunft darstellt und die Möglichkeit bietet, Chancen im Markt wahrzunehmen.

Die Zinswirtschaft beschützt und steigert die Funktion des Geldes als Vermögenswert. Durch den Zins wird das Geld mächtiger als alles, was man sich für Geld kaufen kann, und durch den Zins verleiht der Besitz von Geld Macht, der Besitz von viel Geld viel Macht und der Besitz von sehr viel Geld sehr viel Macht.

Die Umlaufsicherungsgebühr beschützt die Funktion des Geldes als Zahlungsmittel, weil es sich nicht lohnt, das Geld zurückzuhalten. Wer sein Geld zurückhält, unterliegt der Gebühr. Wer der Gebühr entgehen will, bringt sein Geld in Umlauf, was genau das ist, was die Wirtschaft von uns allen braucht. Das heißt, die Umlaufsicherungsgebühr schützt die Funktion der Wirtschaft, die reibungslose Versorgung aller ihrer Teilnehmer sicher zu stellen mehr als das Interesse des Einzelnen, in Form des Geldes einen wertvollen Vermögensgegenstand in Händen zu halten. Durch die Umlaufsicherungsgebühr ist Geld nicht mächtiger als die Waren und Dienstleistungen, die man sich dafür kaufen kann, da es seinen Liquiditätsvorteil verloren hat. Durch die Umlaufsicherungsgebühr übt man mit einer Milliarde Talern nicht mehr Macht aus als mit Tausend Talern, weil das Zurückhalten keinen Vorteil bringt, der sich in Macht umsetzen ließe.

Jetzt ist die Preisfrage: Was ist wichtiger, der Schutz der reibungslosen Funktion der Wirtschaft als Ganzes oder der Schutz des Interesses des Einzelnen an einem wertvollen Vermögensgegenstand? Das ist natürlich nur eine rhetorische Preisfrage. Offensichtlich ist der Schutz der Wirtschaft als Ganzes wichtiger.

Die Wirtschaft ist wie eine Mutter, die uns alle versorgt. Diese Mutter ist wiederum eingebettet in die größere Mutter der Natur, die uns alle versorgt. Was wird aus der Mutter, wenn das Interesse ihrer einzelnen Kinder an einer Anhäufung von Vermögen mehr geschützt wird als das Recht der Mutter auf eine intakte Funktion, als Mutter alle Kinder gleich zu versorgen? Natürlich, sie gerät ins Ungleichgewicht und in Bedrängnis. Und das ist das, was wir in Kapitel I gesehen haben, was die Zinswirtschaft mit der Welt macht. Sie bringt die Wirtschaft und die Welt ins Ungleichgewicht und in Bedrängnis.

Wenn die Intaktheit der Wirtschaft als Mutter, die uns versorgt, nicht gewahrt bleibt, wird auch die Intaktheit der Natur als die größere Mutter, die uns versorgt, nicht gewahrt. Und auch das ist, was wir in Kapitel I gesehen haben, was die Zinswirtschaft macht. Sie zerstört die Umwelt.

Die Zinswirtschaft stellt die Welt auf den Kopf. Sie lässt das Interesse einzelner Kinder dominieren über das Interesse der Mutter, alle ihre Kinder gut zu versorgen!

Da wir alle in diese Welt hineingeboren wurden, die auf den Kopf gestellt wurde, haben wir uns natürlich daran gewöhnt, dass in dieser Welt alles verkehrt herum ist, und es fällt uns gar nicht mehr auf. Uns fällt zwar das Chaos in der Welt auf. Uns fällt aber nicht auf, dass das Geld dieses Chaos erzeugt und dass es sich nicht um ein natürliches, unvermeidliches Chaos handelt. Das Chaos in der Welt ist nur das Chaos der Zinswirtschaft, welche die Welt NOCH dominiert.

Wie sähe die Welt denn aus, wenn wir sie vom Kopf wieder zurück auf die Füße stellen? Wie sieht eine Welt aus, in der die Funktion der Wirtschaft als Ernährerin aller ihrer Teilnehmer mehr geschützt ist als das Interesse der einzelnen Wirtschaftsteilnehmer, sich zu bereichern?

Wenn im Bewusstsein der Menschen in einer Zinsgesellschaft die Haltung stärker wird, das Leben, von dem wir versorgt werden, als eine Mutter zu achten und zu ehren und zu beschützen, dann öffnet sich eine Tür, die die Einführung Fließenden Geldes möglich macht. Gleichzeitig mit dem zunehmenden zinswirtschaftlichen Chaos in der Welt werden das Bewusstsein und die Absicht stärker, das Leben und die Intaktheit unseres Planeten retten zu wollen. Es gibt also guten Grund zur Zuversicht, dass sich Fließendes Geld bei ausreichender Aufklärung und Transformation der Menschen wird einführen lassen.

Ich denke daher, dass eine wieder auf die Füße gestellte Welt Fließenden Geldes nichts weniger sein wird als das Paradies auf Erden und dass wir diese Welt bereits jetzt in Reichweite haben. Wir müssen es nur erkennen, wollen und umsetzen.

Mögliche Geldsysteme

Fließendes Geld wurde in der Geschichte bereits zumindest im Alten Ägypten und im europäischen Mittelalter des 11.–13. Jahrhunderts verwendet. Dort führte es jeweils zu wohlhabenden Gesellschaften, in denen die Menschen wirtschaftlich gleichgestellt waren. Auch die Frauen genossen in diesen Geschichtsepochen gleiche oder fast gleiche Rechte wie die Männer. (Dazu mehr in Kapitel IV.) Systematisch zu einer Wirtschaftslehre entwickelt wurde es aber erst durch den deutschen Ökonomen Silvio Gesell zum Ende des 19. Jahrhunderts. Gesell wanderte von Deutschland nach Argentinien aus, wo er als Kaufmann tätig war. Da er durch genaues Beobachten recht erfolgreich war und tief über das Geldsystem nachdachte, kam er schließlich zu folgenden Schlussfolgerungen:

„Alles in der Natur, so überlegte Gesell, unterliegt dem ewig gültigen Ordnungsprinzip des rhythmischen Wechsels von Werden und Vergehen - nur das Geld ist der Vergänglichkeit alles Irdischen entzogen, es steht außerhalb dieser Dynamik alles Lebendigen. Da das Geld als generalisiertes Zahlungsmittel liquider ist als die zu tauschenden Güter und Dienste und da es potentiell hortbar ist, stellt es sich der Wirtschaft nur unter der Bedingung als Zahlungsmittel zur Verfügung, daß es von ihr mit Zins »angemessen bedient« wird. Um diese Vormachtstellung zu überwinden, muß das Geld der Natur nachgebildet werden. Die einzelnen Geldscheine sollen nach dem Vorschlag von Gesell »rosten« – daher auch ihre Bezeichnung als »rostende Banknoten« –, d. h. sie sollen periodisch an Wert verlieren bzw. mit Instandhaltungskosten behaftet sein, die ihren Liquiditätsvorteil aufheben. Sobald auch die Banknoten »vergänglich« sind, haben sie auf dem Markt keine Vormachtstellung mehr gegenüber der menschlichen Arbeit und den Gütern sowie Diensten aller Art, so daß sie sich ohne besonderen Tribut dem Markt als Diener zur Verfügung stellen müssen. Hinzu kommt, daß bei einer nicht von Unterbrechungen gestörten stetigen Zirkulation des Geldes seine Menge so dosiert werden kann, daß die Kaufkraft der Währungen stabilsierbar wird."*

---

* Werner Onken - »Silvio Gesell und die Natürliche Wirtschaftsordnung - Eine Einführung in Leben und Werk«,S. 7.

Silvio Gesell entwickelte daraufhin eine vollständige Wirtschaftslehre als dritten Weg zwischen Kapitalismus (= Zinswirtschaft) und Sozialismus, die von ihm so genannte Freiwirtschaft.

Der Begriff der Liegegebühr veranschaulicht das Prinzip des Fließenden Geldes. Nehmen wir einen Eisenbahnwaggon, der auf einem Abstellgleis steht. Die Eisenbahngesellschaft zahlt dem Eigentümer des Schienennetzes eine Gebühr, wenn sie den Waggon auf dessen Schienen stehen lässt. Sie kann der Gebühr nur entgehen, indem sie den Waggon auch für den Schienenverkehr nutzt. Dadurch hat die Eisenbahngesellschaft ein Interesse, den Waggon maximal zu nutzen und möglichst nicht stehen zu lassen. Dies begünstigt, dass die vorhandenen Waggons maximal ökonomisch genutzt werden.

In diesem Bild steht der Waggon für das Geld. Wir alle sind die Eisenbahngesellschaft, die eine Gebühr bezahlt, wenn sie den Waggon stehen lässt. Der Eigentümer des Schienennetzes steht hier für die Gesellschaft, den Staat. Das Stehenlassen des Waggons steht für das Horten von Geld. Die mobile Nutzung des Schienennetzes steht für den stattfindenden Umlauf des Geldes. Wenn wir den Geldumlauf zum Eigentum der Gesellschaft erklären, kann die Gesellschaft das Zurückhalten des Geldes mit einer Gebühr belegen, damit wir ein Interesse daran haben, das Geld in Umlauf zu bringen. Die Umlaufsicherungsgebühr begünstigt damit den raschen Umlauf des Geldes. Und dies genau ist das, was die Wirtschaft und damit die Gesellschaft braucht, um mühelos ihre Waren und Dienstleistungen auszutauschen.

Der berühmte englische Ökonom John Maynard Keynes äußerte einmal: „Von Silvio Gesell kann die Welt tausend Mal mehr lernen als von Karl Marx."

Inzwischen werden auch die Begriffe „Humanwirtschaft" und in neuerer Zeit „Fairconomy" synonym zum Begriff der Freiwirtschaft verwendet. In diesem Buch verwende ich den Begriff „Ganzheitlich-Freie Marktwirtschaft". Dies soll unterstreichen, dass es sich hierbei um eine Freie Marktwirtschaft handelt, die ganzheitlich orientiert ist. Sie ist auf die Versorgung und Bewahrung des Ganzen ausgerichtet.

Ich beziehe nun auch Karl Marx in die Erörterungen ein. Es gibt also drei Wege, den Sozialismus, den Kapitalismus und dazwischen, als dritten Weg, die Ganzheitlich-Freie Marktwirtschaft. Der Sozialismus geht davon aus, dass sich das Sachkapital nicht in privaten Händen befinden darf, weil es sonst automatisch dazu benutzt wird, Arbeiter und Angestellte auszubeuten. Um dieser Ausbeutung vorzubeugen und eine Gleichverteilung des gesellschaftlichen Vermögens zu erzielen, enteignet der Staat das private Eigentum am Sachkapital und sorgt durch zentrale, diktatorische Kontrolle dafür, dass alle in etwa gleich versorgt werden. Dieser Ansatz geht davon aus, dass eine Freie Marktwirtschaft mit einer gerechten Verteildynamik für alle Mitglieder der Gesellschaft nicht möglich ist und dass die zentrale Diktatur einer kapitalistischen Ausbeutung vorzuziehen ist.

Aufgrund der Geschichte der letzten Jahrhunderte denken die meisten Menschen immer noch, dass es im Grunde genommen nur die Wahl zwischen der Zinswirtschaft (dem Kapitalismus) einerseits und einer sozialistischen Diktatur andererseits gibt. Und da die Mehrheit nicht in einer Diktatur leben will, zieht sie die Zinswirtschaft als das geringere Übel vor.

Ich zeige im Folgenden, dass es sich sowohl bei der Zinswirtschaft als auch beim Sozialismus um zwei Extreme handelt. In diese beiden Extreme kann eine Freie Marktwirtschaft aus dem Gleichgewicht kippen. Ich werde zeigen, dass es möglich ist, eine Mitte dazwischen zu finden. In dieser Mitte floriert die Marktwirtschaft zum Wohle aller in Freiheit. Es ist keine Zinswirtschaft oder zentrale staatliche Kontrolle erforderlich.

Worin besteht nun das wahre Gleichgewicht? Welche Kräfte lassen dieses Gleichgewicht zu der einen Seite (zur Zinswirtschaft) in ein Ungleichgewicht geraten? Welche Kräfte lassen dieses Gleichgewicht zu der anderen Seite (zur sozialistischen Diktatur) in ein Ungleichgewicht geraten?

Wenn ich sage „Kräfte", meine ich damit die Kräfte in unserem Bewusstsein, in unserem Denken. Sowohl der Kapitalismus als auch der Sozialismus sind/waren Produkte, die aus dem Denken gesellschaftlicher Mehrheiten entstanden sind.

Stellen Sie sich eine Familie vor: Vater, Mutter, zwei Kinder. Die Mutter hat gekocht, die Familie sitzt zum Essen am Tisch. Eines der Kinder zieht ein langes Gesicht, will das angebotene Essen nicht zu sich nehmen und verlangt stattdessen etwas anderes.

Die Eltern schauen sich an und fragen sich, wie sie das Problem lösen sollen. Eigentlich wollen sie gerne, dass das Kind sich benimmt und zu sich nimmt, was die Mutter mit viel Aufwand besorgt und zubereitet hat.

In diesem Bild, in dieser Situation sind alle Kräfte am Werk, die auf die gesamte Gesellschaft übertragen dafür sorgen, ob eine Zinswirtschaft herrscht, eine sozialistische Diktatur herrscht, oder ob es gelingt ein Gleichgewicht zum Wohle aller zu erlangen.

Bleiben wir also im Bilde. Welche Möglichkeiten haben die Eltern, mit dieser Situation so umzugehen, dass sie möglichst zu ihrem Ziel kommen, dass das Kind sich angewöhnt, an den gemeinsamen Mahlzeiten teilzunehmen und das Angebotene zu akzeptieren?

▪ Sie können das Kind auf die eine oder andere Weise bestechen, dass es bereit ist, sich dazu herabzulassen, das Essen zu sich zu nehmen, das es nicht will. Dies hat den Nachteil, dass dem Kind eine unangemessene Macht zugestanden wird, weil es lernt, etwas dafür verlangen zu können, dass es teilnimmt an der Tischgesellschaft. Es lernt, dass es fordern darf und für die Erfüllung seiner Forderung nur etwas geben muss, was eigentlich selbstverständlich wäre. Konsequent eingesetzt und zur Regel erhoben, erzieht ein solches Erziehungsverhalten das Kind zu einem Monster, das Macht über seine Eltern hat, ihnen immer mehr auf der Nase herumtanzt und jegliche Achtung, Rücksicht und Dankbarkeit gegenüber den Eltern vermissen lässt. ICH DARF BEDINGUNGEN STELLEN, WENN ICH EURE BLÖDEN REGELN EINHALTEN SOLL! Und die Eltern fragen sich, wie es nur soweit kommen konnte.

Die Eltern können keine Verbundenheit mit ihrem Kind mehr herstellen und dem Kind sind die Wünsche der Eltern egal, weil es sich im Rausch seiner Macht befindet. Liebe, Frieden und Harmonie sind verloren.

- Sie können autoritär werden und das Kind zwingen, sich zu fügen. Dies hat den Nachteil, dass das Kind wahrscheinlich entweder zu einem angepassten Duckmäuser ohne Selbstvertrauen oder zu einem Rebell wird, der seine Lebensaufgabe darin sieht, Autoritäten zu bekämpfen. Außerdem entsteht eine Wand zwischen Eltern und Kindern, so dass es keine Liebe, keine Verbundenheit, kein wirkliches Mitteilen und kein rücksichtsvolles Miteinander gibt.

- Sie behalten eine klare Vorstellung des Zieles, das Sie erreichen wollen, als Vision vor Augen. Dieses Ziel kann z. B. lauten: „Eine harmonische, friedliche und fröhliche Tischrunde, die für alle ein Genuss ist." Oder nach ihrem Geschmack auch anders.

Werden Sie sich der Regeln bewusst, von denen Sie spüren, dass diese Regeln von allen eingehalten werden müssen, damit die Vision Wirklichkeit werden kann. Wenn Sie beim Aufstellen der Regeln Orientierung brauchen, achten Sie darauf, dass sie sich nach den herrschenden kosmischen Gesetzen richten. Hierbei handelt es sich zum Beispiel um die Einhaltung der Würde aller Beteiligten. Einerseits dürfen die Kinder durch die Regeln nicht schikaniert werden. Andererseits dürfen es die Kinder unter Einhaltung der Regeln nicht schaffen können, ihre eigenen Wünsche auf Kosten der Würde und Autorität der Eltern durchzusetzen.

Wenn Sie Ihr Kind (soweit altersgemäß möglich) für Ihre Vision gewinnen können, wird es in der Regel auch die Regeln akzeptieren. Sorgen Sie dafür, dass ein Verstoß gegen die Regeln Konsequenzen nach dem Prinzip der Schwerkraft nach sich zieht. Jeder Mensch hat die Freiheit, das Prinzip der Schwerkraft zu missachten, wenn er will. Er kann z. B. von einem 10m hohen Dach springen, muss dann aber auch die Konsequenz tragen.

Ein Kind wird wahrscheinlich auch nur einmal von seiner Freiheit Gebrauch machen, auf eine heiße Herdplatte zu fassen. Es wird es danach nie wieder tun.

Sie müssen sich darüber im Klaren sein, dass ein nicht geahndeter Verstoß gegen die Regeln das bedroht, was durch diese Regeln beschützt wird, nämlich das Wohl des Ganzen. Sie tun weder sich selbst, noch Ihrem Kind einen Gefallen, wenn Sie einen Verstoß nicht bestrafen. Dem Kind muss klar sein, dass die Regeln bindend sind und dass ein Verstoß bestraft wird.

Sie können z. B. sagen: „Du musst jetzt nichts essen, aber es gibt auch nichts anderes. Wenn Du vor der nächsten Mahlzeit hungrig wirst, kannst Du von den Resten dieser Mahlzeit essen, etwas anderes gibt es nicht."

Sie können natürlich auch ganz andere Regeln aufstellen, abhängig von der Vision, die Sie haben, und welche Regeln das Erreichen dieser Vision erfordert.

Wenn die Kinder die Essensregeln nun missachten, zieht dies unweigerlich und ausnahmslos angemessene Strafen nach sich, aus denen das Kind lernt, dass die Regeln bindend sind (sonst wären es ja keine Regeln).

Nur so kann das Kind lernen, dass es wichtig ist im Leben, für die Dinge, die einem zur Verfügung gestellt werden, dankbar zu sein. So kann es lernen, dass es selbstverständlich ist, ein gewisses Maß an Beitrag zu leisten, für das man nicht extra vergütet wird.

Teilen Sie Ihre Vision mit, wenn Sie Maßnahmen ergreifen, damit das Kind Ihre Absicht erkennen kann. Stellen Sie die Regeln aber nicht zur Debatte, wenn Sie erkennen, dass das Kind nur seinen Willen durchsetzen will.

Die allseitige Einhaltung angemessener Regeln, die sich an den herrschenden kosmischen Gesetzen orientieren, ist es schließlich, die für das Gleichgewicht sorgt und ein Miteinander ermöglicht, dass geprägt ist durch Liebe, Verbundenheit und gegenseitige Rücksichtnahme.

Was hier im Kleinen gilt, gilt auch im Großen. Was hier im Kleinen das eine oder das andere Extrem von Ungleichgewicht oder aber Gleichgewicht erzeugt, erzeugt es auch im Großen, nur hier mit globalen Auswirkungen.

Betrachten wir nun die Wirtschaft als die Mutter, die uns alle mit allem Lebensnotwendigen versorgt und den Staat als den Vater, der die Regeln für diese Wirtschaft erlässt. Wir alle sind die Kinder dieser

Eltern und wir wollen gerechte, weise und liebevolle Eltern haben, die uns gut versorgen und uns mit Rechten und Freiheiten ausstatten.

Schauen wir nun aus Sicht der Eltern, was wir machen, wenn einzelne Kinder unangemessene Forderungen an uns stellen.

Wir beobachten Einzelne, die überschüssiges Geld erwirtschaften, auf dessen Umlauf die Wirtschaft angewiesen ist, um funktionieren und alle gut versorgen zu können. Diese stellen nun Forderungen, was sie dafür zu bekommen haben, dass sie bereit sind, das Geld in Umlauf zu bringen. Hier ist die Gesellschaft nun in derselben Situation wie die Eltern in der Situation oben. Wenn sie sich nicht bewusst ist, dass es eigentlich selbstverständlich sein sollte, Geld in Umlauf zu halten und es nicht dazu zu nutzen, Vorteile zu erzielen, indem es zurückgehalten wird, hat sie ein gigantisches Problem.

Die Gesellschaft geht nun hin und versucht, den Einzelnen dafür zu bestechen, dass er seiner Bürgerpflicht nachkommt und sein Geld in Umlauf hält. Sie verhält sich wie die Eltern oben, die bereit sind, dem Kind etwas dafür zu geben, dass es bereit ist, ein selbstverständliches Verhalten aufzubringen. Sie gesteht dem Einzelnen, der bereit ist, sein überschüssiges Geld zur Bank zu bringen, etwas zu, was vollkommen Unangemessen ist: einen Zins! Die Eltern oben erziehen sich durch dieses Verhalten ein Monster, das in der Lage ist, seine Eltern zu beherrschen und zu drangsalieren. Genauso erzeugt die Zinswirtschaft im Laufe der Zeit riesige Privatvermögen, die es ihren Inhabern gestatten, den Staat und die Wirtschaft in ihrem Sinne und nach ihrem Belieben zu beeinflussen. Die Zinswirtschaft selbst ist eine Kraft, die ein ständiges Ungleichgewicht auf Kosten der Leistungsfähigkeit der Wirtschaft, auf Kosten der Unabhängigkeit des Staates und auf Kosten all jener Marktteilnehmer erzeugt, die von den Früchten ihrer Arbeit leben müssen. Die Zinswirtschaft stellt das eine Extrem dar, in das eine Freie Marktwirtschaft aus dem Gleichgewicht kommen kann.

Wenn die Gesellschaft nun beschließt, das Vorgehen dieser Einzelnen zu unterdrücken und ein Einhalten gleicher Rechte für alle zu erzwingen, kann sie eine sozialistische Diktatur einführen, die es dem Einzelnen unmöglich macht, Vorteile durch das Zurückhalten von Geld zu erzwingen (also einen Zins). Was dabei vor allem verloren geht, ist die Freiheit des Einzelnen und die Möglichkeit, in einen gesunden Wettbewerb zu treten, der die Wirtschaft erblühen lässt. Es ist leicht zu erkennen, dass dies (wie jede Form von Diktatur) ein anderes Extrem des Ungleichgewichts ist, das nicht wirklich wünschenswert ist. Es entsteht im Großen dasselbe Dilemma, das Eltern im Kleinen haben, wenn sie ihr Kind unterdrücken. Eine (sozialistische) Diktatur stellt das andere Extrem dar, in das eine freie Wirtschaft aus dem Gleichgewicht kommen kann.

So wie viele Eltern sich nicht vorstellen können, dass es eine Alternative zu den beiden Möglichkeiten der Unterdrückung oder der Bestechung gibt, so können sich viele Menschen keine Alternative zu den beiden Möglichkeiten des Sozialismus oder der Zinswirtschaft vorstellen, die ohne zentrale Kontrolle und ohne Zinsbelohnung funktioniert. Wie sieht die dritte Möglichkeit analog zu unserem Bild oben nun also aus?

Was kann eine Gesellschaft tun, die die Vision einer blühenden Welt vor Augen hat, in der alle gut versorgt sind und in Harmonie miteinander und mit der Natur leben? – In einer Arbeitsteilungsgesellschaft werden die hergestellten Waren durch einen Tausch gegen Geld von den Herstellern zu den Verbrauchern verteilt. Das zentrale, den Austausch regulierende Element besteht in der Struktur des Geldes, das dabei verwendet wird. Für eine Gesellschaft, die die oben stehende Vision verwirklichen will, ist es also von zentraler (alles andere überragender) Bedeutung, dass sie sich der Regeln bewusst wird, die in Bezug auf die Struktur des Geldes zwingend eingehalten werden MÜSSEN, um die Vision Wirklichkeit werden lassen zu KÖNNEN. Wenn jetzt nicht spontan klar ist, wie diese Regeln aussehen sollten, sollte man schauen, ob es nicht ein kosmisches Gesetz gibt, das als Grundlage für diese Regeln zwingend eingehalten werden muss. Und dieses kosmische Gesetz gibt es. Es lautet:

„Der Umlauf überschüssigen Geldes muss bedingungslos erfolgen."

Dieses Gesetz ist nicht von Menschen gemacht, sondern ein kosmisches Gesetz, dessen Missachtung für die Gesellschaft schmerzhafte

Folgen nach dem Prinzip der Schwerkraft nach sich zieht. Es kann keiner Gesellschaft gelingen, einen gesunden Wohlstand für alle herbeizuführen, wenn dieses Naturgesetz missachtet wird! Wenn der Mensch das Anrecht auf einen Zins oder eine Rentabilität zum Gesetz erklärt, verstößt er gegen dieses fundamentale Naturgesetz und beschwört damit alle jene Folgen herauf, von denen alle so tun, als wüssten sie gar nicht wie das käme, oder an denen sie resignieren und verzweifeln: Aufspaltung in arm und reich, wachsende Arbeitslosigkeit, sinkende Löhne, schrumpfende Renten, steigende Lebenshaltungskosten usw. usf. Keine schlaue, fähige und verantwortungsbewusste Regierung der Erde könnte Gesetze finden und erlassen, die diese Missstände beheben. Es wäre nicht möglich, solange dieses kosmische Gesetz missachtet und der Zinswirtschaft gestattet wird, das Leben der Menschen zu beherrschen.

Alle diese Missstände sind nur die „Bestrafung" für die Missachtung dieses kosmischen Gesetzes. Da ist kein Gott, der uns bestraft, keine Inkompetenz bei den Verlierern dieses Spiels, nur die brutalen Folgen der Missachtung eines fundamentalen, unerkannten kosmischen Gesetzes!

Geld ist immer nur die Bezahlung für eine erbrachte Leistung. Wenn ich morgen will, dass alles heute verdiente Geld erneut zum Verdienst bereitsteht, muss ich heute dieses verdiente Geld auch wieder ausgeben. Wenn ich heute das Geld aus einer Überleistung festhalte, kann meine Überleistung von morgen nicht gekauft werden, weil das dafür benötigte Geld heute von mir zurückgehalten wurde und dem Geldkreislauf damit fehlt. Das Angebot auf dem Markt muss vollständig nachgefragt werden, um alle Überleistungen verkaufen zu können. Das Festhalten von heute verunmöglicht das Sparen von morgen. Das zinslose Ausgeben schafft die notwendige Voraussetzung, dass ich auch morgen meine Überleistung absetzen kann.

Wenn man also sieht, welche negativen Auswirkungen das Zurückhalten von Geld auf die Wirtschaft als Ganzes hat, kann man das Vorhandensein dieses Naturgesetzes sehr wohl erkennen und es als Pflicht verschreiben, dass Geld in Umlauf gebracht werden muss. Die

Wirtschaft hat die Aufgabe, jeden Einzelnen mit allem, was er zum Leben braucht, zu versorgen. Wer den Nutzen daraus zieht, dass Geld in Umlauf ist, und sich dieses Geld verdient, steht auch in der Pflicht, im Gegenzug die Fähigkeit der Wirtschaft zu erhalten, auch allen anderen eine bezahlte Arbeit zu ermöglichen. Das Zurückhalten von Geld zerstört Arbeit, da dieses Geld nicht verdient werden kann.

Die Gesellschaft kann also folgerichtig und angemessenerweise beschließen, eine Gebühr auf den Besitz von Geld zu erheben. Sie verleiht damit dem Geld die Fähigkeit, die es am meisten haben muss, um alle reichlich gut versorgen zu können: das Geld wird zu Fließendem Geld. Wenn jeder weiß, dass er sich selbst schadet, wenn er sein Geld zurückhält, wird er es in Umlauf bringen und sich dabei überlegen, wie er einen hohen Wert für sein Geld bekommt. Fließendes Geld versorgt mühelos und ohne staatliche Eingriffe alle Menschen mit einer bezahlten Arbeit. Die ausreichend vorhandene bezahlte Arbeit versorgt alle mit genug Geld für alles, was sie zum Leben brauchen. Das von allen ausgegebene Geld versorgt alle mit einer bezahlten Arbeit usw. Wenn es für niemanden von Vorteil ist, sein Geld zurückzuhalten, fließt es mühelos von einem zum nächsten und erzeugt mühelos Wohlstand. Fließendes Geld ist wie eine große globale Befreiung von allen Albträumen, die die Zinswirtschaft je erschaffen hat.

Die Zinswirtschaft macht einen Sachkapitalzins entgegen diesem kosmischen Gesetz nur dadurch möglich, dass sie ihn durch wachsende Arbeitslosigkeit und sinkende Arbeitslöhne finanziert. Anders lassen sich ein Zins und ein Sachkapitalzins auch nicht finanzieren. Sie sind nichts anderes als eine Umverteilung, welche die Bezahlung für die geleistete Arbeit absenkt, damit die Inhaber der Vermögen einen Zins, einen Sachkapitalzins erhalten.

Die praktische Regelung einer Umlaufsicherungsgebühr

Bevor ich zu weiteren Ordnungsfaktoren für eine Ganzheitlich-Freie Marktwirtschaft übergehe, mache ich einen kleinen Abstecher zu der Frage, wie in der Praxis die Umlaufsicherungsgebühr erhoben werden kann. Sie können sich vielleicht besser in das Fließende Geld hineindenken, wenn Sie wissen, wie es in der Welt zirkuliert.

Die Gebühr sollte monatlich erhoben werden. Fangen wir mit dem Geld auf den Geldkonten an. Bei einer Umlaufsicherungsgebühr von 6% würden langfristige Geldanlagen ihren Wert behalten. Kurzfristige Geldanlagen unterlägen wohl etwa einer Gebühr von 2%. Die Gebühr für Giralgeld läge etwa bei 4%. Die Giralgeldkonten und kurzfristigen Geldeinlagen können in den staatlich festgelegten Abständen automatisch besteuert werden. Die Banken buchen die Beträge ab und überweisen sie an den Staat. Dies steigert die Tendenz, Erspartes so langfristig wie möglich anzulegen.

Es gibt verschiedene Möglichkeiten, die Umlaufsicherungsgebühr auf das umlaufende Geld zu erheben. Denkbar wäre, eine Tabelle auf jeden Geldschein zu drucken, in der steht, wann das Geld noch wie viel wert ist. Die Zentralbank, die ja genau weiß, wieviel Geld in Umlauf ist, könnte dann die anfallende Gebühr neu schöpfen und an den Staat weiterleiten. Der Nachteil ist, wenn eine solche Tabelle z. B. aus 12 Feldern besteht, dann muss der Geldschein nach einem Jahr aus dem Verkehr gezogen werden.

Dann gibt es die Möglichkeit, jeden Monat eine Marke zu kaufen, die auf den Schein geklebt wird, welche anzeigt, dass der Schein über seinen vollen Nennwert verfügt. Der Nachteil ist, dass man jeden Schein einmal im Monat zur Bank bringen muss. Nach einem Jahr muss er aus dem Verkehr gezogen werden.

Denkbar wäre eine Kombination der beiden Möglichkeiten. Man hat auf beiden Seiten des Geldscheins 12 Felder. Auf der einen Seite steht eine Tabelle mit dem Wert des Scheines im Verlauf eines Jahres. Auf der anderen Seite 12 Felder für Marken, die nun nur noch einmal im Jahr bei der Bank gekauft und aufgeklebt werden müssen, so dass er wieder über seinen vollen Nennwert verfügt. Die Gebühr wird an den Staat abgeführt. Somit müsste nur einmal im Jahr eine Marke aufgeklebt werden und der Geldschein kann 13 Jahre in Umlauf bleiben, bevor die Bank ihn einziehen und gegen einen neuen Geldschein austauschen muss.

Zur Vereinfachung bei der Bezahlung in Geschäften werden diese den Wert eines Geldscheins wohl jeweils einfach abscannen, so dass er automatisch erfasst wird. Es gibt sicher noch andere kreative Lösungen, die den praktischen Umgang mit dem Fließenden Geld vereinfachen.

Entscheidend ist, dass die Umlaufsicherungsgebühr die Geldscheine in einer kontinuierlichen Zirkulation hält, weil niemand die Gebühr zahlen will. Somit wird das Geld nicht gehortet und der Geldumlauf kann von der Zentralbank genau berechnet werden. Als die Gemeinde Wörgl in Tirol 1932 Fließendes Geld verwendete, betrug dessen Geldumlauf den offiziellen Zählungen gemäß 1:73, während der Österreichische Schilling in derselben Zeit mit 1:8,55 umlief. Das Fließende Geld zirkulierte 8,5 Mal schneller und machte damit nach Aussage der Beteiligten jedes Geschäft möglich, das in der Zinswirtschaft mit dem Schilling nicht zustande gekommen wäre. Die Menschen wollten fast nur noch Fließendes Geld verwenden. Der Schilling war ja nicht abgeschafft, sondern war die offizielle Währung. Das Fließende Geld hieß noch nicht einmal Geld, weil es keines sein durfte. Durch das Verbot des Geldes wurde sein Erfolg und seine rasche Ausbreitung verhindert.

Die vier Ordnungsfaktoren für eine Ganzheitlich-Freie Marktwirtschaft

Wir haben jetzt also gesehen, dass es für eine Ganzheitlich-Freie Marktwirtschaft eine Grundvoraussetzung zum bedingungslosen Umlauf von Geld gibt.

Eine daraus resultierende Umlaufsicherung ist eine notwendige, jedoch noch nicht hinreichende Bedingung, um ein System in Gang zu setzen, das sich selbst und die Wirtschaft so im Gleichgewicht hält, dass es nicht zusammenbrechen muss, solange die Menschheit lebt und das auch die Natur erhält.

Es gibt zwei weitere Faktoren, zwei weitere Pflichten, die erfüllt werden müssen, um Ökonomie und Ökologie vor einem Ungleichgewicht zu schützen.

In Kapitel I haben wir die Tabelle mit den Liquiditätsprämien unterschiedlicher Vermögenswerte gesehen. Der zweitliquideste Vermögenswert nach dem Geld ist das Land. Bei einer Umstellung der Währung auf Fließendes Geld bestünde also die Gefahr, dass sich die privaten Geldvermögen in den Kauf von Land flüchten, die Bodenpreise in die Höhe schießen und das Land noch mehr zum Spekulationsobjekt wird als es zurzeit ohnehin schon ist. Da Land etwa die Hälfte der Liquidität von Geld hat, müsste auf das Eigentum an Land auch die Hälfte der Umlaufsicherungsgebühr von Geld erhoben werden, also etwa 3%/Jahr des Marktwertes des Landes, wenn die Umlaufsicherung auf Geld etwa 6%/Jahr beträgt. Mit dieser Maßnahme ist es nicht erforderlich, Land zu enteignen, um genug Land für alle verfügbar und erwerbbar zu halten. Eine solche Bodenpacht wird alle Menschen dazu bewegen, nur so viel Land zu erwerben oder für sich zu behalten wie sie wirklich zum Leben brauchen. Die Bodenpacht bringt zahlreiche Vorteile für den Einzelnen und die Gesellschaft mit sich und kann bei geschickter Verwendung viel Gutes bewirken. Zu der Frage der sinnvollen Verwendung der Bodenpacht kommen wir weiter unten.

Der zweite weitere Faktor betrifft den Schutz der Umwelt. Auch mit einer tadellos funktionierenden umlaufgesicherten Währung und verfügbarkeitsgesichertem Land könnten Menschen versucht sein, die Umwelt auszubeuten, um Sachkapitalzinsen zu erwirtschaften. Hier ist es erforderlich, die Belastung der Umwelt nach dem Verursacherprinzip zu besteuern und den Verbrauch von Ressourcen mit einer adäquaten Steuer zu belegen. Dies sorgt für eine Bevorzugung umweltschonender Fertigungsverfahren und macht es in vielen Bereichen lohnend, Abfall zu verwerten anstatt Ressourcen zu verbrauchen. Die Einnahmen können im Gegenzug für Umweltschutzmaßnahmen bzw. Umweltsanierungsmaßnahmen verwendet werden.

Als weiterer Faktor würde ich noch ein Grundeinkommen für jeden Einzelnen hinzunehmen, da auf diesem Weg mehrere wichtige Funktionen in einem einzigen Vorgang zusammengefasst wären: ein Ersatz für Grundrenten, Arbeitslosengeld, Sozialhilfe, Kindergeld etc. Das Grundeinkommen stellt den Faktor der bedingungslosen

Versorgung jedes Einzelnen dar. Finanziert würde dieses Grundeinkommen durch die Bodenpacht (dazu mehr weiter unten).

Wir haben hier also insgesamt vier Ordnungsfaktoren, die eine hinreichende Bedingung für eine Freie Marktwirtschaft darstellen, in der sich Arbeit für alle lohnt, alle gut versorgt sind und die Ausbeutung von Mensch und Natur nicht möglich ist.

- die Umlaufsicherheit von Geld
- die erschwingliche Nutzung des verfügbaren Landes durch den, der es braucht
- den angemessenen Schutz der Natur
- die bedingungslose Versorgung jedes Einzelnen

Diese vier Ordnungsprinzipien finden ihren Ausdruck in den folgenden vier Maßnahmen:

- eine Umlaufsicherungsgebühr auf den Besitz von Geld
- eine Bodenpacht auf das Eigentum an Land
- eine Steuer auf Verbrauch und Belastung der Natur und ihrer Ressourcen
- ein gleiches bedingungsloses Grundeinkommen für jeden vom Baby bis zum Greis

Die Umlaufsicherungsgebühr auf Geld stellt keine Inflation, keine Entwertung des Geldes dar. Sie deckt einerseits bereits einen (kleineren) Teil des Finanzbedarf des Staates. Sie sorgt andererseits gerade dafür, dass die Preise stabil gehalten werden können, weil die Zentralbank den Geldumlauf leicht steuern kann. Die Zentralbank muss keine schleichende Inflation erzeugen, um Deflation zu vermeiden. Sie kann davon ausgehen, dass niemand Geld zurückhält, weil es sich für niemanden lohnt.

Die Bodenpacht auf das Eigentum an Land sorgt vor allen Dingen für die Deckung des allgemeinen Bedarfs an Land, ohne dass die Preise in die Höhe schießen. Sie führt dazu, dass jeder so viel Land benutzen kann und benutz, wie er braucht, und nicht mehr.

Die Natursteuer bleibt wie alle anderen Gebühren auch zu 100% dem bedingungslosen Geldkreislauf erhalten und bezahlt die Arbeiten, die zur Sanierung der Natur erforderlich sind. Ein Unternehmer kann entweder die Gebühr zur Finanzierung der Natursanierung bezahlen oder die erforderlichen Arbeiten selbst vornehmen lassen.

Das bedingungslose Grundeinkommen für jeden ersetzt Grundrenten, Arbeitslosengeld, Sozialhilfe, Kindergeld usw. und spart damit einen gewaltigen Verwaltungsaufwand ein, da es bedingungslos an jeden ausgezahlt wird.

Im Zinssystem müssen Geld, Land und Natur dazu dienen, Kapitalerträge zu erwirtschaften, die als Bezahlung für geleistete Arbeit nicht zur Verfügung stehen. Dies lässt ein Grundeinkommen nur schwer zu und belastet stattdessen den Steuerzahler und Konsumenten immer mehr. Die Zinswirtschaft hält also keinen dieser vier Ordnungsfaktoren für eine Ganzheitlich-Freie Marktwirtschaft ein, und treibt stattdessen nur einen Geldfluss von unten nach oben voran, zu Lasten von arbeitendem Mensch, Umwelt und Natur. Sie hält den Nutzen aus dem technischen Fortschritt von der arbeitenden Bevölkerung fern, da dieser in die Kapitalerträge fließt und Arbeitszeitverkürzung bei stabilem Lohn unmöglich macht.

Schauen wir uns nun die vier Ordnungsprinzipien noch etwas genauer an. Anschließend gehe ich noch darauf ein, wie diese durch eine sinnvolle Steuergesetzgebung ergänzt werden können.

Ordnungsprinzip 1: Die Umlaufsicherung von Geld

Durch das Vorhandensein von Geld gibt es das Phänomen der Liquiditätspräferenz. Geldinhaber ziehen das Innehaben von Geld dem Innehaben von Waren vor. Um Geld in Umlauf zu bringen, muss die Liquiditätspräferenz überwunden werden. Dies lässt sich entweder durch einen Zins als Belohnung für die Herausgabe des Geldes oder durch eine Umlaufsicherung als Gebühr für das Zurückhalten von Geld erreichen.

Die Umlaufsicherungsgebühr neutralisiert die Liquiditätspräferenz schlichtweg und gestattet damit ein Absinken des Sockelzinses auf Null. Sobald die Gebühr eingeführt ist, sinken also die Zinssätze, zu denen Geld geliehen werden kann, ab. Damit sinkt auch die Rentabilitätsgrenze der Unternehmen. Im selben Maße kommt nun eine Vielzahl von Unternehmungen zustande, die bisher an der Rentabilitätsforderung gescheitert sind. Es entstehen viele neue Arbeitsplätze, welche die Arbeitslosigkeit rasch abbauen. Die Produktion weitet sich aus und durch den Wettbewerb der Unternehmen gehen die Sachkapitalzinsen weiter zurück. Die Geldvermögen müssen sich trotz sinkender Zinsen zur Verfügung stellen, da die Rückzugsmöglichkeit in die Liquidität keinen Gewinn verspricht. Durch die Bodenpacht auf das Eigentum an Land ist auch die Flucht des Kapitals in den Landkauf unprofitabel.

Eine Industrie wächst bis der Bedarf gedeckt ist und muss anschließend nicht mehr wachsen. Sobald die Sachkapitalzinsen bei Null ankommen, lohnen sich keine weiteren Investitionen und die entsprechende Branche wächst nicht mehr. Weil keine Sachkapitalzinsen und Zinsen erwirtschaftet werden müssen, hält sich das allgemeine Wohlstandsniveau auch bei Nullwachstum.

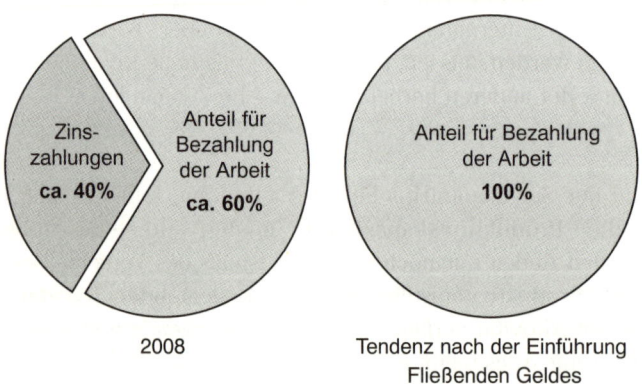

2008   Tendenz nach der Einführung
                                     Fließenden Geldes

Abb. 6: Hier sieht man die Tendenz nach der Einführung des Fließenden Geldes. Schließlich wird 100% des Erwirtschafteten in die Bezahlung der Löhne und Gehälter fließen.

Je mehr die Zinsen sinken, desto weniger Geld fließt den Eigentümern der Vermögen zu und desto größer ist der Anteil des Geldes, der in die Bezahlung von Arbeit fließt. Bei einem Zins von 0% fließt 100% des Geldes in die Bezahlung von Arbeit, während auch das größte Vermögen keinen Zinszuwachs mehr erhält und die Wirtschaft nicht mehr belastet.

Die Geldvermögen dezentralisieren sich, da einerseits Geld für jeden fast zinslos verfügbar ist und große Vermögen andererseits nicht mehr leistungslos wachsen. Der Zugang zu Investitionskapital ist kein Privileg mehr. Da Arbeiter und Angestellte selbst fast zinslos zu Unternehmern werden können, wird es Unternehmern kaum gelingen, Arbeiter und Angestellte zu finden, die ein Lohnniveau unter dem Wert der produzierten Waren akzeptieren. Es spielt also kaum eine Rolle mehr, ob man sich anstellen lässt oder sich seinen Arbeitsplatz selber schafft und zum Unternehmer wird. Geld ist leichter (da fast zinslos) verfügbar als die menschliche Arbeitskraft. Die Arbeitskraft selbst wird also zum knappsten Produktionsfaktor und damit enden alle Systeme der Ausbeutung von Arbeitskraft.

Der knappheitsbedingte Verdrängungswettbewerb der Zinswirtschaft weicht einem fairen Wettbewerb. Alle können existieren, ohne dass einzelne Unternehmen trotz ausreichender Wirtschaftlichkeit geschlossen werden müssen, nur um eine künstliche Knappheit für die Rentabilität der anderen herbeizuführen. Alle können leben und leben lassen.

Sobald der Sachkapitalzins bei Null ankommt, lohnt es sich nicht mehr, die Produktionskapazitäten noch weiter auszudehnen. Investitionen finden nur noch in dem Ausmaß des Verschleißes statt sowie zur Produktivitätssteigerung. Ein bedeutender Teil der wirtschaftlichen Aktivität verlagert sich auf vorbeugende und instandhaltende Wartung. Alles bleibt in Schuss.

Man spart kein Geld mehr dadurch, dass man statt eines hochwertigen Produktes dreimal hintereinander ein Billigprodukt kauft, das nur ein Drittel des Preises kostet, wie es in der Zinswirtschaft der Fall ist. Es sind keine Zinsen zu sparen. Das Verlagern von Investitionskosten in die Zukunft ergibt keine Vorteile. Geld ist heute und in 10 Jahre etwa gleich teuer. Es macht keinen großen Unterschied, geliehenes oder eigenes Geld zu investieren. Da Geld zinslos zur Verfügung steht, bringen die erhöhten Kosten für die Schaffung höchstwertiger und lang haltender Produkte keine zinswirtschaftlichen Nachteile mit sich. Es wird lohnend, Produkte hoher Qualität und Haltbarkeit herzustellen. Die Produktion von Ramsch endet. Die Müllproduktion nimmt drastisch ab.

Die Wirtschaft kann je nach Bedarf wachsen oder schrumpfen. Der Sparzins pendelt um Null. Die Schuldzinsen dürften leicht positiv bleiben, da auch die von der Bank geleistete Arbeit bezahlt werden will.

Geld bleibt zu nahe 100% bei den Arbeitenden. Die Konsumquote tendiert ebenfalls gegen 100%, da Ersparnisse Investitionen in die Wirtschaft bedeuten und sich vorhandene Sachkapitalzinsen immer wieder gegen Null bewegen, was irgendwann weitere Investitionen überflüssig macht.

Es gibt keine Knappheit mehr, über die Geldvermögen Macht ausüben könnten, weil Geld zinslos für jeden zu haben ist. Geld ist nicht mehr gleichbedeutend mit Macht. Die Umlaufsicherungsgebühr führt also nicht nur zu einer theoretischen, sondern zu einer tatsächlichen Gleichheit aller Menschen, ungeachtet der Größe ihres Vermögens. Über das Grundeinkommen hinaus muss sich jeder Mensch sein Einkommen verdienen, egal wie reich er ist. Natürlich gibt es die Möglichkeit, vom Ersparten zu leben. Durch Erspartes und das Grundeinkommen liegt eine längere kreative Auszeit vom Berufsleben im Bereich des finanziell gut Machbaren.

Unternehmer gewinnen durch Kosteneinsparungen. Kosten werden durch Verhaltensweisen eingespart, die der Wirtschaft, der Gesellschaft und der Natur dienen. Man spart, indem man Barrücklagen gering hält. Man spart, indem man nur das notwendige Land im Eigentum behält. Man spart, indem Fertigungsverfahren vollständig Natur schonend ablaufen, d. h. ausschließlich von regenerativen Energien angetrieben werden, Ressourcen schonen und die Umwelt nicht belasten.

Durch die Umlaufsicherungsgebühr auf den Besitz von Geld bleibt das Funktionieren der Wirtschaft stets unbeeinträchtigt davon, in wessen Besitz sich das umlaufende Geld befindet. Wenn ein Multimilliardär 3000€ verdienen will, muss er genauso dafür arbeiten wie jemand, der kein Geld hat, während sein ganzes Geld im Umlauf ist, da sein Vermögen sonst schrumpft. In diesem Sinne ist das umlaufende Geld als Ganzes tatsächlich zu einem öffentlichen Besitz geworden. Eine Enteignung oder höhere Besteuerung der größten Vermögen ist nicht notwendig. Jeder darf alles behalten, was er sich erwirtschaftet und erarbeitet hat. Kein Vermögen belastet die Wirtschaft. Durch die Umlaufsicherungsgebühr sind alle Menschen nicht nur vor dem Gesetz, sondern auch tatsächlich gleichgestellt.

Das heißt auch, egal wie mächtig und reich heute die mächtigsten und reichsten Menschen der Erde geworden sein mögen, dies ist kein Weltuntergang. Es genügt eine einfache Maßnahme, um sie nicht nur vor dem Gesetz, sondern auch tatsächlich in Punkto ihrer wirtschaftlichen, gesellschaftlichen und politischen Macht allen anderen Menschen gleichzustellen: Es genügt die Einführung Fließenden Geldes, durch das die Zinswirtschaft endet.

Das Fließende Geld dient den Bedürfnissen des Menschen, sich zu versorgen (der Konsumkraft). Es dient nicht dem Zwang, das Geld ohne Gegenleistung zu vermehren (dem Investitionszwang). Dies stellt in der Ganzheitlich-Freien Marktwirtschaft eine gesunde Balance zwischen der Konsumkraft und der Investitionskraft des Marktes her. Der Investitionszwang der Zinswirtschaft wandelt sich durch das Fließende Geld in eine Investitionskraft, die nur nach Bedarf geweckt wird. Deswegen wird die Ganzheitlich-Freie Marktwirtschaft auch Bedarfswirtschaft genannt.

Die Konsumkraft definiert sich aus der Menge des Geldes, das für die Erfüllung der Bedürfnisse zum Konsum ausgegeben wird. Die Investitionskraft ergibt sich aus der Menge des Geldes, das nicht für die Erfüllung persönlicher Bedürfnisse benötigt wird und stattdessen in die Wirtschaft investiert werden kann.

In der Zinswirtschaft entwickelt sich das Verhältnis zwischen Konsumkraft und Investitionskraft wie folgt: Die privaten Guthaben müssen sich dem Markt gegen einen Zins anbieten, damit genug Geld in Umlauf bleibt und die Wirtschaft nicht zum Erliegen kommt. Dadurch entsteht ein Investitionszwang, der in Zusammenwirkung mit der automatischen Umverteilung des Geldes von unten nach oben die Investitionskraft der Wirtschaft immer weiter zu Lasten der Konsumkraft steigert.

An dieser Stelle zeigt sich, dass man die Guthaben und Schulden in der Gesamtwirtschaft nicht einfach gegenrechnen und das Gesamtsystem damit als im Gleichgewicht befindlich erklären kann. Denn die Guthaben dienen der vermögenden Minderheit und die Schulden belasten den nicht-vermögenden Rest.

Mit dem Wachsen der privaten Guthaben (der vermögenden Minderheit) über das Maß des persönlichen Bedarfs hinaus wächst die Investitionskraft gegenüber der Konsumkraft. Die Konsumkraft (bei der nicht-vermögenden Minderheit) hat keine Chance, die Investitionskraft auf ein gesundes Maß zu regulieren. Der Konsum muss gesteigert werden, um der Investitionskraft standhalten zu können. Das erzeugt den Zwang zum Wirtschaftswachstum.

Anders herum betrachtet schwindet ständig die Konsumkraft gegenüber der Investitionskraft, so dass der Geldmangel bei den Konsumenten, die zu den Nettozinszahlern (>80% der Bevölkerung) gehören, nicht überwunden werden kann. Die Konsumkraft der Wirtschaft wird ständig geschwächt, weil ein großer Anteil des ausgegebenen Geldes über die Zinsleistungen an die Investitionskraft verloren geht, die dadurch auch immer stärker wird.

Das Fließende Geld rückt dieses Ungleichgewicht ins Lot und erlöst die Wirtschaft von ihrem Investitionszwang, der sie selbst und unseren Planeten in den Untergang treibt. In der Ganzheitlich-Freien Marktwirtschaft tendiert die Konsumkraft immer Richtung 100% und die Investitionskraft wird nur durch zusätzlich entstehenden Bedarf aktiviert. Der Konsum muss nicht gesteigert werden, damit alle in üppigem Wohlstand leben. So sind alle maximal versorgt und das System reguliert sich selbst immer nur nach Bedarf.

Ordnungsprinzip 2: Die Bodenpacht

Durch das Fließende Geld wandern in allen Vermögensbereichen die Sachkapitalzinsen gegen Null. Durch die Bodenpacht auf das Eigentum an Land, lohnt sich auch die Flucht des Geldes in den Ankauf von Land nicht. Die Bodenpreise würden sonst in die Höhe schießen. Die Pachten würden natürlich ebenfalls in die Höhe schießen, so dass hier hohe Zinsgewinne entstünden, deren Zahlung von den Pächtern erwirtschaftet werden müsste. Durch die Bodenpacht ist auch dieser Weg der Ausbeutung von Arbeitskraft versperrt.

Jeder, der Land braucht, kann dieses zinslos kaufen und muss anschließend nur den Kredit tilgen und die Bodenpacht zahlen. Liegt die Pacht für gepachtetes Land deutlich oberhalb der Bodenpacht, lohnt es sich für den Pächter also, sich Land zu kaufen und den Kredit zu tilgen, um langfristig die Differenz zwischen Pacht und Bodenpacht einzusparen. Dies ist der Grund warum mit der Bodenpacht auch die Sachkapitalzinsen/Zinsen des Landeigentums analog den anderen Wirtschaftsbereichen gegen Null laufen werden.

Durch die Bodenpacht spielt es letztlich also keine Rolle mehr, in wessen Besitz sich Land befindet. Nicht nur das Geld, sondern auch das Land wird zu einem quasi-öffentlichen Gut, das für alle verfügbar ist und allen dient.

Wenn durch den Besitz von Land kein automatischer Geldstrom weg von der arbeitenden Bevölkerung und hin zum Landbesitzer erzeugt wird, ist ein Besitz von Grund und Boden, den man selbst nicht zum Wirtschaften oder Leben benötigt, für niemandem mehr von größerem Interesse. Der Grundbesitz wird sich durch Ankauf daher nach und nach von alleine auf die Nutzer oder auf die Gemeinden verlagern, die es an die Nutzer verpachten.

Ordnungsprinzip 3: Die Natursteuer

In der Zinswirtschaft wird gerne so getan, als wären die Ressourcen der Natur kostenlos, da es den Menschen nichts kostet, sie sich zu nehmen. In Wirklichkeit sind die Ressourcen der Natur unbezahlbar, da sie eigentlich nicht dafür gedacht sind, in wenigen Jahrhunderten verbraucht zu werden, sondern kontinuierlich bewahrt werden sollten, damit auch noch zahllose Generationen nach uns anständig auf einer intakten Erde mit einem intakten Ökosystem leben können.

Daher ist es erforderlich, den Verbrauch der natürlichen Ressourcen in angemessener Höhe zu besteuern. Durch die Natursteuer wird es lohnend, Abfallprodukte wiederzuverwerten. Außerdem erhält die Natur selbst eine Wiedergutmachung für die verbrauchten Ressourcen.

Die Natursteuer steht für die Anerkennung und den Wert der Ressourcen, welche die Erde uns zur Verfügung stellt. Wenn wir anerkennen, dass diese Ressourcen nicht kostenlos sind und ihr Verbrauch einen vollen Ausgleich für die Natur nach sich ziehen muss, und in Form der Natursteuer danach handeln, dann können wir uns die Erde dauerhaft erhalten.

Ansonsten ist die Besteuerung von Umweltbelastung ja keine ganz neue Idee, falls man z. B. die Mineralölsteuer als Umweltsteuer betrachten wollte. Jedenfalls macht die Besteuerung das Mineralöl teurer und begünstigt die Alternativen. In unserem aktuellen Zinssystem führt die Besteuerung von z. B. Mineralöl jedoch dazu, dass der Staat von dieser Besteuerung abhängig wird. Er muss ja steigende Zinslasten an seine Kreditgeber zahlen. Der Staat entwickelt ein Interesse, dass Technologien auf Basis von Mineralöl weit verbreitet bleiben. Er wird bestechlich dafür, die Gesetze insgesamt so zu regeln, dass die Alternativen nicht zum Durchbruch kommen. Dadurch dient die Mineralölsteuer nicht der Regulation, dass sich umweltfreundliche Energien durchsetzen und umweltschädliche verschwinden. Die Zinswirtschaft leistet natürlich auch einen zusätzlichen Schutz der umweltbelastenden Ein-Weg-Energien, indem die Gerätschaften zur Gewinnung alternativer Energien mit teuren Krediten finanziert werden müssen.

Die Ganzheitlich-Freie Marktwirtschaft wirkt hier anders. Das Fließende Geld macht den Erwerb einer dezentralen Energieversorgung für jeden Haushalt fast zinslos möglich. Zusätzlich weisen die Umwelt belastenden Energien einen Kostennachteil durch die Umweltgebühr auf.

Neu ist ebenfalls, dass der Staat durch die Einführung Fließenden Geldes nach gewisser Zeit keine Zinsen auf seine Schulden mehr zahlen muss und dadurch in der Lage ist, auf die Steuereinnahmen auf Mineralöl tatsächlich zu verzichten, sobald es nicht mehr benötigt wird.

Neu ist also, dass die Besteuerung von Umweltbelastung tatsächlich dazu führen wird, dass Umwelt belastende Energien, Technologien und Fertigungsverfahren verschwinden werden, so dass der Staat immer weniger Einnahmen aus der Umweltsteuer bezieht, weil die Umwelt immer weniger belastet wird.

Ordnungsprinzip 4: Das Grundeinkommen für alle

Für eine Ganzheitlich-Freie Marktwirtschaft ist ein Grundeinkommen streng genommen nicht erforderlich, bringt aber verschiedene Vorteile mit sich, so dass es darin aufgenommen werden sollte. Ein Grundeinkommen bedeutet vor allen Dingen die Gewissheit einer bedingungslosen Versorgung im Leben auf der Erde. Was auch geschieht, ein Mensch ist immer mit dem Nötigsten versorgt und diese Grundversorgung ist niemals finanziell gefährdet. Das Gesamtsystem der Ganzheitlich-Freien Marktwirtschaft bewahrt sich alle Komponenten, auf die es angewiesen ist, auf Dauer und hält sie in einem stabilen Gleichgewicht.

Das Grundeinkommen schafft ein gerechtes System sozialer Absicherung in jedem Lebensalter. Es handelt sich bei 100% der Einkommen um Arbeitseinkommen. Auch der Reichste muss sein Einkommen durch Arbeit verdienen. Ein Grundeinkommen für alle, einschließlich der Reichen, ist vollkommen gerecht.

Es bedeutet ebenfalls eine starke Unterstützung für die Familien, da jedes Familienmitglied vom Babyalter an das volle Grundeinkommen erhält, welches bei Kindern unter 18 natürlich an die Eltern (oder anderen Versorger) gezahlt wird. Dies dürfte vor allem dafür sorgen, dass Mütter entlastet werden und nur arbeiten gehen, wenn sie wirklich von sich aus arbeiten wollen und nicht weil sie finanziellen Nöten unterliegen. Sie sind frei zu wählen, ob und wie viel sie arbeiten gehen wollen.

Sodann bedeutet das Grundeinkommen eine starke Vereinfachung der diversen Sozialversicherungsleistungen. Es ersetzt Grundrenten, Arbeitslosengeld, Sozialhilfe, Kindergeld etc. Diese Vereinfachung der Sozialversicherungsleistungen stellt den ökonomischsten Weg dar. Die Verwaltung muss nicht prüfen, wer eine Leistung erhält, wann er sie erhält und wieviel er erhält. Ein riesiger Verwaltungsaufwand wird eingespart.

In gewissem Sinne – aber nur in gewissem Sinne, nicht zur praktischen Finanzierung – repräsentiert das Grundeinkommen den technischen Fortschritt, der dafür sorgt, dass Maschinen uns einen großen Teil der Arbeit abnehmen, deren Früchte wir als Gesellschaft gerecht miteinander teilen. Geld erhält seinen Wert immer durch die Produkte der wirtschaftlichen Leistung, die man dafür kaufen kann. Insofern gibt es auch kein so genanntes Fiat-Geld. Der Begriff „Fiat-Geld" bezeichnet ein nach Belieben aus dem Nichts geschöpftes Geld. Auch Zentralbanken können Geld nicht aus dem Nichts schöpfen. Ein Wirtschaftswachstum schöpft Geld. Die Zentralbank passt lediglich die in Umlauf befindliche Geldmenge daran an. Wenn sie zuviel Geld schöpft, entsteht Inflation, durch die sich der Wert des Geldes an die Wirtschaftsleistung anpasst. Die Zentralbank kann also gar kein Fiat-Geld schöpfen, sondern höchstens Inflation erzeugen. Es gibt kein Fiat-Geld. Die Wirtschaftsleistung schöpft Geld. Ein Teil der Wirtschaftsleistung wird von Maschinen erbracht. Diese Leistung schöpft durch die hergestellten Waren Geld. Es ist gerecht, diesen Teil auf alle zu verteilen. Dafür müsste man natürlich Maschinen besteuern und die Steuer für die Finanzierung des Grundeinkommens verwenden, was auch so etwas wie eine Umsatzsteuer wäre. Es wäre ein Produktkostenaufschlag, der den Konsum verteuert und in den Topf für das

Grundeinkommen geht. Dieser Weg ist aber nicht erforderlich, weil es ja sowieso schon eine Umsatzsteuer gibt und praktisch alle Menschen vom technischen Fortschritt profitieren.

Praktisch wäre es einfacher, das Grundeinkommen durch die Bodenpacht zu finanzieren. Die Bodenpacht kann niemand hinterziehen, weil man Land nicht verstecken kann. Jeder würde das Grundeinkommen durch das Ausmaß des Bodens, das er für seine Nutzung beansprucht, finanzieren. Dies käme allen zugute, am meisten den Familien und damit den Müttern.

Die Belastung durch die Bodenpacht dürfte für niemanden zu hoch sein, da es ja im Gegenzug für jeden das Grundeinkommen gibt. Das Grundeinkommen dient nur jenen mehr, die weniger Land für sich nutzen.

Dem Topf für die Zahlung des Grundeinkommens würde ich zusätzlich noch die Geldschöpfung der Zentralbank hinzufügen, wenn die Wirtschaft wächst. Auf diesem Weg würde die Geldschöpfung jedem Einzelnen in der Gesellschaft zugute kommen. Wenn der Grundeinkommentopf vorübergehend zuviel Geld hat, könnten die Überschüsse an die öffentlichen Kassen weitergeleitet werden, damit alles herausgegebene Geld in Umlauf bleibt.

Wenn die Wirtschaft schrumpft, dürfte die Zentralbank im Gegenzug jenen Teil der Bodenpacht aus dem Geldverkehr ziehen, der notwendig ist, um das allgemeine Preisniveau stabil zu halten. Dies würde das Grundeinkommen für kurze Zeit absenken und relativ an das Schrumpfen der Wirtschaft anpassen.

Steuergesetzgebung

Es gibt sicher Varianten, Steuern, Bodenpacht und Grundeinkommen auf elegante Weise zu regulieren. In einer Ganzheitlich-Freien Marktwirtschaft wird die kreative Intelligenz leicht jene einfachen Lösungen finden, welche uns zu integerem Verhalten und Umgang miteinander, mit der Gesellschaft und der Natur erziehen.

Das Wichtigste an Steuergesetzen ist, dass sie gerecht sind, möglichst nicht hintergangen werden können und uns zu einem Verhalten erziehen, das förderlich für die Bewahrung des Ganzen ist. Eine Umlaufsicherungsgebühr erzieht uns dazu, das Geld in Umlauf zu halten, wodurch ein Wohlstand für alle erzielt wird. Eine Bodenpacht erzieht uns dazu, nur soviel Land für uns in Anspruch zu nehmen wie wir wirklich brauchen. Eine Natursteuer erzieht uns zum achtsamen Umgang mit der Natur.

Warum ist es so praktisch, die Bodenpacht zur Finanzierung des Grundeinkommens zu verwenden? Wenn es einen praktischen Weg gibt, dafür zu sorgen, dass sich niemand der Besteuerung entziehen kann, muss niemand kontrolliert werden, ob er auch seine Steuern zahlt. Es gibt keine Schwarzarbeit.

In unserem aktuellen System lohnt sich Schwarzarbeit, um der Einkommensteuer und der Sozialversicherungsabgabe zu entgehen. Um Schwarzarbeit unlohnend zu machen, brauchen wir ein System, das ohne solche indirekten Steuern auskommt. Das Grundeinkommen macht eine weitere Sozialversicherung überflüssig. Wenn es durch die Bodenpacht finanziert wird, muss keine indirekte Steuer zu seiner Finanzierung erhoben werden.

Um den Finanzbedarf der öffentlichen Kassen zu decken, bräuchte es einer Besteuerung, der sich niemand entziehen kann. Hierzu eignet sich die Umsatzsteuer. Jeder muss sich versorgen und sich seine Waren beschaffen. Wenn Staat und Gesellschaft mit Umlaufsicherungsgebühr, Bodenpacht und Umsatzsteuer auskommen, kann die Einkommensteuer entfallen.

Wenn die indirekten Steuern und Abgaben entfallen, lohnt sich Schwarzarbeit nicht mehr. Alle sind steuerlich gleichgestellt, ohne kontrolliert werden zu müssen. Unternehmen sind von allen Fesseln ihrer Handlungsfähigkeit befreit. Sie können sich fast zinsfrei finanzieren. Sie sind frei vom Zwang, einen Sachkapitalzins zu erwirtschaften, können dies durch Innovationen aber vorübergehend. Sie sind entlastet von der Einkommensteuer und den Sozialversicherungsabgaben für die Mitarbeiter.

Gerechtigkeit, Stabilität und Ästhetik des Fließenden Geldes

Nachdem ich die vier Ordnungsfaktoren einer Ganzheitlich-Freien Marktwirtschaft durchgegangen bin, sehen Sie, dass ich in der Überschrift dieses Abschnitt wieder den Begriff „Fließendes Geld" verwende. Eigentlich wäre an dieser Stelle die „Ganzheitlich-Freie Marktwirtschaft" passender. Ich werde im Folgenden diese beiden Begriffe häufig gleichbedeutend verwenden, weil das Fließende Geld der mit Abstand wichtigste Faktor der Ganzheitlich-Freien Marktwirtschaft ist. Ich habe ja bereits erläutert, dass die Einführung Fließenden Geldes mit den drei anderen Faktoren verbunden sein sollte, um ein wirkliches, dauerhaftes Gleichgewicht zu erzeugen.

Der Kreislauf Fließenden Geldes ist in sich selbst vollkommen gerecht und von geradezu ästhetischer Schönheit. Das System hält sich selbst in einem stabilen Gleichgewicht, das keiner korrektiven Maßnahmen bedarf. Die Zentralbank kann die Menge des in Umlauf befindlichen Geldes leicht an die Wirtschaftsleistung anpassen.

Wenn neue Technologien auf den Markt kommen, wächst die Wirtschaft. Irgendwann ist der Markt für die neuen Technologien gesättigt. Wenn alle mit allem versorgt sind, sind die Märkte gesättigt, die Sachkapitalzinsen sind überall bei Null und die Wirtschaft wächst nicht mehr oder schrumpft sogar. Da alle alles haben, spielt selbst eine Schrumpfung jedoch keine Rolle. Die umlaufende Geldmenge passt sich nur daran an, dass alle weniger benötigen. Sie benötigen nur weniger, bekommen aber immer noch alles, was benötigt wird. Mit der nächsten neuen Technologie, die allgemein begehrt wird, wächst der Markt wieder usw.

Die Ästhetik ist, dass sich Fließendes Geld an alle Umstände anpassen kann und ungeachtet von Wirtschaftswachstum oder Wirtschaftsschrumpfung immer Wohlstand herrscht. Das Geld fließt überall hin. Überall steht der Mensch im Mittelpunkt, nicht das Geld. Jeder darf leben, wo er sich am wohlsten fühlt, da er sich überall mit genug Arbeit und Geld versorgen kann. Das Geld folgt dem Arbeitenden, nicht mehr der Arbeitende dem Geld.

Durch die drei weiteren Ordnungsfaktoren einer Ganzheitlich-Freien Marktwirtschaft sind die denkbaren möglichen Gefahren für das Gleichgewicht gebannt. Durch die Bodenpacht ist die Gefahr gebannt, dass Menschen das zinsfrei verfügbare Geld nutzen, um sich riesige Flächen anzuschaffen und zuzubauen. Das Land selbst wird mit der nötigen ökonomischen Achtsamkeit genutzt. Jeder wird sowohl genug Land verfügbar haben als auch nur genau das Land nutzen, das er für seine Arbeit und Lebensbedürfnisse wirklich braucht.

Durch die Umweltsteuer auf die Ressourcen der Erde und umwelt-schädlichen Energieträger und Technologien geraten umweltfreundliche Energien und Technologien in einen zusätzlichen Vorteil und setzen sich rasch durch. Nicht nur Grund und Boden ist optimal geschützt, sondern auch die Umwelt und Natur. Durch das Grundeinkommen sind sehr alte Menschen und Familien bedingungslos versorgt, so dass auch Mütter finanziell nicht gezwungen sind, früher arbeiten zu gehen als ihnen lieb ist.

Jetzt gehen wir noch Punkt für Punkt auf den Wandel der neun nega-tiv dominanten Tendenzen der Zinswirtschaft ein, und schauen uns an, welche Bewusstseinsqualitäten das Fließende Geld im Gegensatz zur Zinswirtschaft im Menschen hervorbringt.

Der Weg zu Wohlstand, Fülle, Großzügigkeit, Sattheit, Zufriedenheit, Geborgenheit und Urvertrauen

Das Fließende Geld bringt eine große Fülle für alle arbeitenden Menschen und genug bezahlte Arbeit mit sich, weil es sich ständig anbietet, um der Umlaufsicherungsgebühr zu entgehen.

In einer Ganzheitlich-Freien Marktwirtschaft ist die menschliche Arbeitskraft der knappste Produktionsfaktor, weil
- stets genug Geld fast zinsfrei aufgenommen werden kann,
- damit auch Sachkapital fast zinsfrei geschaffen werden kann, und
- Energie aus dezentralen, regenerativen Quellen bezogen werden kann, die sich jeder durch eine fast zinsfreie Finanzierung be-schaffen kann; Energie steht fast kostenlos zur Verfügung.

Alles ist überall reichlicher vorhanden als die menschliche Arbeitskraft. Dies bedeutet, dass die Arbeit jedes Menschen von der Gesellschaft begehrt ist und gebraucht wird. Wenn nicht mehr das Erwirtschaften von Kapitalerträgen im Vordergrund steht, steht der einzelne Mensch im Vordergrund, der sich mühelos Wohlstand erarbeiten kann.

Der direkte Zusammenhang lautet: Während eine allein auf anhaltende Sachkapitalzinsen abzielende Wirtschaft unentrinnbar Knappheit und Mangel erzeugt, entsteht in einer Ganzheitlich-Freien Wirtschaft, in der die Kapitalerträge gegen Null laufen dürfen, Fülle und Wohlstand. Dies führt vor allen Dingen dazu, dass nicht nur Wohlstand herrscht, sondern die Menschen genau den Tätigkeiten nachgehen können, die sie am liebsten tun wollen. Diese können sie in aller Regel auch dort verrichten, wo sie am liebsten leben möchten. Dies führt nicht nur zu einem Leben in Wohlstand, sondern vor allen Dingen zu einem Leben großer Erfüllung und Zufriedenheit.

Durch das Grundeinkommen sind alle bedingungslos an diesem Wohlstand beteiligt, während sich für alle Einkommensgruppen die Arbeit lohnt. Die Familien sind so gut versorgt, dass sich Mütter um ihre Kinder kümmern können, ohne dass dies Wohlstandseinbußen mit sich bringt. Die Fülle kommt zu jedem. Jeder kann die Fülle nehmen und aus der Fülle heraus anderen geben.

Die Transformation der Menschheit durch das Fließende Geld

Allein dieser erste Punkt, also allein der Wandel der zinswirtschaftlichen Verknappung in die vom Fließenden Geld erzeugte Fülle lässt bereits den stattfindenden Wandel erahnen. Das Fließende Geld wandelt auch die acht weiteren dominant negativen Tendenzen der Zinswirtschaft leicht in positiv dominante Tendenzen um. Dies wird einen so grundlegend positiven Wandel im Bewusstsein der gesamten Menschheit bewirken, wie wir ihn uns heute auch in den kühnsten Träumen noch nicht vorstellen können.

In Kapitel I haben wir gesehen, dass die Zinswirtschaft nicht einfach nur ein mathematisches Verteilsystem für die von der Menschheit erschaffenen Vermögenswerte darstellt. Sie sorgt nicht nur für eine automatische Umverteilung des Volksvermögens von unten nach oben. Sie erzeugt durch die Art, wie sie funktioniert, negativ dominante Tendenzen, die das Leben der Menschen beherrschen. Die Zinsherrschaft bedient sich dieser Tendenzen, um die Menschen bei der Stange zu halten. Die Zinswirtschaft erzeugt diese Tendenzen immer wieder neu, hält damit sich im Spiel und die Zinsherrschaft an der Macht.

Das besondere an unserer heutigen Zeit ist, dass im Schatten der Zinsherrschaft eine Transformation dieser negativ dominanten Tendenzen des Zinses in uns stattfindet. Die Menschheit hat heute zutiefst genug von der Welt, die die Zinswirtschaft im Außen und im Innern des Menschen erzeugt. Diese Transformation neutralisiert das von der Zinswirtschaft erzeugte negativ dominante Bewusstsein nach und nach, während sich die zinswirtschaftlichen Missstände mit der wachsenden Verschuldung zwangsläufig noch weiter verschlimmern.

Unser Bewusstsein befindet sich aufgrund dieser Kombination von Verschlimmerung der Zinsmissstände im Außen mit sich verstärkender Transformation im Innern aktuell in der Lage eines Aufziehautos, das sich durch Rückwärtsdrehen immer stärker aufzieht und im Moment des Loslassen mit voller Kraft nach vorne schießen wird. Genauso kommt die wachsende transformative Kraft der Menschen unter der Zinswirtschaft noch nicht recht zum Zug. Sie wächst jedoch immer weiter an. Irgendwann wird das Auto zwangsläufig der Hand entgleiten und davonschießen. In dem Moment, da die Zinswirtschaft ihren Griff auf die Menschheit verliert und das Fließende Geld die wirtschaftliche Aktivität übernimmt, wird sich ein tiefgreifender Wandel vollziehen. Unsere Transformation wird einen Sprung nach vorne machen, weil es keine Kraft mehr gibt, welche die neun negativ dominanten Tendenzen im Menschen immer wieder neu erzeugt.

Es gibt ein jahrtausende altes Sanskrit-Gebet an das Eine Höchste Bewusstsein:

Asatoma sat gamaya
Tamasoma jyotir gamaya
Mrithiyorma amritam gamaya

Führe uns von der Unwissenheit zum Wissen
Von der Dunkelheit zum Licht
Und vom Tod zur Unsterblichkeit

Das Fließende Geld wird die Erfüllung dieses Gebets für alle Menschen vollenden, die sich der stattfindenden Transformation hingeben.

Ich gehe im Folgenden die Natur dieses Wandels ausgehend von den acht weiteren negativ dominanten Tendenzen (*ND-Tendenzen*) der Zinswirtschaft Punkt für Punkt durch. Hierdurch können Sie nachvollziehen, wie das Fließende Geld auf die einzelnen *ND-Tendenzen* einwirkt. Es wird tatsächlich die rasche vollständige Transformation der Menschheit gestatten. Es wird das Aufwachen aus einem Albtraum sein, der uns schier endlos erschienen ist, der Beginn des Golden Zeitalters der Menschheit.

Der Weg zu freundlichem Wettbewerb, Großzügigkeit, gegenseitiger Unterstützung, offener Kommunikation, tiefer menschlicher Verbundenheit, auch unter Rivalen, einer Kultur, in der jeder jedem das Beste wünscht und zu einer friedlichen Welt

Die Zinswirtschaft erzeugt einen feindlichen Wettbewerb, weil immer wieder ein bestimmter Anteil der Unternehmen durch die Rentabilitätsforderung künstlich in die Schließung getrieben wird. Jeder will seine Wettbewerber zu diesem Schicksal verdammen und selber davon verschont bleiben.

In einer Ganzheitlich-Freien Marktwirtschaft wird der feindliche Wettbewerb durch einen freundlichen ersetzt. Die Sachkapitalzinsen pendeln immer um Null. Niemand muss seine Aktivität einstellen, damit ein anderer überleben kann. Es genügt sparsames Wirtschaften, das Erbringen einer hohen Qualität und Effizienz und eine enge Orientierung an den Wünschen und Vorstellungen der Kunden. Dies stellt das wirtschaftliche Überleben eines Unternehmens sicher. Jene, die schlechte Qualität herstellen, ineffizient arbeiten und/oder die Wünsche ihrer Kunden ignorieren, werden aber nach wie vor vom Konkurs bedroht sein. Es gilt lediglich, das erforderliche Niveau und die Nützlichkeit für den Kunden zu erreichen. Darüber hinaus bringt es nichts, Wettbewerber aus dem Feld zu schlagen, weil die Sachkapitalzinsen trotzdem immer gegen Null tendieren. Wenn es sich für niemanden lohnt anzugreifen, werde ich selber auch nicht angegriffen. Hier entsteht also wahrhaftig ein Klima von leben und leben lassen.

Fließendes Geld gestattet die Neugründung zahlreicher dezentraler Unternehmen, da es zinslos zur Verfügung steht. Die Unternehmen sind nicht mehr auf die Stadtnähe angewiesen. Andererseits stellt die Größe eines Unternehmens keinen Vorteil mehr dar, wenn die Sachkapitalzinsen sowieso gegen Null laufen. In der Folge werden die Unternehmen die Größe annehmen, die für die industrielle Produktion und Organisation am besten geeignet ist. Die Tendenz zur Konzernbildung wird rückläufig.

Interessant ist vor allem die Auswirkung der Einführung Fließenden Geldes auf die Tendenz zur Auslagerung von Produktion in Billiglohnländer. Nachdem das Fließende Geld global eingeführt wurde, werden zunächst einmal alle Länder der Erde von den Auswirkungen ihrer Verschuldung befreit. Sie müssen keine Zinsen mehr zahlen. Jedes Land kann nun also eine von ihm selbst bestimmte Politik betreiben.

Da Wirtschaftswachstum keine Voraussetzung zur Bewahrung von Wohlstand mehr ist, wird der Exportdruck der Länder verschwinden. Die Volkswirtschaften können sich darauf konzentrieren, sich selbst zu versorgen. Sie werden dadurch einen hohen Wohlstand erreichen. Niemand ist auf Auslandsinvestitionen angewiesen, wenn Geld sowieso zinslos zur Verfügung steht.

Wenn auch der Export keine nennenswerten Sachkapitalzinsen erzeugt, werden die Volkswirtschaften insgesamt von ihrem feindlichen

Wettbewerb befreit. Die technologische Entwicklung wird durch den globalen Wegfall der Tendenz zur Unterdrückung und die Intensivierung der internationalen Zusammenarbeit große Sprünge nach vorne machen. Die Länder der „Dritten Welt" werden jetzt nicht nur nicht mehr ausgeplündert, sie können jetzt auch das für die Schaffung von Wohlstand benötigte Kapital fast zinsfrei aufnehmen. Sie werden wie alle anderen Länder der Erde auch über eine moderne, umweltschonende Industrie verfügen, die mit den neuesten Technologien ausgestattet ist. Da der Exportdruck verschwunden ist, wird diese Industrie der Versorgung des eigenen Volkes dienen und nur auf das nötige Maß anwachsen.

Die Wohlstandsunterschiede werden nur noch geringfügig sein. Daher wird es auf Dauer auch keine riesigen Lohnunterschiede in den Ländern mehr geben und die Auslagerung von Industrien wird verschwinden. Da die Sachkapitalzinsen in allen Wirtschaftsbereichen gegen Null tendieren, findet Außenhandel im Wesentlichen nur noch mit Produkten statt, die die eigene Wirtschaft nicht herstellt. Auf diese Weise wird dennoch alles, was auf der Erde hergestellt wird, auf Wunsch überall verfügbar sein. Der Außenhandel wird sich jedoch auf das notwendige Maß beschränken. Mit dem gesunden Menschenverstand betrachtet ist dies ja auch sinnvoll. Das heißt, nicht nur unter den Unternehmen wird leben und leben lassen herrschen, sondern auch zwischen den Volkswirtschaften. Allein dies ist eine Garantie für globalen Frieden.

Wir haben oben gesehen, dass die Art des Wohlstands, der durch das Fließende Geld entsteht, zu Erfüllung und Zufriedenheit führt. Dies bringt wiederum die in den Menschen innewohnende Tendenz zur Großzügigkeit hervor.

Die Zinswirtschaft erzeugt eine Tendenz, andere zu verdrängen und aus dem Feld zu schlagen. Wenn man – wie es in einer Ganzheitlich-Freien Marktwirtschaft der Fall ist – keine Angst haben muss, von einem Wettbewerber seiner Existenzgrundlagen beraubt zu werden, setzt sich leicht die jedem Menschen innewohnende Hilfsbereitschaft durch und führt zu einem Klima gegenseitiger Unterstützung.

Wenn – wie es in einer Ganzheitlich-Freien Marktwirtschaft der Fall ist – niemand Angst haben muss, vom Wettbewerb seiner Kunden, seines Wissens oder seiner spezialisierten Mitarbeiter beraubt zu werden und dadurch in ein kritisches Hintertreffen zu geraten, entsteht leicht ein Klima offener Kommunikation. Offene, aufrichtige und wohlwollende Kommunikation schafft einen Raum für tiefe menschliche Verbundenheit ungeachtet der Position, die ein Mensch in der Gesellschaft einnimmt, oder der Funktion, die er ausübt. Selbst einem Rivalen kann man das Beste wünschen und ein eher sportliches Kräftemessen mit ihm entfalten, das beiden Seiten Spaß macht.

Die Zinswirtschaft erzeugt eine Tendenz zur Unterdrückung. Da das Fließende Geld die Sachkapitalzinsen für alle gegen Null laufen lässt, lohnt es sich nicht, Wettbewerber oder Innovationen zu unterdrücken. Der Entwickler technischer Neuerungen wird für eine Weile einen wirtschaftlichen Vorteil erzielen, also Sachkapitalzinsen erwirtschaften. Dies bezahlt ihn für seine Investitionen. Es könnten Vereinbarungen zwischen Patentinhabern und Lizenznehmern getroffen werden, welche den Nutzen aus dem Patent dem Patentinhaber zukommen lässt. Sobald der Markt gesättigt ist, gehört die innovative Technologie allen, da sie nun niemandem mehr einen Sachkapitalzins abwirft. Eine derartige Regelung würde alle Innovationen rasch verfügbar machen. Diese können global ihren Beitrag zur Vereinfachung des menschlichen Lebens leisten.

So entsteht insgesamt eine Kultur, in der jeder stolz sein kann, weil er jenen Beitrag zur Gesellschaft leisten kann, den er gerne leisten möchte, und in der jeder aus dieser grundsätzlichen Zufriedenheit heraus jedem das Beste wünscht.

Viele werden überschüssiges Geld haben, das sie nicht unbedingt sparen müssen und sich eine Freude und ein Bedürfnis daraus machen, andere mit diesem Geld zu unterstützen. So wird ein großes Sponsorentum entstehen, mit dem vor allem Menschen ausgebildet und gemeinnützige Projekte unterstützt werden. Menschen wird es eine Ehre sein, sich als Sponsor für wichtige kulturelle Ereignisse, technische Errungenschaften oder herausragende Personen in der Gesellschaft betrachten zu dürfen.

Vor allem der Nachwuchs kann also sicher sein, eine optimale Ausbildung im gewünschten Bereich zu erhalten und die erworbenen Qualifikationen auch in die spätere berufliche Tätigkeit einbringen zu können. Er wächst in einem Klima blühender Kreativität auf, das ihn unterstützt, seine Talente und Anlagen mühelos zu entfalten.

Kriege lohnen sich nicht, wenn Kredite zur Kriegsfinanzierung keinen Geldzins abwerfen. Ein Krieg würde sich auch nicht lohnen, um mit dem Verkauf von Rüstungsgütern Kapitalerträge zu erwirtschaften, wenn diese im Wettbewerb der Unternehmen gegen Null laufen. Ein Krieg würde sich auch nicht lohnen, um eine andere Nation aus der Wettbewerbsgleichung zu nehmen. Lediglich die Plünderung eines anderen Landes würde Geld einbringen. Und das sollte sich gemeinschaftlich verhindern lassen.

Im Resultat steht eine Welt des Friedens und friedlichen Miteinanders, das ungefährdet bleibt, solange sich die Welt von der Zinswirtschaft frei halten kann.

Der Weg zur Befähigung, Begeisterung, inspirierendem Miteinander, zu menschlicher Größe und Großartigkeit, zum vollen Selbstausdruck und zum selbstlosen Dienen

Die Zinswirtschaft erzeugt eine Kultur des Beraubens. In der Ganzheitlich-Freien Marktwirtschaft entfällt die Beraubung durch verzinste Kredite, weil Kredite Fließenden Geldes fast zinslos zur Verfügung stehen.

Börsen berauben die geleistet Arbeit. Das durch diese unproduktiven Tätigkeiten verdiente Geld steht nicht mehr als Lohn für die Produktivkräfte zur Verfügung. Alles, was jemand leistungslos verdient, muss ein anderer durch Arbeit verdienen. Durch Börsen können die größten Anleger die kleineren berauben, weil sie die stärkste Macht haben, die Kurse durch ihre An- und Verkäufe zu bestimmen. Mit Börsen kann man durch feindliche Übernahmen andere Unternehmen rauben. Mit dem Devisenhandel lassen sich ganze Volkswirtschaften in den Ruin treiben oder in eine kritische Lage bringen. Die größten Spekulanten im Multimilliardenbereich sind in ihrer Spekulation durch den Steuerzahler abgesichert, da dieser Groß-Crashs auffangen muss, damit das Finanzsystem nicht einbricht. Dies beraubt die Steuerzahler.

Börsen dienen einem Unternehmen zur zins- und damit risikolosen Kapitalbeschaffung. Wenn Geld aber sowieso fast zinsfrei zur Verfügung steht, gibt es keinen Bedarf nach einer Börse. Auch von der Anlegerseite her ist es Quatsch, in einer Ganzheitlich-Freien Marktwirtschaft an die Börse zu gehen und Anteile an Unternehmen zu erwerben, die tendenziell keine Kapitalrendite abwerfen. Dieser Weg der Beraubung der Produktivkräfte und von Kleinanlegern durch eine Börse wird also verschwinden. Ohne Börse ist kein Unternehmen der Gefahr einer feindlichen Übernahme ausgesetzt und kann gefahrlos verantwortungsvoll geführt werden.

Der Handel mit Wertpapieren entfällt, wenn Geld sowieso zinsfrei verfügbar ist. Durch das Fließende Geld endet also auch die Beraubung des Steuerzahlers durch Wertpapiere und Staatsanleihen und durch die Staatsverschuldung überhaupt.

Beim internationalen Devisenhandel wird Geld durch den Tausch von Geld gegen Geld verdient. Geld kann nur gegen Geld getauscht werden, wenn beides liquide gehalten wird. Die Liquidität Fließenden Geldes unterliegt aber einer Umlaufsicherungsgebühr, so dass es sich nicht wie in der Zinswirtschaft lohnt, einen Devisenhandel zu betreiben. Die im Devisenhandel in der Zinswirtschaft verdienten Vermögen werden in der Ganzheitlich-Freien Marktwirtschaft also nicht mehr verdient, was Sicherheit und Stabilität für die Volkswirtschaften der Erde mit sich bringt. Da der Devisenhandel in einer Ganzheitlich-Freien Marktwirtschaft aufhört, endet die Beraubung von Volkswirtschaften, sowie die Beraubung von Steuerzahlern durch die Groß-Crashs in der Devisenspekulation. Alle Beraubungsstrategien, die sich die Wechselwirkungen zwischen Börsen und Devisenhandel zu Nutze machen, werden vereitelt. Die Wechselkurse zwischen den Währungen werden von der Spekulation befreit. Sie werden verlässlich und stabil bleiben.

Das Fließende Geld wird also sowohl die Börsen als auch den internationalen Devisenhandel zum Verschwinden bringen. Die in beiden Fällen (Abschaffung von Börsen und Devisenhandel) eingesparten Gelder werden zu einer für alle spürbaren Anhebung der Löhne für die produktiv geleisteten Arbeiten führen.

Fließendes Geld bedeutet, dass 100% des erwirtschafteten Geldes für die Bezahlung der geleisteten Arbeit zur Verfügung steht und Kredite fast zinslos sind. Dies bedeutet, dass ein Mensch die benötigte Finanzierung fast zinslos aufnehmen kann, wenn er ein Projekt verwirklichen will. Er muss den Kredit nur tilgen und braucht fast keine Zinsen dafür erwirtschaften. Dies bedeutet, dass er optimal befähigt ist, seine Projekte in die Tat umzusetzen. Da in allen Industriezweigen die Sachkapitalzinsen immer gegen Null wandern, muss er seine Tätigkeit nicht danach ausrichten, wo die größten Sachkapitalzinsen zu holen sind, sondern er kann die Projekte wählen, die ihn wirklich begeistern und inspirieren.

Er kann mit den Menschen zusammenarbeiten, die er für sein Projekt gewinnen kann, indem er sie ebenfalls davon begeistert und inspiriert. So finden Menschen in der Arbeitswelt nicht nur aufgrund von Qualifikationen, sondern auch aufgrund von Begeisterung und Inspiration zusammen und können aus der Begeisterung und Inspiration heraus Großartiges miteinander leisten. So können Menschen ihr volles Potential verwirklichen, sich vollkommen in ihrer Arbeit zum Ausdruck bringen und so ihre tatsächliche Größe offenbaren.

Nur in der Anfangsphase eines Projektes muss ein Kapitalertrag erwirtschaftet werden, welche die Tilgung des Kredites gestattet. Dies bewirkt, dass nur Projekte gestartet werden, welche die Gesellschaft auch benötigt, und nicht Geld in bereits satte Märkte investiert wird.

Da Menschen von ihrer Arbeit leben und nicht von der Arbeit anderer, können sie auf alles, was sie im Leben erreichen, stolz sein und sind erfüllt davon. Ein Mensch, der äußerlich und innerlich alles in seinem Leben erreichen kann, was er anstrebt, steht in seiner vollen Schöpferkraft.

Ein solchermaßen wirklich erfülltes Leben macht dankbar und glücklich. Aus Dankbarkeit wächst in der Regel der Wunsch, von dem Überfluss weiterzugeben, den man im Leben erreicht. So entsteht durch das Fließende Geld nicht zuletzt bei vielen Menschen auch der Wunsch, der Gemeinschaft selbstlos zu dienen und Projekten beizutragen, in denen eine Gemeinschaft ihre Freude, ihre Dankbarkeit und ihre Lebensglück zum Ausdruck bringt.

Der Weg zu einem achtsamen Umgang mit der Welt, zur Wiederverwertung des Verbrauchten, zum Schutz der Natur, zur Renaturierung von Kulturlandschaften, zur Erhaltung der Artenvielfalt, zur Reinerhaltung von Luft, Wasser und Boden, zur Erhaltung des Planeten und zur Rücksicht gegenüber allem Leben

Die Zinswirtschaft erzeugt eine Verschwendung, die durch technischen Fortschritt und Effizienzsteigerung nur noch gesteigert wird, weil die Zinswirtschaft eine Beseitigung der Knappheit nicht gestattet.

Wenn Geld nicht verzinst angelegt werden kann, ist es in 10 Jahren etwa so viel wert wie heute. Daher sparen wir nicht, wenn wir Kosten von heute auf die Zeit in 10 Jahren verschieben. Da es sich nicht lohnt, Kosten in die Zukunft zu verschieben, lohnt sich für den Kunden der Kauf und für Unternehmen die Fertigung qualitativ hochwertiger und langlebiger Produkte. Ohne den zunehmenden Abfluss von Zinszahlungen entfällt der Wachstumszwang der Wirtschaft. Die zinswirtschaftliche Fertigung von Ramsch endet, was gleichbedeutend ist mit einem höchst sparsamen und achtsamen Umgang mit den Ressourcen der Erde. Die Schonung der Ressourcen und der Natur wird zusätzlich dadurch verstärkt, dass eine Natursteuer für den Ressourcenverbrauch gezahlt werden muss.

Da der Staat keine Steuern für das Erbringen von Zinsleistungen für Staatsschulden mehr erheben muss, ist er auch nicht auf die Einnahmen angewiesen, die er aus der Besteuerung des Mineralöls erhält, wie es jetzt in der Zinswirtschaft noch der Fall ist. Heutzutage will der Staat noch gar nicht die Senkung des Mineralölverbrauchs, weil er auf die Mineralölsteuern angewiesen ist.

Die menschliche Arbeitskraft wird zum knappsten Produktionsfaktor. Somit wird sie auch mit entsprechender Achtsamkeit behandelt. Überflüssige Tätigkeiten werden verschwinden, wenn keine Notwendigkeit für Arbeitsbeschaffungsmaßnahmen besteht, welche Menschen in Lohn und Brot halten, deren Arbeit in einem Mangelsystem des Zinses gar nicht benötigt wird. In der Ganzheitlich-Freien Marktwirtschaft werden alle Arbeitskräfte benötigt, sie werden achtsam genutzt und die vorhandene Arbeit wird sich auf solidarische Weise auf alle verteilen. Wenn alle Märkte gesättigt sind und der Bedarf an Neuinvestitionen gegen Null läuft, wird auch der Bedarf an Erspartem sinken. Jeder wird die Bereitschaft zu einer Arbeitszeitverkürzung aufbringen, wenn er ansonsten sein Erspartes nur mit Negativzins anlegen kann. Niemand nutzt sich selbst, wenn er hier aus der Reihe tanzt. An dieser Stelle werden also alle gleichzeitig auf einen Teil ihrer Arbeitszeit verzichten, um die Produktion wieder an den Bedarf anzupassen.

Die Umweltsteuer wird also tatsächlich dazu führen, dass umweltschädliche Energiequellen und Technologien ganz verschwinden. Öl und Atomstrom werden mittelfristig nicht mehr als Energiequellen benötigt werden, wenn sich jeder eine alternative, regenerative Stromversorgung selbst zinslos erwerben und aufs Dach oder in den Garten oder sonst wo hin stellen kann. Genauso wird eine Besteuerung auf den Ressourcenverbrauch dazu führen, dass es sich lohnt, Lösungen zur Wiederverwendung von Abfall zu entwickeln.

Im Resultat der Umweltsteuer wird die Umweltbelastung gegen Null laufen, und werden viel mehr Wiederverwertungssysteme eingerichtet als bisher. Dabei wird dann kaum noch Müll produziert. Alle Wirtschaftsteilnehmer können diese Kosten vermeiden. Der Umgang mit der Umwelt könnte achtsamer nicht sein.

Aufgrund der Bodenpacht werden alle ihren Gebrauch von Grund und Boden auf das Notwendige beschränken. Auch die Landwirtschaft wird dazu tendieren, nicht benötigte Flächen an die Gemeinden zu verkaufen, welche dann auch Flächen renaturieren, d. h. in Wald-, Park- und Wiesenlandschaften verwandeln werden.

Vor allem in den tropischen Ländern wird die Abholzung des Waldes enden, da weltweit sowohl der Rohstoffbedarf als auch der Bauholzbedarf absinken wird, wenn beides mit einer Umweltsteuer belegt ist. Die Produktion von Ramsch wird weltweit aufhören, was den Rohstoffbedarf senken wird. Wenn der Raubbau an der Natur endet und durch die Bodenpacht niemand mehr Boden für sich nutzt als er wirklich benötigt, werden Flächen frei, die man wieder der Natur überlassen kann. (Mehr zum großen Nutzen der Ganzheitlich-Freien Marktwirtschaft für die Landwirtschaft in Kapitel III.)

Wenn weltweit nur noch die wirklich benötigten Flächen zum Anbau von Lebensmitteln verwendet werden, endet die Verschwendung an Flächen, Arbeitszeit und Überproduktion. Da alternative Energiequellen fast zinslos finanzierbar werden, endet auch die verschwenderische Nutzung landwirtschaftlicher Produkte zur Energieherstellung, was weitere Fläche frei macht. Die Natur wird maximal geschont. Wald- und Naturlandschaften werden weltweit wieder mehr der heimischen Fauna zur Verfügung stehen und die noch vorhandene Artenvielfalt erhalten.

Mit dem Ende der Umweltverschmutzung werden Luft, Boden und Wasser rein erhalten werden. Die Natur wird sich überall regenerieren. Wenn der Mensch solchermaßen wieder in die Harmonie mit der Natur kommt, ist das Überleben der Menschheit gesichert und die Erde wird uns auf Dauer erhalten bleiben. Zudem wird viel Geld für Arbeiten zur Sanierung der Umweltschäden bereit stehen. Großprojekte zur Heilung der Ökosysteme werden finanzierbar sein. Weltweit werden Scharen von Menschen für die Bewahrung der Erde tätig werden.

Da die Menschen in der Ganzheitlich-Freien Marktwirtschaft weltweit wohlhabend sein werden, wird die natürliche menschliche Rücksichtnahme auf alles Leben zum Vorschein kommen.

Der Weg zur Rechtschaffenheit, Integrität, zum Vertrauen in die Spitzen der Gesellschaft, zur Gültigkeit des gegebenen Wortes, zu gegenseitigem Vertrauen, gegenseitigem Halt und Verlässlichkeit und einer durch und durch gerechten Welt

Die Zinswirtschaft lässt eine Zinsklassengesellschaft entstehen, deren Geldelite durch Bestechung den Zustand der zinswirtschaftlichen Umverteilung von unten nach oben aufrechterhält. Die Geldelite beteiligt nur Personen an ihren Einnahmen, die ihre Integrität aufgeben und dadurch erpressbar sind, wenn sie nicht mehr mitspielen wollen. Das System selbst vermittelt uns, dass es leichter ist, Vorteile zu erzielen, wenn wir unsere Integrität aufgeben und denen dienen, welche das Geld und die Macht haben. Die Integrität selbst als Qualität des Menschen hat in der Zinswirtschaft einen schweren Stand und wird ständig herausgefordert.

Mit der Einführung des Fließenden Geldes laufen die Kapitalerträge gegen Null, die privaten Vermögen wachsen nicht mehr automatisch an, egal wie groß sie sind. Alle Vermögenden bis hin zur Geldelite müssen entweder von der Substanz leben oder das Geld, das sie zum Leben benötigt, selbst erarbeiten. Die Macht der Geldelite schwindet im Moment der Einführung Fließenden Geldes, weil sie ohne Zinseinnahmen keine Macht mehr ausübt. Zusammen mit der Geldelite werden auch die Mitläufereliten verschwinden, die Wirtschaftselite, Politelite und Wissenselite. Auch die Massenmedien werden keine Diener der Zinsherrschaft mehr sein, da es diese nicht mehr gibt.

Mit dem Verschwinden der Eliten wird Rechtschaffenheit und Integrität Einzug halten in das öffentliche Leben. Wirtschaftsbosse dienen nicht mehr der Optimierung von Kapitalerträgen, sondern dem Wohl des Unternehmens und seiner Mitarbeiter. Politiker dienen nicht mehr der Umverteilung des Volksvermögens von unten nach oben, sondern können jetzt tatsächlich den Interessen der Öffentlichkeit dienen und den Willen der Wähler ausführen. Falsche Versprechungen und Lügen werden verschwinden. Die Menschen werden wieder Vertrauen fassen in die Spitzen der Gesellschaft.

Wenn jeder sein Geld selbst erarbeiten muss, besteht überall die grundsätzliche klare Vereinbarung von Lohn gegen Arbeit. Da Arbeit der knappste Produktionsfaktor ist, werden die Unternehmen ihre Mitarbeiter mit Aufrichtigkeit und Korrektheit behandeln, damit sie bei ihnen bleiben.

Ohne leistungslose Einkommen (aus Kapitalerträgen) verdient jeder sein Geld nur durch die eigene Arbeit, nicht durch die Arbeit anderer. Ohne dauerhafte Kapitalerträge lassen sich also kaum Arbeitsbeziehungen installieren, in denen Menschen hinters Licht geführt und vor den Karren der Kapitalerträge eines anderen gespannt werden. Das System erzieht zur Aufrichtigkeit. Das gegebene Wort wird gelten und die Menschen werden sich allgemein daran halten.

Wenn eine Kultur entsteht, in der sich die Menschen allgemein auf das gegebene Wort eines Menschen verlassen können, entsteht ein großes gegenseitiges Vertrauen unter den Menschen. Durch ein derartiges gegenseitiges Vertrauen ergibt sich für den Einzelnen in der Gemeinschaft auch ein großer Halt. Die Gemeinschaft kann sich auf den Einzelnen verlassen und der Einzelne auf die Gemeinschaft.

Die Gesetze des Staates müssen keine stete Umverteilung des Volksvermögens von unten nach oben mehr unterstützen und begleiten und können nun wahrhaft gerecht für alle sein. Da der Wohlstand auf alle verteilt ist, kann auch niemand mehr durch den Einsatz zahlreicher Anwälte Vorteile vor Gericht erwirken. Welche Rechte sollte man sich auch erkämpfen, wenn an oberster Stelle steht, dass 100% des erwirtschafteten Geldes in die Bezahlung der geleisteten Arbeit fließen? Gesetzgebung und Rechtsprechung an sich erhalten ihre Integrität zurück.

Somit entsteht eine Welt integerer wirtschaftlicher Beziehungen, integerer Gesetze und integerer Rechtsprechung, eine durch und durch integere Welt.

Der Weg zur vollständigen Aufklärung über die Realitäten, zur Wahrheit und Authentizität

Die Zinswirtschaft beschwört eine Welt der Irreführung und Täuschung herauf. Die Menschen werden vorrangig darin getäuscht, dass ab einem bestimmten Punkt der Verschuldung kein Wirtschaftswachstum die von der Zinswirtschaft erzeugte Schrumpfung des für die Bezahlung von Arbeit verfügbaren Geldes mehr beseitigen kann. Es kommt immer der Punkt, an dem die Höhe der Zinserträge größer wird als jedes Wirtschaftswachstum, das sich erzielen lässt.

Ausbeuterische Systeme sind in einer Ganzheitlich-Freien Marktwirtschaft nicht möglich. Jeder kann nur durch seine eigene Arbeit Geld verdienen, nicht durch die Arbeit anderer. Durch die gegen Null laufenden Kapitalerträge sind alle auch in der Realität gleichgestellt und können den vollen Lohn für ihre Arbeit ernten.

Da ausbeuterische Systeme nicht eingerichtet werden können und Klarheit über alle wirtschaftlichen Beziehungen herrscht, können die realen Zustände in der Gesellschaft auch immer allen anderen offen gelegt werden.

Wenn das System selbst keine Komponente der Irreführung und Täuschung enthält, steht das System in Klarheit und erzeugt Klarheit. Nur wenn das System selbst eine Täuschung enthielte, wie es beim Zins der Fall ist, müsste der Einzelne, der an diesem System teilhat, in die Irre geführt und getäuscht werden. In einer Ganzheitlich-Freien Marktwirtschaft muss niemand getäuscht werden, um sie zu verwenden, weil die Vorteile gerecht auf alle Teilnehmer verteilt sind. Es gibt keinen grundsätzlichen, wirtschaftlichen Ansatz dafür, wozu ein Mensch getäuscht werden sollte.

So hält eine Kultur der Wahrheit und Authentizität Einzug, in der man berechtigtes Vertrauen in die mitgeteilten Informationen setzen kann.

Es wird zu einer Gewohnheit für die Menschen, dass sie sagen, was sie denken, und tun, was sie sagen.

Der Weg zu Klarheit, Einfachheit, Transparenz, Direktheit, Geradlinigkeit, zu Erkenntnis, Wissen, Selbsterkenntnis, Verbundenheit und Liebe

Die Zinswirtschaft stiftet im Leben der Menschen permanent Verwirrung, weil die einzelnen Wirtschaftsteilnehmer und Unternehmen effizient und sparsam wirtschaften müssen, während die Gesellschaft als Ganzes (bestehend aus Privathaushalten, Wirtschaft und öffentlichen Kassen) sich immer mehr verschulden muss, um das System in Gang zu halten.

Eine Ganzheitlich-Freie Marktwirtschaft Fließenden Geldes kann je nach Bedarf der Gesellschaft wachsen oder schrumpfen, ohne dass sich hierdurch unangenehme Konsequenzen ergeben. Vor allen Dingen müssen die Schulden nicht immer mehr anwachsen, damit sich das System erhält. Die Grundlagen des Wirtschaftens sind vollkommen klar. Es gibt keinen verborgenen Zwang zur Verschuldung des Gesamtsystems, der die angestrebten Ziele der Einzelnen vereitelt.

Die Zinswirtschaft erzeugt eine Lähmung in der Gesellschaft, weil der Effizienz und Produktivitätssteigerung niemals gestattet wird, für Einfachheit und Fülle zu sorgen. Das Diktat der zinswirtschaftlichen Knappheit lässt dies nicht zu. Der Zwang, die Differenz zwischen zunehmender Effizienz durch technischen Fortschritt einerseits und dem Knappheitsgebot andererseits durch Verschwendung wettzumachen, lähmt die Gesellschaft.

In einer Welt Fließenden Geldes lassen sich Effizienz, Sparsamkeit und eine Optimierung der Produktionsverfahren direkt in höheren Lohn oder geringere Arbeitszeit umsetzen, letztlich immer eher in eine geringere Arbeitszeit für alle, damit die Gesellschaft nicht mehr herstellt als sie auch verbraucht. Es gibt keine Guthaben, die sich der Wirtschaft aufdrängen, um einen Zins zu erwirtschaften, wodurch es sich für niemanden lohnt, überflüssige Projekte zu starten, oder den Staat zu verleiten, Kredite für letztlich überflüssige Arbeitsbeschaffungsmaßnahmen aufzunehmen. Die kreative Intelligenz der Menschen, einfache und funktionierende Lösungen zu finden, wird zum Zuge kommen dürfen. Die dadurch entstehende Einfachheit, Klarheit und vor allem die Einsparungen werden uns frei machen, mit Kraft und klarer Ausrichtung die wirklichen Herausforderungen der Umweltsanierung anzugehen.

Wirtschaft und öffentliche Verwaltung sind so strukturiert, wie es aus Sicht logischer Effizienz auch am besten strukturiert sein sollte. Einfachheit hält Einzug in alle Systeme und Bestimmungen. Mit der Einfachheit wird eine für alle offensichtliche Transparenz herrschen. Die Systeme selbst und die Kommunikation unter den Menschen werden sich durch Effizienz, Direktheit und Geradlinigkeit auszeichnen.

Wo offene Kommunikation und Transparenz herrschen, steht jedem der Weg zur Erkenntnis über alles, was es zu erkennen gilt, offen. Wissen wird nicht mehr das Wissen sein, wie man mit einer komplizierten Welt umgeht, sondern echtes Wissen, wie man erfolgreich und glücklich lebt. In einer einfachen, direkten Welt ist Wissen nicht mehr in erster Linie eine Macht, die man anderen voraus hat und für das eigene Überleben nutzt. Wissen ist in erster Linie ein Beitrag für das Wohl und Glück der Gemeinschaft, an dem alle teilhaben dürfen, und das das gemeinsame Leben bereichert.

In der Lebenserfahrung, sein Glück im Beitrag zum Erblühen der Gemeinschaft zu finden, entsteht wirkliche Einheit unter den Menschen, das Lebensgefühl, mit allem und jedem tief verbunden zu sein. In dieser Erfahrung, mit allem und allen tief verbunden zu sein, verwirklicht sich letztlich die höchste Selbsterkenntnis, dass alle eins sind in der Liebe, die alle verbindet.

Der Weg zu Vertrauen, Zuversicht, Selbstbewusstsein, Mut und Tatendrang

Die Zinswirtschaft erzeugt eine permanente Angst vor einer bedrohlichen Welt, in der alles gefährdet ist, was man sich erarbeiten möchte: Arbeitsplätze, Umsätze, Löhne, Rücklagen und erworbener Besitz, all dies ist gefährdet durch die sich beschleunigende Dynamik der zinswirtschaftlichen Umverteilung des Volksvermögens von unten nach oben.

Ein System Fließenden Geldes ist geradlinig strukturiert und lässt überflüssige Tätigkeiten wegfallen. Der Wegfall der *ND-Tendenz* zum feindlichen Wettbewerb lässt ein Klima der Verbundenheit und Solidarität entstehen. Die vorhandene bezahlte Arbeit wird sich durch Solidarität gleichmäßig auf alle verteilen lassen. Der Lebensstandard wird für alle hoch sein. Niemand muss Angst haben, nicht liquide zu sein, wenn die Liquidität mühelos zu einem kommt, weil alle ihr entgehen wollen. Alle haben teil an Fülle und Wohlstand. In einer Welt der Fülle und des Wohlstands, in der alle gut versorgt sind, herrscht vor allen Dingen ein grundlegendes Vertrauen ins Leben.

Wird eine Arbeit nicht mehr benötigt, herrscht große Zuversicht, eine andere passende Arbeit zu finden. Jede Arbeitskraft weiß sich von der Gesellschaft begehrt, da Arbeit der knappste Produktionsfaktor ist. Aus demselben Grund herrscht vor allem die Zuversicht, jenen Beruf erlernen und ausüben zu können, der am meisten dem Wesen eines Menschen entspricht. Wenn jeder ein Experte in der Arbeit werden kann, die er am meisten liebt, stellt sich auch der Erfolg ein und der Einzelne entwickelt großes Selbstbewusstsein.

Zuversicht und Selbstbewusstsein, mit denen jeder durch sein Leben gehen kann, verleihen großen Mut für alle Herausforderungen und rufen den Einzelnen geradezu, das Größte und Beste aus seinen Möglichkeiten und Talenten zu machen.

Der Weg zu Verantwortungsbewusstsein, Anerkennung, Wertschätzung, zu wahrer Kommunikation, zur Einheit der Herzen und zu einem Bewusstsein, als Menschheit EINS zu sein

Die Zinswirtschaft fördert eine Kultur der Rechthaberei und Schuldzuweisung, weil den Menschen nicht klar ist, warum trotz aller Bemühungen ständig Knappheit und Mangel herrscht. Wer in seinem

Leben trotz allen Einsatzes und aller Kompetenz eine Verknappung erfährt, fühlt sich schuldig dafür und sucht nach Schuldigen im Außen, auf die er seine empfundene Schuld abwälzen kann. Aus dem Nichtverstehen der Verknappung entsteht ein Gefühl der Schuld, die sich die Menschen gerne gegenseitig zuschieben. Durch diese Tendenz zum Schuldzuweisen übernehmen wir keine Verantwortung für unser Leben und die Lösung der Probleme.

Eine Gesellschaft, die mit Fließendem Geld handelt, besteht nur aus Gewinnern. Das Fließende Geld macht jedem die Umsetzung jedes sinnvollen Projektes möglich. Es wird leicht, der Verantwortung für sein Leben und das Wohlergehen der Gesellschaft gerecht zu werden. Die Menschen leisten tendenziell Großartiges. Es herrscht vor allen Dingen eine große Anerkennung und Wertschätzung für die Leistungen des Einzelnen. Wo Anerkennung und Wertschätzung herrscht, wird der Einzelne auch in seiner Größe gesehen und wahrgenommen. Nichts bringt mögliche Widerstände in der Kommunikation so sehr zum Schmelzen wie die aufrichtige Anerkennung für den Beitrag und die Leistung des Einzelnen. Ohne die aus einem Kampf entstehenden Widerstände in der Kommunikation, herrscht wahrhaftige und offene Kommunikation.

In wahrer Kommunikation findet wahre Begegnung und das Erleben des Einsseins mit dem anderen statt. Herzen begegnen sich unmittelbar und bilden eine Einheit, wo immer sie verbunden sind.

Wenn die Verbindung der Herzen mühelos stattfindet, ist auch niemand davon ausgeschlossen. Jeder bringt der gesamten Menschheit dieselbe Offenheit und Liebe entgegen. Das Einssein der Menschheit wird zu einem persönlichen Erleben, zu einer persönlichen Wirklichkeit für jeden.

Die Transformation der Menschheit als Voraussetzung für die Einführung Fließenden Geldes

Wir sehen, welche grundlegende Transformation die Einführung Fließenden Geldes in den Menschen bewirken wird. Bevor es dazu kommt, müssen jedoch zunächst die Voraussetzungen geschaffen sein, dass das Fließende Geld eingeführt werden kann. Während das Fließende Geld eine tiefgreifende Transformation bewirken wird, bedarf es zunächst selbst eines gewissen Ausmaßes an Transformation in den Menschen, damit es eingeführt werden kann. Die *ND-Tendenzen* der Zinswirtschaft in uns liefern uns der Macht des Zinses im Außen aus. Wie könnten wir etwas im Außen beseitigen, dass unser Bewusstsein im Griff hat?

Eine ausreichende Transformation des Bewusstseins ist die Voraussetzung, dass eine Gesellschaft Fließendes Geld einführen kann, während die Einführung Fließenden Geldes die Voraussetzung für den endgültigen und flächendeckenden Durchbruch in der Transformation der Menschheit ist.

Was sich hier gegenseitig bedingt, ist kein Widerspruch. Die Transformation der Menschen findet seit vielen Jahrzehnten sowieso statt, jedoch langsam. Die Zinsherrschaft prüft uns mit den Problemen, die sie uns im Außen bereitet, immer wieder und lässt uns Rückschläge erleiden. Sobald dieser langsame Fortschritt in der Transformation des Bewusstseins die Einführung Fließenden Geldes ermöglicht hat, wird das Fließende Geld den Prozess massiv beschleunigen und zu einer raschen Vollendung führen.

Die laufende Transformation befreit uns langsam, nach und nach aus der Zinshypnose, so dass wir als Gesellschaft frei werden, Fließendes Geld einzuführen. Es sind die *Neun ND-Tendenzen* in unserem Bewusstsein, die uns gegenüber den entsprechenden Tendenzen im Außen blind oder wehrlos machen. Die Transformation dieser Tendenzen in unserem Innern wird uns also auch gegen die Macht des Zinses im Außen immun machen.

Wir können Mangel und Gier in uns so transformieren, dass wir uns ein Leben in Fülle erschaffen und unser Potential und unser Wesen zum vollen Ausdruck bringen. Damit regen wir unsere Mitmenschen so zum Nachmachen an, dass der von der Zinswirtschaft erzeugte Mangel als etwas wirklich Unnatürliches auftaucht, das es zu transformieren gilt.

Wir können das feindliche Denken in uns so transformieren, dass wir ein Leben in freundlichem Wettbewerb und Kooperation mit unseren Mitmenschen leben. Damit fällt uns allen der von der Zinswirtschaft im Außen erzeugte feindliche Wettbewerb als etwas wirklich Unnatürliches auf, das es zu transformieren gilt.

Wir können unsere Tendenz, anderen Energie, Aufmerksamkeit und Zuwendung zu rauben, so transformieren, dass wir ein Leben gegenseitiger Befähigung führen. Dadurch fällt die von der Zinswirtschaft erzeugte Beraubung als so unnatürlich auf, dass Licht zu ihrer Transformation auf sie fällt.

Wir können unsere Tendenz, durch unsere überflüssigen Gedanken und Handlungen Energien zu verschwenden, so transformieren, dass wir ein konzentriertes, zielstrebiges Leben führen, das andere zum Nachahmen inspiriert. Aus dieser Sammlung heraus fällt uns allen die von der Zinswirtschaft erzeugte Verschwendung wirklich auch als brutale Verschwendung auf, die es zu transformieren gilt.

Wir können unsere Integrität wahren und integer mit unserem gegebenen Wort umgehen. Durch Integrität regen wir unsere Mitmenschen an, integer zu sein und zu handeln. Es ist unser aller Bewusstsein, ein integeres Leben zu führen, welches ein transformatives Licht auf die Bestechung in der Gesellschaft wirft.

Wir können aufrichtig und authentisch kommunizieren, auch das, mit dem wir uns selbst und anderen etwas vormachen, um gut dazustehen. Durch authentische Kommunikation haben unsere Mitmenschen eine wirkliche Chance, ihre Tendenz zum „Gut dastehen" als etwas wahrzunehmen, das sie transformieren wollen.

Wir können unsere Verwirrung durchdringen und Klarheit in unserem Geist schaffen. Damit leisten wir einen großen Betrag, die von der Zinswirtschaft in uns allen erzeugte Verwirrung zu klären. Alle können dann mit klaren Augen in die Welt blicken und die Zusammenhänge gut unterscheiden.

Wir können unsere Angst meistern und ein mutiges Leben führen. Ein mutiges und gegebenenfalls unvernünftiges Leben inspiriert unsere Mitmenschen, ebenfalls ein mutiges Leben zu führen, so dass die von der Zinswirtschaft erzeugte Angst transformiert wird.

Wir können jederzeit die volle Verantwortung für unser eigenes Leben übernehmen und unseren Mitmenschen Anerkennung und

Wertschätzung für ihren Beitrag an uns entgegenbringen. Mit unserem verantwortungsbewussten Verhalten konfrontiert, haben unsere Mitmenschen die Chance, ihre Tendenz zum Schuldzuweisen als etwas Unnatürliches wahrzunehmen, das sie transformieren wollen.

Die letzte, von der Zinswirtschaft erzeugte Tendenz, ist auch die subtilste, und wird wohl auch erst als letzte transformiert werden. Die Tendenz zum Schuldzuweisen bleibt uns voraussichtlich also auch nach der Einführung des Fließenden Geldes noch eine Weile erhalten.

Gegen die Auswirkungen der Zinswirtschaft auf die äußere Welt können wir erst jetzt langsam etwas tun, indem wir uns für die Einführung Fließenden Geldes einsetzen. Gegen die Auswirkungen der Zinswirtschaft auf unser Bewusstsein können wir jederzeit etwas tun, indem wir nämlich Verantwortung für unser Leben und unsere Transformation übernehmen. Da wir niemanden ändern können, ist die Verantwortung für unsere aktive Transformation sogar das Einzige, was wir jederzeit wirklich bewirken können. In dem Ausmaß unserer Transformation verliert auch die Zinswirtschaft ihre Macht über unser Bewusstsein. Unsere kollektive Transformation schafft den erforderlichen Raum, in dem die Zinswirtschaft abgeschafft und Fließendes Geld eingeführt werden kann.

Wenn unser Bewusstsein transformiert ist, wird die Zinswirtschaft wie eine Krankheit sein, die niemanden mehr anstecken kann, weil wir alle immun dagegen geworden sind. Mit unserer Immunität wird die Krankheit verschwinden. Nach meiner Beobachtung gibt es auch immer mehr Menschen, die eine gewisse Immunität entwickeln, so dass unser kollektives Bewusstsein bereits mit einem gewissen Schwung auf die Transformation des Geldsystems zusteuert.

Zusammenfassung

Verknappung und Gier, feindlicher Wettbewerb, Beraubung, Verschwendung, Bestechung, Täuschung, Verwirrung, Angst und Schuldzuweisen sind Aspekte der zinswirtschaftlichen Verstimmung der

Gesellschaft, die mit der Einführung Fließenden Geldes also für alle wegfallen werden.

An deren Stelle erzeugt das Fließende Geld nun alle Möglichkeiten eines Lebens in Fülle, Glück und jedweder Qualität, die man sich nur denken, wünschen und erschaffen kann. Der Mensch, der sowieso schon immer der Schöpfer seines Lebens war, wird sich seiner Schöpferkraft voll bewusst. Wir erschaffen uns aus diesem Bewusstsein heraus eine Welt, die nichts weniger sein wird als ein Paradies oder der Himmel auf Erden.

Wir werden mit der Einführung Fließenden Geldes also nicht einfach nur einen Wandel in den wirtschaftlichen Aktivitäten der Menschen erfahren, sondern eine vollständige tiefgreifende Transformation der ganzen Menschheit. Das Leben wird vollständig gewandelt von einem Leben, das für die große Mehrheit ein permanenter Kampf gegen Knappheit und alle erdenklichen Missstände ist, zu einem Leben, das für alle ein Leben in Frieden und Wohlstand ist.

Sie stellen sich jetzt vielleicht die Frage: Was wird die Einführung Fließenden Geldes für mein Leben, für den Bereich, in dem ich tätig bin, bedeuten?

Daher gehen wir nun dazu über, den Wandel verschiedener gesellschaftlicher Bereiche und Funktionen aufzuzeigen, den die Einführung Fließenden Geldes mit sich bringt, und wenden uns Kapitel III zu.

Zinsgeld bietet sich dem Markt nur an, um sich zu vermehren und erzeugt damit einen unbegrenzten Wachstumszwang in einer begrenzten Welt, so dass sich das Geldsystem am Ende nur selbst oder die Welt oder beides zerstören kann.

Fließendes Geld bietet sich dem Markt an, um seinen Wert zu bewahren und sorgt damit für die Schaffung und Bewahrung von Werten und für die Erhaltung unseres kostbaren Planeten.

Kapitel III – Die gewandelte Welt

Bisher haben wir uns die Zinswirtschaft, ihre Auswirkungen auf die Welt und das menschliche Bewusstsein, sowie das System Fließenden Geldes und dessen Auswirkungen auf die Welt und das menschliche Bewusstsein angesehen.

In Anbetracht der komplexen Probleme in unserer Welt, unterliegen wir im Allgemeinen zwei Tendenzen hinsichtlich unserer Einstellung zur Lösung dieser Probleme:

a) entweder wir propagieren Patentlösungen, welche die Komplexität der Welt unberücksichtigt lassen,

b) oder wir nehmen die Komplexität der Probleme als Vorwand dafür, keine kreative Lösung zu finden.

In diesem Kapitel werde ich aufzeigen, dass die Zinswirtschaft einen Einfluss auf die überwiegende Mehrzahl der Missstände in der Welt hat, und die Einführung Fließenden Geldes wie ein Katalysator wirkt, der den kreativen Lösungen zum Beheben der Missstände zum Durchbruch verhelfen wird.

Wenn man einem Organismus systematisch ein bestimmtes Gift zuführt, entsteht ein Ungleichgewicht, das sich auf alle Bereiche des Organismus auswirkt, sagen wir Organ A bis Z. Wenn jetzt jemand hingeht und mit ausreichender Macht und Autorität die Zufuhr dieses Giftes zur notwendigen, unerlässlichen und gesunden Nahrung erklärt, die niemand weglassen darf, können wir 26 Baustellen eröffnen und versuchen, die Organe ins Gleichgewicht zu bringen. Dies bleibt erzwungenermaßen jedoch ein Kampf gegen Windmühlen, solange das Gift weiter zugeführt wird und das Ungleichgewicht in allen Organen immer wieder neu erzeugt. Was kann eine Nieren- oder Schilddrüsenbehandlung erreichen, wenn das verursachende Gift als notwendige Grundnahrung nicht weggelassen werden darf? Der Behandler kann dann sagen: „Was soll ich machen, diese Nahrung muss man ja nehmen, also muss ich die Nieren oder die Schilddrüse behandeln! Dann sehen die Leute wenigsten, dass etwas unternommen wird, um das Problem zu lösen."

Genauso ist es mit dem Zins. Solange es die Zinswirtschaft gibt, und diese wie ein Tabu geschützt bleibt, werden Armut, Hunger, Arbeitslosigkeit, allgemeine Verschuldung, soziale Unruhen, Terrorismus, Kriege, Ausbeutung von Mensch und Natur, Umweltzerstörung, Drogenhandel, organisierte Kriminalität und so weiter existieren. Und sobald die Zinswirtschaft durch ein gerechtes Geldsystem (durch eine Ganzheitlich-Freie Marktwirtschaft), nämlich durch Fließendes Geld (eine umlaufgesicherte Währung) ersetzt wird, werden sich alle diese Missstände mit wenig Mühe ins Lot rücken lassen.

Die Zinswirtschaft wirft ihren Schatten in alle Bereiche, in alle Ecken und Enden des persönlichen, beruflichen und gesellschaftlichen Lebens. Da sie überall Missstände erzeugt, gibt es niemanden, dessen Leben sich nicht sehr spürbar verändern wird, sobald Fließendes Geld eingeführt ist. Die Welt selbst, in der wir leben, die durch die Zinswirtschaft aus ihrer Mitte gerückt ist, findet in ihre Mitte zurück. Sie wird sich von Grund auf wandeln. Ausgehend von dem durch das Fließende Geld erzeugten Wohlstand, der die durch die Zinswirtschaft bedingte Knappheit ersetzt, wird sich das Leben wandeln von einem Leben im Kampf mit Missständen zu einem Leben im Frieden und Wohlstand. Wir werden es erleben.

Der Wandel wird fast mehr noch als die äußere Welt unsere innere Welt betreffen, also das Bewusstsein und Lebensgefühl der Menschen. Ich werde in diesem Kapitel eine Vielzahl der Missstände in der Welt aus einer Kombination der *neun ND–Tendenzen* der Zinswirtschaft ableiten. Wenn die Mehrheit der Menschen aus einem lebenslangen Kampf mit absoluter oder relativer Knappheit und Mangel in den Wohlstand treten, wird die Wirtschaft zunächst noch für eine Weile weiter wachsen. Die nie erfüllten Bedürfnisse werden erfüllt. Die Märkte werden eine Sättigung erreichen, an welchem Punkt die Wirtschaft dann nicht mehr wachsen wird. Nullwachstum wird keine Einbußen mit sich bringen. Alle sind mit allem versorgt, was sie brauchen. Die Ganzheitlich-Freie Marktwirtschaft wird sich lediglich an diesen minderen Bedarf anpassen. Es wird kein Mangel auftreten.

Auf der anderen Seite gibt es in der heutigen Zinswirtschaft viele für eine friedliche und harmonische Gesellschaft überflüssige oder wenig benötigte Tätigkeiten, die wegfallen werden.

Möglicherweise arbeiten Sie, lieber Leser, in einer Branche, die nach der Umstellung des Geldsystems weniger benötigt wird. In der Ganzheitlich-Freien Marktwirtschaft wird die Arbeit zum knappsten Produktionsfaktor. Die Gier zum Anhäufen von Kapital wird verschwunden sein, weil sich dieses ohne automatisches Weiterwachstum nicht mehr lohnt. Es wird Rücksicht und Solidarität unter den Menschen herrschen. Jeder wird mit relativ wenig Arbeit einen großen Wohlstand erfahren. Daher wird eine Bereitschaft herrschen, die vorhandene Arbeit gleichmäßig zu verteilen. Wenn Ihre aktuelle Tätigkeit von der Gesellschaft weniger benötigt wird, findet sich sicher eine passende Arbeit, die Sie erfüllt und die Sie mit Leidenschaft ausüben können. Auch wenn Ihr Tätigkeitsbereich schrumpft, bleibt die Tatsache, dass Fließendes Geld ein Motor für gut bezahlte Arbeit und ein Garant für die gute Versorgung jedes Einzelnen ist.

Zu Ihrer Beruhigung und Inspiration liste ich Ihnen im Folgenden noch einmal die Punkte auf, die jeder für sich einen Zuwachs des allgemeinen Wohlstands erbringen werden.

▓ Die Zinswirtschaft erzeugt durch die Rentabilitätsforderung in der Wirtschaft eine ständige Knappheit, ohne die sich kein Sachkapitalzins erwirtschaften lassen würde. Die Wirtschaft wird davon abgehalten, die Märkte zu sättigen und einen Wohlstand für alle zu erwirtschaften. Das Fließende Geld überwindet dieses Knappheitsgebot und lässt die Wirtschaft genug produzieren bis alle Märkte gesättigt werden. Die Arbeitseinkommen werden tendenziell wieder vollständig in den Konsum fließen, durch den sich die Arbeit finanziert. Statt Knappheit wird Fülle produziert.

Also mehr Wohlstand für das Ganze durch das Produzieren von Fülle anstatt Knappheit.

▓ Der von der Zinswirtschaft sowieso schon erzeugte Mangel sorgt in den unteren und mittleren Einkommensgruppen und bei den Arbeitslosen durch die ständige Umverteilung des Vermögens von unten nach oben noch für eine zusätzliche Verschärfung der Knappheit. Das Fließende Geld wird zu einer viel gleichmäßigeren Verteilung führen und den erwirtschafteten Wohlstand gerecht verteilen. Die Ganzheitlich-Freie Marktwirtschaft produziert also sowohl mehr Wohlstand als auch verteilt sie diesen relativ gleichmäßig an die ganze Gesellschaft.

Also mehr Wohlstand für die meisten durch Gleichverteilung.

▓ Die Phänomene der Börsen und des Devisenhandels sind durch die Zinswirtschaft bedingt. Sie werden mit der Einführung Fließenden Geldes wegfallen. Bei den hierbei gemachten Gewinnen handelt es sich um die Steigerung leistungsloser Einkommen. Ständig fließen Milliarden leistungslos an die Kapitalgeber. Dieses Geld steht der arbeitenden Bevölkerung nicht mehr als Lohn zur Verfügung. Der Wegfall der Börsen und des Devisenhandels und anderer zins-bedingter Formen der Beraubung der produktiven Bevölkerung wird zu einer Steigerung der allgemeinen Löhne und Gehälter führen. Dieses Plus dient allen, die keine üppigen Gewinne durch Börsen- und Devisenhandel einstreichen, bei denen es sich auch nur um einen Aspekt der Umverteilung von unten nach oben handelt.

▓ Der technische Fortschritt und die zunehmende Effizienz in den wirtschaftlichen Abläufen führen zu einer zunehmenden Verschwendung von Zeit, Arbeitskraft, Ressourcen und Geld, weil das Knappheitsgebot der Zinswirtschaft niemals durchbrochen werden kann. Dieser Zwang zur Verschwendung fällt mit dem Fließenden Geld weg und sorgt dafür, dass wir allgemein sowohl mehr freie Zeit als auch mehr Geld als auch eine gesündere, weil geschonte Umwelt haben werden. Dieses Plus dient der gesamten Gesellschaft und kommt zusätzlich zum zusätzlichen Wohlstand durch den generell höheren Wohlstand, die Gleichverteilung und den Wegfall der Beraubung allen zugute.

Also zusätzlicher Wohlstand für alle durch den Wegfall der Verschwendung.

- Der feindliche Wettbewerb wird sich in einen freundlichen Wettbewerb wandeln. Die von den Arbeitskräften eingesetzte Energie wird sich darauf richten, dass jeder ohne Reibungsverluste mit Konkurrenten seinen Beitrag leistet. Jeder kann ohne Kampf gegen einen anderen und ohne andere zu Verlierern machen zu müssen, um selbst bestehen zu können, zu einem ausreichenden Erfolg kommen. Dies wird eine Menge Zeit, Arbeit, Stress und auch Geld einsparen, was in umfangreiche und zum Teil auch aggressive Werbe-, Marketing- und Vertriebsstrategien verschwendet wird. Vor allem der Vertrieb wird sehr erleichtert. Die Kunden werden genug Geld haben. Das Geld verliert durch die Umlaufsicherungsgebühr seinen Liquiditätsvorteil. Damit verliert es seine Vormacht gegenüber der Ware. Es muss keine Umsatzsteigerung erzielt werden, um das Unternehmen zu erhalten. Die Reibungsverluste durch feindlichen Wettbewerb fallen durch die Einführung Fließenden Geldes weg und führen zu mehr Freizeit, mehr Gelassenheit und Entspannung und durch das eingesparte Geld auch zu mehr Wohlstand. Dies ist ein weiteres Plus, das allen dient. Das Plus durch den Wegfall des feindlichen Wettbewerbs ergibt sich also ebenfalls für alle, da die Reibungsverluste durch den feindlichen Wettbewerb für alle verloren sind.

Also zusätzlicher Wohlstand für alle durch den Wegfall des feindlichen Wettbewerbs.

Dies sollte ausreichenden Trost für jene spenden, deren Tätigkeitsbereiche durch die Einführung Fließenden Geldes schrumpfen. Es ist für jeden der Garant für eine gute Bezahlung der geleisteten Arbeit.

In diesem Kapitel versetze ich mich zunächst in die Lage verschiedener Industriezweige und beleuchte, wie sich die Branchen jeweils durch die Einführung Fließenden Geldes wandeln werden. Anschließend erörtere ich, wie sich die Einführung Fließenden Geldes auf eine Reihe der zinsbedingten Missstände in der Welt auswirken wird.

Ich setze die in den Kapiteln I und II dargestellten Inhalte voraus. Vor allem die Resultate der in Kapitel II aufgeführten Argumentationsketten werde ich in der Besprechung voraussetzen.

Manchmal mache ich die Aussage „die Geldelite tut dieses" oder „die Zinsherrschaft tut jenes". Dies gilt nicht für alle Mitglieder der Geldelite, sondern nur für die, auf die es gerade zutrifft. Solche Aussagen sind nicht als Anklage gedacht, sondern sollen nur das darin wirkende Prinzip der Zinsherrschaft verdeutlichen.

Bauwirtschaft

In der Ganzheitlich-Freien Marktwirtschaft stehen Kredite fast zinslos zur Verfügung. Dies wird den Wohnung- und Hauskauf fördern. Durch den Wegfall der Zinslasten werden die Mieten stark absinken. Es wird kaum noch Renditen abwerfen, Häuser und Wohnungen zu bauen oder zu kaufen, um sie zu vermieten. Viele Mieter werden sich ihre Mietwohnung oder ihr gemietetes Haus kaufen. Viele werden ihren Traum vom Eigenheim wahr machen und sich ein Haus bauen. Die Eigentümer von Immobilien werden dazu neigen, das immobile Eigentum, in dem sie nicht selber wohnen, zu verkaufen. Tendenziell werden die Menschen Eigentümer des Hauses oder der Wohnung, in dem/der sie wohnen.

In der Wirtschaft endet die Konzernbildung. Viele der vorhandenen Konzerne werden schrumpfen. Gleichzeitig blüht überall – in den Städten und auf dem Land – der Mittelstand auf. Die vielen entstehenden Kleinunternehmen können überall tätig werden. Sie sind nicht auf Städte angewiesen. In vielen Ländern, in denen Menschen nur wegen ihrer Arbeit in unwirtliche Großstädte gezogen sind, werden Menschen zurück auf das Land ziehen. In solchen Ländern wird vor allem auf dem Land für eine Weile viel gebaut werden.

Der Wohlstand auf der Erde wird sich angleichen. Menschen, die ins Ausland gezogen sind, um in einem wohlhabenderen Land eine besser bezahlte Arbeit zu finden, können in ihre Heimat zurückziehen. Viele werden dies tun. Die Ausländerproblematik in den westlichen Ländern wird enden.

Für eine Weile wird das Fließende Geld einen Bauboom bei jenen auslösen, die bisher zu den unteren Einkommensgruppen gehörten und sich den Kauf oder Bau eines Hauses nicht leisten konnten. In der Zinswirtschaft zahlt man in Deutschland für einen Kredit von 200.000€ am Ende bis alle Zinsen bezahlt und der Kredit getilgt ist je nach Zinssatz etwa 450–600.000€. In der Ganzheitlich-Freien Marktwirtschaft werden die Bankkredite nur einen geringen Zins aufweisen, der die von der Bank geleistete Arbeit bezahlt. Für einen Kredit von 200.000€ zahlt man am Ende ungefähr 210–250.000€ ab. Für einige Jahre werden viele neue Arbeitsplätze in der Bauwirtschaft entstehen. Sobald dieser Markt der Sättigung zustrebt, wird sich die Tätigkeit immer mehr auf das Renovieren und Instandhalten von Wohnungen und Häusern konzentrieren.

In den westlichen Ländern wird der Bauboom durch die Abwanderung ausländischer Mitbürger gebremst. Früher und stärker als in anderen Ländern wird sich die Bauwirtschaft auf das Renovieren, Instandhalten und Verschönern der vorhandenen Immobilien verlagern.

Einzelhandel

In der Ganzheitlich-Freien Marktwirtschaft wird die Arbeitskraft generell zum knappsten Produktionsfaktor. Die Zulieferer der großen Einzelhandelsketten werden sich nicht mehr der großen Einkaufsmacht der Ketten beugen. Sie werden – wie von jedem anderen auch – anständige Preise verlangen können. Wenn Zulieferer in andere Bereiche ausweichen können, in denen ihre Arbeit anständig bezahlt wird, werden die Einzelhandelsketten gezwungen sein, anständige Preise zu bezahlen, um sich ausreichende Dienste der Zulieferer zu erhalten.

Dasselbe gilt für die Bezahlung der Verkäufer und Angestellten im Einzelhandel. Wenn es genug gut bezahlte Jobs in der Wirtschaft gibt, werden die Ketten gezwungen sein, die Arbeit ihrer Mitarbeiter markt-gerecht zu entlohnen. Im Resultat werden auch im Einzelhandel die Sachkapitalzinsen wie in allen anderen Bereichen gegen Null wandern. Nur die im Einzelhandel in Verkauf, Logistik und Unternehmens-führung geleistete Arbeit wird bezahlt werden.

Es stellt sich die Frage, ob die großen Einzelhandelsketten in der heutigen Form bestehen bleiben werden, wenn sich kaum Zinsen erwirtschaften lassen. Werden die Inhaber sich die Mühe machen, hun-derte oder sogar tausende von Niederlassungen zu verwalten, wenn tendenziell nur die Arbeit bezahlt wird, die sie dabei leisten?

Der Einzelhandel wird eine Form annehmen, wie sie für die Kunden am nützlichsten ist. Die durch das Fließende Geld bedingte Tendenz zur Dezentralisierung wird überall im Land neue kleine Läden entste-hen lassen, welche den großen Einzelhandelsketten einen Teil ihres Geschäfts wegnehmen werden. Es wird sich hierbei vor allen Dingen um Geschäfte für Lebensmittel und Haushaltswaren handeln, welche jeder gerne in der Nähe hat, um kurz etwas zu besorgen.

Durch den Wegfall der Sachkapitalzinsen werden kleine Läden nicht viel teurer sein als die großen Einzelhandelsgeschäfte. Andererseits ist es für die Kunden nach wie vor von Interesse, große Geschäfte anzu-steuern, wenn sie hier an zentraler Stelle produktübergreifend alles bekommen, was sie für sich brauchen.

Durch die Einführung Fließenden Geldes wird also eine gemischte zentralisierte und dezentralisierte Struktur des Einzelhandels entste-hen, weniger zentralisiert als sie es heute ist. Täglich oder wöchentlich benötigte Waren werden dezentral verfügbar sein, selten benötigte Waren wohl nur zentral.

Durch den allgemeinen Wohlstand der Kunden werden diese auf eine hohe Qualität der Waren achten. Im Lebensmittelbereich wird sich daher die Tendenz zu einer biologischen Ernährung endgültig und voll-ständig durchsetzen. Die Chemie und Genmanipulation wird aus den Lebensmitteln verschwinden. Der Einzelhandel wird so strukturiert sein, dass er sich nahtlos an den allgemeinen hohen Lebensstandard und die hohe Lebensqualität anpasst.

Landwirtschaft

In der Zinswirtschaft führte der technische Fortschritt zu einer Überproduktion in der Landwirtschaft. Die Überproduktion führte zu einem Verfall der Lebensmittelpreise. Dies hielt die finanziellen Erträge in der Landwirtschaft auf einem niedrigen Niveau. Die niedrigen finanziellen Erträge machten die Produktionssteigerung überlebensnotwendig. Dies wiederum sorgte für einen chronischen Preisverfall landwirtschaftlicher Produkte. Den Landwirten war und ist es bis heute unmöglich, diesem Teufelskreis zu entkommen und anständige Preise für ihre Produkte zu erzielen.

Das niedrige Preisniveau trieb innerhalb weniger Jahrzehnte allein in Deutschland Hunderttausende landwirtschaftlicher Betriebe in die Stilllegung. Die verbleibenden, rasch anwachsenden Betriebe mussten große Investitionen in Gebäude und Maschinen stecken, um die wachsenden Fläche bewirtschaften und die erforderlichen Mengen produzieren zu können. Die dabei entstehenden Schulden trieben weitere Betriebe in den Ruin und bedeuteten schwere Zinslasten für die verbleibenden Bauern. Die Landwirtschaft hat in der Zinswirtschaft der letzten beiden Generationen eine bedauerliche, traurige Entwicklung genommen.

In der Ganzheitlich-Freien Marktwirtschaft wird der Schuldendienst der Landwirte wegfallen. Die Bodenpacht wird dazu führen, dass es kaum Unterschied macht, ob ein Landwirt eigenes oder gepachtetes Land bewirtschaftet. Das bedeutet, dass der Landwirt stets die Landfläche bewirtschaftet, die optimal für seine Bedürfnisse und Verhältnisse geeignet ist. Die Preise von Ackerland werden niedrig sein. Ein Teil der Bodenpacht wird durch das Grundeinkommen getragen.

Ohne den Schuldendienst sind die Landwirte nicht mehr gezwungen, ihre Produktion ständig auszuweiten. Mit nachlassender Produktion werden auch die Lebensmittelpreise ein für die Landwirte anständiges und gerechtes Niveau annehmen. Die landwirtschaftliche Arbeit wird nach der Einführung der Ganzheitlich-Freien Marktwirtschaft genauso lohnend werden wie jede andere Arbeit auch.

Da das generelle Wohlstandsniveau ansteigt, werden die Menschen mehr Geld in die Qualität ihrer Ernährung stecken und auf biologisch wertvolle Nahrung achten, die sich auch jeder wird leisten können. Bauern werden den Mehraufwand für die Herstellung biologischer Nahrung bezahlt bekommen. Bedenkt man, dass der Schädlingsbefall in erster Linie auf die Umweltbelastung zurückzuführen ist, wird der Aufwand für die Herstellung biologischer Nahrung abnehmen, sobald die Umweltbelastung wegfällt.

Wasserwirtschaft

Viele Menschen denken, dass das globale Hauptproblem der Zukunft im Mangel an Wasser und einem damit verbundenen Kampf um Wasser bestehen wird. In der Zinswirtschaft gibt es global jene Tendenz zur Zentralisierung, welche regionale Eigenheiten und Lebensarten verschwinden lässt und damit häufig eine naturnahe Anpassung verschiedener Kulturen an ihre spezifischen Umweltbedingungen zerstört. In der Folge breiten sich Wüsten aus und der Wassermangel wird zu einem immer schlimmeren Problem.

In westlichen Ländern bewirkt die Verschuldung der öffentlichen Kassen, dass immer mehr öffentliche Wasserversorgungsanlagen in private Hände übergehen, so dass die Geldelite sogar die Wasserversorgung der Bevölkerung kontrollieren und davon profitieren kann.

Die globale Verfügbarkeit Fließenden Geldes wird überall auf der Welt die regionalen Wirtschaftskreisläufe wiederbeleben und stärken. Die traditionellen regionalen Lebensarten werden wiederbelebt und gestärkt. Das Fließende Geld wird für die fast zinslose Verfügbarkeit der benötigten Wassertechnologien sorgen. Wasserwerke, Meerwasserentsalzungsanlagen, Wasseraufbereitungsanlagen, Kläranlagen, Bewässerungsanlagen und dergleichen werden fast zinslos verfügbar sein. Technologien zur Reinigung, Filterung und Energetisierung von Wasser sowie Rückhaltetanks für Regenwasser werden für alle privaten Haushalte fast zinslos verfügbar sein. Die Kanalisation wird entlastet. Ohne Umweltverschmutzung wird Regenwasser trinkbar sein. Wassermangel wird weltweit kein Problem mehr sein. Die Wasserqualität wird auf Dauer rein und von hohem energetischem Wert sein. Die Wasserwirtschaft wird boomen.

In der Ganzheitlich-Freien Marktwirtschaft wird sich die Wasserversorgung wieder in den Händen der Gemeinden befinden. Die privaten Versorger werden keinen Zins zu Lasten der Gemeinden verlangen können, wenn sich die Gemeinden eine neue Wasserversorgung zinslos einrichten könnte. In der Folge wird das Privateigentum an der Wasserversorgung uninteressant und geht wieder in die Hände der Gemeinden über.

Reisebranche

Im Hinblick auf die Zunahme sowohl der freien Zeit als auch des Wohlstands werden die Menschen auch ihre Reiselust austoben und häufiger als bisher Urlaub machen können.
Da das Fließende Geld die umweltschädlichen Energiequellen zum Verschwinden bringen wird (mehr dazu unten), wird diese zunehmende Reiseaktivität kein Umweltproblem mit sich bringen.

Die Menschen werden dort leben können, wo sie leben wollen, also in den meisten Fällen in ihrer Heimat. Während also die Ausländeranteile in den verschiedenen Ländern abnehmen, wird – bedingt durch die zunehmende Reiseaktivität – die Anzahl internationaler Begegnungen zunehmen.

Bedingt durch das Grundeinkommen und den allgemeinen Wohlstand werden Kinder keine Wohlstandseinbußen mehr mit sich bringen, so dass sich Familien genauso wie alle anderen umfangreichen Urlaub und Reisen leisten können.

Die Zahl der Arbeitsplätze in der Touristikbranche wird stark zunehmen.

Gaststättengewerbe

Bedingt durch den steigenden Wohlstand und die zunehmende Freizeit werden Menschen auch wieder vermehrt ausgehen, zusammen essen gehen und mehr Feste in größerem Rahmen feiern. Das Gaststättengewerbe wird wieder erblühen und es werden viele neue Arbeitsplätze entstehen.

Bankenwesen

Das Bankenwesen wird durch den Wegfall der Zinswirtschaft einen drastischen Wandel erleben. Banken werden wahrscheinlich mehr umdenken müssen als alle anderen. Die Kreditzinsen werden nur leicht positiv sein, so dass nur die von den Leitern und Mitarbeitern der Banken geleistete Arbeit bezahlt wird. Die Provisionen an der Vergabe von Krediten werden wegfallen, weil es keine satten Zinsgewinne mehr gibt. Es wird allerdings auch leicht werden, Kredite an den Mann zu bringen.

Das Bankenwesen wird sich dezentralisieren. Es werden viele regionale Banken entstehen, die die Kunden in ihrer Region bedienen. Durch den entstehenden Wettbewerb unter den Banken wird sich der Kreditzins auf eine Höhe einspielen, die tatsächlich nur genau die von den Banken geleistete Arbeit bezahlt und mehr nicht. Es wird also noch einen geringen Kreditzins geben, der im freien Wettbewerb der Banken als geringfügig zu erwarten ist.

Auch bei den Banken wird es keinen Verdrängungswettbewerb mehr geben, weil sich die niedrigen Zinsgewinne durch Verdrängung nicht steigern lassen. Die Großbanken werden mehr oder weniger verschwinden, wenn die Größe keinen Vorteil mehr gegenüber dezentral operierenden Kleinbanken ergibt. Banken werden so wenig Macht ausüben wie alle anderen Unternehmen, nur ihre Funktion als Dienst an der Gesellschaft ausüben und dafür bezahlt werden.

Versicherungswesen

In der Zinswirtschaft lebte das Versicherungswesen in erster Linie von der zinsbedingten negativ dominanten Tendenz zur Angst vor einer unsicheren Welt. Versicherungsunternehmen sind in der Zinswirtschaft darauf angewiesen, mit ihrem Geld zu arbeiten und Zinsen zu erwirtschaften.

In der Ganzheitlich-Freien Marktwirtschaft lassen sich auf Dauer keine Zinsen mehr erwirtschaften. Sie können nur als Kreditgeber operieren, um den Wert der Versicherungseinlagen zu erhalten, damit diese nicht der Umlaufsicherungsgebühr unterliegen.

Ihre Arbeit wird also nur noch durch die Differenz zwischen den ausgeschütteten Versicherungsleistungen und den eingenommenen Prämien bezahlt, nicht mehr durch das Erwirtschaften von Zinsen. Der Wegfall der Zinseinnahmen wird zu einer Dezentralisierung des Versicherungswesens führen. Versicherungsunternehmen werden regional operieren.

Durch die generell größere Sicherheit, die ein Leben in der Ganzheitlich-Freien Marktwirtschaft mit sich bringt, wird diese Branche möglicherweise einer gewissen Schrumpfung ausgesetzt sein. Die Menschen werden zwar mehr Geld haben und dies auch für Sparrücklagen für ihre zusätzliche Altersversicherung nutzen, aber in anderen Bereichen wird der Versicherungsbedarf wohl eher zurückgehen.

Andererseits wird das Fließende Geld die in der Zinswirtschaft vorhandenen Neigungen wandeln, seine Integrität zu opfern, um sich durch Täuschung Vorteile auf Kosten anderer zu erwirken. Die Neigung, Versicherungen zu betrügen, wird abnehmen. Es wird sich eine spürbare Integrität ausbreiten. Dies wird dieser Branche eine

Menge Kosten einsparen und insgesamt das Vertrauen zwischen Versicherern und Versicherten stärken.

Chemische Industrie

Wie in allen anderen Industrien auch, werden die Sachkapitalzinsen in der chemischen Industrie gegen Null laufen, so dass im Wesentlichen nur die geleistete Arbeit bezahlt werden wird. Die großen Chemiekonzerne werden sich dezentralisieren. In einigen Industrien wird die Verwendung chemischer Produkte stark zurückgehen, z. B. in der Landwirtschaft und Lebensmittelverarbeitung, wo man mehr und mehr auf biologische Qualität achten wird, welche die Konsumenten sich jetzt auch alle leisten können. Die Natursteuer wird die Tendenz zur Verwendung natürlicher und chemiefreier Produkte verstärken. Andererseits entstehen Märkte im Bereich der Wiederverwendung.

Insgesamt wird für die chemische Industrie wenig neuer Markt entstehen und sie wird einer gewissen Schrumpfung ausgesetzt sein. In Anbetracht der allgemein kürzer werdenden Arbeitszeiten muss dies für die Mitarbeiter nicht den Verlust der Arbeit bedeuten. Wenn, wird es in anderen Bereichen genug neue Arbeit geben.

Pharmaindustrie

Einen Wirtschaftszweig, dessen Aufgabe darin besteht, die Gesundheit der Menschen zu erhalten, zu zwingen, unter den Bedingungen der Rentabilität zu arbeiten, ist ein Vergehen gegen die Volksgesundheit. Wenn die Pharmaindustrie gezwungen ist, einen Sachkapitalzins zu erwirtschaften, muss sie entweder die Preise für ihre Produkte weit oberhalb des Inflationsniveaus wachsen lassen oder sie muss irgendwie dafür sorgen, dass die Menschen insgesamt kränker werden anstatt gesünder.

Nicht nur die aus dieser Geschäftsvoraussetzung erwachsenden Missstände sind ein Skandal. Der Skandal besteht auch darin, dass die

Politik diese Geschäftsvoraussetzung unterstützt und dass die Gesellschaft Parteien wählt, die diese Geschäftsvoraussetzung unterstützen. Offensichtlich bedingt die Zinsradikalität der Politik auch die Zinsradikalität der Pharmaindustrie.

Durch die Einführung Fließenden Geldes wird die Pharmaindustrie frei, – wie alle anderen Industriezweige auch – ihre Aufgabe ohne das Erwirtschaften eines Sachkapitalzinses zu erledigen, so dass sie ihren Auftrag zur Erhaltung der Volksgesundheit endlich erfüllen und nicht mehr davon profitieren kann, dass die Menschen kränker anstatt gesünder werden.

Eine Industrie, die keine Sachkapitalzinsen erwirtschaftet, hat kein Interesse daran zu wachsen, weil es keine Sachkapitalzinsen gibt, die sich durch das Wachstum steigern lassen. Die Einnahmen der Pharmaindustrie bezahlen nur noch die Arbeiten, die in der und für die Pharmaindustrie geleistet werden, nicht mehr. Ohne ein Interesse an Wachstum kann auch der Auftrag zur Gesunderhaltung der Menschen konfliktfrei erfüllt werden.

Vermutlich wird der Umsatz der Pharmaindustrie nach Einführung des Fließenden Geldes sinken. Zum einen fällt der Stress der Menschen in der Zinswirtschaft weg. Zum anderen hört die Umweltverschmutzung auf. Wenn Sie zu den Angestellten der Pharmaindustrie gehören, rate ich Ihnen wie alle anderen, die jetzt arbeitslos sind oder ihre aktuellen Arbeitsplätze durch die Währungsumstellung verlieren, zuversichtlich zu bleiben. Das Fließende Geld wird den Durchschnittsbürger weit mehr Geld verdienen lassen als zurzeit, die Arbeitszeit senken und eine Bereitschaft zur Gleichverteilung der Arbeit auf alle bewirken.

All jenen, die ihren Arbeitsplatz in der Pharmaindustrie behalten werden, gebe ich Folgendes zu bedenken: durch Fließendes Geld kann die Pharmaindustrie ihrem eigentlichen Auftrag für die Gesellschaft erst gerecht werden, was zwei Vorteile für Sie mit sich bringt: 1) das Ansehen der Pharmaindustrie in der Gesellschaft wird sich erheblich steigern und 2) für den Fall, dass sie ein schlechtes Gewissen wegen manchen aktuellen Praktiken haben, werden Sie Ihrer Tätigkeit in der Pharmaindustrie nach der Währungsumstellung mit ruhigem Gewissen nachgehen können. Die Qualität Ihres Lebens wird sich in jeder Hinsicht verbessern.

Gesundheitswesen

Durch die zinsbedingte Armut in der Welt können sich große Teile der Weltbevölkerung keine anständige medizinische Versorgung oder Behandlung leisten.

In westlichen Ländern nehmen die Gesundheitskosten zinsbedingt immer mehr zu, vor allem weil die Medikamente teurer und immer mehr Medikamente eingesetzt werden.

Durch die Einführung Fließenden Geldes wird die ganze Menschheit Wohlstand erleben. In den ärmeren Ländern gibt es einen großen Nachholbedarf an medizinischer Behandlung. Dies wird diesen Bereich in solchen Ländern zunächst wachsen lassen.

In westlichen Ländern werden die Gesundheitskosten sinken, weil die Zinslasten in den Medikamenten wegfallen, da auch in der Pharmaindustrie die Sachkapitalzinsen gegen Null laufen.

Wenn durch den Medikamentenverkauf keine Sachkapitalzinsen zu erwirtschaften sind, verschwindet auch das wirtschaftliche Interesse der Pharmaindustrie, Patienten von Medikamenten abhängig zu machen oder Patienten im Zustand chronischer Krankheit zu halten. Somit wird der Gesamtverbrauch an Medikamenten zurückgehen und möglicherweise gesundheitsschädliche oder heilungsverzögernde Heilungsmethoden werden verschwinden.

Der für die Erhaltung der Gesundheit erforderliche medizinische Aufwand wird abnehmen. Die effizientesten alternativen Heilverfahren, die während der Zinsherrschaft benachteiligt wurden, werden einen Durchbruch erleben.

Mit dem Wegfall der Armut, von Stress und Überlastung, der Angst, Verwirrung, des feindlichen Wettbewerbs und der Umweltverschmutzung und Umweltbelastung, sowie durch die Verbesserung der Lebensmittelqualität wird sich die allgemeine Gesundheit mittel- bis langfristig verbessern und stabilisieren. Die Lebenserwartung wird zunehmen, vermutlich um ein paar Jahrzehnte. Da die allgemeine Arbeitszeit kürzer werden wird, gehen vielleicht kaum Arbeitsplätze verloren, aber dieser Bereich wird auf Dauer eher schrumpfen als wachsen.

Energiewirtschaft

Die Energiewirtschaft ist der Bereich, in dem am stärksten offensichtlich die negativ dominanten Tendenzen des Zinses zum Tragen kommen.

Denn eigentlich ist Energie im Universum und auch auf der Erde so unerschöpflich vorhanden, dass niemand viel Geld für seine Energieversorgung ausgeben müsste.

1. Tendenz: Knappheit
Um mit Energie also ein lukratives Zinsgeschäft aufziehen zu können, muss zunächst eine permanente künstliche Knappheit an Energie erzeugt werden, da sich nur mit der Knappheit ein hoher Preis für Energie durchsetzen lässt.

2. Tendenz: feindlicher Wettbewerb, Verdrängung und Unterdrückung
Einweg-Energien wie Öl, Kohle und Atomstrom verfügen über den Nachteil, nur begrenzt zur Verfügung zu stehen. Aus Sicht der Zinsherrschaft weisen sie daher aber den Vorteil auf, knapp gehalten werden zu können, wenn man die unerschöpflichen Alternativen unterdrückt. Außerdem weisen sie den offensichtlichen Nachteil auf, umweltschädlich zu sein.
Kaum etwas verdeutlicht die Realität der Zinsherrschaft stärker als die Tatsache, dass unsere Energieversorgung immer noch überwiegend auf diesem höchst unökonomischen und umweltschädlichen

Weg stattfindet. Während nach außen hin so getan wird, als würden alternative, regenerative Energien gefördert, werden sie in Wirklichkeit stark gebremst. Hier wird also sehr stark die Tendenz zur Verdrängung und Unterdrückung unerschöpflicher Energiequellen betrieben, um jene Knappheit herbeizuführen, welche eine unerlässliche Bedingung für das Erwirtschaften von Sachkapitalzinsen ist.

Aufgrund dieser zweiten negativ dominanten Tendenz des Zinses ist es auch denkbar, dass ein wichtiger Grund für den Krieg gegen den Irak nicht nur darin bestand, sich Ölvorräte zu sichern, sondern darin, ein Land zu stoppen, dass durch Überproduktion drohte, die künstliche Ölknappheit auf dem Weltmarkt zu beseitigen und daher die Rentabilität des Ölgeschäfts zu untergraben. Vielleicht versuchen Teile der Geldelite auch aus diesem Grund seit Jahren, einen Krieg gegen den Iran als notwendig erscheinen zu lassen, weil der Iran in den Augen der Zinsherrschaft zu viel Öl produziert und verkauft.

3. Tendenz: Beraubung
Wenn unerschöpfliche Energien unterdrückt werden, um eine künstliche Knappheit begrenzt verfügbarer Einweg-Energien zu erzeugen, die lukrative Sachkapitalzinsen abwerfen, findet hier eine offensichtliche Beraubung der ganzen Menschheit durch die Geldelite statt.

4. Tendenz: Verschwendung
Die Verschwendung in der Energiewirtschaft ist offensichtlich, ein offensichtliches Verbrechen an der Menschheit, die Unsummen auf den Kauf von Energie verschwenden muss, und ein offensichtliches Verbrechen an der Umwelt, die geplündert wird, weil sie den Vorteil aufweist, dass ihre Reserven begrenzt sind, die daher so knapp gehalten werden können, dass sie gute Sachkapitalzinsen abwerfen.

5. Tendenz: Bestechung
Es bedarf korrupter Politiker, um die künstliche Knappheit aufrechtzuerhalten, korrupter Wissenschaftler, um die Menschen glauben zu machen, dass Öl und Atomstrom nicht oder erst in 10–20 Jahren ersetzbar sein werden und es bedarf korrupter Massenmedien, um sol-

che Informationen als Wahrheit zu verbreiten. 10–20 Jahre ist ein guter Zeitraum, da die Menschen in dieser Zeit üblicherweise vergessen, dass dies schon seit vielen Jahrzehnten erzählt wird. Und unisono Bedarf es der Bestechung von Politikern, Wissenschaftlern und Massenmedien, um die Möglichkeit zu verschleiern, durch Fließendes Geld die Versorgung mit einer unerschöpflichen alternativen Energiequelle für jeden Haushalt zinslos finanzierbar zu machen. Alternative Energiequellen könnten durch die fast zinslos Finanzierung in großen Mengen gefertigt werden. Hierdurch könnten wir Kraftfahrzeuge auf Elektromotoren umrüsten und uns vom Mineralöl unabhängig machen.

6. Tendenz: Täuschung

Diese Tendenz ergibt sich aus der Bestechung, welche Politiker, Wissenschaftler und Massenmedien dazu bringt, uns über die wahren Möglichkeiten alternativer Energien und deren Durchbruch durch das Fließende Geld in die Irre zu führen und zu täuschen.

7. Tendenz: Verwirrung

Vertrauen wir jemandem, der etwas anderes sagt als er tut, so erzeugt unser unberechtigtes Vertrauen eine Verwirrung auf tieferer Ebene, weil wir auf tieferer Ebene die Wahrheit kennen. So steht unser bewusster Glaube und die tiefere, im Unbewussten gehaltene Erkenntnis der Wahrheit in einem Widerspruch, der Verwirrung erzeugt.

In unserer Tiefe wissen wir, dass Energie unerschöpflich ist und dass außer für die Herstellung und Anschaffung der Geräte zur Verfügbarmachung von Sonnen-, Wind-, Wasser- und möglicherweise noch anderen unerschöpflichen Energiequellen keine Kosten für unsere Energieversorgung anfallen sollten. Die meisten von uns wissen im Grunde genommen auch, dass bereits genug alternative Technologien vorhanden sind, um Öl, Kohle, Erdgas und Atomstrom rasch zu ersetzen.

Eine Mehrheit von uns setzt sich aber über dieses innere Wissen hinweg, weil wir sonst das Vertrauen in die Spitzen unserer Gesellschaft verlieren würden. Wenn uns dieses unberechtigte Vertrauen wichtiger ist als das Wahrnehmen der Wahrheit in uns, so erzeugt dies eine Verwirrung über uns selbst. Der Zinsstaat braucht die Verschwendung im Mineralölsektor und die hohe Besteuerung dieser Verschwendung, um die Zinswirtschaft in Gang zu halten.

Da wir mit der Zinswirtschaft identifiziert sind, glauben wir, dass die Welt zusammenbricht, wenn die Zinswirtschaft zusammenbricht. Was uns fehlt, ist, die umfassenden, rettenden Möglichkeiten zu erfassen, die sich uns durch das Fließende Geld bieten. Durch unser Bestreben, die Zinswirtschaft in Gang zu halten stimmen wir der Verschwendung im Energiesektor mit ihren Konsequenzen (unsere brutale Beraubung über die Energiepreise, Bestechung, Umweltzerstörung und der Unterdrückung der alternativen Energien) zu.

Wir halten den Erhalt der Zinswirtschaft für überlebensnotwendig für uns und stoppen dadurch den endgültigen Durchbruch umweltfreundlicher Energien. Setzen Sie Ihrer Verwirrung entgegen, dass wir nur alles zu gewinnen haben, wenn wir unsere Identifikation mit der Zinswirtschaft aufgeben und das Fließende Geld einführen: den Sieg der alternativen Energien, große Geldeinsparung, eine rechtschaffene Regierung, den Erhalt der Umwelt und eine große Klarheit in unserem Geist.

8. Tendenz: Angst
Wie im Vorabsatz erwähnt, haben wir Angst vor dem Zusammenbruch unserer Zinswirtschaft und scheuen daher den Durchbruch für die alternativen Energien, da dies in Anbetracht der gewaltigen Mineralölsteueraufkommen leicht den Zusammenbruch der Zinswirtschaft auslösen kann. Setzen wir unserer Angst entgegen, dass das Fließende Geld uns überreichlich versorgen und die Missstände beheben wird.

9. Tendenz: Schuldzuweisen
Im Kampf um die Kontrolle über das Öl wird viel mit Schuldzuweisungen gearbeitet. Der Irak wurde beschuldigt, um Krieg gegen ihn führen zu können. Der Iran wird beschuldigt, weil gewisse Kreise der Geldelite gerne Krieg gegen ihn führen wollen, um das Öl zu kontrollieren.

Auch in uns wird diese Tendenz aktiviert, wenn wir lieber den Amerikanern oder generell der Mineralöl- und Kernenergiewirtschaft für die horrenden Energiepreise grollen und sie für alle Missstände schuldig erklären, anstatt das Heft in die Hand zu nehmen und durch die Einführung Fließenden Geldes jene Situation herbeizuführen, die wir uns eigentlich wünschen. Mit unserem Beharren auf unserem Rechthaben halten wir uns selbst davon ab, unsere Gedanken einem positiven Wandel zu widmen. Wenn wir erkennen, dass das Schuldzuweisen uns nur unsere Kraft raubt, können wir bewusst darauf verzichten, stattdessen einfach ins Handeln kommen und die Situation zum Wohle des Ganzen wandeln.

Beschreibung der Auswirkungen der Einführung Fließenden Geldes auf den Energiesektor: Das Fließende Geld wird allen, die sich eine dezentrale Energieversorgung mit umweltfreundlichen Energien wünschen, zinslose Kredite zur Verfügung stellen, um sich diese Versorgung zu beschaffen, das heißt sie wird quasi für jeden erschwinglich. Die Industrie zur Herstellung von alternativen Energiequellen wird auf Jahre massiv boomen, möglicherweise mehr als alle anderen Industrien. Die Energieversorgung wird rasch dezentralisiert. Die Umweltsteuer auf umweltbelastende Energien wird den Durchbruch der alternativen Energien beschleunigen. Die Herstellung von Kohle- und Kernenergie wird rasch verschwinden. Da der Staat nun sinkende bis keine Zinsen auf seine Schulden mehr zahlen muss, können die Mineralölsteuern auch nicht mehr zweckentfremdet werden, um in die Zinszahlungen zu fließen.

Alternative Lösungen zu den Mineralölmotoren werden einen raschen Durchbruch erleben. Was auch immer durch die Zinsherrschaft an Patenten, Erfindungen und Innovationen unterdrückt wurde, wird zum Vorschein kommen, die Energiekosten dramatisch absenken, unser Leben erleichtern und die Umwelt retten. Selbst ohne diese Erfindungen ließen sich die Motoren der Kraftfahrzeuge auf Strom umschalten und der Strom alternativ gewinnen. Energie wird für alle in ausreichender Menge zur Verfügung stehen, sie wird sauber sein und wenig kosten.

Forschung und Entwicklung

Bei der Forschung und Entwicklung handelt es sich nicht um eine Industrie, sondern um einen wichtigen Bereich innerhalb der verschiedenen Industrien. Für die weiteren Ausführungen zur Kraftfahrzeugindustrie und Luftfahrtindustrie ist es allerdings erforderlich, diesen Bereich an dieser Stelle zu behandeln.

Es gibt zwei Umstände, die hinsichtlich der Forschung und Entwicklung in der Zinswirtschaft verwirrend sind:

1. Bedingt durch die von der Zinswirtschaft erzeugte Tendenz zur Knappheit, kann keine Produktivitätssteigerung jemals bewirken, dass die Knappheit überwunden wird. Auftrag der Forschung und Entwicklung ist es aber, das Leben der Menschen durch Fortschritt und Rationalisierung zu vereinfachen und zu erleichtern, bequemer und sicherer zu machen und den Lebensstandard zu erhöhen. Hier herrscht also die Verwirrung, dass die Forschung und Entwicklung ihren gesellschaftlichen Auftrag niemals erfüllen kann.

2. Bedingt durch die von der Zinswirtschaft erzeugte Tendenz zum feindlichen Wettbewerb, Verdrängung und Unterdrückung wird im Energiesektor durch die Unterdrückung des Erfolgs alternativer, frei verfügbarer Energielösungen eine künstliche Knappheit aufrechterhalten, deren Beseitigung die Zinsherrschaft nicht zulässt. Hier wird also die Verwirrung erzeugt, dass die Forschung und Entwicklung die Knappheit im Energiesektor nicht beseitigen darf, um die Milliardenpfründe der Kohlenkraft-, Kernkraft- und Mineralölindustrie, die sich in Händen der Geldelite befindet, nicht zu gefährden.

Das wohl heißeste Eisen im Bereich der Forschung und Entwicklung ist die umstrittene Nullpunktenergie. Hier geht oder ginge es nicht nur für die Geldelite um die Verteidigung ihrer Milliardenpfründe. Hier geht es für die Wissenschaft um die Verteidigung des Energieerhaltungsgesetzes. Ich bin kein Physiker und kann nicht beurteilen, ob die Nullpunktenergie real ist. Bisher hat mir niemand eine funktionierende per Nullpunktenergie angetriebene Maschine vorgeführt.

Aber wenn mir jemand eine Maschine vorführt, die nach gründlicher Prüfung offensichtlich ohne inneren Energiespeicher und ohne Zufuhr externer Energie (außer vielleicht Wasser) funktioniert, dann halte ich sie für real. Wenn Leute behaupten, sie würden über solche Maschinen verfügen, dann gehe ich nicht automatisch davon aus, dass diese Leute geistesgestört sein müssen, weil das Energieerhaltungsgesetz nicht umgangen werden kann.

Unter Vorlage offensichtlicher experimenteller oder praktischer Beweise würde ich ein Festhalten an anders lautenden physikalischen Gesetzen für dogmatisch halten. Die bloße Existenz des Energieerhaltungsgesetzes ist kein Beweis für die Unrichtigkeit der Nullpunktenergie. Es wäre nur ein Beweis dafür, dass ein beobachtbares Nullpunktenergiephänomen durch die etablierten physikalischen Gesetze nicht erklärt werden kann.

Am Ende sind die nachweisbaren Phänomene realer als alle Theorien, die sie erklären sollen. Die Theorien müssen den Phänomenen standhalten, nicht umgekehrt.

Die vorliegenden beeindruckenden Beweise im Internet haben für mich aber ein Problem: ich kann die Sache nicht selber testen und den Darstellungen glauben oder auch nicht, solange die Technologie nicht konkret verfügbar ist. Bis ich also selber in einem Auto fahre, das mit Nullpunktenergie fährt, werden mir Zweifel bleiben.

Wenn die Technologie real ist – und ich gehe nicht automatisch davon aus, dass es sich bei den vorliegenden Beweisen um Betrug handelt – aber noch nicht verfügbar, entsteht hier trotz ihrer Realität ein Raum für Betrüger, die uns ob unserer Hoffnungen übers Ohr hauen können. Auch wenn Sie von der Realität der Nullpunktenergie überzeugt sind, sollten Sie niemandem Geld geben, bevor sie eindeutige Beweise oder am besten bereits die fertigen Produkte in Händen halten.

Das Vertrauen in Betrüger schadet nicht nur ihrem Geldbeutel, sondern auch der Glaubwürdigkeit und dem Ansehen der Nullpunktenergie, falls sie real ist. Wenn Ihnen ein Betrüger Gold verkauft und sie stellen fest, dass sie nur ein Goldimitat erhalten haben, ist dies auch kein Beweis dafür, dass es kein Gold gibt. Jemand, der noch nie Gold gesehen hat, könnte dann aber glauben, dass es gar keines gibt. Sie müssen, wenn Sie Geld investieren, also nicht nur sicherstellen, dass die Nullpunktenergie real ist, sondern auch, dass das, was sie bekommen, auch mit Nullpunktenergie funktioniert.

Es ist sofort einzusehen, wie wenig die Nullpunktenergie der Zinsherrschaft in den Kram passen würde, wenn Energie dadurch für jedermann an jedem Ort zu jeder Zeit auch unabhängig von Sonne, Wind und Wasser zur Verfügung stünde. Unterstützt wird die Zinsherrschaft hier durch die herrschende wissenschaftliche Haltung, das Energieerhaltungsgesetz als absolut wahr und gültig zu betrachten, so dass viele Wissenschaftler leidenschaftlich gegen die Möglichkeit der Nullpunktenergie andiskutieren, auch entgegen den experimentellen Beweisen.

An dieser Stelle habe ich den Bericht meines dänischen Freundes Stig Claesson eingefügt, der sich intensiv mit der Nullpunktenergie auseinandergesetzt und zahlreiche Anbieter und Internet-Seiten genau auf ihre Seriosität geprüft hat. Aus diesem Grund handelt es sich bei den meisten der angegebenen Quellen im Internet um englischsprachige Seiten. Ich hoffe, dass dies für die Mehrheit meiner Leser kein Problem darstellt. Ich hege zwar immer noch Zweifel hinsichtlich der Realität der Nullpunktenergie, aber prüfen Sie selbst.

Die Idee der „Nullpunktenergie", „Vakuumenergie" oder des „Casimir-Effekts" ist nicht neu. Tatsächlich ist das Vakuum oder das Nichts in unserem Universum weder leer noch aus Nichts gemacht. Es handelt sich um ein Meer aus Energie. Albert Einstein und Otto Stern leiteten bereits 1913 das Vorhandensein dieser Energie ab. In der „Quantentheorie" ist das Konzept der Nullpunkt– oder Vakuumenergie ebenfalls definiert.

Der Begriff der Nullpunktenergie selbst wurde in Folge eines Experiments einer Gruppe von Wissenschaftlern geboren. Man versuchte, in einem Vakuum bei -273 C° (dem absoluten Nullpunkt) nachzuweisen, dass unter diesen Extrembedingungen sogar die Moleküle stillstehen. Zu ihrer größten Überraschung mussten die Physiker jedoch feststellen, dass sich die Moleküle nicht an die Erwartung der Wissenschaftler hielten und sich trotzdem bewegten. Man definierte: „Die Energie, die sogar unter diesen Bedingungen die Moleküle in Bewegung hält, nennen wir Nullpunktenergie."

Sie finden einige grundlegende Informationen bei Wikipedia.*

Die Nullpunktenergie wird auch als Erklärung verwendet, warum sich die Ausdehnung unseres Universums beschleunigt. Diese Dynamik ist in die so genannte kosmologische Konstante eingebaut. Die beiden unterschiedlichen Wissenschaftsbereiche Kosmologie und Partikelphysik sagen die Größe dieser Kraft noch immer nicht gleich voraus, aber davon abgesehen weisen beide fortschrittliche Spekulationen über die Energie des Nichts auf.

*Sie können im Internet einen diesbezüglichen Artikel des New Scientist lesen.***

Die beiden holländischen Physiker Hendrik Casimir und Dirk Polder schlugen 1948 ein Experiment vor, das beweisen konnte, dass das Vakuum tatsächlich voller Energie ist. Damals war die Technologie noch nicht weit genug für diesen Beweis. Aber schon 1958 wurde eines der ersten Experimente durchgeführt, in welchem die Existenz dieser Energie bestätigt wurde. Seither wurden zahlreiche Experimente durchgeführt. Heute steht einwandfrei fest, dass es sich beim Vakuum tatsächlich um ein Meer aus Energie handelt. Unsere Welt kann als ein Ozean aus Energie beschrieben werden, in der die „Wellenhügel" „Etwas" und die „Wellentäler" „Nichts" sind. Alles ist im Wesentlichen dasselbe: „Das Einheitsfeld". Alles ist Eins.

Die Frage lautet lediglich, ob diese Energie zur Nutzung entzogen werden kann. Gemäß der klassischen Physik ist dies unmöglich, weil

---

* http://en.wikipedia.org/wiki/vacuum_state
** ‚Cyclic universe' can explain cosmological constant. (Das „Zyklische Universum" kann die kosmologische Konstante erklären).
http://space.newscientist.com/article.ns?id=dn9114

das Energieerhaltungsgesetz besagt, dass es unmöglich ist, Energie aus dem Nichts zu entziehen.*

Andererseits beweisen Experimente wie jene, die den Casimir-Effekt bestätigen, sowie die Ergebnisse aus der Nanotechnologie, dass diese Kraft nicht nur messbar ist, sondern auch genutzt werden kann.**

Es gibt (wie mit allem, was gegen alte Gesetze verstößt) einige Skepsis. Aber die neuen Ergebnisse lassen sich nicht einfach per physikalischem Dogma beiseite wischen.

Innovative und mutige Forscher (es erfordert Mut, gegen konventionelle Weisheit zu verstoßen, besonders wenn es sich dabei um etwas so Etabliertes wie das Energieerhaltungsgesetz handelt) haben Technologien entworfen, welche offensichtlich in der Lage sind, diese reine und grenzenlos verfügbare Energiequelle zu nutzen.***

Bei einem der meist versprechenden Entdeckungen in diesem Bereich handelt es sich um das Projekt Orbo.

Einführung in Orbo****

Bei Orbo handelt es sich um den Markennamen für unsere Freie-Energie-Technologie. Die Orbo-Technologie produziert freie, saubere und konstante Energie. Sie kann für strombetriebene Produkte von tragbaren Musikrekordern bis hin zu Automobilen eingesetzt werden. Orbo produziert freie, reine und konstante Energie – dies behaupten wir.

Mit „frei" meinen wir, dass die Energie ohne Rückgriff auf eine externe Quelle gewonnen wird. Mit „rein" meinen wir, dass während

---

*   Weitere Informationen in Wikipedia: http://de.wikipedia.org/wiki/Energieerhaltungssatz

**   Weitere Informationen hierzu in Physicsworld: The Casimir effect: a force from nothing
      http://physicsworld.com/cws/article/print/9747

*** Informationen hierzu finden Sie in Foundations of Physics Letters:
      Explanation of the Motionless Electromagnetic Generator by Sachs's Theory of Electro
      dynamics: http://www.springerlink.com/content/nw26m20312236201
      Explanation of the Motionless Electromagnetic Generator with O(3) Electrodynamics:
      http://www.springerlink.com/content/xr43671655j51112

**** http://www.steorn.com

des Betriebs der Technologie keine Abgase entstehen und keine Abfälle produziert werden. Mit „konstant" meinen wir, dass die Technologie mit Ausnahme mechanischer Ausfälle unbegrenzt in Betrieb bleibt.

In der Summe dieser Behauptungen unserer Orbo-Technologie steht eine Verletzung des Energieerhaltungsgesetzes, bei dem es sich vielleicht um das grundlegendste wissenschaftliche Prinzip handelt. Das Energieerhaltungsgesetz besagt, dass Energie weder erschaffen noch zerstört werden kann. Sie kann lediglich ihre Form ändern.

Aufgrund der revolutionären Natur unserer Behauptung nicht nur gegenüber der Welt der Wissenschaft, sondern auch gegenüber der Welt im Allgemeinen, forderte Steorn im August 2006 die wissenschaftliche Gemeinschaft heraus, unsere Technologie zu testen und ihre Ergebnisse zu berichten. Der Prüfungsprozess, der aus dieser Herausforderung resultierte, ist aktuell im Gange. Die Ergebnisse werden zum Ende des Jahres 2007 erwartet.

Auf *youtube* gibt es zwei Online-Video zu sehen „*How free energy works*" und „*Respected Engineer Validates Steorn Tech*".*

Im zweiten dieser Videos hören Sie den versierten Techniker und Erfinder Thieu Knapen, Geschäftsführer der holländischen Firma Kinetron im Gespräch über die Orbo-Technologie von Steorn, welche er persönlich in seiner eigenen Werkstatt getestet hat.

Bei anderen interessanten Produkten handelt es sich um mehrere neue Motoren, die mit reinem Leitungswasser operieren. Unter normalen Umständen ist dies nicht besonders interessant, da die (durch Hydrolyse bewirkte) Spaltung von Wasser in Wasserstoff und Sauerstoff normalerweise mehr Energie kostet als durch die anschließende Verbrennung des Wasserstoffs in einem Motor gewonnen wird. Aber aufgrund der Nullpunktenergie gibt es einen Weg, mehr Energie zu entziehen als für die Elektrolyse aufgewendet werden muss. Diese

---

* http://www.youtube.com/watch?v=jAk3tiaOewo
http://www.youtube.com/watch?v=Jze97j7M1xo

Möglichkeit wurde bisher übersehen und auch von Wissenschaftlern lächerlich gemacht. Dennoch behaupten die Erfinder, dass sie Wege gefunden haben, das Energieerhaltungsgesetz zu umgehen. Beispiele finden sich im Internet.*

Es gibt viele weitere Beispiele, aber häufig werden die Erfinder verleumdet, verschwinden einfach oder sterben unter geheimnisvollen Umständen.

In Anbetracht des Multimilliardengeschäfts mit Mineralöl und Kernkraft gäbe es natürlich ein deutliches Motiv, solche Erfindungen zu unterdrücken und die Wissenschaft zu unterstützen, unter allen Umständen dogmatisch am Energieerhaltungsgesetz festzuhalten, auch wenn sich die gegenläufigen praktischen Beweise häuften.

Mit dem Wegfall der Zinswirtschaft werden zumindest jene Erfindungen, die real sind, allgemein verfügbar werden und insgesamt möglicherweise die Kraftfahrzeug-, Schifffahrt-, Luftfahrt- und Eisenbahnindustrie so revolutionieren, dass sie rasch ohne Motoren oder Düsenantrieb auf Mineralöl- oder Strombasis auskommen werden.

Wir haben bereits vorausgeschickt, dass alle alternativen Stromquellen in der Ganzheitlich-Freien Marktwirtschaft für jede Privatperson und jede Firma fast zinsfrei finanzierbar sind. Die Unabhängigkeit vom Mineralöl und Atomstrom ist mit der Einführung des Fließenden Geldes also garantiert. Dies können auch jene nachvollziehen, welche die Nullpunktenergie nach wie vor für Unsinn halten und nicht glauben, dass es nennenswerte Technologien gibt, die zurzeit unterdrückt werden. Über die Nullpunktenergie muss man sich also nicht streiten, wenn es um die Frage geht, dass das Fließende Geld Mineralöl und Atomstrom überflüssig machen wird.

---

* http://www.haw-system.jp
http://www.haw-system.jp/English/subE2.html
http://www.youtube.com/watch?v=E1OWDcWoXHs
http://www.genepax.co.jp
http://www.genepax.co.jp/en/
http://www.youtube.com/watch?v=eb9urNUFzAM&NR=1
http://www.youtube.com/watch?v=2YYhsw9hbOo

Nach der Einführung des Fließenden Geldes wird der Beitrag der Forschung und Entwicklung generell tatsächlich zu einer Vereinfachung des Lebens, zu einer Senkung der Lebenshaltungskosten und nach und nach auch zu kürzeren Arbeitszeiten führen.

Kraftfahrzeugindustrie

Durch die negativ dominante Tendenz zur Unterdrückung durch feindlichen Wettbewerb gegen umweltfreundliche Alternativen kommt es in der Zinswirtschaft bisher nicht dazu, dass sich umweltfreundliche Motoren durchsetzen, die ohne Kraftstoffe auf Mineralölbasis auskommen.

Für viele ist ein eigenes Automobil entweder unerschwinglich oder frisst einen großen Teil des verfügbaren Budgets auf und ist damit sehr teuer, vor allem durch die Spritpreise.

Die Einführung Fließenden Geldes wird hier zweierlei bewirken:

1. Die durch die Zinsherrschaft unterdrückten und den Autofahrern vorenthaltenen Patente und Innovationen werden zum Vorschein kommen und verfügbar werden. In kurzer Zeit werden umweltfreundliche Autos gebaut werden, die auf die eine oder andere Weise mit regenerativen Energien angetrieben werden. Bereits jetzt ist allgemein leicht nachvollziehbar, dass ein Automobil mit geringen Energiekosten verbunden ist, wenn man sich die nötige alternative Energiequelle durch einen zinslosen Kredit finanziert und einen Elektromotor verwendet. Möglicherweise werden effizientere Lösungen verfügbar sein, die mit noch geringeren Energiekosten verbunden sein werden.

2. Dies vorausgeschoben wird der allgemeine Wohlstand Automobile natürlich für jeden erschwinglich machen. Die Industrie wird also zunächst boomen bis eine Sättigung erreicht ist. Da auch in der Automobilindustrie die Sachkapitalzinsen gegen Null laufen werden, können Automobile genauso gut so haltbar gebaut werden wie technisch möglich ist. Automobile werden also eine Lebensdauer

vieler, vieler Jahrzehnte haben, was die Ressourcen der Erde trotz stärkerer Verbreitung der Automobile schonen wird.

Beides, der Durchbruch alternativer Antriebstechnologien und die viel längere Lebensdauer der Automobile wird dazu führen, dass die stärkere Verbreitung von Automobilen keine Umweltkatastrophe mit sich bringt. Der Bereich der instandhaltenden und vorbeugenden Wartung von Automobilen wird sich stark vergrößern, viele neue Arbeitsplätze schaffen und seinen Beitrag leisten, dass Automobile viele Jahrzehnte lang gut in Schuss bleiben.

Als Beispiel einer nach Aussage der Hersteller existierenden Lösung zur Nullpunktenergie im Automobilbereich sei an dieser Stelle eine bereits im Vorabschnitt aufgeführte Web-Seite und ein *Google*-Video mit Bildern des japanischen Autos mit Wassermotor wiederholt.*

Auf dem *youtube*-Video können Sie ein Automobil mit einem Motor sehen, der nach Aussage der Hersteller zu 100% mit Wasser angetrieben wird. Die Hydrolyse soll mit Nullpunktenergie stattfinden, so dass das Auto keinen anderen Energieträger als Wasser tanken oder zuführen muss.

Schifffahrtindustrie

In der Zinswirtschaft ist der Kauf eines eigenen Schiffes für viele, die ihre Freizeit am liebsten auf dem Wasser verbringen, ein unerfüllbarer Traum.

In der Ganzheitlich-Freien Marktwirtschaft können Schiffe zinslos finanziert werden. Menschen, deren Leidenschaft in ihrer Freizeit dem Wasser gilt, werden sich entsprechend austoben können.

Große Yachten werden als Luxussymbol für Superreiche wohl kaum noch erschwinglich sein, da der Superreichtum mit hohen leistungslosen

---

* http://www.genepax.co.jp/en/
  http://www.youtube.com/watch?v=eb9urNUFzAM

Einkünften verschwinden wird. Sie werden aber für Familien, Familienverbände, Gruppen oder Clubs erschwinglich sein, welche die entsprechende Leidenschaft teilen und bereit sind, gemeinsam dafür zu arbeiten.

Durch den zinslosen Schiffbau werden Schiffsreisen allgemein erschwinglich sein.

In der Ganzheitlich-Freien Marktwirtschaft wird die Schifffahrtindustrie für eine ganze Weile boomen.

Luftfahrtindustrie

Ähnlich wie bei der Nullpunktenergie handelt es sich beim Thema „Flugscheiben" für viele um ein heißes Eisen. Hier wie dort können wir uns die Freiheit nehmen, die Sache möglichst nüchtern in Augenschein zu nehmen. Wie bei der Nullpunkttheorie kann ich die Realität von Flugscheiben/UFOs nicht erhärten, weil ich selber noch keine aus der Nähe gesehen haben.

Die Seriosität der Zeugen von UFO-Sichtungen lässt sich jedoch durchaus beurteilen. Ich kenne persönlich ein Reihe von Menschen die UFOs aus so großer Nähe gesehen haben, dass sie sich sicher waren, dass es sich um UFOs und nicht um Sinnestäuschungen handelte.

Wenn zumindest einige der zahlreichen, im Internet zu sichtenden Bilder fliegender Scheiben real sind, dann sieht es ganz danach aus, dass Flugscheiben mit Nullpunktenergie angetrieben werden, da man keine Abgase sieht. Sie scheinen sich ebenfalls durch Antigravitationstechnologie in der Schwebe zu halten. Eine Kombination aus Nullpunktenergie und Antigravitationstechnologie würde natürlich kein Potential für die Geldelite aufweisen, durch Energieverkauf Sachkapitalzinsen zu erwirtschaften, weder im Automobil–, noch im Luftfahrtbereich. Natürlich wäre die Zinswirtschaft durch die Flugscheibentechnologie unmittelbar betroffen, wenn sich durch die Zulassung solcher dezentral verfügbarer Technologie kein nur zentral verfügbares Mineralöl und Atomstrom mehr verkaufen ließe.

Jedenfalls wird das Thema seit Jahrzehnten von den Massenmedien totgeschwiegen und keiner sachlichen Untersuchung unterzogen. Laut *www.7stern.info* gab es in den letzten Jahrzehnten weltweit bis Februar 2007 über 42 Millionen Hinweise auf UFO-Sichtungen. Dennoch halten viele Menschen Flugscheiben noch immer für Märchen, weil die Massenmedien sie totschweigen oder gelegentlich zu Märchen erklären.

Wer sich mit der UFO-Realität näher beschäftigen möchte, schaue sich einmal auf der Internet-Seite *www.disclosureproject.com* um (nur in Englisch). Hier berichten über 400 ehemalige ranghohe Mitarbeiter der amerikanischen öffentlichen Verwaltung, Militär- und Geheimdienste häufig mit der erklärten Bereitschaft, ihre Aussage unter Eid vor Gericht zu wiederholen, ihre persönlichen Erfahrungen mit Flugscheiben. Alle diese Aussagen sind aufgrund des offiziellen UFO-Tabus in den Massenmedien nur im Internet zu finden.

Es handelt sich bei diesen Personen ausschließlich um erfahrene Fachleute, die in verantwortlichen Positionen gearbeitet haben. Diese Personen haben Ansehen und Ruf zu verlieren. Sie haben durch ihr Bezeugen der realen Existenz von UFOs und Außerirdischen nichts zu gewinnen. Sie wollen lediglich, dass als real akzeptiert wird, was sie als real erlebt haben und dass die offizielle Vertuschung von UFOs endet.

Ähnlich interessant ist die UFO-Konferenz, die am 12. November 2007 im National Press Club in Washington D.C. stattfand.*

Die UFO-Technologie weist – wie gerade schon angeklungen – einen zweiten Aspekt auf, der für die Zinsherrschaft beunruhigend ist: Sie stehen für die Möglichkeit, dass wir schon seit langem von Außerirdischen besucht werden. Solche Außerirdischen könnten über das Wissen verfügen, sich ein glückliches Leben in Wohlstand ohne die Abhängigkeit von Zinsinvestitionen zu gestalten. Die Zinsherrschaft

---

* http://www.secret.tv/artikel4940143/UFOKonferenz_Washington_2007 (englisch mit deutschen Untertiteln)

hätte kein Interesse daran, dass wir mit solchen Außerirdischen in Kontakt kommen und von ihnen lernen oder auch nur an ihre Existenz glauben. Hier gibt es also gleich zwei sehr starke Motive für die UFO-Vertuschung der letzten Jahrzehnte.

In der Ganzheitlich-Freien Marktwirtschaft könnte die Luftfahrtindustrie also durch den Wandel in der Energiewirtschaft und den Fortschritt in der Antriebstechnologie einem tiefgreifenden Wandel ausgesetzt sein. Verbrennungsmotoren und kerosinbetriebene Düsenantriebe werden möglicherweise verschwinden.

Wenn die Flugscheibentechnologie real ist, wird sie für uns alle verfügbar werden und sich stärker über die Erde verbreiten als das Automobil es je getan hat. Das Reisen mit Flugzeugen würde überflüssig werden, zumal man mit einer Flugscheibe noch besser als mit einem Pkw punktgenau jedes gewünschte Ziel auf direktem Weg ansteuern könnte. Die Menschen werden möglicherweise allgemein außer über einen Pkw auch über eine Flugscheibe verfügen.

Ähnlich wie bei der Erfindung des PCs, der heute tausendmal mehr verbreitet ist als Großrechner, könnte diese Industrie durch die Verfügbarkeit von Flugscheiben auf Jahre hinaus massiv boomen und den Flugzeugbau zu einer unbedeutenden Randnische für Hobbysportler machen.

Eisenbahnindustrie

Hier wird sich nach der Einführung des Fließenden Geldes zunächst nicht viel ändern, weil das vorhandene Schienennetz erhalten bleibt, viele Menschen nach wie vor die Bequemlichkeit einer Bahnreise dem Autofahren vorziehen werden und das Bahnfahren für jeden erschwinglich wird. Wie alle anderen Reiseformen auch, wird die Eisenbahn von der kostengünstigen Verfügbarkeit von Energie profitieren. Private Urlaubsreisen werden zunehmen, da die Menschen nun mehr Freizeit haben und sich häufigeren Urlaub leisten können.

Die allgemeine Verbreitung von Flugscheiben würde den Reiseverkehr mit der Eisenbahn schließlich allerdings zurückgehen lassen.

Transportwesen

Das Fließende Geld wird die zinsbedingten Tendenzen der Konzernbildung und wirtschaftlichen Zentralisierung rückläufig machen und die Verlagerung der Produktion in Billiglohnländer beenden. Dies bedeutet für das internationale Transportwesen eine enorme Schrumpfung, während der nationale und regionale Transport wenig beeinträchtigt wird, da die meiste Produktion nun national, regional und lokal stattfinden wird und nicht mehr international.

Natürlich bedeutet die generelle Umstellung der Produktion auf qualitativ hochwertige und langlebige Güter und das Verschwinden der Ramschproduktion auch eine Verringerung der Produktion insgesamt, so dass auch nicht mehr so viel transportiert werden wird. Mit der Abnahme der durchschnittlichen Arbeitszeit in der Ganzheitlich-Freien Marktwirtschaft wird sich die Arbeitsplatzsituation in diesem Bereich nicht beträchtlich verändern.

Lkw-Fahrer sind ja dafür bekannt, dass sie viele Überstunden arbeiten. Dies wird in der Ganzheitlich-Freien Marktwirtschaft nicht mehr nötig sein. Alle Arbeiten werden dazu tendieren ähnlich gut bezahlt zu sein. Der Wettbewerb unter den Transportunternehmen wird freundlich sein. Der Druck zur Umsatzsteigerung entfällt. Die Arbeit der Lkw-Fahrer wird entspannt und – wie alle Arbeiten – gut bezahlt sein.

Hier verschwindet also auch ein enormer Bereich der Verschwendung, wenn die Wege kürzer werden.

Straßenbau/Straßenverkehr

In der Zinswirtschaft sind Straßenbau und Straßensanierung durch die Staatsverschuldung erschwert, weil die öffentlichen Gelder stets knapp sind. Durch die Zentralisierung der industriellen Produktion in allen Ländern und durch den feindlichen Wettbewerb zwischen den Volkswirtschaften, in welchem um die Exportanteile gekämpft wird, findet ein riesiger Transport von den Städten in die ländlichen Gebiete und international zwischen den Nationen statt.

Durch die Einführung Fließenden Geldes dezentralisiert sich die industrielle Produktion und der feindliche Wettbewerb zwischen den Volkswirtschaften fällt weg, so dass der Drang zum Export nachlässt. Dies führt zu einer Entlastung des Straßenverkehrs in den Städten und zu einer Verringerung des internationalen Handels, wodurch auch die Autobahnen etwas entlastet werden dürften. Mit der Dezentralisierung der industriellen Produktion wird sich auch der Straßenverkehr stärker regionalisieren.

Durch die generelle Produktion langlebiger Produkte wird allgemein die Nutzung der Straßen für den Warentransport zurückgehen.

Wie wir weiter unten sehen werden, wird auch die Vertriebsarbeit der Unternehmen stark vereinfacht, so dass die Reisetätigkeit von Vertriebsmitarbeitern nachlassen bzw. sich stärker regionalisieren wird, so dass das Fernstreckennetz entlastet wird. Wir werden ebenfalls sehen, dass der Bereich Wartung und Reparatur einen enormen Zuwachs in Relation zur Produktion erleben wird. Durch die größere Dichte von Wartungsmitarbeitern wird sich auch deren Aktionsradius verkleinern. Es gibt diverse ähnliche Effekte, welche den Straßenverkehr regionalisieren werden.

Die Menschen werden viel stärker als bisher ihre Arbeit und ihre Kunden vor Ort haben. Da das ländliche Straßennetz meist nicht so überlastet ist wie das in den Großstädten, wird es kaum erforderlich sein, weitere Straßen zu bauen. Der Straßenbau wird sich überwiegend auf die Wartung und Instandhaltung des vorhandenen Straßennetzes kümmern und dieses in einem sehr guten Zustand halten, da genug öffentliche Gelder dafür zur Verfügung stehen.

Durch die Entlastung des Straßenverkehrs in den Großstädten und auf den Autobahnen wird es weniger zu Staus kommen als in der

Zinswirtschaft. Trotz zusätzlicher Verbreitung von Automobilen wird der Straßenverkehr insgesamt nicht zunehmen, weil der Fernverkehr mittel- bis langfristig nachlassen wird.

Dieses ganze Bild würde sich natürlich verändern, sobald Flugscheiben allgemein verfügbar würden. Der Reiseverkehr würde sich überwiegend in die Luft verlagern. Das Autofahren würde auf relativ leeren Straßen stattfinden. Autostaus wären für alle Zeiten vorüber. Das Autofahren würde zu einem Hobby oder einer alternativen Fortbewegungsmöglichkeit für Automobilfans.

Massenmedien

Die Angst ist ein wesentlicher Faktor in der Aufrechterhaltung der Zinsherrschaft. Menschen, die sich keine Angst machen lassen und mutig für ihre Ziele eintreten, würden nicht einem System die Treue halten, das zu ihrem Nachteil ist und könnten nicht kontrolliert werden. So erleben wir, dass die Massenmedien sehr auf die Verbreitung schlechter Nachrichten ausgerichtet sind, welche den Menschen Angst machen.

Die Zinswirtschaft erzeugt eine chronische Knappheit, die niemals gestoppt werden kann. Mit zunehmender Verschuldung wird diese für Menschen ohne nennenswertes verzinstes Vermögen durch die stattfindende automatische Umverteilung von unten nach oben noch verschärft. Die Verschuldung führt zu steigender Arbeitslosigkeit und schrumpfenden Löhnen.

Wer sich an seine Arbeit und den erreichten Lebensstandard klammert, kann leicht in Angst geraten, all dies zu verlieren. Und wie viele Menschen bleiben bei einer Verknappung gelassen? Was geschieht mit Menschen, die von dieser Angst in Bann gehalten werden? Sie merken nicht, dass sie nur in einer Möglichkeit davon leben, wie die Welt sein kann und dass es im Bereich des Möglichen liegt, die Welt zu wandeln. Ein Mensch in Angst verliert in der Angst und durch die Angst die Fähigkeit, sich sein Leben selbst zu erschaffen. Durch die Verbreitung von Angst kann man Menschen also in den Bann schlagen, dass eine

Welt nur ungerecht und unsicher sein kann, so dass sie keinen Gebrauch von ihrer Schöpferkraft zum Wandel der Welt machen.

All dies, was den Menschen Angst macht, wird von den Massenmedien als unverrückbare Realität dargestellt, so dass der Normalbürger nicht sieht, dass all diese Missstände sehr wohl beseitigt werden könnten, wenn nur das Geldsystem gewandelt wird. Aus ihrer Angst heraus geraten sie leicht in Verzweiflung und Ohnmacht und erleben intensiv, dass sie absolut nichts tun können, um die Missstände zu wandeln.

Da die Massenmedien sich in den Händen der Geldelite befinden, kann die Geldelite bestimmen, was für die Masse der Menschen als Wirklichkeit wahrgenommen wird. Viele Menschen glauben nichts, wenn sie es nicht in der Zeitung gelesen haben. Wer Menschen soweit gebracht hat, dass sie nichts anderes mehr glauben oder ernsthaft durchdenken und ihren eigenen Verstand nicht mehr benutzten, kontrolliert bereits das Denken der Menschen.

Im Rahmen des Geldmachtapparats üben auch die Massenmedien in erster Linie die Funktion der Erhaltung der Zinswirtschaft aus. Wundern Sie sich also nicht, wenn sie in den Medien noch nie von Fließendem Geld gehört oder gelesen haben. Die Massenmedien denken rein zinsradikal und lassen eine andere Sicht auf die Welt nicht zu. Entsprechend gibt es jedwede freie Meinung in den Massenmedien, solange das betreffende Thema nicht direkt oder indirekt die Zinswirtschaft beeinträchtigen könnte.

Jene, die die Realität des Fließenden Geldes erst glauben wollen, wenn Sie davon in der Zeitung lesen, müssen per Kaiserschnittgeburt in das kommende Goldene Zeitalter geholt werden, während es schneller käme, wenn sie vorher aufwachten und einen Beitrag dazu leisteten.

Die Zinswirtschaft operiert letztlich auch nur wie „des Kaisers neue Kleider". Eigentlich erzeugt sie nur Missstände, die für jeden offensichtlich sind. Aber durch die Übereinkunft in den Massenmedien, dass die Zinswelt „wunderschön" ist, durch das Locken mit Renditen und

Gewinnen, traut sich fast niemand, das Kind beim Namen zu nennen. Man könnte ja als blöd dastehen. Und das, obwohl diese Übereinkunft in den Massenmedien ja nur eine Übereinkunft innerhalb der Geldelite ist. Zitat eines langjährigen Chefredakteurs der *F.A.Z.*: „Meinungsfreiheit bedeutet das Recht von 200 reichen Leuten, IHRE Meinung frei zu verbreiten."

In nicht allzu ferner Zukunft wird der Punkt kommen, wo die Hässlichkeit der Zinswirtschaft für alle offensichtlich wird und man wird sich fragen, wie man sich nur je so täuschen lassen konnte. Wenn die Zinswirtschaft ihren Tabustatus verliert und Fließendes Geld eingeführt wird, wandelt sich die Berichterstattung in den Massenmedien und wird wirklich unvoreingenommen, frei und vertrauenswürdig.

An dieser Stelle möchte ich noch erwähnen, dass ich in letzter Zeit Beiträge in den Massenmedien erlebt habe, die auch in Punkto Zins kein Blatt vor den Mund genommen haben. Dies sowohl im Fernsehen als auch in den Zeitungen. Ich möchte mich daher bei den Betreffenden bedanken und sie sehr für ihren Mut und ihre Unerschrockenheit anerkennen.

Gesetzgebung

In der Zinswirtschaft regelt die Gesetzgebung im Wesentlichen die stattfindende Umverteilung von unten nach oben. Es gibt dabei zwei Arten von Gesetzen:

a) Gesetze zur direkten Umverteilung und
b) Gesetze zur indirekten Umverteilung.

Zur direkten Umverteilung gehören Reformen, wie z. B. Steuer- und Rentenreformen, deren Einnahmen und Einsparungen zur Zahlung der Zinslasten verwendet werden.
Zur indirekten Umverteilung gehören die Gesetze, die den Anschein erwecken, als würden sie Probleme lösen, während sie deren Ursache, die Zinswirtschaft, bewahren. Solche Gesetze sind letztlich immer sinn-

los und schaffen überflüssige Tätigkeiten. Diese beschäftigen jedoch Menschen und kosten Geld, welches den Finanzbedarf steigert, so dass die Schulden steigen und so auf indirektem Weg die Umverteilung von unten nach oben beschleunigt wird.

Ungerechte, sinnlose und/oder komplizierte Gesetze haben zusätzlich den Vorteil, den Volkszorn zu erregen und militante Neigungen zu wecken, was den sozialen Frieden gefährdet. Ein gefährdeter sozialer Friede verlangt wiederum nach einer starken öffentlichen Hand, nach staatlicher Überwachung und Kontrollen, wodurch die Verursacher des sozialen Unfriedens eine gewisse Kontrolle über die Bürger ausüben können. Der Zorn des Volkes richtet sich nie gegen die, die dieses Spiel betreiben, da sie unsichtbar sind, sondern in der Regel gegen unschuldige Sündenböcke oder die korrupten Mittelsleute der Geldelite, welche mit viel Medienwirbel ausgetauscht werden können, wenn sie zu unbeliebt werden.

In der Ganzheitlich-Freien Marktwirtschaft gibt es keine Umverteilung von unten nach oben, da es keine leistungslosen Einkommen gibt. Es besteht nicht die Möglichkeit, von sinnlosen Gesetzen zu profitieren, weil es keine Zinsen für eine künstlich durch sinnlose Verschwendung erzeugte Verschuldung gibt. Ohne sinnlose Verschwendung wird kein Volkszorn erregt. Ohne Zinseinnahmen gibt es keine korrupten Politiker, die sinnlose oder ungerechte Gesetze erlassen. Die Gesetzgebung wird einfach, klar, gerecht und effizient sein und den sozialen Frieden wahren.

Öffentliche und unternehmerische Verwaltung

Wegen der offensichtlichen Verschwendung durch einen durch unnötig komplizierte Gesetze aufgeblähten Beamtenapparat sind die Beamten bei vielen Bürgern nicht beliebt. Dabei können sie nichts für die Komplizierung in der Gesetzgebung und tun auch nur ihre Arbeit wie alle anderen auch. Die Vielfalt der gesetzlichen Auflagen und Bestimmungen erzeugt natürlich auch einen großen Verwaltungsapparat in der Wirtschaft. Beides wird erzwungen durch komplizierte Gesetze, die zumindest den Anschein erwecken, als täte der Gesetzgeber etwas, um gerechte Regelungen zu schaffen.

Sobald das Fließende Geld eingeführt ist, vereinfacht sich – wie im vorigen Abschnitt gezeigt – die Gesetzgebung und der Aufwand zur Verwaltung der Gesetze nimmt auf staatlicher Seite und in der Wirtschaft ab. Hier wird es zu einem Stellenabbau kommen. Wenn Sie davon betroffen sind, wird sich eine sinnvolle Arbeit für Sie öffnen, weil die Ganzheitlich-Freie Marktwirtschaft genug Arbeit für alle bereitstellen wird.

Papierindustrie/ Verpackungsindustrie

Das amerikanische Landwirtschaftsministerium veröffentlichte am 14.10.1916 ein Bulletin über "Hanf als Material zur Papierherstellung" für "Personen, die an einer ökonomischen Papierherstellung interessiert sind, besonders Druckereien und Verlage". Im Bulletin (Nr. 404) wird unter anderem festgehalten, dass dank moderner Fasergewinnungstechnik aus einem Hektar Hanf dieselbe Papiermenge hergestellt werden kann, wie aus 4,1 Hektar Wald (und das – im Gegensatz zur Holzbewirtschaftung – sogar Jahr für Jahr).*

Hanf eignet sich demnach um ein Dutzendfaches besser zur Herstellung von Papier als Holz. Wahrscheinlich wurde Hanf als unerwünschtes Wettbewerbsprodukt für andere Produkte weltweit verboten. Möglicherweise ist Hasch dabei nur ein unerwünschtes Wettbewerbsprodukt für Opium und andere Gründe wurden für das Verbot vorgeschoben. (Zum Opium-Thema siehe Drogenhandel unten.)

Die Einführung Fließenden Geldes wird die Süchte der Menschen zum Verschwinden bringen, weil sie nun ein erfülltes, wohlhabendes, glückliches Leben führen. Es wird Produkten, die aufgrund wirtschaftlicher Interessen in der Zinswirtschaft unterdrückt wurden, zum Durchbruch verhelfen, weil durch Verbote keine zinsträchtigen Pfründe mehr geschützt werden können.

---

* Quelle: http://www.cannabislegal.de/cannabisinfo/verbot.htm

Das Fließende Geld wird früher oder später die Freigabe von Hanf zur Papierherstellung bewirken. Die Freigabe des Hanfanbaus für die Herstellung von Papier und Verpackungsmaterial wird die Wälder dieser Erde enorm entlasten und ihren Schutz vereinfachen.

Durch die zu erwartende Rationalisierung von Verwaltungstätigkeiten könnte die Papierherstellung insgesamt einer gewissen Schrumpfung ausgesetzt sein.

Durch den Wegfall der Verschwendung und das Ende der Wegwerfgesellschaft wird wohl auch die Verpackungsindustrie auf Dauer einer Schrumpfung unterliegen. Die Arbeitsplätze in dieser Industrie werden tendenziell eher zurückgehen.

Rechtswesen

Durch die Transformation der Tendenzen des feindlichen Wettbewerbs, der Beraubung und Täuschung und durch die zunehmend einfachen, klaren, gerechten und effizienten Gesetze wird in der Ganzheitlich-Freien Marktwirtschaft grundsätzlich der Streit unter den Menschen weniger werden und mehr Verbundenheit und Einigkeit herrschen. Dies wird mittelfristig die für Anwälte und Richter anfallende Arbeit zurückgehen lassen.

Die allgemeine Arbeitszeit wird zwar kürzer werden, was Arbeitsplätze durch die Verteilung der anfallenden Arbeit schafft, aber hier ist auf Dauer eher mit einem Schwund von Arbeitsplätzen zu rechnen.

Bildungssektor/ Schulwesen

In der Zinswirtschaft steht der gesamte Bildungssektor unter dem drohenden Schatten wachsender Arbeitslosigkeit. Die Bildung ist darauf ausgerichtet, die Gefahr der Arbeitslosigkeit für den Einzelnen zu bannen. Arbeitslosigkeit wird durch die Zinswirtschaft erzeugt. Das Bildungsniveau ist lediglich eines der entscheidenden Kriterien dafür, wen die Arbeitslosigkeit trifft und wen nicht.

In Wirklichkeit entsteht also nur ein Rennen darum, das persönliche Bildungsniveau so weit anzuheben, dass man nicht zu der wachsenden Schar der Verlierer des Zinssystems gehört, während man jene, die ihr Bildungsniveau nicht ausreichend anheben können, zu Verlierern des Systems verbannt. Dadurch wird auch der Wettbewerb im Bildungswesen zu einem feindlichen Wettbewerb. Es wird schwer, anderen ihre überlegenen Fähigkeiten zu gönnen.

Häufig wird über die Pisa-Studie die Leistungsfähigkeit der Schüler mit anderen Nationen verglichen, um den Stolz der Eltern zu wecken, ihre Kinder zu höheren Leistungen anzuspornen. Es geht bei diesem Drill nicht darum, dass jeder das Beste aus sich und seinen Talenten macht, sondern dass die Gesamtheit der Schüler auf eine harsche Arbeitswelt vorbereitet wird, in der es zinsbedingt immer schwerer wird sich durchzusetzen und nicht zu den Verlierern des Systems zu gehören. Die vollständig auf den Kampf um ein Wirtschaftswachstum ausgerichtete Leistungsgesellschaft beginnt in der Schule.

Viele Schüler lernen früh, ihre Träume zu begraben und richten ihre Bestrebungen alleine auf eine Bildung aus, die ihre Chancen auf dem Arbeitsmarkt maximiert. Andere werden ob des Drucks zu Quertreibern im System. Dadurch werden die Bildungsbestrebungen der meisten mechanisch und leblos oder sind geprägt von Verweigerung. Wer hat wirklich Spaß an solcher Bildung, deren Hauptaufgabe es nur ist, die Gefahr der Arbeitslosigkeit zu bannen?

Entsprechend ist unser Schulwesen, darauf ausgerichtet, unseren Schülern immer mehr intellektuelles Wissen in immer kürzerer Zeit einzubläuen. Die Spaltung der Gesellschaft in Gewinner und Verlierer beginnt bereits an den Schulen. Da die Arbeitslosigkeit sowieso immer mehr wächst, nimmt man auch in Kauf, dass die verschärfte Konkurrenz an den Schulen immer mehr Schüler hervorbringt, die den Ansprüchen nicht mehr gewachsen sind, denn einen gewissen Anteil an Arbeitslosen muss es ja sowieso geben.

Der Existenzkampf in unseren Schulen lässt keine Freude am Lernen und am Leben aufkommen.

In einer Ganzheitlich-Freien Marktwirtschaft gibt es durch das Grundeinkommen keine wirkliche Arbeitslosigkeit. Jeder kann so viel arbeiten wie er möchte. Bezahlte Arbeit wird in allen Bereichen gesellschaftlicher Aktivität benötigt werden und verfügbar sein. Die Kinder werden sich jenem Lernen widmen können, das am meisten ihren Talenten, Interessen und ihrem Wesen entspricht.

Durch den rapide wachsenden Wohlstand der Gesellschaft wird die Anzahl der Arbeitskräfte im Bildungssektor stark ansteigen. Schüler können vielfältiger, individueller und gezielter als bisher in ihren Talenten, Interessen und Stärken gefördert werden. Der Wandel im Bildungssektor wird eng verbunden sein mit dem Wandel im Sektor der Kulturschaffenden und der Unterhaltung.

Bedingt durch den Umstand, dass sich der technische Fortschritt in einer Ganzheitlich-Freien Marktwirtschaft in eine generell stark verkürzte Arbeitszeit umsetzt, wird die Freizeit der Menschen und somit auch die Freizeitaktivitäten stark ansteigen (mehr dazu im nächsten Abschnitt).

Für die Schulen bedeutet dies, dass sehr viel mehr Zeit und Raum für die Bildung und Entfaltung der Kreativität der Schüler vorhanden ist. Die künstlerischen Aktivitäten werden zunehmen. Es wird mehr Musik gemacht werden. Schauspielerische Aktivitäten werden viel Raum einnehmen, so dass das Lernen der Schüler spielerischer wird und der Spaßfaktor stark zunimmt. Die Schulen selbst werden zu Bühnen der Schauspielkunst werden und einen Beitrag zur Unterhaltung der Erwachsenen leisten.

Dies wird wiederum nicht nur die soziale Verbundenheit unter Lehrern, Schülern und Eltern fördern, sondern auch die Unterhaltung etwas mehr weg von den Fernsehern und elektronischen Medien und hin zu Bühnenveranstaltungen und Vorführungen verlagern, durch die menschliche Beziehungen gepflegt werden.

Durch die Zunahme der Freizeit wird auch die Erwachsenenbildung einen starken Boom erleben. Hierbei wird es in erster Linie nicht darum gehen, sich für seine Karriere weiterzubilden. Die Arbeitsplätze sind durch das Fließende Geld sicher. Auch für die Erwachsenen wird es darum gehen, ihre Talente zu entwickeln, ihren Neigungen zu folgen, ihren Interessen nachzugehen und den Spaßfaktor in ihrem Leben zu erhöhen.

Generell gilt für den Wandel im Bildungssektor also, dass alle Menschen ihre natürlichen Begabungen und Neigungen entfalten und eine große Erfüllung in ihren Unternehmungen finden.

Und so sollte es ja auch sein.

| Kultur und Unterhaltung

In der Zinswirtschaft hat der Unterhaltungssektor eine Art Drogen- oder Betäubungsfunktion zur Ablenkung von den zinsbedingten Missständen. Unterhaltung ist häufig so ausgerichtet, dass sie süchtig macht.

Aus diesem Grunde nimmt dieser Sektor bereits in der Zinswirtschaft einen großen Raum ein. Dennoch wird auch gerade dieser Sektor durch die Einführung Fließenden Geldes einen großen Boom erleben, diesmal allerdings nicht, um sich aus der Welt in die Unterhaltung zu flüchten, sondern um kreatives Potential zu entfalten und schiere Lebensfreude zum Ausdruck zu bringen. Der Boom wird (so wie im Bereich der Wirtschaft) eine starke Dezentralisierung mit sich bringen, die das Kulturleben in den Gemeinden um ein Vielfaches belebt, während wahrscheinlich weniger Zeit vor dem Fernseher verbracht werden wird.

Im vorherigen Abschnitt haben wir bereits anklingen lassen, dass die Freizeitaktivitäten stark zunehmen werden, da sowohl der Wohlstand wächst als auch die freie Zeit der Menschen.

Hier bekommen wir also für alle eine Situation, in der es genug freie Zeit gibt und genug Geld, um diese freie Zeit mit Unternehmungen anzufüllen, die Zufriedenheit und Glück bringen.

Viele Menschen werden sich in großem Maße der Entwicklung ihrer künstlerischen und musischen Fähigkeiten widmen. Der Kultur– und Unterhaltungssektor wird einen nie dagewesenen dauerhaften Boom erleben.

Der Erfüllung der Wünsche der Menschen, selbst auf die Bühne zu treten und Vorführungen zu machen, wird keine Grenzen gesetzt sein. Musikalische, künstlerische und schauspielerische Veranstaltungen werden stark zunehmen. Durch die viele Freizeit der Menschen wird die Qualität dieser Vorführungen immer mehr zunehmen. Die meisten solcher Vorführungen werden der pure Genuss sein, während eine Kultur besteht, in der die Menschen in ihrer Lebensfreude und Kreativität voll ausgedrückt sind.

Wiederum aufgrund des allgemeinen Wohlstands werden auch die professionellen Künstler und Kulturschaffenden nicht nur aus Liebe zu ihrer Arbeit leben und arbeiten müssen, sondern vollkommen teilhaben am allgemeinen Wohlstand.

Werbebranche

In der Zinswirtschaft existiert ein allgegenwärtiger Zwang zum Wirtschaftswachstum und damit zur Konsumsteigerung. Werbung und Kommerzialisierung sind zu ständigen Begleitern in unserem Leben geworden.

Nach der Einführung Fließenden Geldes entfällt der feindliche Wettbewerb unter den Unternehmen und der Zwang zu Wachstum und Umsatzsteigerungen. Dies wird auch die Aggressivität der Werbung auf ein erträgliches Maß zurückgehen lassen.

Viele der kreativen Mitarbeiter der Werbebranche werden ihren Tätigkeitsbereich verlagern. Durch das Wachstum im Unterhaltungssektor werden sie statt Werbung zu machen vielleicht in den Unterhaltungssektor gehen und möglicherweise auch mehr Erfüllung in dieser Tätigkeit finden.

Sportsektor

Eng verbunden mit den Bereichen Unterhaltung und Freizeit ist der Sportsektor. In der Zinswirtschaft üben professionelle Sportler für viele Menschen eine Ersatzfunktion für den fehlenden Erfolg, die fehlende Großartigkeit und Anerkennung in ihrem Leben aus. Viele Menschen sind süchtig nach dem Erfolg ihrer Idole und leiden, wenn dieser Erfolg ausbleibt. Die Menschen in der Ganzheitlich-Freien Marktwirtschaft werden verstärkt persönlichen Erfolg und Anerkennung erleben. Sie werden ein Bewusstsein für ihre eigene Großartigkeit entwickeln. Das Bedürfnis nach einer Ersatzwelt wird verschwinden. Die Sucht nach dem Erfolg der Idole wird verschwinden. Die Menschen werden glücklich sein, egal wie irgendwelche Sportereignisse ausgehen.

Andererseits wird der Genuss an sportlichen Höchstleistungen sicher weiterbestehen und der Profisport wird uns erhalten bleiben. Da es in der Wirtschaft nicht mehr um das Erwirtschaften von Sachkapitalzinsen gehen wird, werden auch die Werbeetats sinken. Profisportler werden weniger Werbegelder verdienen und insgesamt weniger verdienen, so dass auch der Abstand zum Verdienst des Durchschnittsbürgers geringer wird.

Insgesamt werden die Menschen durch die starke Zunahme der Freizeit mehr Sport treiben und fitter sein. Die Sportwelt wird nach wie vor ein großer Bereich für soziale Begegnung und Aktivität sein.

Die Missstände in der Welt

Im Folgenden sind verschiedene Missstände aufgeführt. Ich zeige auf, wie diese sich durch die Einführung Fließenden Geldes wandeln.

Die Armut in der Welt

Durch das Fließende Geld wird die Ausbeutung der Länder der *Dritten Welt* genauso enden wie die Ausbeutung der unteren und mittleren

Einkommensgruppen in den westlichen Ländern. Das Geld wird überall auf der Erde zinslos zum Aufbau von Existenzen zur Verfügung stehen. Es wird globaler Wohlstand entstehen.

Überbevölkerung der Erde

Die immensen Zuwachsraten im Bevölkerungswachstum der Erde treten vor allem in den armen Ländern dieser Erde auf. Arme Menschen hoffen durch Kinderreichtum einer Verelendung im fortgeschrittenen Alter zu entgehen und von den Kindern versorgt zu werden.

Der durch das Fließende Geld weltweit entstehende Wohlstand wird die Armut als Motiv für Kinderreichtum beseitigen. Das Grundeinkommen in der Ganzheitlich-Freien Marktwirtschaft wird für die menschenwürdige Versorgung aller Menschen dieser Erde sorgen. Wenn eine zusätzliche Aufklärung stattfindet, dass die Eltern in übervölkerten Regionen nicht mehr als zwei Kinder haben sollten, wird dies ein weiteres Bevölkerungswachstum stoppen. Der Wohlstand wird die Bereitschaft zu verantwortungsvollem Verhalten wecken.

Ausbeutungsmacht durch Kapitalflucht

Wenn einer Volkswirtschaft in der Zinswirtschaft Kapital entzogen wird, weil Investoren ihr Geld zurückziehen, gehen die betreffenden Unternehmen häufig in Konkurs und es entsteht Arbeitslosigkeit. Die internationale Hochfinanz kann die gesamt Menschheit effizient ausbeuten, wenn sie nur in den Ländern investiert, welche ihr die für sie besten Konditionen bieten. Die ausgebeuteten Länder müssen das Spiel mitmachen, um überhaupt wenigsten vorübergehend Arbeitsplätze schaffen zu können.

Einer Volkswirtschaft, die mit Fließendem Geld arbeitet, wird das ausländisches Kapital sicher entzogen, da sich hier ja nun keine Kapitalerträge mehr erwirtschaften lassen. Dies hat allerdings keine negativen Auswirkungen auf die Unternehmen, da sie sich zinslos neu auf dem eigenen Kapitalmarkt finanzieren können.

Eine Volkswirtschaft, die beschließt, ihre Währung auf Fließendes Geld umzustellen, kann also nicht durch Kapitalflucht bestraft oder boykottiert werden. Sie kann nicht daran gehindert werden, Erfolg zu haben und einen Wohlstand für alle herbeizuführen. Mit der Umstellung erzielt sie für sich selbst also drei Dinge:

1. Sie kann nicht mehr von ausländischem Kapital ausgebeutet werden.
2. Sie erzeugt einen Wohlstand für alle.
3. Sie kann nicht an diesem Erfolg gehindert werden.

Globalisierung der Wirtschaft und des Geldes

Die Globalisierung der Wirtschaft und des Geldes findet statt, sobald die Großunternehmen in den reichen Ländern keine profitablen Investitionsmöglichkeiten mehr im eigenen Land finden. Sie investieren ihr Geld im Ausland oder im globalen Spielcasino, dem Devisenmarkt. Das ins Ausland investierte Geld wird tendenziell nur in jene Volkswirtschaften gesteckt, welche diesem Geld die besten Konditionen anbieten. Da alle Volkswirtschaften Investitionen benötigen, um Arbeitsplätze zu schaffen, können die Volkswirtschaften der Erde gegeneinander ausgespielt und ausgebeutet werden.

Der Devisenmarkt stellt die Globalisierung des Geldes dar. Durch die Deregulierung der Finanzmärkte in den 80er Jahren wurde der Devisenmarkt zu einem gigantischen Spekulationsmarkt aufgebläht. Seine Aktivitäten führten in rascher Folge zu schweren Währungskrisen einzelner Länder. Manche Volkswirtschaften wurden ruiniert. Manchmal entstehen gigantische Verluste auf Seiten der Spekulanten. Diese werden vom Steuerzahler aufgefangen, wenn ansonsten ein Banken-Crash droht. Das heißt, nur die Multimilliardenverluste der Reichsten werden vom Steuerzahler aufgefangen. Die kleineren Spekulanten verlieren ihr Geld, wenn sie sich verspekulieren. So dient der Devisenmarkt tendenziell nur den Reichsten.

Der Devisenmarkt kann also Volkswirtschaften in den Ruin treiben. Er lenkt durch Finanzcrashs, die vom Steuerzahler aufgefangen werden, Milliarden an Steuergeldern in private Taschen. Spekulation führt immer zu Gewinnen des einen und Verlusten des anderen. Die erzielten Gewinne fließen in private Taschen. Die erlittenen Verluste werden ab einer für das Überleben des Finanzsystems kritischen Größe vom Steuerzahler aufgefangen. Währungsspekulation kann also ganze Volkswirtschaften oder die Steuerzahler der Länder berauben, welche die auftretenden Groß-Crashs auffangen.

Durch die Einführung Fließenden Geldes wird die negative Seite der Globalisierung durch eine generelle Dezentralisierung der Wirtschaft verschwinden. Mit dem Rückgang der Kapitalerträge gegen Null, lohnt sich die Investition von Gewinnen im Ausland nicht. Die Volkswirtschaften können nun wieder ihrer eigenen Versorgung dienen. Sie dienen nicht mehr der Bereicherung des investierenden Kapitals.

Die Umlaufsicherungsgebühr macht den Devisenhandel unlohnend, da die Liquidität der Gelder Kosten unterliegt. Der spekulative Devisenhandel wird enden. Die internationalen Wechselkurse werden stabil zueinander sein. So beschützt die Umlaufsicherungsgebühr die ganze Menschheit vor der Beraubung durch Spekulation. Damit endet diese weltweite Ausbeutung der Arbeitskräfte und Steuerzahler durch Ausspielen der Volkswirtschaften gegeneinander und durch den Devisenhandel.

Die positive Seite der Globalisierung wird zum Vorschein kommen. Da nun überall Wohlstand herrscht, wird es zu einem globalen Austausch unter den Menschen kommen, von dem auch niemand mehr durch Armut ausgeschlossen ist.

Urbanisierung

Die Urbanisierung entsteht, weil die Arbeitskräfte der Konzernbildung in den Großstädten folgen. Durch die stattfindende Umverteilung von arm zu reich entsteht hier in vielen Ländern der *Dritten Welt* große Armut. Diese wird natürlich durch die Ausbeutung der *Dritten Welt* verschärft.

Das Fließendes Geld macht die Arbeitskraft zum knappsten Produktionsfaktor. Arbeit wird überall entstehen, auch auf dem Land. Menschen, die nur aus finanziellen Gründen in einer Großstadt wohnen, werden wieder auf das Land ziehen, wenn sie sich dort wohler fühlen. In den ärmeren Ländern wird dies mehr der Fall sein, in den reicheren Ländern weniger. Die wirklich unwirtlichen Ballungszentren werden wohl schrumpfen.

Wirtschaftlicher Erfolg

In der Zinswirtschaft gehört der wirtschaftliche Erfolg dem Marktteilnehmer, der Kapital anhäufen und andere zu Zinszahlern machen kann. Die Kapitalanhäufung wird besser bezahlt als die Arbeit. Je höher die leistungslosen Einkommen auf der einen Seite, desto schlechter die Bezahlung der Arbeit auf der anderen. Dies spaltet die Gesellschaft in reich und arm und führt zu einem Kampf darum, auf die Gewinnerseite zu gelangen.

In der Ganzheitlich-Freien Marktwirtschaft misst sich der Erfolg nicht an den Gewinnen, die man anhäufen kann. Der wirtschaftliche Erfolg des Einzelnen misst sich am Erfolg des Ganzen, der jedem Einzelnen zu Gute kommt. Jede Unternehmung, die wir – das Wohl des Ganzen vorausgesetzt – unternehmen wollen, wird möglich gemacht. Jeder Einzelne kann sein volles Potential entfalten, ist dadurch reichlich mit allem, was er braucht versorgt, und leistet einen optimalen Beitrag für die Gesellschaft.

Zahlungsmoral

In der Zinswirtschaft sind in manchen Volkswirtschaften Zahlungsfristen von sechs Monaten üblich. Solch lange Zahlungsfristen sind für die Kunden erstrebenswert, weil sie Zinsen sparen. Auch sonst lohnt es sich in der Zinswirtschaft, Zahlungsfristen verstreichen zu lassen und später zu zahlen. Man spart dadurch Zinsen. Dies sorgt für eine schlechte Zahlungsmoral. Für viele Firmen ist dies ein großes Problem, da sie Leistungen vorfinanzieren müssen und die Zinsen nicht den Kunden in Rechnung stellen können.

In der Ganzheitlich-Freien Marktwirtschaft werden die Kunden immer im selben Monat zahlen wollen, da ihr Geld sonst der Umlaufsicherungsgebühr unterliegt. Die Zahlungsmoral wird hervorragend sein und niemand wird lange auf das Geld warten müssen, das er sich erarbeitet hat.

Sparen

In der Zinswirtschaft verliert Erspartes durch Inflation stets einen Teil seines Wertes. Der reale Wert des Ersparten wächst trotz Sparzins im Laufe der Zeit kaum. Besonders in Zeiten höchster Verschuldung ist die Zinswirtschaft irgendwann vom Zusammenbruch bedroht, was das Ersparte entwertet.

Bei Fließendem Geld lässt sich Inflation weitgehend vermeiden. Dies bedeutet, dass der Wert des Geldes tatsächlich erhalten bleibt und nicht wie im Zinssystem schrumpft, so dass sich Sparen bei Fließendem Geld lohnt, obwohl das Ersparte nicht verzinst wird. Da sich das System dauerhaft im Gleichgewicht hält, besteht auch nicht die Gefahr, durch einen Zusammenbruch des Geldsystems das Ersparte zu verlieren.

Mittelstand

Es gibt in der Zinswirtschaft eine Reihe zinsbedingter Faktoren, die dem Mittelstand schaden. Zum einen bewirkt die Konzernbildung dem Mittelstand Nachteile im feindlichen Wettbewerb. Wenn ein Verdrängungswettbewerb durch Konzerne stattfindet, können mittelständische Unternehmen in der Regel nicht mithalten. Die mittelständischen Unternehmen gehören tendenziell den Familien, die sie betreiben. Es gibt eine Nähe zwischen Unternehmensführung und Mitarbeitern. Die Nähe stärkt das Verantwortungsgefühl gegenüber den Mitarbeitern, das eine eiskalt renditeorientierte Betriebsführung zumindest abdämpft.

Die Konzerne gehören in der Regel der Geldelite, was für die Betriebsführung ganz andere Bedingungen schafft: die Unternehmen werden von Spitzenmanagern geführt, die beauftragt sind, ausschließlich renditeorientiert zu handeln. Es gibt keine Nähe zwischen den Eigentümern (der Geldelite), welche unsichtbar bleiben, und den Mitarbeitern. Die Geldelite sieht das Unternehmen nur aus der Sicht der Rentabilität, nicht als Versorger mit Arbeit und lässt mit entsprechender Kälte nach Bedarf Mitarbeiter entlassen. Entsprechend wird bei Entlassungen auf die internationale Wettbewerbsfähigkeit hingewiesen. Hier wird als selbstverständlich vorausgesetzt, dass die Rentabilität wichtiger ist als Arbeitsplätze.

Hinzu kommt, dass die Geldelite über die Politelite die Gesetzgebung beeinflussen kann. Die Großindustrie (welche ihr gehört) wird bevorzugt. Der Mittelstand, (welcher ihr nicht gehört) wird steuerlich so belastet, dass er ständig ums Überleben kämpfen muss. Er kommt auf keinen grünen Zweig.

Durch die Einführung Fließenden Geldes laufen die Sachkapitalzinsen aller Unternehmen gegen Null, auch die großer Konzerne. Die Unternehmensgröße wird wenig Unterschied ausmachen. Es wird die Arbeit bezahlt, nicht mehr der Kapitalaufwand. Unternehmungen werden zinslos finanzierbar. Der Mittelstand wird erblühen, einen stark wachsenden Anteil an der Wirtschaftsleistung übernehmen und für flächendeckenden Wohlstand in der ganzen Welt sorgen.

Monopole und Kartelle

Die Bildung von Monopolen und Kartellen ist bedingt durch die von der Zinswirtschaft geschaffene Tendenz zum feindlichen Wettbewerb, der Verdrängung und Unterdrückung. Der ultimative Sieg des feindlichen Wettbewerbs besteht in einem Monopol, das alle Wettbewerber von einem Markt ausschließt, so dass man die Preise vorschreiben und gewaltige Sachkapitalzinsen erzielen kann.

Die Bildung eines Kartells mit Preisabsprachen hat dieselbe Wirkung auf den Markt wie ein Monopol, wenn das Kartell andere Wettbewerber verdrängen und das Aufkommen neuer Wettbewerber unterdrücken kann.

Durch die Einführung Fließenden Geldes werden etwaig vorhandene Monopole und Kartelle von alleine zerschlagen, weil sich ein Wettbewerb mit zinslosen Krediten aufbauen kann, welcher solange die im Markt vorhandenen immensen Sachkapitalzinsen abschöpfen kann, bis diese nach und nach wie in allen Märkten gegen Null wandern. Im Falle des Ölkartells wird dieses durch den Siegeszug der alternativen Energien von alleine zerschlagen, weil schließlich der Ölbedarf gegen Null laufen wird.

Das Eigentum an Unternehmen

Im Zinssystem sind Unternehmer häufig darauf angewiesen, Investitionen fremd zu finanzieren. Nehmen sie dieses Geld bei der Bank auf, steht der Unternehmer in einem hohen Risiko. Häufig ziehen Unternehmen es vor, Teilhaber aufzunehmen oder an die Börse zu gehen, um risikolos an Geld zu kommen. Dadurch geben sie allerdings einen Teil ihres Eigentums am Unternehmen ab

Die Investoren sind in der Regel nur an hohen Sachkapitalzinsen interessiert und zeigen wenig Interesse für andere Unternehmensziele. Dies bedeutet in der Regel, dass die Unternehmen auf die Interessen ihrer größten Teilhaber, Investoren und Aktionäre mehr Rücksicht nehmen müssen als auf die Interessen ihrer Mitarbeiter. Unternehmer und Mitarbeiter bilden keine souveräne Einheit mehr, sondern können von außen beeinflusst und häufig auch dominiert und fremdbestimmt werden. Dies ist keine wirklich wünschenswerte Situation für ein Unternehmen.

In der Ganzheitlich-Freien Marktwirtschaft lohnt es sich für Investoren nicht, in fremde Unternehmen zu investieren, weil hier keine Kapitalerträge zu erwarten sind. Auf der anderen Seite können sich die Unternehmer fast zinslos auf dem Kapitalmarkt finanzieren.

Tendenziell werden alle Unternehmer das Eigentum an ihren Unternehmen innehaben. Niemand wird inländische oder ausländische Investoren benötigen. Jede Volkswirtschaft wird vollkommen unabhängig von ausländischen Investitionen.

Emigration von ärmeren in wohlhabendere Länder/Ausländerproblematik

In der Zinswirtschaft wandern viele Menschen auf der Suche nach Arbeit ins Ausland aus. In vielen westlichen Ländern entstehen Konflikte zwischen Einheimischen und Ausländern.

In der Ganzheitlich-Freien Marktwirtschaft verbreitet sich der Wohlstand weltweit. Jeder wird wohnen, wo er gerne wohnen möchte. Viele, die nur wegen ihrer Suche nach Wohlstand im Ausland arbeiten, werden in ihre Heimat zurückkehren. Die Ausländerproblematik wird enden.

Ausbeutung von armen, aber rohstoffreichen Ländern

Die Geldelite kann Volkswirtschaften gegeneinander ausspielen und nur dort investieren, wo sie die besten Konditionen erhält. Dazu kommt die Praxis, Länder durch gezinkte Wirtschaftsprognosen zu bewegen, weit überhöhte Kredite aufzunehmen. Diese werden auch nur zugunsten der Reichen in diesen Ländern ausgegeben. Anschließend muss die arme Bevölkerung die Zinszahlungen für die nie mehr rückzahlbaren Schulden antreten.

Diese Länder werden systematisch in die Überschuldung getrieben. Dadurch sind sie alle gezwungen, ihre Rohstoffe zu verkaufen. Der

Wettbewerb im Rohstoffverkauf treibt die Rohstoffpreise in den Keller. Die Geldelite sahnt doppelt ab. Sie bereichert sich an den von der armen Bevölkerung zu erbringenden Zinseinnahmen und sie bezahlt für die Rohstoffe nur noch Ramschpreise.

Die Männer, welche diese Ausbeutung vor Ort organisieren, heißen „Economic Hit Men". Wer sich für mehr Einzelheiten interessiert, lese: John Perkins: Bekenntnisse eines Economic Hit Man. Als Schakal unterwegs im Dienste der Wirtschaftsmafia. Riemann Verlag, oder die Buchbesprechung von Barbara Jentzsch.*

Sie schreibt dort einleitend: *„John Perkins war in den siebziger und achtziger Jahren ein skrupelloser, global agierender Wirtschaftsattentäter, der sich auf höchster politischer Ebene in Indonesien, Ekuador, Panama und Saudi Arabien zu schaffen machte. Mit Hilfe von US-Geheimdiensten, der Weltbank, dem Internationalen Währungsfond und privaten Großkonzernen ließ er weltweit und systematisch arme Länder zur Ader."*

Durch die Einführung Fließenden Geldes entfallen die Zinslasten auf jene Schulden, welche das Massenelend in der *Dritten Welt* bewirken. Ein verschuldetes Land muss sich nicht mehr den Kreditgebern ausliefern und kann selbst über sich und seine Reichtümer verfügen. Die Armut in diesen Ländern wird sich in einen gesunden Wohlstand wandeln.

Kriege

Bei Kriegen geht es immer um wirtschaftliche Interessen. Bei den Motiven kann es sich z. B. handeln um:

- Kontrolle über das Rohöl, um es knapp halten und die Preise diktieren zu können
- Ausschalten einer im Wettbewerb stehenden Volkswirtschaft

---

* http://www.dradio.de/dlf/sendungen/politischeliteratur/365349

- Kontrolle über den Drogenmarkt
- Kreditgeschäfte durch Kriegsfinanzierung
- Steigerung des Waffengeschäfts

Durch die Einführung Fließenden Geldes:

- wird der Ölbedarf dramatisch absinken und der Krieg um Öl verschwinden
- lassen sich durch Ausschalten einer anderen Volkswirtschaft keine Sachkapitalzinsen steigern
- verschwinden nach und nach die Süchte der Menschen und damit der Drogenkonsum
- lassen sich durch die Finanzierung von Kriegen keine Zinsen erwirtschaften
- werden die Waffenkäufe stark zurückgehen, weil der feindliche Wettbewerb zwischen Nationen, Unternehmen und Menschen verschwindet und Frieden einkehrt

Nach der Einführung Fließenden Geldes lassen sich durch Kriege keine nennenswerten wirtschaftlichen Vorteile mehr erzielen. Außerdem wird durch den globalen Wohlstand und Wegfall des feindlichen Wettbewerbs ein tiefer Friede unter den Völkern einkehren. Kriege werden für alle Zeiten der Vergangenheit angehören.

Macht und Kontrolle bis hin zur Missachtung von Menschenrechten/Folter

Wer in der Zinswirtschaft eine Machtposition aufbaut, durch die er andere verdrängen und unterdrücken kann, sucht diese Machtposition auch zu erhalten. Es ist natürlich, dass überall, wo Machtansprüche gestellt werden, auch Widerstände auftreten. Die Tendenz zur Unterdrückung wird solche Widerstände unter ihrer Machtkontrolle halten wollen. Wenn ein Unternehmen in einem Land ohne ausreichenden Schutz der Menschenrechte operiert, kann die Versuchung da sein, auch Gewalt und Folter einzusetzen, um die Machtansprüche durchzusetzen.

Durch die Einführung Fließenden Geldes wandern die Sachkapital-zinsen gegen Null. Es ist für niemanden mehr lohnend, Wettbewerber zu verdrängen, wenn dies die Sachkapitalzinsen nicht erhöht. Die Möglichkeit, Unternehmen und Volkswirtschaften durch den potentiellen Abzug von Investitionskapital dem eigenen Willen zu unterwerfen, endet. Die Möglichkeiten, wirtschaftliche Macht und Kontrolle auszu-üben, verschwinden. Wenn die Tendenz zur Macht und Kontrolle selbst überall nachlässt, wird es erst recht nicht mehr zu deren extremen Formen von Gewalt und Folter kommen.

Versorgung im Alter

In der Zinswirtschaft führt die sich beschleunigende Umverteilung des Vermögens von unten nach oben zu Rentenreformen, welche die Renten kürzen, so dass die arbeitende Bevölkerung auf diesem Weg eines Teils ihrer Rücklagen beraubt wird.

In der Ganzheitlich-Freien Marktwirtschaft sind die Grundrenten durch das Grundeinkommen gewährleistet. Wer sich zudem private Rücklagen aufbaut, kann im Alter natürlich auch über diese verfügen. Das Sparen Fließenden Geldes lohnt sich wie besprochen. Als zusätzliche Unterstützung für das Rentenalter könnte die Bodenpacht alten Leuten für ihren Wohnsitz gekürzt oder erlassen werden. Dies würde sicher-stellen, dass alte Menschen gut vom Grundeinkommen leben können.

Da das Grundeinkommen für jeden garantiert ist, kann jeder jeder-zeit das Geld verdienen, das er verdient, ohne dass das Grund-einkommen verloren geht oder gesenkt wird. Somit wird es bei vielen einen fließenden Übergang zwischen Berufsleben und Pensionierung geben, der sich auch über Jahrzehnte erstrecken kann.

Organisierte Kriminalität/ Mafia

Die von der Zinswirtschaft erzeugte Knappheit und Armut ist der erste und stärkste Nährboden für die Entstehung von Kriminalität.

Menschen, die sonst keinen Ausweg aus ihrer Armut zu finden scheinen, können sehr versucht sein, Zuflucht zu kriminellen Aktivitäten zu nehmen. Verlierer im feindlichen Wettbewerb um eine ausreichende wirtschaftliche Existenz könnten eine Zuflucht zu kriminellem Einkommen suchen. Die allgemeine offensichtliche Ausbeutung von Arbeitskräften durch das Verleihen von Kapital mag vielen Kriminellen als Entschuldigung für ihre kriminellen Aktivitäten dienen.

Wer es in der Gesellschaft durch Bestechung in verantwortliche Positionen gebracht hat, ist auch anfällig für eine Bestechung durch organisierte Kriminelle. Viele Kriminelle können sich durch Bestechung offizielle Unterstützung und einen quasi-offiziellen Segen holen. Die Kultur der Täuschung hilft Kriminellen, nicht als solche erkannt zu werden.

Wo immer es kriminellen und mafiösen Organisationen gelingt, sich als ehrenwert hinzustellen, wirkt erfolgreich die Tendenz zur Täuschung.

Die zinsbedingte Verwirrung der Menschen schwächt ihr Unterscheidungsvermögen, kriminelle Strukturen sofort als kriminell unterscheiden zu können. So gelingt es der organisierten und mafiösen Kriminalität in ausreichendem Maße, sich als ehrenwerte Gesellschaft hinzustellen und als unvermeidlicher Bestandteil der Gesellschaft toleriert zu werden. Es ist die herrschende Angst ihrer Mitbürger, die es kriminellen und mafiösen Organisationen ermöglicht, sich durch Einschüchterung Respekt zu verschaffen. Vielfach können sie ihre Aktivitäten ungehindert ausführen.

Die organsierte Kriminalität/ Mafia leistet einen Beitrag zu einer ungerechten, unsicheren, militanten und instabilen Welt. Sie verstärkt die *neun ND-Tendenzen* der Zinswirtschaft. Diese wiederum stärken stets die Macht der Zinsherrschaft.

Daher ist es immerhin denkbar, dass organisierte Kriminalität und Mafia von Teilen der Geldelite nicht nur geduldet, sondern sogar unterstützt werden. Sie versetzen vor allen Dingen die Menschen in Angst. Der Kampf gegen die organisierte Kriminalität und Mafia gestattet zudem drastische Gesetze zur Kontrolle der Normalbürger.

Gewerkschaften – Arbeitskampf

In der Zinswirtschaft steigt die Arbeitslosigkeit und sinken die Reallöhne einher mit dem Anwachsen der Verschuldung. Ein Arbeitskampf, der in dieser Situation eine Lohnerhöhung erzwingt, bewirkt keine Umkehrung des Prozesses. Es wird auch weiterhin immer mehr Geld in die Zahlung von Zinsen fließen und immer weniger Geld für die Bezahlung der in der Wirtschaft geleisteten Arbeit übrig bleiben.

Die Kreditvereinbarung der Kreditgeber mit dem Unternehmer bleiben von Lohnverhandlungen stets unberührt. Die eigentlichen Verursacher der Probleme setzen sich also gar nicht an den Verhandlungstisch. Der Kampf findet nur zwischen Unternehmer und Angestellten statt.

Eine Lohnerhöhung kann sich also nur dahingehend auswirken, dass nun weniger Geld für die vom Rest der Gesellschaft geleistete Arbeit übrig bleibt, mit der Auswirkung, dort entweder die Löhne sinken zu lassen oder die Arbeitslosigkeit steigen zu lassen, oder es wird eine Inflation bewirkt, die die Reallöhne trotz der Lohnerhöhung wieder sinken lässt, oder diese Kräfte gleichen sich aus und es findet ein Gemisch aus alledem statt. Gesamtwirtschaftlich gesehen steht völlig ungeachtet der von der Gewerkschaft erwirkten Lohnerhöhung am Ende immer ein Sinken der Reallöhne und ein Anwachsen der Arbeitslosigkeit.

Der Kampf um Lohnerhöhungen in einer Zinswirtschaft erinnert ein wenig an das Verhalten von Krabben, die in eine Wanne gelegt wurden. Jede Krabbe versucht an der Wannenwand hochzuklettern, um der Gefangenschaft zu entkommen. Gelingt es einer, ein Stück höher zu kommen als die anderen, versuchen die anderen, sich an dieser Krabbe hochzuziehen, um ihrerseits einen Vorteil zu erlangen, wodurch diese vorderste Krabbe wieder in die Tiefe gezogen wird und immer so weiter, ad infinitum. Den Krabben gelingt es nicht, sich im Sinne des Wohls aller Krabben zu organisieren, einer Krabbe an den Rand hinaufzuhelfen, die dann ihrerseits einer Krabbe nach der anderen hinaufhelfen kann. Wer dabei verlieren würde, wäre der Verkäufer der Krabben, der der einzige Nutznießer aus dem Verhalten der Krabben ist.

Wir aber sind Menschen, die sich sehr wohl vorstellen können, dass alle davon profitieren, (alle bis auf den Krabbenverkäufer, der in unserem Fall für die Geldelite steht, welche sich die Zinszahlungen in ihre Tasche steckt) wenn wir den Blick auf das Wohl des Ganzen richten. Wenn wir als Gesellschaft erkennen, dass eine umlaufgesicherte Währung ein gerechtes, Wohlstand für alle erzeugendes Verteilsystem darstellt, sind wir auch in der Lage und können den Mut aufbringen, eine Bewegung herbeizuführen, mit der wir die benötigte umlaufgesicherte Währung einführen.

Was soll die Rangelei mit jenen, für die der Anteil am Kuchen genauso kleiner wird wie für uns auch? Genau das tun wir aber, wenn wir mehr Geld verlangen, während die Zinswirtschaft weiter bestehen darf. Innerhalb eines Zinssystems werden die Erfolge eines Arbeitskampfes immer von der übrigen arbeitenden Bevölkerung einschließlich der arbeitenden Unternehmer sowie durch eine Zunahme der Arbeitslosigkeit bezahlt, niemals von der Geldelite, deren Zinseinnahmen unverdrossen weiterlaufen.

Wenn Sie als Gewerkschaft also wirklich sowohl die Schaffung von Arbeitsplätzen als auch das Steigen der Reallöhne beabsichtigen, schlage ich vor, der Ursache für das Sinken der Reallöhne und die Zunahme der Arbeitslosigkeit ins Auge zu sehen, das Problem an der Wurzel zu packen und einen Beitrag zu leisten, dass die Zinswährung abgeschafft und eine umlaufgesicherte Währung eingeführt wird.

Wenn Sie die Aussicht inspiriert, sowohl Arbeitsplätze zu schaffen als auch die Reallöhne steigen zu lassen, können sie mit wachsendem Elan und wachsender Begeisterung ihren Beitrag zur Einführung einer umlaufgesicherten Währung in unserem Land leisten.

In der Ganzheitlich-Freien Marktwirtschaft werden Gewerkschaften und Arbeitskämpfe wohl überflüssig. Da die Arbeitskraft zum knappsten Produktionsfaktor wird, werden die Arbeitskräfte von den Unternehmen umworben sein. Sollte ein Unternehmer versuchen, die Löhne unter das Niveau der Produktpreise zu drücken, um sich einen Sachkapitalzins zu erwirtschaften, riskiert er, dass seine Angestellten die Firma wechseln. Das Fließende Geld erzieht die Unternehmer zur Fairness, so dass Arbeitskämpfe überflüssig werden. Es werden Einvernehmen und gute Partnerschaft zwischen Unternehmern und Angestellten herrschen.

Arbeitszeit und Freizeit

Die Zinswirtschaft bewirkt eine Situation, in der viele Menschen zuviel Freizeit und kein Geld haben, um diese sinnvoll und aufbauend zu nutzen, und viele Menschen soviel arbeiten müssen, dass sie kaum Freizeit haben.

Nach der Einführung Fließenden Geldes werden nahezu alle eine gut bezahlte Arbeit haben. Nach einem anfänglichen Boom der Wirtschaft wird die allgemeine Arbeitszeit aufgrund der zunehmenden Marktsättigung und Produktivitätssteigerung nach und nach kürzer werden. Dabei wird das Wohlstandsniveau hoch sein. Jetzt haben wir also zum ersten Mal eine Situation, in der alle genug Freizeit UND genug Geld haben, um diese sinnvoll und aufbauend zu nutzen.

Vertrieb

In der Ganzheitlich-Freien Marktwirtschaft wird das Vertriebsleben aus drei Gründen einfacher:

1. Das Geld verliert seinen Rang als Joker. Der Einkauf hat in den Verhandlungen nicht mehr die dominierende Macht.
2. Das Fließende Geld sorgt für allgemeinen Wohlstand. Die Kunden verfügen tendenziell stets über genug Geld
3. Der Wegfall des feindlichen Wettbewerbs sorgt für einen freundlichen Wettbewerb. Niemand muss die Produktivität steigern, damit das Unternehmen überleben kann.

Das Leben des Vertriebs wird sich also sehr vereinfachen. Es wird entspannter und zufriedener, nicht zuletzt dadurch, dass der Zwang zu Umsatzsteigerungen entfällt und es nur gilt, den Geschäftsbetrieb in Gang zu halten.

Elternschaft

Die Zinswirtschaft zwingt viele in einen Zustand der Überlastung, um genug Geld verdienen zu können, da die Reallöhne ständig sinken. Überlastung ist eine Verschwendung der Kräfte der Menschen, die nun andere Lebensbereiche vernachlässigen müssen.

In der Zinswirtschaft ist das Leben von Eltern aus den unteren und mittleren Einkommensgruppen daher hart. Viele Väter können kaum genug Geld verdienen, um die Bedürfnisse der Familie voll zu befriedigen. Für viele ist Urlaub nur eingeschränkt oder nicht möglich. Mütter sind oft gezwungen, arbeiten zu gehen, während ihre Kinder noch sehr klein sind und sie lieber noch bei ihnen bleiben würden. In der Zinswirtschaft bedeutet Elternschaft häufig also ein schwieriges Los.

Nach der Einführung Fließenden Geldes sind die Familien über das Grundeinkommen gut versorgt, so dass sie Teil am allgemeinen Wohlstand haben, Mütter nicht zu früh arbeiten gehen müssen. Familienväter werden wie alle anderen auch gut verdienen und mehr Freizeit als bisher haben, die sie mit ihrer Familie verbringen können. Elternschaft wird eine von materiellen Nöten ungetrübte Freude sein.

Vorbeugende und instandhaltende Wartung

In der Zinswirtschaft sind die wirtschaftlichen Aktivitäten darauf ausgerichtet, einen Sachkapitalzins zu erwirtschaften. Bei den vorbeugenden und instandhaltenden Wartungsarbeiten handelt es sich um geleistete Arbeiten, die bezahlt werden. Im freien Wettbewerb der Arbeitskräfte lässt sich hier kein Sachkapitalzins aufschlagen. Für die Industrie lohnt es sich mehr, relativen Ramsch zu produzieren, den zu warten oder zu reparieren sich nicht lohnt. Die Ramschproduktion wirft einen Sachkapitalzins ab und die Wartungsarbeiten nicht.

Der Erfolg in den Wartungsarbeiten verlängert das Leben der Produkte und verringert damit den Absatz. Wartung arbeitet also gegen ein Wirtschaftswachstum an und ist unprofitabel.

Somit wird das Geld, das sonst in Wartungsarbeiten flösse und nur Arbeit bezahlen würde, für Neuprodukte ausgegeben, die einen Zins enthalten. Sachkapitalzinsen werden auf Kosten der Bezahlung von Arbeit und (wegen des hohen Ressourcenverbrauchs) auf Kosten der Natur erwirtschaftet.

In einer Ganzheitlich-Freien Marktwirtschaft fließt sowieso alles Geld nur in die Bezahlung von Arbeit, da der Sachkapitalzins stets gegen Null läuft. Also spielt es keine Rolle, ob die Arbeit in der Fertigung oder Wartung bezahlt wird. Da die Fertigung qualitativ hochwertiger Produkte zinslos finanziert werden kann, lohnt es sich, hochwertige Produkte herzustellen und durch vorbeugende Wartungsarbeiten gut in Schuss und langlebig zu halten. Es muss kein Wirtschaftswachstum erzielt werden, um das Wohlstandsniveau der Konsumenten zu bewahren. Die Konsumquote geht tendenziell immer wieder gegen 100%. Bei einer Sättigung aller Märkte darf die Wirtschaft sogar schrumpfen, ohne dass dies Wohlstandseinbußen mit sich bringt. Produkte dürfen immer länger halten und das Leben immer mehr vereinfachen. Die Arbeit geht dann einfach dahin, diese Produkte in einem guten Zustand zu erhalten.

Wenn die Märkte in der Ganzheitlich-Freien Marktwirtschaft gesättigt sind (und dieser Punkt wird durch den Wettbewerb immer wieder erreicht) konzentriert sich die Arbeit auf den Ersatz für den Verschleiß, auf die Investition in Produktivitätsfortschritte und auf vorbeugende und instandhaltende Wartungsarbeiten. Dieser Bereich wird nach der Einführung Fließenden Geldes prozentuell stark anwachsen und viele neue Arbeitsplätze schaffen.

Technischer Fortschritt

In der Zinswirtschaft werden die Produktivitätssteigerungen ab einer gewissen Gesamtverschuldung vollständig von den Zinsforderungen geschluckt, so dass sie nicht zu kürzeren Arbeitszeiten oder höheren Löhnen führen.

Nach der Einführung Fließenden Geldes werden die Produktivitätssteigerungen endlich dem Einzelnen zu gute kommen, so dass sich die Arbeitszeit pro Kopf verringern wird, während der Lebensstandard gleich bleibt oder sogar noch wächst.

Landschaften

Bedingt durch die Unterdrückung einer dezentralen Energieversorgung durch die Zinsherrschaft werden wir durch die Energiepreise ausgebeutet, unsere Umwelt unnötig belastet und unsere Landschaften relativ verschandelt.

Durch die Einführung Fließenden Geldes wird die zentrale Energieversorgung nach und nach verschwinden, Kohle– und Kernkraftwerke werden stillgelegt und können abgerissen werden, die Öl und Kohle verbrennenden Industrien werden verschwinden und nicht zuletzt wird die Schönheit unserer Landschaften zurückkehren, indem die vielen Hochspannungsleitungen verschwinden werden. Unsere Welt wird wieder sauber und gesund sein und schön aussehen.

Politische Parteien

Aus der Herrschaft des Zins tragenden Geldes folgt in letzter Konsequenz, dass wirkliche Demokratie in einer Zinswirtschaft nicht möglich ist. Im Zinssystem findet „Demokratie" nur in den Bereichen statt, die nicht die Umverteilung des Volksvermögens in die Taschen der Geldelite betreffen. Solange die Parteien zinsradikal orientiert sind, machen sie für den Umverteilungsprozess keinen Unterschied und vertreten also nicht die Interessen des Großteils ihrer Wählerschaft.

Aus der Kombination der beiden Aussagen, dass die Zinswirtschaft automatisch

- die Gesellschaft immer mehr in arm und reich spaltet und
- dem Geld die dominierende Macht über alle Leistungen gibt

ergibt sich, dass sie zwangsläufig eine Geldelite entstehen lässt, welche die Macht über den Rest der Gesellschaft innehält. Dies liegt in der Natur der Zinswirtschaft. Es braucht nicht mehr als nur die Zinswirtschaft, um eine Geldelite entstehen zu lassen. Wo immer eine Zinswirtschaft herrscht, entsteht diese Geldelite nach und nach auch.

Privatpersonen, Unternehmen und Staaten, die in eine Schuldenfalle geraten oder Gefahr laufen, in eine Schuldenfalle zu geraten, müssen den Forderungen der Kreditgeber (in der Regel der Geldelite) nachgeben, wenn sie ein Entgegenkommen in den Zinszahlungen erwarten. Die Kreditgeber geraten stets in eine Position, in der sie jenem Teil ihrer Kreditnehmer, der seine Schulden nicht mehr tilgen kann, Vorschriften machen oder deren Sicherheiten oder Unternehmen übernehmen können.

Die öffentlichen Kassen gehören mittlerweile zu jenen Kreditnehmern, die ihre Schulden nicht mehr tilgen, sondern bestenfalls ihre Neuverschuldung verringern können. Die Geldelite kann auch der Regierung Vorschriften machen. Sie kann nach und nach die öffentlichen Versorgungseinrichtungen aufkaufen und sich direkt bei den Steuergeldern bedienen. Dies ist konkrete Plutokratie statt Demokratie, auch wenn die Regierung gewählt wurde. Der Wähler bestimmt die Partei, und die Plutokratie der Reichsten bestimmt, welche Politik diese Partei macht.

Wenn ich gefragt werde, ob ich politisch eher links oder eher rechts orientiert bin, finde ich diese Frage nichtssagend. Ich kann keinen wirklichen Unterschied zwischen CDU/CSU, SPD, FDP, den Grünen und der PDS/WASG erkennen. Manche Leute sagen, die PDS/WASG ist links, die Grünen etwas weniger, die SPD eher so Mitte-links, die CDU eher so Mitte-rechts, die FDP eher rechts, oder wie auch immer. Manche ordnen die Einteilung auf der politischen Skala etwas anders zu. Ich kann nicht erkennen, was diese Einteilung aussagen soll.

Das in meinen Augen wesentliche Kriterium, das einer Unterscheidung zwischen links, rechts und Mitte einen Sinn verleiht, ist die Antwort auf die Frage: „Wie gehe ich mit dem Phänomen der Liquiditätspräferenz um?"

Es gibt auf diese Frage drei mögliche Antworten:

▪ Ich unterdrücke die Gefahr des Missbrauchs von Kapital durch eine zentrale sozialistische Kontrolle der Wirtschaft. Diese Antwort könnte man als linksradikal betrachten. Was den Unterschied zwischen Rechts- und Linksradikalen anbelangt, die eine Diktatur herbeiführen wollen, so sehe ich keinen Unterschied zwischen Diktatur und Diktatur. Wenn ein Diktator sich in einem Jahr sozialistisch nennt, im nächsten nationalistisch, im Jahr darauf kommunistisch und schließlich nationalsozialistisch, wo ist da der Unterschied für das Volk? Diktatur ist Diktatur. Auf meiner Skala würde ich jede Form von Diktatur auf die linke Seite tun, weil jede Diktatur für das Prinzip steht, dass einer sich im Namen des Besten für alle zum Chef macht, und sich dabei selbst jeder Kontrolle durch das Volk entzieht. Anstatt linksradikal würde ich hier also den Begriff „diktatradikal" verwenden.

▪ Ich erkaufe den Umlauf des Geldes, indem ich diesen im Gegenzug mit einem Zins belohne. Ich würde diese politische Haltung als zinsradikal bezeichnen.

▪ Ich neutralisiere die Gefahr der Ausübung von Macht durch Geld. Ich erhebe eine Umlaufsicherungsgebühr auf den Besitz von Geld und erschaffe dadurch Fließendes Geld. Für mich ist diese Antwort die einzige Antwort, die den Namen der politischen Mitte verdient hat. Nur diese Antwort führt zu einem Gleichgewicht, in dem die ganze Gesellschaft in Freiheit (ohne zentrale Kontrolle) und Wohlstand (ohne zinsbedingte Ungleichverteilung und Verknappung) erblühen kann.

Da man nur für oder gegen eine zentrale staatliche Kontrolle sein kann, für oder gegen die Zinswirtschaft, und für oder gegen Fließendes

Geld, gibt es auf dieser Skala so etwas wie halblinks, oder Mitte-links oder halbrechts (bzw. halbzins) nicht.

Für mich gibt es hier also nur eine klare Einteilung, bei der man drei Positionen einnehmen kann und keine dazwischen, so wie keine Frau halbschwanger sein kann.

Diktatradikal	**Mitte für Fließendes Geld**	**Zinsradikal**
Sichtbare Herrschaft eines Diktators oder einer totalitären Zentralregierung.	wahre Demokratie, bei der alle Menschen frei und gleich sind	unsichtbare Herrschaft einer Geldelite

Ordne ich unsere Parteienlandschaft auf dieser Skala ein, so ergibt sich folgendes Bild:

Die diktatradikalen Parteien	Demokratische Parteien = Befürworter der Einführung Fließenden Geldes	Die zinsradikalen Parteien
NPD	Humanwirtschaftspartei Die Violetten	CDU/CSU SPD FDP Grüne PDS/WASG etc.

Hier sieht man, dass es aktuell keine demokratische Partei im deutschen Bundestag gibt, sondern nur zinsradikale Parteien, deren Führungsspitzen von der verborgenen Geldelite kontrolliert werden.

Die zinsradikalen Parteien werden als Auffängerbecken für die benachteiligten Bevölkerungsgruppen benutzt. Denn die Verlierer des Systems finden sich in allen Bereichen der Gesellschaft: Arbeiter,

Angestellte, Selbständige, Mittelstand, Unternehmer und natürlich die Arbeitslosen.

Die CDU/CSU gilt vom Image her als Partei des Mittelstands, den sie bei der Stange hält. Wie dient sie dem Mittestand, wenn sie ihn Steuern und Abgaben aufbringen lässt, die in die Taschen der Geldelite fließen?
Die FDP gilt als liberale Partei für Unternehmer und Selbständige. Wie dient sie ihnen, wenn sie ihnen Steuern und Abgaben aufbürdet, die in die Taschen der Geldelite fließen?
Die SPD – und für manche noch mehr die PDS/WASG – gilt als Partei der Arbeiter, kleinen Angestellten und sozial Benachteiligten. Wie dienen sie diesen, wenn sie eine Verschuldung vorantreiben, die Arbeitsplätze eliminiert, die Reallöhne sinken lässt und das dabei eingesparte Geld in die Taschen der Geldelite fließen lässt?
Die Grünen gelten als Beschützer der Umwelt. Wie dienen sie der Umwelt, wenn die Besteuerung Umwelt belastender Technologien letztlich nur dazu verwendet wird, die Steuern anzuheben und damit den Geldstrom in die Taschen der Geldelite zu steigern, während die Umwelt belastenden Technologien und Energiequellen praktisch unangetastet bleiben?

Alle diese Parteien denken und handeln zinsradikal. Sie dienen der Zinswirtschaft, nicht jenen unter ihren Wählern, die überwiegend vom Lohn ihrer Arbeit leben müssen oder arbeitslos sind und als deren Fürsprecher sie auftreten. Wenn Sie zu jener Mehrheit gehören, die weniger als 40% ihres Finanzbedarfs aus Zinseinnahmen oder Einnahmen aus Aktien, Wertpapieren etc. bestreiten, d. h. zu denen, die mehr als 60% ihres Finanzbedarfs erarbeiten müssen oder arbeitslos sind, dann gehören Sie zu den Verlierern des Systems. Wenn Ihre Partei dem Zins dient (z. B. CDU, SPD, FDP, Grüne, PDS/ WASG), d. h. das Zinssystem mit aufrecht erhält und Schulden macht, welche die Arbeitslosigkeit steigen lassen und für die Sie als Steuerzahler Zinsen zahlen müssen, dann kann sie Ihnen gar nicht dienen, weil die Zinswirtschaft automatisch das Vermögen von unten nach oben umverteilt.

Wenn sich Ihre Partei erfolgreich für die Einführung Fließenden Geldes einsetzt, trägt sie entscheidend dazu bei, dass eine Welt entsteht, in der niemand mehr durch Geld Macht über andere ausüben kann. Das heißt, es gibt dann auch niemand mehr, der durch Geld Macht über die Regierung ausübt. Als Verfechter eines Wandels Ihrer Partei zur Befürwortung der Einführung Fließenden Geldes können Sie dazu beitragen, dass zum ersten Mal überhaupt wahre Demokratie einkehrt.

Wissenschaften

Die Wissenselite ist ein wichtiger Bestandteil des Geldmachtapparats und damit einer der Machtpfeiler der Zinsherrschaft. Wenn die Geldelite die Wissenschaft beherrscht und die Wissenschaft bestimmt, was wir für real halten und was nicht, bestimmt also die Geldelite, was wir für real halten und was nicht.

Wenn Sie zu den Wissenschaftlern gehören, die mit revolutionären Erkenntnissen nicht zum Zuge kommen, weil diese der Zinsherrschaft nicht in den Kram passen, wird ihr Wissen bereits heute immer mehr zum Durchbruch kommen können. Die kontrollierende und unterdrückende Macht der Zinsherrschaft schwindet bereits aufgrund der stattfindenden Transformation des Bewusstseins. Dieses wird endgültig durchbrechen, sobald das Fließende Geld eingeführt wird.

Durch die Einführung Fließenden Geldes werden die Bereiche klar werden, in denen die Zinsherrschaft die Wissenschaften über die Bestechung führender Wissenschaftler korrumpiert hat. Eine von finanziellen Interessen unverfälschte Wissenschaft wird ihren wissenschaftlichen Idealen, ihrer Gesellschaft und der Menschheit dienen.

Entwicklungshilfe

Entwicklungshilfegelder (von den Steuern der Arbeitenden) werden in der Dritten Welt in der Regel dazu verwendet, die Schuldzinsen an die Geldelite zu leisten. Auf diesem Weg profitiert die Geldelite von der Hilfsbereitschaft der arbeitenden Bevölkerung in den Industriestaaten und kann die Entwicklungshilfe in ihre Taschen lenken. Viele Menschen im Westen spüren die Zweckentfremdung der staatlichen Entwicklungshilfe. Viele werden zu Zynikern und versagen dem Elend in der Welt ihr Mitgefühl.

Durch das Fließende Geld wird die Armut in der Welt beseitigt. Es wird globaler Wohlstand herrschen. Eine weitere und diesmal echte Entwicklungshilfe wird nur in der Übergangsphase zum Wohlstand erforderlich sein. Sie wird in der Unterstützung des Aufbaus der Selbstversorgung der heute noch ärmeren Länder bestehen.

Umweltsanierung

In der Zinswirtschaft existiert ein permanenter Zwang zum Wirtschaftswachstum, damit die arbeitende Bevölkerung nicht merkt, dass ihr Vermögen automatisch von unten nach oben verteilt wird. Durch den unternehmerischen Zwang zur Kosteneinsparung wird so getan, als wären die Ressourcen der Natur kostenlos und als bräuchte die Natur keinen Ausgleich dafür. Die Abzinsung der Zukunft rechnet die Kosten zukünftiger Umweltsanierung auf unwesentliche Beträge herunter und verharmlost sie. Durch den Investitionszwang, unter dem die globalen Guthaben stehen, werden die Bemühungen um den Schutz der Umwelt und die Rettung des Planeten permanent torpediert. Es ist so, als wollte man eine bereits rollende Lawine stoppen.

Die Einführung Fließenden Geldes stoppt diese Lawine. Der Investitionszwang des Geldes zu seiner Selbstvermehrung wird erlöst. Die Umweltsteuer wird dazu beitragen, dass die laufende Umweltzerstörung rasch endet. Umweltfreundliche Energien und Technologien werden sich in kurzer Zeit durchsetzen.

Es gibt in unserer Welt mittlerweile Millionen von Menschen, die sich für die Rettung der Natur und der Umwelt einsetzen. Die Einführung Fließenden Geldes wird global einigen Millionen Menschen das Geld an die Hand geben, die Umweltsanierung aktiv zu betreiben. Das kreative Potential zur Heilung und Sanierung der durch die Zinswirtschaft entstandenen Zerstörung wird sich voll entfalten. Die effizientesten

Lösungen werden sich durchsetzen und unseren Planeten einer raschen Heilung zuführen.

Manipulierbarkeit und Manipulation

Ein Geldsystem, das viele in die Knappheit treibt, lässt diesen wenig Hoffnung auf Besserung. Da Menschen ohne Hoffnung aber nicht leben können, werden sie über eben diese Hoffnung manipulierbar.

Ein Geldsystem, das einer Minderheit Überschüsse an die Hand gibt, kann diese dazu verleiten, die gesellschaftlichen Verhältnisse in ihrem Sinne zu manipulieren.

Die von der Zinswirtschaft erzeugte Spaltung in benachteiligte Nettozinszahler und privilegierte Nettozinsempfänger gibt den Privilegierten Mittel und Wege zur Manipulation der Benachteiligten an die Hand.

Durch die Einführung Fließenden Geldes entsteht ein Wohlstand, von dem niemand ausgeschlossen ist. Manipulierbarkeit und Manipulation werden verschwinden.

Drogenhandel/ Süchte

Es gibt Menschen, die denken, dass es Teile der Geldelite sind, welche den internationalen Drogenhandel betreiben. Der Afghanistan-Krieg soll nur geführt worden sein, um an zentraler Stelle die Opiumfertigung zu steigern. Wie oben angeklungen, könnte der Opiumhandel mit ein Grund für das Cannabisverbot sein, durch welches die Nutzung von Hanf zur Herstellung von Papier unterdrückt wird. Ich weiß nicht, ob dies alles stimmt.

In Anbetracht der politischen Macht der Geldelite, wäre dies durchaus denkbar. Der Drogenhandel würde ihr außer Milliardengewinnen auch noch andere Vorteile einbringen. Drogen schwächen eine

Gesellschaft. Eine geschwächte Gesellschaft ist empfänglicher für Kontrolle, um dem Zinssystem nicht entkommen zu können. Sie könnte den offiziellen Kampf gegen ihren eigenen Drogenhandel zur Kontrolle von Menschen nutzen. Dies wäre eine mögliche Erklärung, warum der Kampf gegen den Drogenhandel so erfolglos ist.

Die gesellschaftliche Grundlage des Drogenhandels liegt in den Süchten der Menschen. Das zinsbedingt harte Leben, das meist mehr ein Überlebenskampf als ein würdiges Leben ist, lockt viele Menschen in die Sucht.

Die globale Transformation der Menschheit wird nach der Einführung des Fließenden Geldes dem Drogenhandel den Nährboden entziehen. Das Fließende Geld wird die Menschen in ihre Eigenverantwortung und Initiative bringen. Unternehmungen und Projekte sind fast zinslos finanzierbar. Arbeitslosigkeit und Armut schwinden. Die Menschen gewinnen ihre Würde, ihren Stolz und ihre Selbstachtung wieder. Die Neigung, in Süchte zu verfallen, schwindet. Ohne Süchte verschwindet der Drogenhandel.

Diktaturen/Sozialismus/Kommunismus

Diktaturen bergen für die Geldelite ein großes Potential. Wenn sie einen Diktator mit Krediten an die Macht bringt, steht dieser in ihrer Schuld und kann als mächtige Marionette benutzt werden. Er birgt ein Potential für Krieg oder kriegerische Auseinandersetzungen, von denen die Geldelite profitieren kann. Er macht die Welt unsicher und erhöht in den „demokratischen" Ländern die Zufriedenheit mit der Zinsherrschaft.

Sozialistische Diktaturen haben für die Geldelite den besonderen Vorteil, die Zinsherrschaft in Relation dazu als demokratisch, frei und geradezu begehrenswert erscheinen zu lassen. Sie schrecken die Menschen vor dem Bestreben ab, die Zinswirtschaft abzuschaffen. („Wenn es Euch hier nicht gefällt, dann geht doch nach drüben!") Dieser Effekt hat für die Zinsherrschaft einen hohen Machtwert.

Die Einführung Fließenden Geldes wird Gleichheit und Freiheit unter den Menschen herstellen. Dies wird die Versuchung, ungerechte Systeme mit Gewalt abzuschaffen, beenden. Es wird keine ungerechten Systeme mehr geben. Das Fließende Geld befähigt die Menschen, ihre Visionen und ihr Potential zu verwirklichen und wird ihr Selbstbewusstsein und ihre Durchsetzungskraft so steigern, dass Diktaturen für alle Zeit der Vergangenheit angehören werden.

Terrorismus und Krieg gegen den Terror

Das Problem am Terrorismus ist, dass er für das Bedürfnis der Zinsherrschaft nach globaler Kontrolle noch nützlicher ist als die organisierte Kriminalität. Er erzeugt Angst und gestattet drastische Sicherheitsmaßnahmen zur Kontrolle von Normalbürgern. Anti-Terror-Gesetze bieten die Möglichkeit, Menschen weltweit eng zu überwachen und zu kontrollieren. Selbst friedliche Freiheitsbewegungen können im Namen des Kampfes gegen den Terror unterdrückt werden. Es könnten sich ja Terroristen darunter befinden. Es erscheint unmöglich, dem Zugriff der Zinsgeldmächtigen jemals zu entkommen. Es ist denkbar, dass die Zinsherrschaft den Terror gerne duldet oder sogar heimlich unterstützt.

Wenn tatsächlich versucht wird, eine Angst vor dem Terror künstlich zu erzeugen, lässt die stattfindende Bewusstseinstransformation diese bereits schwinden. Sollte es einen künstlich durch Geld erzeugten Terrorismus geben, wird er durch die Einführung Fließenden Geldes aufhören. Ohne Zinseinnahmen ist er nicht finanzierbar. Der armutsbedingte Terrorismus wird durch den weltweiten Wohlstand enden. Die drastischen Anti-Terror-Gesetze werden so oder so aufgehoben. Die Drangsal zum Schutz vor Terror wird enden. Die Freiheit und Souveränität der Völker dieser Erde wird unbehelligt sein.

Resignation und Apathie

Die zinsbedingten Missstände der Arbeitslosigkeit und sinkender Reallöhne lassen sich durch nichts beseitigen, solange die Zinswirtschaft herrscht. Viele, die alles geben, um ihre Situation zu verbessern, gehen an den harschen ökonomischen Bedingungen innerlich zugrunde, resignieren und werden apathisch. Es ist schwer, solchen Menschen zu vermitteln, dass es allein auf Ihr Bewusstsein ankommt, mit dem sie mit den Problemen im Leben umgehen.

Es ist für jeden möglich, die negativen Auswirkungen der Zinswirtschaft auf sein Bewusstsein zu transformieren und trotz allem eine positive Lebenshaltung zu finden. Auf diesem Wege kann man zumindest der Zinsherrschaft über sein Bewusstsein entkommen und leistet damit auch einen wichtigen Beitrag, dass die Einführung Fließenden Geldes möglich wird.

Egal wie dunkel es in Ihrem Leben aussieht, Sie können sich davon befreien, wenn Sie sich für die Möglichkeit öffnen, dass Sie sich davon befreien können. Es ist nur Ihr Glaube, gegen das Dunkel nichts ausrichten zu können, der bewirkt, dass Sie gegen das Dunkel nichts ausrichten können.

Das Fließende Geld wird eine Welt des Wohlstands, der Freiheit, der Möglichkeiten, der spielerischen Kreativität und des Tatendrangs herbeiführen. Diese Qualitäten können Sie bereits in Ihrem Bewusstsein lebendig werden lassen und damit einen Beitrag leisten, dass das Fließende Geld kommen kann. Wenn Sie in Ihren Problemen feststecken, holen Sie sich professionelle Hilfe.

Psychologie

Der Zwang zum Wirtschaftswachstum erzeugt künstliche Bedürfnisse. Künstliche Bedürfnisse überlagern die wahren Bedürfnisse. Dies führt zur Selbstentfremdung und damit zur Verwirrung. Der Mensch merkt nicht mehr, dass er nur der Tendenz zur Verschwendung dienen muss und sich durch künstliche Bedürfnisse berauben lässt.

Die Psychologie hat hier zwei Möglichkeiten: dient sie der Zinswirtschaft, dann liefert sie das Wissen, wie man optimal manipuliert, künstliche Bedürfnisse weckt und die Menschen zum Konsum bewegt. In der Zinswirtschaft dienen weite Teile der Psychologie dieser Aufgabe und entwickeln eine manipulative Psychologie, welche die Menschen verwirrt und von sich selbst entfremdet. Dient sie unserer psychischen Gesundheit, sorgt sie dafür, dass wir uns wieder unserer wahren Bedürfnisse bewusst werden und einen authentischen Selbstausdruck finden.

In der Ganzheitlich-Freien Marktwirtschaft entfällt der Wachstumszwang, so dass die Wirtschaft keine künstlichen Bedürfnisse in den Konsumenten erzeugen muss. Somit kann die Psychologie ganz ihrer wahren Bestimmung dienen und einen Beitrag für das psychische Wohl der Menschen leisten.

Die Beziehung zwischen Bürger und Staat

In der Zinswirtschaft ist das Verhältnis zwischen dem Bürger und seinem Staat ziemlich angespannt. Der Staat ist zunehmend verschuldet. Die Verschuldung dient der Geldelite, welche immense Zinsen auf die Staatsverschuldung einstreicht. Diese Zinslasten werden aufgrund der exponentiellen Zunahme der Schulden immer schwerer. Der Staat verlangt dieses Geld seinen Bürgern in Form von Steuern ab. Die Steuerlasten werden immer schwerer. Gleichzeitig führt dies nirgendwo hin - außer zu noch mehr Steuern - bis das System zusammenbricht.

Viele tendieren dazu, ihrem Staat eine grollende Zerknirschtheit oder offenen Zorn entgegenzubringen. Dabei sehen sie nicht, dass der Staat nicht mehr souverän handeln kann, weil er sich im Griff einer Geldelite befindet. Diese kann gnadenlos ihre Zinsleistungen fordern und zu diesem Zweck die Anhebung der Steuern und Abgaben erzwingen. Der Staat wurde degradiert zu einem Instrument der Ausbeutung seiner Bürger.

Durch die Einführung Fließenden Geldes wird der Staat aus dem Würgegriff der Geldelite befreit, stellt seine Souveränität wieder her und senkt nachhaltig die Steuern. Wir werden wieder Vertrauen in unsere Regierung gewinnen und stolz auf unser Land sein.

Die Beziehung zwischen Bürger und Wirtschaft

In der Zinswirtschaft hängt die Beziehung der Bürger zur Wirtschaft von der Größe ihres Vermögens ab.

Die Vermögenden betrachten die Wirtschaft als Jagdgründe zum Erzielen von Zinseinnahmen, Sachkapitalzinsen, Renditen, Mieteinnahmen etc.

Jene, die auf den Lohn ihrer Arbeit angewiesen sind, betrachten die Wirtschaft als die Möglichkeit, ihren Lebensunterhalt zu verdienen. Diese Möglichkeit wird durch die zunehmende Verschuldung und die damit einhergehenden Zinslasten immer mehr eingeschränkt. Dadurch schrumpft natürlich auch das Vertrauen in die Wirtschaft immer mehr.

Die Zinswirtschaft ist eine Mutter, welche eine Mehrheit ihrer Kinder am langen Arm darben und die Zeiten immer härter werden lässt.

In der Ganzheitlich-Freien Marktwirtschaft wird sich die Beziehung der Bürger zu ihrer Wirtschaft grundlegend wandeln. Diese Wirtschaft wird nahezu jeden mit einer gut bezahlten Arbeit versorgen. Sie wird für einen Wohlstand des ganzen Volkes sorgen. Sie wird die Arbeitskraft des Einzelnen begehren, weil diese der knappste Produktionsfaktor ist. Sie wird den Einzelnen daher mit Stolz und Selbstbewusstsein erfüllen.

Der Bürger wird dankbar sein, wie sehr seine Wirtschaft ihn mit allem, was er braucht, versorgt. Es wird großes Vertrauen in die Wirtschaft und eine große Zuversicht herrschen.

Paranoia

In der Zinswirtschaft lauern verschiedene Gefahren, die zunichte machen können, was man sich aufgebaut hat. Dadurch besteht ein Nährboden für Angst. Andererseits lässt die Zinswirtschaft eine Geldelite entstehen, die im Verborgenen bleibt und aus dem Verborgenen heraus agiert. Dieser Umstand bietet Anlass für eine gewisse Paranoia. Menschen fragen sich, was die Geldelite im Verborgenen wohl so alles planen mag. Viele sind davon überzeugt, dass es mächtige Geheimgesellschaften gibt, zu denen Mitglieder der Geldelite sich zusammenschließen. Es gibt Ängste, dass diese eine Weltherrschaft, eine Neue Weltordnung anstreben.

Nach der Einführung des Fließenden Geldes spielt es keine Rolle mehr, ob es Geheimgesellschaften gibt, die eine Neue Weltordnung anstreben oder nicht. Größenwahnsinnige Personen werden keine Möglichkeit mehr haben, ihre Pläne in die Tat umzusetzen. Wer auch immer eine Weltherrschaft anstreben wollte, bräuchte dafür immense Geldsummen, um Gefolgsleute zu bezahlen und sich durch Bestechung Einfluss zu erkaufen.

Durch das Fließende Geld haben auch die größten Vermögen keine Macht mehr, weil ohne Zinseinnahmen keine Bestechung mehr bezahlbar ist. Geld verfügt nicht mehr über die Macht, leistungslos anzuwachsen. Durch das Fließende Geld wird die Bedrohlichkeit unserer Welt verschwinden und es wird keine Auslöser für Paranoia mehr geben.

Widerstandsbewegungen/ Freiheitskriege/ Bürgerkriege

Widerstandsbewegungen, Freiheits- und Bürgerkriege haben stets zum Fortbestand der Zinswirtschaft geführt. Wer Kriege führt, braucht Geld. Wer für Krieg oder Revolution einen Kredit bekommen will, muss wie jeder andere Kreditnehmer auch Sicherheiten geben. Kreditwürdige Revolutionäre müssen Vereinbarungen treffen, welche letztlich dem Kreditgeber die Macht geben, sobald der Revolutionsführer an der Macht ist. Auf diesem Weg konnte die Zinsherrschaft jahrhundertelang von allen derartigen Bewegungen profitieren.

Karl Marx hat diesen Mechanismus wahrgenommen, mit dem die Zinsherrschaft immer wieder alle Umwälzungen für sich und ihre Machtausdehnung nutzen kann. Er meinte einmal: „Alle Umwälzungen vervollkommneten diese Maschine, statt sie zu brechen." Das galt in der Geschichte schließlich auch für den Marxismus selbst.

Ich glaube, wenn Karl Marx Silvio Gesell noch gekannt hätte, er hätte die Lösung, nach der er ein Leben lang gesucht hat, vielleicht gefunden und angenommen: das Brechen der kapitalistischen Maschine der Umverteilung von unten nach oben durch Fließendes Geld.

Wikipedia schreibt: „Marx selbst soll in den späten 1870er Jahren zu einer Jugendfraktion französischer Sozialisten, die sich als marxistisch bezeichnete, gesagt haben, er sei kein Marxist." - Marx war bis zuletzt ein Sucher nach der rettenden Lösung.

Die Zinsherrschaft profitiert auch von Diktaturen. Wenn sie einen Diktator kontrolliert, ist die nach einer Umwälzung entstehende Staatsform egal. Ein Land muss lediglich eine Zinswährung verwenden und kontrolliert werden, dass es seine Zinsen zahlt. Freiheitsbewegungen bergen ein Potential zum Krieg, falls es gelingt, sie militant zu machen. Grausame Unterdrückung und Ungerechtigkeit fördert die Gewaltneigung von Freiheitsbewegungen. Der Nutzen in der Errichtung von Diktaturen kann also darin bestehen, Widerstandsbewegungen zu erschaffen, die bereit sind zu einer militanten Gewalt, zu der sie ohne eine Diktatur nicht bereit wären.

Gelingt es den Kreditgebern, einen Freiheits- oder Bürgerkrieg anzuzetteln, profitieren sie wieder in der gleichen Weise wie bei jedem anderen Krieg auch. Sie können den Diktator, der Angst vor dem Verlust seiner Macht hat, mit Krediten finanzieren. Sie können die Freiheitsbewegung, die sich in einem wirklich gerechten und notwendigen Krieg wähnt, finanzieren. Sie können Waffen verkaufen. Sie können in diesem Krieg nicht verlieren, weil der Sieger ihnen auf jeden Fall verpflichtet ist. Solange sich Widerstandsbewegungen militant verhalten, tendieren Diktaturen und Revolutionen zu einem kontinuierlichen Wechsel, wobei immer nur die Zinsherrschaft profitiert.

Wer bereit ist, andere ins Unrecht zu setzen und seine Haltung militant zum Ausdruck bringt, stellt für die Zinsherrschaft ein Verdienstpotential dar. Wer die Geldelite aus einer Haltung des Rechthabens anklagt und ihr alle Schuld gibt, kann damit militante Neigungen wecken. Militante Neigungen dienen der Macht der

Geldelite. Auch das Schuldzuweisen an die Geldelite dient also ihrer Macht.

Mit der Einführung Fließenden Geldes enden alle Kriege und die Diktaturen werden verschwinden. Somit wird es keinen Grund mehr für Widerstandsbewegungen geben. Die Tendenz zum Rechthaben und Schuldzuweisen wird global transformiert werden. Die Menschen werden Verantwortung für ihr Leben übernehmen. Überall auf Erden werden sich die Menschen verbrüdern und versöhnen.

Fundamentalismus

Der Mensch hat ein natürliches Bedürfnis nach absoluter Sicherheit und Geborgenheit. Da unser physischer Körper der Alterung und dem Tod ausgesetzt ist, gibt es für ihn keine absolute Sicherheit und Geborgenheit. Unser Verstand ist versucht, dieses Bedürfnis in den Dogmen der Religion, Weltanschauung und Wissenschaft zu befriedigen, kann aber niemals etwas von so absoluter Wahrheit erfassen, dass es echte Sicherheit und Geborgenheit geben würde. Der Verstand kann keine absolute Sicherheit und Geborgenheit geben.

Die Verteidigung der vom Verstand geschaffenen Dogmen als absolute Wahrheit auch im Angesicht gegenteiliger Beweise führt in den Fundamentalismus. Besonders schlimm ist dies für die Wissenschaft. Die moderne Physik hat uns in den letzten Jahrzehnten systematisch die Möglichkeit absoluter physikalischer Wahrheiten desillusioniert. Es macht frei von Fundamentalismus, die Unmöglichkeit einer mit dem Verstand erfassbaren absoluten Wahrheit zu akzeptieren und die vollkommene Unwägbarkeit der physischen Welt zu ertragen.

Wenn das Bedürfnis nach einer mit dem Verstand erfassbaren absoluten Wahrheit nicht aufgegeben wird, klinkt sich die Tendenz zum Rechthaben und Schuldzuweisens in unseren Verstand und errichtet Dogmen. Wenn Dogmen nicht funktionieren, sind automatisch andere Schuld daran. Dogmen müssen per Definition funktionieren, sonst würden sie ihrem eigenen Anspruch nicht gerecht.

Wenn die Infragestellung eines wissenschaftlichen Dogmas durch experimentelle Beweise einerseits nicht aufhört und das Dogma andererseits nicht aufgegeben wird, entsteht hier eine Menge Zorn auf das, was ist, aber nicht sein kann und darf.

Durch die Einführung des Fließenden Geldes werden Wohlstand, Erfüllung und all die anderen in Kapitel II aufgeführten positiven Aspekte Einkehr in die Gesellschaften der Erde halten. Die Menschen werden Sicherheit und Geborgenheit in ihrem Leben erfahren. Die Tendenz zum Rechthaben und Schuldzuweisen wird mehr und mehr nachlassen. Das Bedürfnis, in den Dogmen der Religion, Weltanschauung oder Wissenschaft eine absolute Wahrheit zu finden, die Sicherheit und Geborgenheit verleiht, wird verschwinden. Damit wird auch der Fundamentalismus enden.

Menschliche Beziehungen

Die neunte *ND-Tendenz* der Zinswirtschaft ist auch die subtilste. Sie wirkt in allen menschlichen Beziehungen. Ein falsches Wort, ein falscher Blick, eine (scheinbar) abfällige Geste und schon sind wir uns sicher, dass jemand uns Übles will oder Schlechtes denkt und sind bereit, ihn ins Unrecht zu setzen.

Die Zinswirtschaft bewirkt die Missstände in der äußeren Welt. Sie kann aber nur existieren, indem sie sich der in uns vorhandenen Tendenzen bedient und diese ständig verstärkt. Letztlich ist es also nicht die Zinswirtschaft, die unsere Welt formt, sondern allein unser Bewusstsein. Wenn wir dieses transformieren, hat die Zinswirtschaft auch keine Macht mehr, die ND-Tendenzen neu zu erzeugen, auf die sie existentiell angewiesen ist.

Die Schuldzuweisung hält die Zinswirtschaft in Gang. Durch sie erkennen wir nicht, dass wir unsere Welt in der Tat selbst erschaffen und folglich daher auch eine ganz andere Welt erschaffen können. Hierzu müssen wir uns dieser tatsächlichen Schöpferkraft über unser Leben bewusst werden und die volle Verantwortung für unser Leben übernehmen. Durch Schuldzuweisungen übernehmen wir keine Verantwortung, nicht für unsere Beziehungen, nicht für den Erfolg unserer Vorhaben, nicht für das Glück in unserem Leben. Es ist bequemer, jemandem die Schuld für unser Unglück zu geben als die volle Verantwortung für unser Glück zu übernehmen.

Wenn wir auf unsere Schuldzuweisungen verzichten, Verantwortung für die Ziele in unserem Leben übernehmen und zu unserer Schöpferkraft erwachen, leisten wir damit einen kraftvollen Beitrag für die Möglichkeit, Fließendes Geld einzuführen.

Sobald das Fließende Geld da ist, wird es vielfach beschleunigt auf die Transformation unseres Bewusstseins zurückwirken. Überall werden die Menschen Verantwortung für ihr Leben und ihr Glück übernehmen, wohlhabend und glücklich zu sein. Die Missstände, für die wir andere verantwortlich machen könnten, verschwinden. Die Transformation der Menschheit wird sich vollenden. Die Tendenz zum Schuldzuweisen an sich wird unser Bewusstsein verlassen.

Zinsgeld erpresst sich einen Vorteil.

Fließendes Geld gibt sich hin.

Zinsgeld bringt uns gegeneinander auf und verstrickt uns in einen Kampf gegen eine feindliche Welt.

Fließendes Geld erlöst unser wahres Selbst.

Kapitel IV – Über Geld und die Welt

Das Misstrauen der Zinsgefangenen

Wenn ich über die Möglichkeiten des Fließenden Geldes berichte, stoße ich üblicherweise auf zwei Tendenzen: Viele sind offen, aufgeschlossen und interessiert und verstehen nach und nach die Zusammenhänge oder kennen sie im Wesentlichen bereits. Bei vielen tauchen rasch kritische Fragen auf, aus denen eher Misstrauen, Argwohn und eine ablehnende Furcht sprechen.

Ich bin mir bewusst, dass Sie lieber Leser, zu der ersten Kategorie von Menschen gehören, da Sie sonst dieses Buch nicht lesen würden. Sie sind offen, aufgeschlossen und interessiert und vielleicht kennen Sie die dargestellten Zusammenhänge bereits mehr oder weniger.

Ich habe dieses Kapitel also in erster Linie zu Ihrer Unterstützung geschrieben, wenn Sie in der Diskussion mit Ihren Mitmenschen auf ähnliche Fragen stoßen wie ich. Vielleicht können Sie sich aus meinen Antworten das eine oder andere abschauen, das Ihnen hilft, sich verständlich zu machen. Vielleicht wird Ihnen auch noch das eine oder andere Detail klar.

Die ablehnenden Reaktionen vieler erinnern mich manchmal ein wenig an das Verhalten eines Gefangenen in einem Gefängnis, der gegen jene, die ihn aus dem Gefängnis herausholen wollen, kritischer ist als gegen jene, die ihn dort festhalten. Der Gefangene sagt: „Du sagst mir, dass die Welt da draußen frei und lebendig ist, und die Welt hier drin nicht. Da kann ja jeder daherkommen. Kannst Du das beweisen?"

Ich sage ihm: „Geh und schau selbst."

Das heißt, ich erwidere auf die misstrauischen Fragen: beschäftige Dich mit den Fakten zur Zinswirtschaft und zum Fließenden Geld und denke selber nach. Wenn Du die Möglichkeit einräumst, dass an meinen Worten etwas dran sein könnte, eröffnet sich Dir eine Zukunftsvision höchster Attraktivität. Du hast nur zu gewinnen, wenn Du die Möglichkeit einer erlösten prachtvollen Welt einräumst.

Der Gefangene sagt: „Meine Leute sagen, dass sich dieser Ort im Laufe der Geschichte als der freieste und beste herausgestellt hat. Man kann nicht alles haben. Warum soll ich unnötige Risiken eingehen."

Wenn der Gefangene nicht wahrnehmen und sich nicht vorstellen kann, dass er in einem Gefängnis lebt, glaubt er natürlich auch denen, die ihm sagen, dass er in Freiheit lebt.

Das heißt, Wirtschaftselite, Politelite, Wissenselite und Massenmedien vermitteln uns, dass die einzigen Alternativen zur Zinswirtschaft, die es in der Welt gibt, in sozialistischen oder diktatorischen Regimen bestehen, in denen es keine Freiheit gibt. In unserer Zinswirtschaft leben wir in der größtmöglichen, auf Erden machbaren Form von Freiheit und Wohlstand.

Bloß nicht die Informationen von Leuten prüfen, die sagen, dass es eine Alternative gibt, die wirkliche Freiheit und großen Wohlstand für alle und den Erhalt der Natur bedeutet. Bloß nicht selber die verfügbaren Informationen durchgehen, selber erforschen und selber nachdenken. Manche sagen: „Ich habe noch nie etwas von Fließendem Geld oder umlaufgesicherten Währungen gehört. Wenn da etwas dran sein könnte, hätte ich doch mindestens schon mal in der Zeitung davon gelesen. Geh mir weg mit dem Unsinn."

Ich antworte solchem Argwohn: „Schau den Fakten ins Auge. Denke selber nach. Lass Dir Dein Denken nicht von den Experten und Massenmedien abnehmen."

Nichtsdestotrotz bin ich niemandem böse. Es ist mehr als verständlich, dass in Anbetracht der global verbreiteten Desinformation zum Thema Geld viel Verwirrung und viel Unklarheit herrscht.

In Südasien bindet man kleine Elefanten an einen Baum, wo sie dann lange um ihre Freiheit kämpfen, bis sie resignieren und den Kampf um ihre Freiheit aufgeben. Anschließend genügt sogar bei einem erwachsenen Elefanten ein kleines Seil, damit er sich nicht getraut, sich vom Baum loszureißen. Es wäre ein Klacks für den Elefanten sich zu befreien, aber er traut sich nicht mehr.

In ähnlicher Weise ist unser Denken wie von einem magischen Tabu besetzt, das bestimmte Schlussfolgerungen einfach nicht zulässt. Wir könnten diese Gedanken leicht denken, aber wir tun es nicht. Die Zinswirtschaft ist ein Tabu. Das Recht auf einen Kapitalertrag zu Lasten von Arbeitsplätzen ist wie ein Tabu geschützt. Der Zwang zum Wirtschaftswachstum ist ein Tabu. Die wachsende Verschuldung von Staat, Wirtschaft und Privathaushalten ist ein Tabu. Diese Dinge dürfen einfach nicht wirklich in Frage gestellt werden. Woher kommt dieses Denkverbot?

Wenn dann Fragen auftauchen, sieht man das Wirken der Tabus und das Wirken der Nebel und Täuschungen, mit denen diese Tabus umhüllt werden. Es ist mir daher ein Anliegen, auf eine Reihe solcher Fragen so einzugehen, dass sich die Nebel lichten und die Täuschung der Erkenntnis weichen kann, soweit mir das bisher selber gelungen ist.

Daher werden Sie in diesem Kapitel manches wieder finden, was in den ersten beiden Kapiteln erläutert wurde. Vieles ist neu. Manches ist noch einmal aus einem anderen Blickwinkel dargestellt oder einfach mit anderen Worten erklärt.

Die angebotenen Antworten stellen – wie das gesamte Buch – natürlich nur meine aktuelle Sicht der Dinge und nicht der Weisheit letzter Schluss dar. Mir ist nicht wichtig, dass mir irgendjemand irgendetwas glaubt. Ich möchte, dass nachgedacht wird und über die Themen gesprochen wird. Die auftauchenden Fragen sollten geklärt werden.

Dies soll nur ein Beitrag sein. Wenn er dazu dient, dass Ihnen das eine oder andere klar wird, oder dass Sie sich zu dem einen oder anderen endlich selbst Klarheit verschaffen wollen, hat sich die Mühe gelohnt. Sie haben vielleicht noch ganz andere Fragen. Finden Sie die Antwort.

Frage: Die Medien berichten immer mal wieder, dass die Deutschen soviel Geld auf der hohen Kante haben wie noch nie. Gleichzeitig haben die meisten eher das Gefühl, dass das Geld immer knapper wird und der Wohlstand immer mehr schwindet. Was ist denn nun richtig?

Antwort: Die Wahrnehmung, dass alles immer knapper wird, stimmt für die große Mehrheit natürlich. Was von den Medien, die über Rekordguthaben berichten, verschwiegen wird, ist

- dass die Guthaben einer Volkswirtschaft gleichzeitig ihre Schulden sind, denn in einer Zinswirtschaft sind die Guthaben des einen immer die Schulden des anderen, und

- dass die Guthaben der Deutschen sich nicht gleichmäßig über alle Haushalte verteilen, sondern bei einem Zehntel der Haushalte konzentrieren, während die restlichen 90% in allen Waren– und Dienstleistungspreisen die Zinsen für die Schulden der Wirtschaft und durch Steuererhöhungen die Zinses für die Staatsschuld entrichten müssen, und

- dass das reichste Zehntel der Haushalte durch den Zinseszinseffekt auf Kosten der neun ärmeren Zehntel immer reicher wird. So werden die Reichen automatisch immer reicher und die unteren und mittleren Einkommensgruppen automatisch immer ärmer und dies in immer schneller werdendem Tempo.

Die gute Nachricht, dass der Pro-Kopf-Wohlstand der Deutschen immer mehr zunimmt, ist also in Wirklichkeit für neun Zehntel der Bevölkerung die Nachricht, dass alles immer schlechter wird. Da man nicht bis in alle Ewigkeit Vermögen von unten nach oben verteilen kann, wird sich bald zeigen, dass die Zinswirtschaft unter ihrer steigenden Zinslast zusammenbrechen wird.

Frage: OK, ich verstehe. Geld, das einer verleiht, ist die Schuld eines anderen. Daher sind Guthaben und Schulden immer gleich groß. Können Sie in wenigen Sätzen einem Laien erklären, warum die Arbeitslosigkeit gleichzeitig mit diesen Guthaben/Schulden immer mehr anwächst?

Antwort: In einer Zinswirtschaft lohnt sich die Investition in ein Unternehmen nur, wenn ein Sachkapitalzins erwirtschaftet wird, der höher ist als der Zins, den man bei der Bank bekommt. Aufgrund des Realzinses für Geld kann der Investor von der Wirtschaft also einen Sachkapitalzins verlangen. Ein Sachkapitalzins lässt sich vom Erwirtschafteten nur abzweigen, wenn auf dem Markt eine Knappheit herrscht, die einen überhöhten Preis zulässt.

Da mit zunehmender Marktsättigung die Knappheit schwindet und damit die Preise sinken, kann diese Knappheit nur durch Konkurse wiederhergestellt werden. Unternehmen, deren Sachkapitalzinsen unter den Realzins für Geld absinken, gelten als nicht mehr rentabel und werden geschlossen. Die aus den Unternehmen herausgewirtschafteten Zinsen vergrößern die Privatguthaben ständig. Die Guthabenzuwächse benötigen neue zusätzliche Kreditnehmer.

Wenn diese im Binnenmarkt nicht mehr gefunden werden, weil die Wirtschaft nicht in gleichem Maße wächst wie die Geldvermögen, geht das Geld ins Ausland oder ins globale Spielkasino, den Devisenmarkt. Für die Unternehmen im Inland bedeutet dies, dass der Binnenmarkt schrumpft, was zu Rationalisierungen, d. h. Entlassungen oder Betriebsschließungen führt.

Daher steigt mit wachsenden Guthaben/Schulden die Arbeitslosigkeit unausweichlich immer mehr an. Der Kampf der arbeitenden Bevölkerung gegen die zinsbedingte Verknappung ist aussichtslos, weil das Wirtschaftswachstum den Wettlauf mit dem Anwachsen der Guthaben/Schulden immer verliert.

Frage: Verstehe. Was kann der Staat gegen die Arbeitslosigkeit tun?

Antwort: Nichts, solange er zinsradikal denkt und handelt. Ein Zinssystem kann sich selbst nur dadurch am Leben halten, dass die Privatguthaben einerseits und die Schulden andererseits immer weiter ansteigen. Wird die Verschuldung gestoppt, bricht das System zusammen, weil dann zu wenig Geld in Umlauf kommt. Es wird immer das Argument ins Feld geführt, dass sich der Staat verschulden muss, damit Arbeitsplätze erhalten bleiben.

Während dies innerhalb eines Zinssystems kurzfristig tatsächlich stimmt, zerstört die Staatsverschuldung langfristig, wie jede andere Verschuldung auch, Arbeitsplätze. Längerfristig gesehen ist die Aussage, dass sich der Staat verschulden muss, um Arbeitsplätze zu schaffen, also eine Lüge, weil die Staatsverschuldung die Arbeitslosigkeit wachsen lässt. Der Staat wird durch die Staatsverschuldung selbst zu einem Instrument der Ausbeutung der unteren und mittleren Einkommensgruppen herabgewürdigt. Für das Verhalten von Spitzenpolitikern, die diese Ausbeutung gehorsam verwalten und betreiben, gibt es nur die Erklärung, dass sie entweder vollkommen arglos, gutgläubig, unwissend und inkompetent sind, oder gnadenlos korrupt! Man kann eigentlich nicht glauben, dass die Spitzenpolitiker so ahnungslos über die Ursachen der Arbeitslosigkeit sind, wie sie oft tun. Es sieht doch ganz nach einem abgekarteten Spiel aus. Das Einzige, was der Staat wirklich tun kann, wenn er es mit dem Abbau der Arbeitslosigkeit ernst meint, ist Fließendes Geld einzuführen.

Frage: Muss es Fließendes Geld sein? Ich glaube nicht, dass die Zinswirtschaft das Problem ist. Ist es nicht vielmehr die Staatsverschuldung, die alle Probleme verursacht, weil das Volk über die Steuern geschröpft wird, um die Zinsen für die Staatsschulden zahlen zu können?

Antwort: Natürlich wäre das Zinssystem von geringerem Übel, wenn nicht gestattet werden würde, dass der Staat seine Währungshoheit abgibt, sich bei privaten Banken verschuldet und anschließend seine Bürger zur Kasse bittet, um die Zinsen für die Schulden bezahlen zu können. Natürlich ist es schon kriminell, dass eine Staatsverschuldung überhaupt zugelassen wird, wo doch das ganze Volk durch die Staatsverschuldung einer kleinen Geldelite gegenüber tributpflichtig wird. Die Staatsverschuldung ist natürlich ein Pfeiler in dem Spiel: „Verteilung des Volksvermögens von unten nach oben." Allerdings nicht der wichtigste Pfeiler.

Größeren Anteil an der Verteilung des Volksvermögens von unten nach oben hat nämlich die Verschuldung der Wirtschaft. Von Ihren Steuern gehen nur etwa 15% in Zinszahlungen. Die Wirtschaft ist weit höher verschuldet. Hier gehen durchschnittlich 40% jedes Euros, den Sie beim Einkaufen ausgeben in Zinsleistungen. Andererseits stellt diese gigantische Verschuldung von Staat und Wirtschaft kein Problem mehr dar, sobald die Währung auf eine umlaufgesicherte Währung umgestellt ist. Die Zinslasten fallen nach und nach ab. Dadurch können die Unternehmen gleichzeitig die Preise senken und die Löhne heben. Sobald der Staat keine Zinsen mehr auf seine Schulden zahlen muss, wird der Schuldenberg leicht abbaubar, da nur noch getilgt werden muss. Die Steuereinnahmen können nun für die eigentlichen Aufgaben des Staates verwendet werden.

Ohne die Zinswirtschaft ist das Spiel: „Umverteilung des Volksvermögens von unten nach oben" zu Ende. Es wird unmöglich, dieses Spiel weiterzuspielen, und das Geld bleibt endlich bei denen, die es erwirtschaften, nämlich bei den Arbeitenden, auch wenn der Staat noch verschuldet ist. Die Staatsverschuldung ist also nicht das eigentliche Problem. Das eigentliche Problem ist immer wieder und immer nur die Zinswirtschaft!

Frage: Warum gibt es überhaupt eine Staatsverschuldung, wenn der Staat vorübergehenden Mehrbedarf durch vorübergehende Steuererhöhungen decken könnte, so dass der Steuerzahler niemals mit Zinszahlungen auf eine Staatsverschuldung belastet werden müsste und die Steuern nach jedem vorübergehenden Mehrbedarf auch wieder gesenkt werden könnten? Das heißt doch, selbst innerhalb einer Zinswirtschaft müsste keine Staatsverschuldung auftreten und es müsste nicht unbedingt Fließendes Geld eingeführt werden, wenn die Politik die Staatsverschuldung vermiede, oder?

Antwort: In der Zinswirtschaft kommt immer der Zeitpunkt, an dem die Politiker der Wahrheit gemäß den Standpunkt vertreten können, dass ohne Staatsverschuldung das System zusammenzubrechen droht. Und schon steht diesem Geschäft auf Kosten der Steuerzahler nichts mehr im Wege. Wir müssen dazu lediglich akzeptieren, dass der Erhalt der Zinswirtschaft solche Opfer wert ist. Innerhalb einer Zinswirtschaft muss eine Staatsverschuldung auftreten, da sich der Staat bei ständig wachsender Verschuldung von Wirtschaft und Privathaushalten nicht schuldenfrei halten kann, wenn diese sich nicht weiter verschulden können und man dennoch das System in Gang halten will. Wenn keine insgesamt ausreichende Neuverschuldung stattfindet, droht einer Zinswirtschaft der Zusammenbruch.

Diese Gefahr besteht in einer Ganzheitlich-Freien Marktwirtschaft nicht. Der Staat muss sich nicht verschulden, um das System in Gang zu halten. Und selbst wenn er sich vorübergehend Geld ausleihen muss, müsste er hierfür niemals Zinsen zahlen, so dass er nicht in der Gefahr schwebte, zur Erhaltung der Wirtschaft in die Verschuldung getrieben zu werden. Niemand würde von einer solchen Verschuldung profitieren. Das Fließende Geld bietet kein Motiv, eine Privatperson, ein Unternehmen oder den Staat in die Verschuldung zu treiben und anschließend durch Zinszahlungen auszubeuten.

Frage: Ich verstehe, dass die Kreditgeber kein Interesse an einem schuldenfreien Staat haben. Aber, was machen diese Kreditgeber, wenn Staat und Wirtschaft unter der Zinslast Bankrott gehen?

Antwort: Dann haben die Kreditgeber zwei Dinge rechtzeitig getan:

1. Sie haben sich vor dem Staatsbankrott bereits große Teile des öffentlichen Eigentums unter den Nagel gerissen. Damit haben sie Zugriff auf das Steuereinkommen.

2. Sie sind rechtzeitig in Sachwerte ausgewichen, z. B. Grund und Boden, was ihnen beim Neuanfang den entscheidenden Startvorteil beschert, selbst wieder zu Kreditgebern zu werden und andere zu Kreditnehmern zu machen. Durch das Ausweichen in die Sachwerte vor dem Zusammenbruch sind sie danach sogar mächtiger als vorher.

Frage: Sie sagen, die Zinswirtschaft erzeugt Knappheit. Wir verfügen doch heute über die modernsten und effizientesten Technologien aller Zeiten. Damit müsste sich die Knappheit doch überwinden lassen, so dass alle gut versorgt sind. Wieso führt der Produktivitätsfortschritt

(z. B. durch Rationalisierung, Roboterisierung und Computerisierung) und das Wachstum nicht zu mehr Freizeit oder mehr Lohn, bzw. zu mehr von beidem für alle?

Antwort: Der gesamte Produktivitätsfortschritt geht in den Kapitaldienst (Zinsen). Inzwischen reicht der Produktivitätsfortschritt aber nicht einmal zum Ausgleich der Zinslasten. Auch das gesamte Wirtschaftswachstum fließt in den Kapitaldienst. Und trotz Produktivitätsfortschritt plus Wirtschaftswachstum muss inzwischen für weniger Lohn länger gearbeitet werden. Die von der Zinswirtschaft erzeugte Knappheit lässt nicht zu, dass der Fortschritt je in den unteren und mittleren Einkommensgruppen zu einer Erleichterung führt.

Frage: Das ist schlimm. Aber war das in D-Mark-Zeiten auch schon so? Damals ging es uns noch besser. Manche wünschen sich die alte D-Mark zurück. Was würde das bringen?

Antwort: Würden Sie einen Beutel verfaulter Apfelsinen kaufen, nur weil jemand das Etikett wechselt und ein Frischedatum darauf macht? Ein Wechsel zur D-Mark könnte vielleicht dazu genutzt werden, um eine Währungsreform zu kaschieren, die alle Guthaben und damit auch alle Schulden löscht. Dann wäre wertlos, wofür sie Jahrzehnte hart gearbeitet haben. Der Euro hat zwar manches verschlimmert, ist aber nicht Schuld an der horrenden Verschuldung. Auch mit der D-Mark wäre die Verschuldung unaufhaltsam exponentiell weiter gewachsen, weil die D-Mark eine Zinskreditwährung war, genauso wie der Euro.

Nur eine umlaufgesicherte Währung kann garantieren (und das garantiert), dass Staat und Wirtschaft sich nicht unnötig verschulden und die arbeitende Bevölkerung nicht mehr über die Zinswirtschaft von einer Geldelite ausgebeutet werden kann. Nur eine umlaufgesicherte Währung kann also garantieren, dass ihnen die Früchte ihrer Arbeit maximal zu gute kommen. Ohne Zinswirtschaft kann kein ausbeutendes System aufgebaut werden, das der arbeitenden Bevölkerung über den Verleih von Geld immer mehr Geld wegnimmt.

Frage: Das Wachsen von Guthaben und Schulden im Gleichschritt ist doch eigentlich furchtbar. Da die Zinswirtschaft weltweit verbreitet ist,

ist ja wohl auch die Massenarmut in der Welt zinsbedingt. Viele Dritt-weltländer ersticken in ihren Schulden. Sollten weltweit die Schulden erlassen werden, damit die Armut überwunden werden kann?

Antwort: Wenn Schulden erlassen werden, muss klar sein, wer diese Schulden erlässt. Wenn ein Staat Schulden erlässt, der selber verschuldet ist, sinken dessen Guthaben und seine Schulden wachsen, so dass er noch mehr seinen Kreditgebern ausgeliefert ist. Wenn es die privaten Vermögen sind, die Schulden erlassen, entfallen deren Forderungen, d. h. deren Guthaben sinken. Die könnten das verkraften, aber ob die das tun?

Frage: Viele Menschen sind so empört über Vater Staat, dass er so gierig ist und immer mehr Steuern haben will. Was sagt man diesen Menschen?

Antwort: Vater Staat hat von seiner Gier nichts, weil Vater Staat nur verschuldet ist. Vater Staat ist nur ein Instrument, das die Inhaber der Privatvermögen benutzen, um sich der Steuergelder zu bedienen. Vater Staat reicht die Steuereinnahmen nur durch zur Geldelite. Die Gier geht also nicht vom Staat aus, der zu einem hilflosen Instrument degradiert wurde, sondern von der Geldelite. Natürlich ist dies ein Vergehen an der Gesellschaft, ein völlig legales Vergehen. Es bringt aber auch nichts, in Stürme der Entrüstung auszubrechen, wenn einem die Zusammenhänge klar werden. Besser ist zu verstehen, was getan werden kann und dies dann auch zu tun. Es wird unsere gesammelte Kraft brauchen, das Fließende Geld in unserem Land einzuführen. Sobald eine zunehmende Bewegung entsteht, kann diese nur erfolgreich sein. Das Fließende Geld wird die Missstände beheben und einen Wohlstand für alle herbeiführen.

Frage: Zahlt denn die Geldelite für ihre gigantischen Einnahmen keine Steuern?

Antwort: In Deutschland zahlt sie 25% Quellensteuern auf ihre Zins-einnahmen. Welche Möglichkeiten die internationalen Konzerne haben, Kosten abzusetzen und Steuern zu sparen, wissen sie wahrscheinlich. Das Steueraufkommen von Seiten der Geldelite ist nicht sehr hoch. Die Einnahmen, die sie aus der Staatsverschuldung hat, sind höher.

Frage: Wie könnten wir denn verhindern, dass sich die Regierung unseres Staates mit Zinskrediten bei privaten Banken verschuldet, für deren Zahlung sie die Steuern immer weiter anhebt? D. h. wie können wir die ständigen Steuererhöhungen denn verhindern?

Antwort: Steuererhöhungen lassen sich nur vermeiden, wenn es keine Zinswirtschaft mehr gibt. Leisten Sie also einen Beitrag zur Einführung Fließenden Geldes. Wenn Sie mit den Idealen einer Partei identifiziert sind, kämpfen Sie für diese Ideale, indem Sie Parteifreunde für die Einführung Fließenden Geldes gewinnen. Wenn dies zu Ihrem Rausschmiss führt, treten Sie der Humanwirtschaftspartei oder Den Violetten bei. Diese setzen sich für die Einführung Fließenden Geldes ein. Beteiligen Sie sich an Regionalwährungen oder leisten Sie einen Beitrag, dass eine aufgebaut wird, falls es in Ihrer Region noch keine gibt.
Und kümmern Sie sich um Ihre Transformation. Machen Sie sich von den *Neun ND–Tendenzen* der Zinswirtschaft frei. Auch damit leisten Sie einen wichtigen Beitrag, dass das Fließende Geld kommen kann. Sobald es da ist, fallen die Zinslasten auf die Staatsverschuldung weg, der Finanzbedarf des Staates schrumpft und die Steuern sinken. Innerhalb der Zinswirtschaft wird eine nennenswerte Steuersenkung erst wieder möglich, nachdem die Währung zusammengebrochen ist.

Frage: Man hört immer wieder, dass die mangelnde Golddeckung des Geldes die Inflation verursacht. Was hat es damit auf sich?

Antwort: Das ist ein verbreitetes Märchen. Man glaubt, mit einer Golddeckung die Inflationstendenz bannen zu können, aber die Kreditketten würden im Laufe der Zeit auch mit Golddeckung reißen. Auch eine vollständige Golddeckung sämtlicher Zinswährungen würde dies nicht verhindern, zumal dafür nicht genügend Gold auf der Welt vorhanden ist. Wenn das Geld durch die Leistung gedeckt ist, die man dafür bekommt, wozu muss es zusätzlich durch Gold gedeckt sein?

In einer Ganzheitlich-Freien Marktwirtschaft gibt es sowieso kein Inflationsproblem. Die benötigte Menge des in Umlauf befindlichen Geldes kann immer genau errechnet werden. Daher werden Inflation und Deflation nicht auftreten. Entstünde Inflation wäre dies ein Hinweis, dass die Zentralbank keinen guten Job macht. Die Verantwortlichen müssten entlassen werden. Da keine Deflationsgefahr besteht, gibt es auch keinen Grund, eine schleichende Inflation zu erzeugen, wie es in der Zinswirtschaft notwendig ist. Eine Golddeckung ist schlichtweg überflüssig.

Anstatt das Geld mit Gold zu decken, sollten wir stattdessen unsere Hausdächer mit Gold abdecken. Dann haben wir wenigsten alle etwas davon.

Frage: Dann erzählen jene, die sagen, dass die Verwendung von Bargeld das Problem ist, wahrscheinlich auch nur Blödsinn, oder?

Antwort: Bargeld oder kein Bargeld ändert nichts an der Zinsproblematik. Durch die Abschaffung des Bargelds wird andererseits detailliert über zentrale Computer kontrollierbar, welche Finanztransaktionen jemand vornimmt. Ein Mensch, der in Streit mit seiner Bank gerät, kann durch den Entzug der Kreditkarten der Möglichkeit beraubt werden, einkaufen zu gehen. Dann sind es allein die Banken, die entscheiden, ob jemand eine Teilnahmeberechtigung am öffentlichen Leben hat oder nicht. Für wen ist das eine verlockende Aussicht?

Frage: Es fühlt sich doch irgendwie gut an, zumindest ein kleinen Guthabenzins für das Zurverfügungstellen von Geld zu erhalten. Könnte man das Geld nicht auch in Umlauf halten und den Missbrauch vermeiden, indem der Staat selbst das Geld gegen einen kleinen Zins in Umlauf bringt? Dann könnte jeder wenigsten ein bisschen an Zinseinnahmen erwirtschaften.

Antwort: Die Zentralbank ist quasi staatlich, weil sie ihre Gewinne an den Staat abführt. Wenn die Zentralbank das Geld billiger anbietet als die Geschäftsbanken, können diese sich billig bei der Zentralbank mit Geld eindecken. Das würde als Dauerzustand zu viel Geld in Umlauf bringen. In Amerika ist der Leitzins zu niedrig und der Dollar inflationiert. Die Höhe des Leitzinses ist für die Zentralbank ein Ventil, mit dem sie die Menge des in Umlauf befindlichen Geldes reguliert. Ist der Leitzins zu hoch, decken sich die Geschäftsbanken lieber auf dem Kapitalmarkt ein. Wird er gesenkt, vergibt die Zentralbank mehr Kredite an die Geschäftsbanken.

Eine Zinssenkung bei der Geldherausgabe könnte die Zinsproblematik also überhaupt nicht entschärfen. Der Zinssatz wird im Markt als Instrument benötigt, um das Geld in Umlauf zu halten. Ist er zu niedrig, ziehen es viele Anleger vor, ihr Geld nicht gegen einen Zins zur Bank zu bringen und lieber flüssig zu halten, so dass es dem Umlauf entzogen ist. Dies erzeugt dann eine künstliche Knappheit im Geldumlauf, also eine Deflation. Wenn die Zentralbank will, dass die Geschäftsbanken sich ihr Geld von denen holen, die es zurückhalten, hebt sie den Leitzins. Dadurch sind die Geschäftsbanken gezwungen, ihr Geld auf dem Kapitalmarkt zu besorgen, also bei den Sparern. Dieses Geld können sie nur durch Anheben der Zinsen zu sich locken.

Somit ist es das Verhalten der Anleger, welches bestimmt, wie hoch der Zinssatz sein muss. Niedrige Zinsen für den Kapitalmarkt lassen sich nicht vorschreiben. Selbst wenn, würde dies zum Zurückhalten privater Gelder führen und Deflation erzeugen. Die Banken kämen nur noch bei der Zentralbank an Geld, was zu viel Geld in Umlauf bringen, also Inflation erzeugen würde. Das Geldvolumen, das die Geschäftsbanken von der Zentralbank aufnimmt, beträgt außerdem – bei einer jährlichen Geldmengensteigerung von 2% – nur ein Fünfzigstel des Kapitalmarktes, also des Kreditvolumens, das sie an Kunden vergeben. Der Leitzins hat also sowieso nur die Funktion der Geldmengenregulierung. Ich denke nicht, dass es einen anderen Weg gibt, die Problematik der Zinswirtschaft zu lösen als die Einführung Fließenden Geldes.

Frage: Verstehe ich das richtig? Durch eine Zinsanhebung wird gehortetes Geld wieder in Umlauf gebracht. Ich dachte immer, die Zentralbank senkt den Leitzins, um mehr Geld in Umlauf zu bringen, weil sie dann mehr Kredite vergibt. Was ist denn nun richtig?

Antwort: Hier muss man unterscheiden zwischen der Zentralbank und den Geschäftsbanken. Der Markt zwischen Zentralbank und

Geschäftsbanken heißt Geldmarkt. Der Markt zwischen den Geschäftsbanken und den Bankkunden heißt Kapitalmarkt.

Wenn die Deflationsgefahr durch Anheben des Leitzinses nicht gebannt wird, weil trotzdem nicht genug Geld in Umlauf kommt, dreht die Zentralbank schon mal den Geldhahn auf und senkt den Leitzins. Dadurch kommen mehr Kredite in Umlauf, welche die Geldhortung wettmachen. Irgendwann muss die Zentralbank den Geldhahn aber wieder schließen, um keine massive Inflation zu erzeugen. Hebt die Zentralbank dann den Leitzins, um das Ventil zuzumachen, können sich die Geschäftsbanken nur noch auf dem Kapitalmarkt eindecken. Wenn sie ihre Zinsen anheben müssen, kommt verstärkt gehortetes Geld in Umlauf, was dann eine verstärkte Inflation erzeugt. Die Zentralbank versucht also zu vermeiden, einer Deflationsgefahr durch Zinssenkung zu begegnen, weil dies schließlich zwangsläufig zu verstärkter Inflation führt.

Die eigentliche Problematik der Zinswirtschaft besteht in der automatischen Umverteilung von unten nach oben und in der automatisch zunehmenden Verschuldung. Die Umverteilung erzwingt ein Wirtschaftswachstum, damit die Produktivkräfte nicht verarmen. Dieser Zwang zu Wirtschaftswachstum zerstört global die Umwelt. Die wachsende Verschuldung führt zu wachsender Arbeitslosigkeit und sinkenden Reallöhnen. Die schleichende Inflation ist nur eine schleichende Geldentwertung, also nicht das größte Übel.

In einer Ganzheitlich-Freien Marktwirtschaft lassen sich Inflation und Deflation mühelos vermeiden und eine gute Preisstabilität erzielen, da immer alles Geld in Umlauf bleibt. Hortung lohnt sich für niemanden, zu keiner Zeit und unter keinen Umständen und stellt kein Problem dar, für das eine Lösung gefunden werden müsste.

Frage: Es gibt viele Menschen, die den Guthabenzins für etwas Positives halten, weil er das Bereitstellen von Geld belohnt und eine Umlaufsicherungsgebühr für etwas Negatives, weil sie die Menschen bestraft. Es ist oft der erste Eindruck, der die Meinung bildet. Wie vermittelt man am Besten, dass es in Wirklichkeit anders herum ist?

Antwort: Indem man den Menschen darlegt, wozu die jeweilige Maßnahme einen Menschen erzieht. Eigentlich ist es eine Frage natürlicher Zusammenarbeit, dass Menschen mit Überschüssen Menschen mit einem Investitionsbedarf für Projekte das überschüssige Geld zur Verfügung stellen. Durch die Zinswirtschaft wird diese Zusammenarbeit über die Gier erzielt. Je mehr Menschen sich verschulden, desto mehr wird diese Gier bedient und desto größer wird das Interesse auf Seiten der Kreditgeber, dass sich Menschen immer noch mehr verschulden. Das bloße Vorhandensein eines Zinses erzeugt also eine Tendenz, dass Menschen andere Menschen ausbeuten.

Durch die Umlaufsicherungsgebühr wird die Zusammenarbeit dadurch belohnt, dass man durch das Zurverfügungstellen von Überschüssen der Gebühr entgeht. Der Geldverleiher wahrt den Wert seines Geldes und hat kein Interesse daran, dass die Geldleiher immer mehr und mehr Geld leihen und sich in die Verschuldung stürzen. Geldverleiher und Geldleiher stehen auf einer Ebene. Das Geld beutet weder aus, noch übt es Macht aus, sondern fließt durch die Umlaufsicherungsgebühr überall hin, wo es für die Realisierung von Projekten benötigt wird. Das Zurverfügungstellen von Geld erzeugt nicht Gier, sondern Solidarität.

Frage: Glauben Sie denn, das Fließende Geld wird sich einführen lassen, wenn die Menschen sehen, dass sie auf ihren Guthabenzins verzichten müssen?

Antwort: Sobald in der Tiefe ankommt, was sie für diesen Verzicht bekommen, werden sie sich für die Einführung des Fließenden Geldes öffnen und auch einsetzen, denn die Einführung bringt viele persönliche Vorteile mit sich. Unter diesen besteht der mit Abstand größte Vorteil aber in der zinslosen Finanzierung von Projekten. Sie können den Kauf eines Autos zinsfrei finanzieren. Ein Hauskauf ist 100% finanzierbar, solange Ihr Einkommen ausreicht, um den Kredit zu tilgen. Ohne die Zinswirtschaft kostet ein Hauskredit am Ende nur ein Drittel bis die Hälfte dessen, was ein Haus in der Zinswirtschaft kostet.

Frage: Obwohl noch eine Bodenpacht hinzukommt?

Antwort: Die muss sowieso jeder zahlen, auch Mieter, da Vermieter dies natürlich auf die Miete aufschlagen. Die Bodenpacht wird für die

Finanzierung des Grundeinkommens verwendet, so dass das Grundeinkommen im Wesentlichen die Kosten der Bodenpacht abdeckt. Als Bodenpacht hat diese Steuer den zusätzlichen Vorteil, die Bodenpreise niedrig zu halten, weil sich Bodenspekulation nicht lohnt, so dass diese Steuer an dieser Stelle einen sinnvollen Beitrag leistet, unser Leben einfach und kostengünstig zu halten.

Frage: Die Zinswirtschaft rechtfertigt den höheren Sachkapitalzins mit dem Risiko des Unternehmers für seine Investitionen. Die Verzinsung von Kapitalinvestitionen wird ebenfalls mit dem vorhandenen Risiko rechtfertigt. Wer sein Geld riskiert, muss belohnt werden. Wozu sollte er es sonst riskieren? Gibt es beim Fließenden Geld eine Risikobelohnung? Dieser Faktor bleibt unberücksichtigt.

Antwort: Der Unternehmer arbeitet für seinen Unternehmerlohn. Er kann sich fast zinsfrei finanzieren. Er kann, wenn er will, stets alleiniger Eigentümer seines Unternehmens sein und trägt kein großes Risiko. Die Investitionen lohnen sich in erster Linie, weil er dadurch bestimmt, was er in seinem Leben erschafft. Das Unternehmen ist Ausdruck von Freiheit und Schöpferkraft. In der Phase bis zur Marktsättigung muss er zusätzlich zu seinem Unternehmerlohn einen Sachkapitalzins erzielen, mit dem er seinen Kredit tilgen kann. Dies hält ihn davon ab, in satte Märkte zu investieren.

In der Zinswirtschaft verleitet Kapital zu riskanten Investitionen, um mit hohem Risiko die Erträge zu maximieren. Muss solches Risiko belohnt werden? Wer sich verspekuliert, verliert sein Geld. Wer dabei ordentlich absahnt, erwirkt sich ein immenses leistungsloses Einkommen. Warum sollte man für die Möglichkeit sorgen, Geld durch Risiko zu vermehren?

Wir können den Wasserspiegel eines Sees auch nicht anheben, indem wir für Wellen sorgen. Risiko in den Markt zu bringen, ist wie das Erzeugen solcher Wellen. Den entstehenden Wellen stehen die Wellentäler gegenüber. Die entstehenden Gewinne werden durch die Verluste finanziert, die andere ereilt. Wer eine Welle erwischt, glaubt dass er den Wasserspiegel anheben konnte. Wer ein Wellental erwischt, weiß, dass es nicht so ist. Das Geld kann nicht aus dem Nichts kommen. Es muss immer erarbeitet werden.

Die Spekulation im Devisenmarkt kann dem Markt als Ganzes nur Gewinne bringen, indem Volkswirtschaften oder in Folge großer Crashs der Steuerzahler ausgebeutet werden. Ist es gerecht, dass solches Risiko belohnt wird?

Fließendes Geld lässt die Sachkapitalzinsen in der Wirtschaft gegen Null laufen. Spekulation lohnt sich nicht. Dies beschützt die Löhne und Gehälter der Produktivkräfte, welche hoch bleiben. Der Anreiz zum Investieren ergibt sich aus der Umlaufsicherungsgebühr, welcher das Geld unterliegt, wenn es nicht investiert wird. Der Investor wird Investitionsrisiken vermeiden. Wer Geld über hat, bringt es zur Bank. Wer eine Unternehmung starten möchte, kann sich fast zinsfrei finanzieren.

Wozu ein Risikolohn, wenn das Risiko gering ist? Die Banken werden sich aus riskanten Geschäften heraushalten, weil nirgendwo Sachkapitalzinsen locken. Sie werden ihr Geld prinzipiell an die solidesten Unternehmungen verleihen. Dies erzieht zu einer Kultur der soliden und seriösen Finanzierungen. Die Jagd nach dem Geld überhaupt wird enden und zu einer friedlichen und entspannten Welt führen, in der die Arbeit gut bezahlt wird und das zur Bank gebrachte Gesparte seinen Wert behält.

Frage: Manche Leute sagen, Zinskritik sei antisemitisch. Was sagen Sie dazu?

Antwort: Möglicherweise bezieht sich diese Frage auf den Umstand, dass die Christen im Mittelalter die Juden in die Geldwirtschaft abgedrängt haben. Den Juden war es verwehrt, sogenannte christliche Berufe auszuüben. Absolut hoffähig wurde die Zinswirtschaft aber erst durch die Calvinisten gemacht. Diese protestantische Strömung sah im finanziellen Reichtum Gottes Segnung. Die calvinistische Ideologie ist heute das Fundament nicht des jüdischen, sondern des angelsächsischen Finanzkapitals. Es ist die Ideologie der Multimilliardäre in den Vereinigten Staaten.

Die Ganzheitlich-Freie Marktwirtschaft wird ausnahmslos allen Völkern der Erde zugute kommen. Sie ist pro alle Menschen, also auch prosemitisch.

Frage: Vielleicht bezieht sich diese Frage auch darauf, dass einige sehr reiche Mitglieder der Geldelite Juden sind. Wie lauten denn die Namen der Leute, aus denen die Geldelite besteht?

Antwort: Lesen Sie einfach Ferdinand Lundberg „Die Reichen und die Superreichen". Hier werden Sie alle Namen finden, die Sie wissen wollen. Namen spielen bei der Frage nach einem Systemwandel aber keine so große Rolle. Wichtig ist alleine das Prinzip, mit dem die arbeitende und arbeitslose Bevölkerung ausgebeutet wird. Würde Superreicher X durch Superreichen Y ausgewechselt, würde sich nichts ändern. Der Wechsel von Zinskreditwährung zu umlaufgesicherter Währung wird einen von allein fortlaufenden Ausgleich in den Vermögensständen schaffen. Die Geldelite wird nicht enteignet und darf ihren großen Reichtum behalten. Sie wird lediglich ihrer Macht beraubt, ihr Vermögen leistungslos anwachsen zu lassen. Es wird unwichtig bleiben, wer die Mitglieder der Geldelite denn waren.

Frage: Wenn Sie sagen, Namen spielen keine Rolle, dient das nicht der Geldelite in ihrem Ansinnen, sich unsichtbar zu machen? Sollten die Namen nicht offen gelegt und öffentlich gemacht werden, damit die Geldelite sichtbar wird?

Antwort: Es gibt genug Bücher, wo sie öffentlich gemacht sind. Das viele Beschäftigen mit diesen Namen stärkt nach meiner Beobachtung die von der Zinswirtschaft geschaffene Tendenz zur Schuldzuweisung. Ein Klima der Schuldzuweisung schafft Streit, welcher wiederum der Zinswirtschaft dient. Man übernimmt nicht mehr die Verantwortung für den positiven Wandel in der Welt. Der Nationalsozialismus hat diesen Effekt genutzt, damit die Deutschen ihre Verantwortung an ihn abgeben. Durch das öffentliche Anklagen der Juden als Blutsauger wurde allgemein die Tendenz der Schuldzuweisung verstärkt. Das hat jene, die sich daran beteiligten, blind gemacht, und sie haben keine Verantwortung für einen positiven Wandel übernommen.

Es geht nicht darum, Menschen bloßzustellen oder anzugreifen. Es geht darum, das Prinzip deutlich zu machen, das hier wirkt. Die Zinswirtschaft schaufelt ständig Vermögen von unten nach oben, so dass eine Geldelite entsteht. Es genügt zu sehen, dass diese Geldelite mit ihren Zinseinnahmen Wirtschaft und Staat weitgehend nach ihren Wünschen steuern kann. Aber die Geldelite ist nicht das eigentliche Problem. Die Zinswirtschaft ist das Problem. Wenn Ihr Dach undicht ist, bringt es nichts, gegen die durchdringende Nässe anzukämpfen.

Das Dach muss repariert werden, damit kein Wasser mehr durchdringt. Das Wasser weist nur darauf hin, dass es eine Undichtigkeit gibt. Genauso ist die Zinswirtschaft die Ursache der Missstände, nicht die Geldelite. Das Vorhandensein einer Geldelite weist nur auf das ursächliche Problem, die Zinswirtschaft, hin. Und wenn wir erkennen, dass die Zinswirtschaft das Problem ist, können wir Verantwortung übernehmen und einen Beitrag für die Einführung Fließenden Geldes leisten.

Frage: Würde die Bereitschaft der Geldelite, ihren Reichtum mehr zu teilen, nicht alles verändern?

Antwort: Je nach dem wie groß dieses Teilen ist, würde es eine gewisse Erleichterung bewirken, aber nicht den durch die Zinswirtschaft bedingten Umverteilungsmechanismus von unten nach oben beenden. In vielerlei Hinsicht erzeugt die Zinswirtschaft automatische Mechanismen, die eine Evolution des rücksichtslosen Egoismus' und der Verantwortungslosigkeit gegenüber Mensch und Natur bewirken. Die Mitläufer-Eliten und Zuarbeiter der Geldelite werden nach ihrem Erfolg selektiert und müssen rücksichtslos handeln, nicht nur um sich zu bereichern, sondern auch um überhaupt ihre Position zu wahren. Sie – genauso wie die Mitglieder der Geldelite – stehen meist vor der Wahl, einen egoistischen Vorteil wahrzunehmen oder diesen einem Konkurrenten zu überlassen.

Die Welt wird nicht besser, wenn sie die Vorteile anderer überlassen, also nehmen sie sie selber wahr. Verantwortungsbewusstes unternehmerisches Handeln senkt zumeist den „Shareholder Value" an der Börse und führt leicht zu einer feindlichen Übernahme solcher Unternehmen. Dies selektiert das rücksichtslose Handeln gegenüber Mensch und Natur heraus und straft das verantwortungsbewusste Handeln. Dass sich die Geldelite das System erhalten will, funktioniert fast reflexartig. Politiker, die das System ernsthaft wandeln wollen und ehrlich sagen sagen, was sie denken, und auch tun wollen, was sie sagen, werden aussortiert, bevor sie in die Parteispitzen (der größeren Parteien) kommen. Wissenschaftler, deren wissenschaftliche Ansichten nicht erwünscht sind, finden keine Beachtung oder Unterstützung in den Massenmedien.

In der Summe wird der Geldmachtapparat zu einem Bollwerk, das nur gewandelt werden kann, indem es durch die Einführung Fließenden Geldes in sich zusammensinkt. Insofern ist tatsächlich nur das System der Verursacher des Übels und nicht die einzelnen Mitglieder der Geldelite oder andern Eliten. Es ist gut, somit die allzu menschliche Menschlichkeit dieser Leute zu sehen. Es ist für jeden von uns definitiv hilfreich, sie nicht als Monster zu sehen, um nicht in einen Zustand der Schuldzuweisung zu verfallen. Es hilft uns, uns unserer eigenen vollen Verantwortung für die Zustände in der Welt bewusst zu sein. In Wahrheit ist die Schöpferkraft jedes einzelnen Menschen zur Gestaltung der Zustände in der Welt etwa gleich groß. Wir haben also vollkommen die Macht, die Zustände in der Welt zum Wohle des Ganzen zu wandeln.

Dies soll allerdings keine Absolution für rücksichtsloses Handeln sein. Wenn wir die mangelnde Integrität anderer als Rechtfertigung für unseren eigenen Mangel an Integrität nehmen, werden wir absolut gar nichts positiv wandeln können. Jeder Mensch ist zu integerem Handeln aufgerufen, auch die Eliten. Ich sehe nur, wie menschlich es ist, rücksichtslos zu handeln und dass es wahrer menschlicher Größe bedarf, sich als Rad eines solchen Systems menschlich zu wandeln und einen Beitrag für den Wandel des Systems zu leisten. Aufgrund der negativen Tendenzen in unserem Bewusstsein sind wir alle Räder im Zinssystem, die Mitglieder der Geldelite die größten und die große Mehrheit nur kleine Rädchen. Wenn genug Räder die *ND–Tendenzen* in ihrem Bewusstsein wandeln, kann Fließendes Geld eingeführt werden und der Geldmachtapparat sinkt in sich zusammen.

Frage: Sie sprechen immer von „der Geldelite". Gibt es nicht verschiedene Geldeliten?

Antwort: Ja natürlich. Es gibt vor allem eine amerikanische und eine europäische Geldelite. Für die Problematik der Zinswirtschaft und auch der Zinsherrschaft an sich, ist dies jedoch irrelevant. Die Unterschiede zwischen den Geldeliten und ihre Kämpfe untereinander machen keinen Unterschied.

Frage: Was würden Sie sagen, wenn sich die NPD für Fließendes Geld aussprächе?

Antwort: Das würde ich gut finden. Je mehr sich ein Rechtsradikaler mit Fließendem Geld beschäftigt, desto mehr untergräbt er selbst seine nationalistische Ideologie und wird libertär. Die NPD würde sich in eine libertäre Partei wandeln oder sich auflösen. Die NPD würde ihr eigenes Ende als nationalistische Partei besiegeln. Wie schön.

Frage: Bei vielen kommt die Kritik an den Superreichen so an wie Missgunst. Bei vielen Kritikern ist es wohl auch Missgunst, die da spricht. Missgunst ist keine sehr attraktive Eigenschaft. Andere fassen den Hinweis auf die Macht einer Geldelite oder eines Geldmacht-apparates als Verschwörungstheorie auf und halten die Verwendung solcher Begriffe für Paranoia. Was sagen sie dazu?

Antwort: Missgunst ist eher ein Ausdruck, dass man gerne an der Stelle eines anderen wäre. Solche Menschen wollen das Unrechts-system nicht wandeln, sondern es eher erhalten in der Hoffnung, selbst einmal oben auf zu sein und zur Abwechslung mal von der Arbeit ande-rer leben zu können. Eine solche Einstellung – quasi die Gier der Benachteiligten – hält das System aufrecht. Der Wunsch, mal bei den Oberen zu sein, könnte auch ein Tor für Bestechung öffnen. Man muss das Wohl aller im Auge haben und wollen, um das System zum Wohle des Ganzen wandeln und Fließendes Geld einführen zu können. Außerdem vertrete ich die Ansicht, dass jeder alles Vermögen in jed-weder Form behalten darf und soll. Die Einführung Fließenden Geldes genügt, um eine gerechte Welt eines Wohlstands für alle herbeizuführen.

Im Zinskreditsystem ist Reichtum nicht statisch, sondern wächst über Zins und Zinseszins exponentiell an, erst zum Superreichtum, dann zum Super-Superreichtum, nach oben unbegrenzt außer durch den Zusammenbruch der Wirtschaft. Es gibt einen direkten Zusammen hang zwischen immer schneller wachsendem Superreichtum einerseits und der Verknappung und Verarmung. Beides sind die beiden Seiten ein und derselben Münze.

Somit ist es keine Frage der Missgunst, sondern eine Frage der Notwehr, des sozialen Friedens, der Gerechtigkeit, des Mitgefühls und der Verantwortung gegenüber den Hungernden in der Welt, sich gegen die Zinswirtschaft auszusprechen und eine umlaufgesicherte Währung einzuführen. Es ist auch eine Frage der Rettung des Planeten.

Wenn wir die Möglichkeit leugnen, dass Teile der Geldelite, die ihnen durch solches Vermögen an die Hand gegebenen Mittel und Wege rücksichtsloser Vermögensanhäufung auch in Anspruch nehmen, mag uns der Name „Geldelite" oder „Geldmachtapparat" verschwörerisch erscheinen. Ansonsten ist die Relevanz einer Geldelite für die Zustände in der Welt logisch. Wenn man sieht, welches Leid und Chaos mit diesen Vermögenszuwächsen in der Welt angerichtet werden, ist das schon ein Hinweis auf eine rücksichtslose Haltung. Da kann man sich schon mal überlegen, was die mit einer solch rücksichtslosen Haltung wohl noch im Verborgenen anrichten.

Verschwörungstheorien rühren einerseits aus Gedanken, die sich aus Angst und Paranoia ergeben, andererseits von Informationen her, die aus Kreisen der Geldelite an die Öffentlichkeit gelangen. Da man nie weiß, mit welcher Absicht solche Informationen verbreitet werden, vor allem wenn sie Angst machen, sind sie prinzipiell mit höchster Vorsicht zu genießen. Wenn die Angst oder Paranoia so groß wird, dass wir glauben, nichts für einen Wandel tun zu können, erfüllt sich dieser Glaube von selbst, und wir können nichts tun. Wenn wir in kollektiver Angst vor einer Weltherrschaft erstarren, hat allein diese kollektive Angst die Macht, eine solche Weltherrschaft herbeizuführen.

Die Macht geht vom Volk aus, von jedem Einzelnen von uns. Wenn wir unsere Schöpferkraft nutzen, um in Angst zu leben, erschaffen wir, wovor wir Angst haben. Mit Angst erschaffen wir eine dunkle Welt. Viele verbreiten Informationen, aus denen unverkennbar die hysterische Panik spricht. Hier gilt es, die Angst und den Glauben zu überwinden, den Missständen in der Welt schicksalhaft ausgeliefert zu sein. Hier gilt es, die eigene Schöpferkraft zum Wandel des Systems zu erkennen, Verantwortung zu übernehmen und einen Beitrag zum Wandel des Systems zu leisten. Die Einführung Fließenden Geldes wird die Macht des Geldes über unsere Welt beenden, alle Verschwörungstheorien gegenstandslos machen und auch die Paranoia in der Welt zum Verschwinden bringen.

Frage: Was ist Ihrer Meinung nach die wichtigste Voraussetzung für die Einführung Fließenden Geldes? Worauf sollten wir unser besonderes Augenmerk legen?

Antwort: Das wichtigste ist die stattfindende Transformation der Menschheit. In dem Maße, in dem wir transformiert sind, lassen wir uns von den *Neun ND–Tendenzen* der Zinswirtschaft nicht mehr beherrschen. Wenn das Bewusstsein der Menschen kollektiv eine Öffnung für einen positiven Wandel in der Welt schafft, wird sich das Fließende Geld einführen lassen und es wird sich in der Welt durchsetzen.

Frage: Ist es dann nicht besser, nur auf den Bewusstseinswandel und die Transformation der Menschen zu setzen, anstatt im Außen tätig zu werden, wo die Zinsherrschaft doch sowieso alles unter Kontrolle hat?

Antwort: Wie gesagt, ist es in Wahrheit der Bewusstseinswandel der Menschen, welcher die Tür für die Einführung Fließenden Geldes öffnet. Die Zinswirtschaft umspannt die Welt und erzeugt die *Neun ND–Tendenzen* in der Welt, allem voran ein Mangelbewusstsein, dem die von der Zinswirtschaft im Außen erzeugte Knappheit entspricht. Der Bewusstseinswandel erzeugt ein Bewusstsein von Fülle und eine Vielfalt positiver Bewusstseinsqualitäten. Diese beiden Bewegungen arbeiten gegeneinander an und bauen einen Druck auf, der mehr und mehr nach einem Ventil sucht. Die Zinswirtschaft arbeitet gegen die Transformation an. Der zunehmende Druck schafft einen Raum, in dem Bücher wie dieses auf fruchtbaren Boden fallen können. Der Druck wird sein endgültiges Ventil finden, wenn er zur Einführung Fließenden Geldes führt.

Sobald das Fließende Geld eingeführt ist, kann die erreichte Transformation im Innen und im Außen voll durchstarten. Während Ihre Bemühungen zunächst gegen verschlossene Zinstüren laufen, rennen anschließend alle, die zu ihrer Kreativität erwachen, offene Türen ein und erzeugen globalen Wohlstand. Wenn Sie die Ebenen unterscheiden, können Sie erkennen, dass das Eintreten für die Einführung Fließenden Geldes den Durchbruch bringt in der Transformation des Bewusstsein. Wenn Sie also eine globale Transformation des Bewusstseins wollen, lade ich Sie ein, eine Haltung für die Einführung Fließenden Geldes einzunehmen.

Frage: Manche Immobilienbesitzer, die noch einen Kredit abzuzahlen haben, freuen sich, wenn sie hören, dass eine Zinswährung zwangsläufig zusammenbricht, wenn eine zu geringe Neuverschuldung stattfindet. Sie denken, wenn dieser Punkt kommt und alles Geld entwertet ist, gehört ihnen das Haus. Sie wollen erst einen Crash abwarten, der ihre Schulden tilgt, bevor sie der Einführung einer umlaufgesicherten Währung zustimmen. Was sagen Sie dazu?

Antwort: Die Banken behalten in der Regel ihre Ansprüche an den Immobilien in der Höhe des noch nicht getilgten Kredits. Auch die Immobilienkrise vor allem in den U.S.A. ist nicht zufällig entstanden. Gelder, die zum Zeitpunkt der Geldentwertung nicht als Kredite vergeben wurden, sind dann wertlos. Wurde aber ein Kredit zum Kauf einer Immobilie vergeben, egal wie unseriös und unhaltbar dieser Kredit auch sein mag, so kann die Bank zum Zeitpunkt der Geldentwertung die als Sicherheit gegebene Immobilie übernehmen. Der Crash nutzt der Geldelite umso mehr, je mehr Immobilienkredite sie vergeben hat, egal an wen. In den U.S.A. werden sogar immer mehr Baudarlehen an Ninjas (no income, no job, no asset – kein Einkommen, kein Job, kein Vermögen) vergeben, nur damit das Geld untergebracht ist.

Frage: Das größte Problem wird immer sein, dass die Menschen denken, es handle sich um eine schöne Theorie, deren Gültigkeit noch nicht durch die Praxis bewiesen ist. Worauf kann man da verweisen? Gibt es Geschichtsepochen oder Kulturen, in denen Fließendes Geld verwendet wurde? Und wie hat sich das ausgewirkt?

Antwort: Hierzu gibt es ein interessantes Buch von Bernard Lietaer aus Belgien. Er war unter anderem Zentralbankier und Universitätsprofessor für internationales Finanzwesen. Das Buch heißt „Mysterium Geld" und ist im Riemann Verlag erschienen.

Die wohlhabendste Kultur der vorchristlichen Antike, in der allgemeiner Wohlstand herrschte, war das Alte Ägypten. Im Alten Ägypten wurde in zentralen Lagern das geerntete Getreide abgeliefert, für das es im Gegenzug Scheine gab. Diese verloren analog dem Wertverlust des Getreides bei der Lagerung an Wert. Dies hatte denselben Effekt, wie eine Gebühr, die auf Geld erhoben wird. Das Geld hatte keinen höheren Wert und keine größere Macht als die vom Menschen erzeugten Produkte und damit die menschliche Arbeit. Dieses Geld bewirkte in der ägyptischen Kultur all die Vorteile, die für Fließendes Geld üblich sind. Es schuf einen großen Wohlstand.

Ein weiteres Beispiel besteht in den umlaufgesicherten Währungen Europas im 11.—13. Jahrhundert. Die Fürsten und Landesherren erhoben eine Steuer auf den Besitz von Geldmünzen, was aus den Münzen jener Zeit Fließendes Geld machte. In dieser Epoche herrschte in ganz Europa eine große Blüte, von der niemand ausgenommen war. Bernard Lietaer zitiert Quellen, in denen berichtet wird, dass es keinen Unterschied zwischen dem Wohlstand der einfachen Leute und dem der Adeligen gab. Beide aßen mit silbernem Besteck.

In dieser kurzen Epoche wurden z. B. die gotischen Kathedralen Frankreichs in raschem Tempo errichtet. Der Kölner Dom war vergleichsweise leider ein klein wenig zu spät dran. Der Bau begann in der Zeit des Fließenden Geldes, in der der Dom rasch in die Höhe schoss. Vor der Fertigstellung endet die Ära des Fließenden Geldes leider. In der folgenden Zinswirtschaft zögerte sich die Fertigstellung um Jahrhunderte hinaus.

In neuerer Zeit hat das umlaufgesicherte Geld seine Überlegenheit vor allem in einigen regionalen Projekten während der Weltwirtschaftskrise bewiesen, die jeweils von zentraler Stelle gestoppt wurden. 1929 wurde in Erfurt die Wära geschaffen. Nach kurzer Zeit hatten sich schon 1000 Firmen angeschlossen, die einen separaten Kreislauf bildeten. Die von den Initiatoren gehegten Erwartungen erfüllten sich, aber das Projekt wurde im Oktober 1931 vom Reichsfinanzminister H. Dietrich durch eine Verordnung verboten.*

Ein weiteres und wohl das berühmteste Beispiel aus jüngerer Zeit ist die Gemeinde Wörgl in Tirol. „*Während überall in Österreich die Zahl der Arbeitslosen vom August 1932 bis August 1933 um rund 10% anstieg, konnte sie im Bereich der Gemeinde Wörgl im gleichen Zeitraum um 25% gesenkt werden. Nach diesem Erfolg konnte es nicht ausbleiben, dass auch das praktische Freigeldexperiment von Wörgl schon wenige Monate nach seinem Beginn internationales Aufsehen erregte.*"*

Als daraufhin 170 weitere Gemeinden in Österreich umlaufgesichertes Geld einführen wollten, griff die Zinsherrschaft in Gestalt

---

* jeweils Werner Onken, Modellversuche mit sozialpflichtigem Boden und Geld, Lütjenburg 1997

der österreichischen Zentralbank ein und stoppte das Projekt. Vor allem das Phänomen Wörgl zeigt die positiv dominante Kraft des Fließenden Geldes. Sobald diese sich durchsetzt, kann es nur noch durch Unterdrückung und Verbot gestoppt werden. Und das ist in Wörgl passiert.

Frage: Starke Beweise. Wie wirkte sich das umlaufgesicherte Geld auf die Religion in Ägypten und im 11.-13. Jahrhundert aus? Gibt es einen Zusammenhang zwischen dem Geldsystem und der Ausrichtung in der Religion?

Antwort: Auch auf diesen Punkt geht Bernard Lietaer in seinem Buch ausführlich ein. Die allgemeine Versorgung ist in einem System Fließenden Geldes gewährleistet, in einem Zinssystem entsteht dagegen eine Arm-Reich-Schere. Es ist die Mutter, die als Versorgerin gesehen wird. Entsprechend waren sowohl die Religion des Alten Ägyptens als auch die des 11.–13. Jahrhunderts stark auf die Verehrung des Mütterlichen ausgerichtet. In Ägypten herrschte der Isis-Kult vor. Im Hochmittelalter wurde vor allem die Schwarze Madonna verehrt. Die gotischen Kathedralen sind alle „Unserer Lieben Frau" geweiht. Frau heißt hier Herrin. Im Mittelalter hatte „Frau" den gleichen Rang wie „Herr". Die Geschlechtsbezeichnung war „das Weib". In den Zinsgesellschaften des Alten Roms und bei uns seit dem 14. Jahrhundert, wurde Gott nicht mehr oder nur sehr wenig als Mutter verehrt. Im Alten Rom herrschten vor allem männliche Götter. Im Europa seit dem 14. Jahrhundert trat die Marienverehrung wieder mehr in den Hintergrund.

Frage: Man sieht, es funktioniert wirklich und es gibt auch genug historische Beispiele und Beweise. Für die Bürger werden zwei zusätzliche Steuern, die Umlaufsicherungsgebühr und die Bodenpacht, so aussehen, wie noch zwei Steuern mehr zu all den Steuern, die sie sowieso schon erbringen müssen. Glauben Sie nicht, dass der Widerstand gegen solche Belastungen groß sein wird?

Antwort: Nicht wenn verstanden wird, wie sehr diese beiden Steuern die Gesamtsteuerlast verringern. Die Ganzheitlich-Freie Marktwirtschaft wird zunächst eine deutliche Steuereinsparung für alle mit sich bringen. Zum einen fallen nach und nach die Zinslasten auf die Staatsverschuldung weg. Das senkt den Finanzbedarf des Staates beträchtlich.

Wenn dann die Ganzheitlich-Freie Marktwirtschaft noch durch eine geschickte Steuergesetzgebung ergänzt wird, lässt sich noch viel mehr Geld einsparen.

Die Vereinfachung der Gesetzgebung und der Steuergesetze wird den größten Teil der Verwaltung einsparen, was den Finanzbedarf des Staates weiter drastisch absenkt. Somit braucht der Staat alleine deswegen schon ein viel niedrigeres Steueraufkommen.

Die Sozialversicherungsabgaben und die Einkommensteuer belasten die Wirtschaft. Das Grundeinkommen ersetzt die Renten und das Arbeitslosengeld. Wenn dieses von der Bodenpacht finanziert wird, können die Sozialversicherungsabgaben wegfallen.

Ein kleiner Teil des Finanzbedarfs wird durch die Umlaufsicherungsgebühr gedeckt. Dieser Teil wird nicht so groß sein, weil alle versuchen werden, der Gebühr zu entgehen und ihr Geld in Umlauf halten. Immerhin wird hierdurch ein kleiner Beitrag geleistet.

Wenn man den verbleibenden Finanzbedarf des Staates durch die Umsatzsteuer deckt, kann man die Einkommensteuer wegfallen lassen. Die kombinierte Lösung, das Grundeinkommen durch die Bodenpacht zu finanzieren und die Einkommensteuer abzuschaffen, wird der Wirtschaft die Fesseln nehmen.

Außerdem lohnt sich Schwarzarbeit nicht, wenn sowieso keine Einkommensteuer und keine Sozialversicherungsabgaben zu entrichten sind.

Wir haben hier also eine drastische Vereinfachung der Steuergesetze:
- eine Umlaufsicherungsgebühr, damit Geld in Umlauf bleibt,
- die Bodenpacht, damit das benötigte Land für jeden erschwinglich ist,
- die Umweltsteuer zum Schutz der Ressourcen der Erde und der Umwelt,
- die Kraftfahrzeugsteuer zur Finanzierung des Straßenbaus und
- die Umsatzsteuer für den verbleibenden Finanzbedarf des Staates, welcher nach einer Übergangszeit erträglich sein wird.

Alle anderen Steuern können abgeschafft werden. Es ist die Zinswirtschaft mit ihrer zunehmenden Staatsverschuldung, in der immer neue Steuern erfunden oder die vorhandenen Steuern angehoben werden müssen, um die steigenden Zinslasten der öffentlichen Kassen erbringen zu können. Diese öffentlichen Zinslasten fallen ohne die Zinswirtschaft weg, so dass sich die Steuern auf einem stabil niedrigen Niveau halten werden.

Das zu befolgende Prinzip lautet:

Indirekte Steuern runter gegen Null.

Direkte Steuern rauf.

Das minimiert die Belastung der Wirtschaft, macht Schwarzarbeit uninteressant und sorgt für Gerechtigkeit, weil niemand der Besteuerung entgehen kann. Bei allen ist die Menge ihres Landeigentums bekannt. Alle müssen und wollen Geld verwenden. Alle konsumieren und zahlen damit automatisch die Umsatzsteuer.

Frage: Das wäre ja wirklich eine Vereinfachung. Gehen wir die anderen Steuern doch einmal durch. Was ist mit der Gewerbesteuer?

Antwort: Die Wirtschaft wird kaum oder keine Sachkapitalzinsen erwirtschaften. Wozu sollte man sie zusätzlich mit einer Gewerbesteuer belasten?

Frage: Die Erbschaftssteuer.

Antwort: Wenn Vermögen an sich keine Sachkapitalzinsen abwirft, wenn es also keine leistungslosen Einkommen gibt, wäre eine Erbschaftssteuer reine Beraubung. Diese Steuer kann wegfallen.

Frage: Schließlich die Quellensteuer.

Antwort: Ohne Zinseinnahmen fällt die Quellensteuer natürlich weg.

Frage: Und die Luxussteuer auf Konsumgüter, wie z. B. Tabak?

Antwort: Hinter dieser Steuer steckt ja die Absicht, etwas zum Verschwinden zu bringen, was ungesund ist. An dieser Stelle würde ich eine Verknüpfung dieser Steuer mit der Krankenversicherung herstellen. Alles, was uns nachweislich krank macht, sollte besteuert werden:

Alkohol, Kaffee, weißer Zucker, weißes Mehl etc. Wenn man diese Steuern für die Krankenversicherung verwendet, zahlen die Menschen mit ungesunder Ernährung die Krankenversicherung. Da diese Menschen es schließlich sind, welche auch die meiste medizinische Behandlung in Anspruch nehmen, ist diese Besteuerung gerecht. Sie erzieht uns zu gesunder Ernährung. Wenn wir uns schließlich eine gesunde Ernährung angewöhnen, werden die Krankheiten zusammen mit dem Steueraufkommen zurückgehen, so dass auch weniger Behandlungskosten entstehen. Diese Regelung erzieht zur Volksgesundheit.

Frage: Sie haben eben mal angedeutet, dass das Grundeinkommen im Wesentlichen die Bodenpacht abdeckt. Was ist, wenn jemand arbeitslos ist, keine Sparrücklagen hat und sein Grundeinkommen für die Bodenpacht verwenden muss? Wovon lebt der?

Antwort: Die Gefahr chronischer Arbeitslosigkeit ist in der Ganzheitlich-Freien Marktwirtschaft praktisch nicht vorhanden. Es sei denn, es gibt nichts, womit ein Mensch sich nützlich machen könnte. Eine nur kurzfristig auftretende Arbeitslosigkeit könnte man zur Not mit einem zinslosen Kredit überbrücken. Insgesamt geht es aber nicht, dass ein System Menschen zur Faulheit erzieht. Es muss schon ein Anreiz da sein, zu arbeiten und der Gesellschaft einen Beitrag zu leisten. Wer nicht arbeiten will, muss schauen, dass er nur wenig Raum in Anspruch nimmt, um die Bodenpacht niedrig zu halten und vom Grundeinkommen leben zu können.

Frage: Was ist mit alleinerziehenden Müttern, die nicht arbeiten können?

Antwort: Die erhalten für jedes Kind ein Grundeinkommen, wodurch sie gut genug versorgt sein dürften.

Frage: Was wird aus der Tendenz, sein Vermögen im Ausland anzulegen?

Antwort: Ob Aus- oder Inland, das Geld wird im Wesentlichen angelegt, um seinen Wert zu behalten. Es muss sich nicht vermehren. Daher kann das Geld im Land bleiben. Das Sparen in einer zinsfreien Wirtschaft bedeutet Vorfinanzieren. Alle gesparten Gelder gehen in die Investition, stehen zinsfrei zur Vorfinanzierung bereit. In der Zinswirtschaft ist Sparen nicht gleich Investieren. Das Geld weicht ins Ausland aus, sobald die heimischen Märkte kaum noch ein Wachstum gestatten.

Frage: Viele Menschen denken, eine regelmäßig erhobene Umlaufsicherungsgebühr bedeute eine ständige Inflation des Geldes, da ihr Geld immer mehr an Wert verliert. Was sagen Sie zu dieser Angst?

Antwort: Die Umlaufsicherungsgebühr stellt keine Inflation dar, da die Kaufkraft des Geldes ja erhalten bleibt. Durch die Gebühr bleibt das Geld garantiert in Umlauf. Dies macht es überhaupt erst möglich, dass die Zentralbank Inflation vermeiden kann. Sie kann den Geldumlauf präzise berechnen. Diese Gebühr deckt einen kleineren Teil des Steuerbedarfs des Staates. Andererseits sorgt sie dafür, dass Staat, Wirtschaft und Privathaushalte quasi keine Zinsen für ihre Kredite bezahlen müssen. Die Steuern fallen niedriger aus, die Lebenshaltungskosten sinken und die Kaufkraft steigt. Das sind vielleicht nicht Sieben auf einen Streich, aber mehrere fette Fliegen mit einer Klappe.

Frage: Führt der durch Fließendes Geld bewirkte, erhöhte Wohlstand nicht zu einem hemmungslosen Konsumverhalten?

Antwort: Die Zinswirtschaft hat zur Verarmung ganzer Gesellschaftsteile geführt. Das Fließende Geld wird Wohlstand erzeugen. Daher wird es wohl einen gewissen Nachholbedarf geben, der die Wirtschaft eine Zeitlang boomen lassen wird. Die Zinswirtschaft erzeugt die zunehmende Fertigung von Ramsch und kurzlebiger Waren. In einer Ganzheitlich-Freien Marktwirtschaft fließen Überschüsse als zinslose Vorfinanzierung direkt in die Wirtschaft. Beim Fließenden Geld geht es immer um Werterhaltung. Da alle genug Geld haben, wird es für jeden erschwinglich, Produkte zu kaufen, die von hoher Qualität sind und sehr lange halten. Da sich Unternehmen zinslos vorfinanzieren, können Produkte hoher Qualität und Haltbarkeit hergestellt werden. Langlebige Produkte hoher Qualität senken die Müllproduktion. Mengenmäßig gesehen nimmt der Konsum mit dem Ende des Nachholbedarfs ab. Nur die Zinswirtschaft erzeugt hemmungsloses Konsumverhalten. Fließendes Geld gestattet eine Sättigung. Es hebt die Qualität der Waren und die Lebensqualität an.

Frage: Ist eine Ganzheitlich-Freie Marktwirtschaft nicht im gewissen Sinne auch sozialistisch und würde daher den Marxismus überflüssig machen?

Antwort: Das tut sie in der Tat.

Frage: Dies würde aber ein gründliches Umdenken erfordern und von der Linken verlangen, ein Leben der ideologischen Identifikation aufzugeben. Vielleicht ist das zu viel von ihnen verlangt. Kann es also sein, dass bei der Linken ein Konkurrenzdenken wirkt, das aus der persönlichen Identifikation mit dem Marxismus stammt? Kann es sein, dass sie das Fließende Geld als einen Angriff auf ihre Ideologie sehen? Kann es sein, dass sie spüren, dass das Fließende Geld genau das tut und erreicht, was es sagt? Kann es sein, dass es ihr marxistisches Lebenswerk zerstören würde, wenn es zum Zuge käme? Kann es also sein, dass sie aus einer Haltung der Selbstverteidigung heraus alles tun, um das Fließende Geld schlecht zu machen, weil ihnen sonst ihre ideologischen Felle davonschwimmen und sie einsehen müssten, dass ihre marxistische Ideologie einfach überholt ist? Wie würden sie vor sich selbst und vor all denen dastehen, die ihren linken Theorien ein Leben lang vertraut haben? Sehen Sie, wie viel Sie von der Linken verlangen, wenn Sie sie auffordern, sich für die Einführung Fließenden Geldes einzusetzen?

Antwort: Ja, das sehe ich. Es ist schon ein Dilemma, dass gerade jene, die ihren Stolz und ihr Selbstverständnis aus der Anwaltschaft für die Benachteiligten beziehen, den gangbaren rettenden Ausweg ablehnen, um mit ihren Ansichten Recht zu behalten. Aber auch hier sind solche, denen das Wohl der Menschheit mehr am Herzen liegt als ihr Rechthaben wollen. Nach meiner Beobachtung nimmt ihre Zahl zu.

Es ist jetzt noch ein langsamer Prozess, aber wenn eine kritische Masse überschritten wird, werden sich mehr und mehr für die großartigen Möglichkeiten öffnen, die das Fließende Geld allen Menschen und vor allem den Benachteiligten bietet.

Frage: Nun, bleiben wir also bei den ökonomischen Fakten. Viele Menschen sind grundsätzlich von ökonomischen Sachverhalten gelangweilt und wollen sich, wenn überhaupt, nicht lange damit beschäftigen. Gibt es eine knappe, allgemeinverständliche Antwort darauf, warum eine umlaufgesicherte Währung die Missstände und Ungerechtigkeiten in der Welt weitestgehend aus der Welt räumt?

Antwort: Die Zinswirtschaft spaltet die Menschen in Zinsempfänger und Zinszahler. Ein einmal entstandenes Ungleichgewicht wird über die Zinswirtschaft bis ins Unermessliche weiter verschärft. Selbst die Masse der Menschen, die privat ohne Schulden bleibt, zahlt einen sehr großen Teil ihres Einkommens für Schuldzinsen. Sie zahlt diese in Form von Steuern für die Schuldzinsen des Staates, wenn dieser hoch verschuldet ist. Sie zahlt sie für hohe Mieten und hohe Produktpreise für die Verschuldung und hohe Besteuerung der Wirtschaft. Diese enormen Geldströme der allgemeinen Verschuldung werden weder gleich verteilt, noch landen sie in einem anonymen Schwarzen Loch. Sie fließen zu einem großen Teil in die Taschen einer Geldelite, die aus wenigen Superreichen besteht, die als Kreditgeber auftreten. Die Masse der Menschen arbeitet für den explodierenden Reichtum dieser Geldelite, die die Wirtschaft kontrolliert, Wissenschaftler kauft und die Regierungen am Gängelband hält. Das einzige Ziel dieser Menschen besteht darin, den Geldfluss von der Gesellschaft hin zur Geldelite ad infinitum weiter zu führen, egal welche Partei an der Macht ist.

Eine umlaufgesicherte Währung wird diesen Sog des Geldes von der Gesellschaft weg hin zur Geldelite sofort stoppen und auch langsam umkehren. Denn einerseits fallen die Schuldzinsen weg. Und andererseits bringt die Umlaufsicherungsgebühr sofort alle überschüssigen Geldguthaben zinsfrei in den Geldumlauf, da diese der Gebühr entgehen wollen. Verzinste Kredite können, soweit vertraglich möglich, mit zinsfrei aufgenommenem Geld ausgezahlt werden. Reichtum entsteht nicht mehr durch Zins, sondern nur noch durch Nützlichkeit und Arbeit und kann nicht mehr auf Kosten der Gesellschaft ausufern. Niemand kann über Superreichtum die Gesellschaft ausbeuten. Wenn niemand mehr von zentral herrschender Stelle aus Mensch und Natur ausbeutet, finden die vielfältigen Bemühungen zur Beseitigung der Missstände und Ungerechtigkeiten in der Welt endlich ihren Erfolg. Auch die Umwelt kann endlich mit Erfolg saniert werden.

Frage: Wenn der Produktivitätsfortschritt in der Zinswirtschaft von den Zinsen geschluckt wird, wie wirkt er sich dann in einem System Fließenden Geldes aus? Wird hier nicht auch Arbeit zerstört, die jetzt von Maschinen und Computern geleistet wird?

Antwort: Natürlich nehmen Maschinen dem Menschen Arbeit weg, dafür werden sie ja gebaut. Es sind in der Zinswirtschaft nicht die Maschinen, die Arbeitslosigkeit erzeugen, sondern die Verschuldung, welche die Arbeitslosigkeit zusammen mit den Guthaben/Schulden anwachsen lässt. Gleichzeitig sinken auch die Reallöhne, so dass die Arbeitenden lieber länger arbeiten, um ihren Lebensstandard halten zu können.
In einer Ganzheitlich-Freien Marktwirtschaft ist die Arbeitskraft der knappste Produktionsfaktor. Trotz des technischen Fortschritts gilt, dass Geld und Energie reichlicher vorhanden sind als die Arbeitskraft. Der technische Fortschritt wirkt sich hier so aus, dass die allgemeine Arbeitszeit mit der Produktivitätssteigerung schrumpft. Die Menschen haben mehr Freizeit. Wenn der Wohlstand wächst, alle Arbeit haben und die allgemeine Freizeit groß ist, kann man nicht davon sprechen, dass der Fortschritt Arbeit zerstört. Er bewahrt unseren Wohlstand und senkt die Arbeitszeit. Das ist ja auch der Sinn des Fortschritts.

Frage: Wird die Arbeitszeit wirklich sofort kürzer, wenn wir Fließendes Geld eingeführt haben?

Antwort: Durch die Verfügbarkeit zinslosen Geldes und durch den großen Nachholbedarf der bisher eher Benachteiligten, was die Mehrheit ist, wird zunächst die Wirtschaft boomen, was viele zusätzliche Arbeit schafft. Die Arbeitslosigkeit wird sich abbauen. In dem Maße, in dem die Märkte einer Sättigung zustreben, wird die allgemeine

Arbeitszeit kürzer werden. Da eine Überproduktion zu Negativzinsen führt, wird ein allgemeiner Konsens da sein, die Arbeitszeit auf das benötigte Maß zu kürzen.

Frage: Wenn eine umlaufgesicherte Währung angeblich solche Wunder wirken soll, und eine derart perfekt funktionierende Alternative zu Kapitalismus und Sozialismus darstellt, warum hat dann noch kein Staat der Erde dieses System eingeführt und warum hört man in den Medien nichts davon?

Antwort: Wenn Sie sich an der Stelle der Geldelite befänden, also an Stelle jener Leute, die den Hauptnutzen aus dem Zinskreditsystem ziehen, würden Sie ihren Reichtum nicht dazu nutzen, jene Zustände, die zum Wohl der Allgemeinheit aber zu ihrem vermeintlichen Nachteil wären, zu verhindern? Würden Sie ihr Geld nicht nutzen, um die Medien dazu zu bringen, die Existenz einer Alternative zu verschweigen oder, wenn dies nicht mehr geht, diese Alternative schlecht zu machen, in Verruf zu bringen und als unrealistisch oder unseriös hinzustellen? Würde Sie sagen: „Ja, stimmt, das ist natürlich für alle besser so." und freiwillig auf die Milliarden verzichten, die sie ständig von der Allgemeinheit fordern können, solange das Zinskreditsystem Bestand hat? Vielleicht wären Sie zumindest versucht genauso zu handeln und das ist die Antwort auf die Frage, warum die Medien nicht berichten. Dazu kommt, dass eine Weltwirtschaft, die von einem Zinskreditsystem beherrscht wird, keine Oasen zulässt, in denen eine umlaufgesicherte Währung existiert. Würde ein Land wie z. B. Deutschland eine umlaufgesicherte Währung einführen, hätte dies eine Wirkung auf die Weltwirtschaft, die wahrscheinlich zum Ende der Zinskreditwährungen weltweit führen würde. Niemand würde mehr die überragenden Vorteile einer umlaufgesicherten Währung verleugnen und die Gesellschaften der Welt davon abhalten können, eine solche einzuführen. Aber aus demselben Grunde gibt es noch kein Land mit einer umlaufgesicherten Währung. Ein einziges derartiges Land würde bereits das Ende für die Zinskreditsysteme der ganzen Welt bedeuten.

Frage: Was passiert mit den Regionalwährungen, nachdem das Fließende Geld eingeführt wurde?

Antwort: Die von der Zinswirtschaft erzeugte Arbeitslosigkeit erschafft einen Markt an freien Arbeitskräften, die sich durch die Bezahlung in einer komplementären Währung eine bezahlte Arbeit verschaffen können. Damit bergen Regionalwährungen vor allem für Arbeitslose und die unteren Einkommensgruppen ein gewisses Potential für eine bezahlte Arbeit, solange die Zinswirtschaft noch herrscht.

Solange eine solche komplementäre Währung nicht offiziell ist und daher von allen Geschäften, Unternehmen und Personen als Bezahlung angenommen wird, hat das Zinsgeld die komplementäre Währung unter Kontrolle. Es kann seine positiv dominante Kraft nicht entfalten. Schließlich will man sein Geld überall ausgeben können.

Sobald das Fließende Geld als vollständig gleichwertiges oder als alleiniges Zahlungsmittel eingeführt ist (was auf das Gleiche hinauslaufen würde), werden die Regionalwährungen allerdings überflüssig, da es keine zinsbedingte Arbeitslosigkeit und anderen Missstände mehr gibt, die durch eine solche Regionalwährung abgemildert werden müssten. Das Fließende Geld wird sowieso für eine Dezentralisierung des Arbeitsmarktes sorgen und die regionalen Wirtschaftskreisläufe stärken.

Frage: Sie sagen, wir bewegen uns seit langem auf die Einführung des Fließenden Geldes zu. Woher nehmen Sie diese Aussage? Was sind die Anzeichen?

Antwort: Das Fließende Geld wird einen endgültigen Durchbruch in der Transformation der Menschheit bewirken, während die zunehmende Transformation ihrerseits eine Voraussetzung dafür ist, dass Fließendes Geld eingeführt werden kann. Die stattfindende Transformation ist also das wichtigste Anzeichen dafür, dass wir uns bereits seit langem auf die Einführung Fließenden Geldes zubewegen, denn sie ist die wichtigste Voraussetzung. Die Menschheit arbeitet schon lange daran, die *Neun ND–Tendenzen* der Zinswirtschaft innerlich zu transformieren, obwohl die Zinswirtschaft diese Tendenzen im Außen aufrechterhält und verschlimmert. Konkrete Anzeichen für den durch die Transformation bewirkten Bewusstseinswandel bestehen im zunehmenden Einsatz der Menschen für den Naturschutz, im Kampf für die Einhaltung der Menschenrechte, in der wachsenden Neigung, sich biologisch gesund zu ernähren, im wachsenden Bedürfnis, sich in der Natur aufzuhalten, bedrohte Tierarten zu schützen, vor allem die Delfine und Wale und in der allgemeinen Bereitschaft der Menschen, sich ihre Fehler, Schwächen und blinden Flecken anzuschauen und Verantwortung für ihr Glück und das ihrer Mitmenschen zu übernehmen. Nicht zuletzt ist es die weltweit wachsende Zahl umlaufgesicherter Regionalwährungen, welche aufzeigen, wie gut viele die Wichtigkeit des Fließenden Geldes kennen. All dies wird angetrieben durch unseren Bewusstseinswandel, der sich allmählich weiterentwickelt, bis die Einführung Fließenden Geldes das Transformationstempo noch einmal drastisch beschleunigen wird.

Frage: Warum glauben Sie, dass die Menschheit durch einen bloßen Wechsel der Währung hin zu einer umlaufgesicherten Währung von Egoismus und Ausbeutung befreit wird und einen großen Wohlstand für alle erleben wird? Hegen Sie da, in Anbetracht des heutigen Massenelends und der gravierenden Missstände in der Welt, nicht völlig übertriebene Hoffnungen?

Antwort: Die Zinswirtschaft an sich erzeugt eine permanente Knappheit, weil der Wirtschaft niemals gestattet wird, die Märkte wirklich zu sättigen und alle reichlich und gut zu versorgen. Diese Knappheit wird weiter verschärft durch einen Kampf um den größten Anteil am knappen Kuchen, bei dem nur wenige gewinnen und die große Mehrheit draufzahlt, während vieles durch Reibungsverluste verloren geht. Diese durch Reibungsverluste bereits weiter verschärfte Knappheit wird noch weiter verschärft durch die von der Zinswirtschaft erzeugte Tendenz zur Verschwendung. Diese Verschwendung entsteht dadurch, dass es den Produktivitätssteigerungen niemals gestattet ist, die von der Zinswirtschaft immer wieder herbeigeführte Knappheit zu beseitigen, so dass die verzinsten Guthaben überflüssige Aktivitäten in Gang setzen, die letztlich niemandem zugute kommen.

In einer Ganzheitlich-Freien Marktwirtschaft wird statt Knappheit Wohlstand erzeugt, der gleichmäßig auf alle verteilt wird. Dieser Wohlstand entsteht also nicht nur durch die gerechte Gleichverteilung des Erwirtschafteten, sondern auch dadurch, dass insgesamt mehr zur Verfügung steht, weil die Wirtschaft die Märkte sättigen darf. Zusätzlich fällt der Kampf um das Überleben im Wettbewerb weg, wodurch die Gesellschaft und die Menschheit als Ganzes immense Zeit, Geld, Energie und Arbeit einspart. Und noch einmal zusätzlich fällt die gewaltige Verschwendung von Arbeitskraft und den Ressourcen der Erde weg, weil der durch den technischen Fortschritt bewirkte Produktivitätsfortschritt auch bei den Menschen ankommen darf. All dies gilt nicht nur für einzelne Volkswirtschaften, sondern für die ganze Menschheit. Durch die bloße Umstellung der Weltwirtschaft auf Fließendes Geld entsteht ein gewaltiges Mehr an Wohlstand und freier Zeit in Wohlstand, was jedem Erdenbürger auch durch ein Mehr an Zeit und Wohlstand zu Gute kommen wird.

Jeder kann sofort verstehen, wie groß die Wohlstandsvorteile für die große Mehrheit der Menschen sind, wenn sowohl insgesamt viel mehr zur Verfügung steht als auch dieses Mehr durch eine gerechte Dynamik auf alle verteilt wird. Fleißigere und Nützlichere können den Lohn ihres Erfolges genießen, sich aber nicht eine Position erarbeiten, in der sie andere ausbeuten. Dies gilt für die Beziehung zwischen Menschen und für die Beziehung zwischen Nationen. Das Fließende Geld wird in der ganzen Welt dazu führen, dass Menschen ihr Potential verwirklichen, ihre Visionen in Projekte umsetzen und das Größte aus sich und der Gesellschaft, in der sie leben, machen werden. Fließendes Geld schafft Wohlstand, wo die Zinswirtschaft hungern ließ, befähigt, wo die Zinswirtschaft entmündigt hat, und befreit, wo die Zinswirtschaft versklavt hat. Die natürliche Friedfertigkeit, Gutmütigkeit und Fürsorge aller Menschen füreinander wird zum Vorschein kommen und ihr Leben in einen Himmel auf Erden verwandeln.

Eine Forelle nutzt den aufwärts ziehenden Sog im innersten Strudel eines Sturzwassers, um sich das Sturzwasser hinauf ziehen zu lassen. Genau so entfaltet eine Idee, deren Zeit gekommen ist, jenen unwiderstehlichen Sog zu ihrer befreienden Verwirklichung auch entgegen allen Widrigkeiten. Nichts ist mächtiger als eine Idee, deren Zeit gekommen ist.

Kapitel V – Die Umstellung vollbringen

Globales Kräfte-Tauziehen

Zusammenfassung Kapital I

Die Zinswirtschaft setzt einen Automatismus in Gang, in welchem riesige Privatvermögen entstehen, welche die Wirtschaften und damit die Gesellschaften der Erde im Sinne ihrer weiteren Bereicherung und Anhäufung von Machtfülle kontrollieren können. Die Zinswirtschaft lässt eine Kultur der Bestechung entstehen, welche dem Wandel des Systems wie eine Mauer entgegensteht. Das Zinsgeld übt eine negative Dominanz aus, die das Aufkommen von Lösungen unterdrückt oder zumindest stark erschwert, während es weiter seine globalen Missstände produziert.

Zusammenfassung Kapitel II

Das Fließende Geld, die Ganzheitlich-Freie Marktwirtschaft, setzt einen Automatismus in Gang, in welchem das Eigentum an Geld und Land so geregelt wird, dass es zum Wohl des Einzelnen und des Ganzen genutzt wird. Die Kraft der Marktwirtschaft wird jetzt erst richtig frei, für den optimalen Austausch von Waren und Leistungen zu sorgen. Die Zins- und Kapitalerträge wandern gegen Null. Damit endet die dominierende, kontrollierende Macht der Privatvermögen. Die Wirtschaft dient in gleichem Maße den Bedürfnissen der Menschen, die ihren Beitrag dazu leisten. Sie dient nicht mehr den Bedürfnissen der Investoren nach leistungslosen Kapitalerträgen. Alles erwirtschaftete Geld fließt der geleisteten Arbeit zu. Das Fließende Geld übt eine positive Dominanz aus, da es ausschließlich Wohlstand und Fülle erzeugt und keinen Raum für das Entstehen von Ausbeutung und Missständen öffnet.

Ich werde in diesem Kapitel zeigen, dass die Weltwirtschaft als Ganzes auf Dauer nur mit dem einen oder mit dem anderen System arbeiten kann. Es findet zurzeit (und schon seit Jahrzehnten) ein globaler Machtkampf statt. Auf der einen Seite will die Zinsherrschaft ihre Macht behaupten und sich auch weiterhin auf Kosten des Ganzen bereichern. Auf der anderen Seite stehen die Kräfte der Menschen und Gruppierungen, die eine gerechte Verteilung des Wohlstands der Erde und den Erhalt der Natur und des Planeten anstreben. Das Zunehmen der letzteren Kräfte hat unter anderem zum Entstehen zahlloser (umlaufgesicherter) komplementärer Regionalwährungen geführt, welche im dominanten Schatten der Zinsmacht die Missstände abmildern, die durch die Zinswirtschaft entstehen.

Diese positiven Kräfte arbeiten auch an der Transformation des Bewusstseins, so dass die Möglichkeit eines positiven Wandels entsteht, von dem niemand ausgeschlossen wird. Wenn sich diese Kräfte in dem entstehenden Geist der Einheit zur Einführung Fließenden Geldes bündeln, wird der Erfolg nur eine Frage der Zeit. Mit diesem Erfolg wird das Fließende Geld aus dem Schatten der Zinsmacht heraustreten, die wirtschaftlichen Aktivitäten auf der Erde übernehmen und das Bewusstsein der ganzen Menschheit transformieren.

Wie können wird den stattfindenden Ringkampf auf die positive Seite ziehen? Was braucht es noch, dass das Fließende Geld eingeführt wird? Für eine dauerhaft sich selbst regulierende Ganzheitlich-Freie Marktwirtschaft ist die Einführung Fließenden Geldes eine notwendige und die Einführung der 4 Ordnungsprinzipien eine hinreichende Bedingung.

Wie lässt sich die Ganzheitlich-Freie Marktwirtschaft weltweit einführen? Ich werde in diesem Kapitel zeigen, dass die Einführung Fließenden Geldes in einem industriell entwickelten Land hierzu genügen wird. Wie kann man diese Währungsumstellung in einem solchen Land nun erreichen?

Was braucht es dafür?

Die Dominanz eines Geldsystems

Falls Sie vor der Lektüre dieses Buches noch nie etwas von einer umlaufgesicherten Währung, von Fließendem Geld gehört haben, werden Sie sich gefragt haben:
Wie kommt es, dass ich noch nie davon gehört habe?

Sie werden sich vielleicht gefragt haben:
Wenn dieses Geldsystem wirklich so überlegen sein sollte, warum hat es sich dann nicht schon längst durchgesetzt?
Oder:
Gibt es nicht irgendwo in der Welt eine Wirtschaft, die mit Fließendem Geld funktioniert? Und wie sieht es dort aus?

Es gibt noch keine Wirtschaft in der Welt, die mit Fließendem Geld und ohne Zinswirtschaft operiert. Ich habe schon die Begriffe der „Negativen Dominanz" für die Zinswirtschaft und der „Positiven Dominanz" für das Fließende Geld verwendet. Zur Erläuterung und Veranschaulichung der Bedeutung des Verhältnisses zwischen negativer und positiver Dominanz stelle ich an dieser Stelle einige Naturbeobachtungen an. Wir betrachten uns die Kräfteverhältnisse im Reich der Mikroorganismen.

Vorweg wiederhole ich folgende Aussage: Das herrschende Geldsystem wirkt wie ein tiefer liegendes Gesetz, das die geltenden Gesetze einer Demokratie dominant überlagert, im Falle eines Zinssystems im negativen (wirkliche Demokratie verhindernden), im Falle Fließenden Geldes im positiven (wirkliche Demokratie sicherstellenden) Sinne, wie wir bereits sehen konnten.

Ein berühmter Bankier des 18. Jahrhunderts hat dies der Wahrheit gemäß zum Ausdruck gebracht, als er sagte: „Gebt mir die Kontrolle über das Geld und es ist egal, wer die Gesetze macht." Damit beschrieb er die negative Dominanz der Zinswirtschaft.

Die Welt, die von einem Geldsystem geschaffen wird, lässt sich 1:1 mit einem Ökosystem in der Natur vergleichen. In der Natur gibt es einen geringen Anteil dominant negativer Mikroorganismen, einen geringen Anteil dominant positiver Mikroorganismen sowie eine sehr große Mehrheit an Mitläufer-Mikroorganismen, die ihre Tätigkeit an das herrschende Milieu anpassen und einfach mit dem Strom schwimmen.

Nehmen wir als Beispiel einen See: einen See, der von negativ dominanten Mikroorganismen beherrscht wird, bezeichnen wir als „umgekippt". Ein solcher See stinkt, sieht tot aus und birgt nur Lebensformen, die zersetzen und krank machen.

Führt man einem solchen See positiv dominante Mikroorganismen zu, so entsteht ein Kampf zwischen den dominanten Mikroorganismen. Wenn die Menge der zugeführten positiven Mikroorganismen nicht groß genug ist, besiegen die negativen Mikroorganismen und die negativ mitlaufenden Mikroorganismen die positiven Mikroorganismen wieder, so dass das negative Milieu (bestehend aus negativ dominanten Mikroorganismen und negativ gestimmten Mitläuferorganismen) negativ bleibt.

Übersteigt die Zufuhr positiv dominanter Mikroorganismen zum See (vor allem zum Sediment des Sees) jedoch eine kritische Masse, so gelingt es den positiv dominanten Mikroorganismen, das Milieu des Sees zu dominieren und der See wird für ein blühendes Leben zurückgewonnen.

Ein See, der von positiv dominanten Mikroorganismen beherrscht wird, birgt eine Fülle von Leben und weist Leben spendende und Leben schenkende Eigenschaften auf.

Wegen des Umstandes, dass es sich bei cirka 94–99% der Mikroorganismen (genau ist das nicht erforscht, da es insgesamt zu viele Arten von Mikroorganismen gibt) um Mitläuferorganismen handelt, ist es nun nicht erforderlich, dem See 50% der Menge der Mikroorganismen des Sees zuzuführen, um ihn wiederzubeleben, sondern es genügen vielleicht 1–3%.

Auch bei uns Menschen herrscht bei der überwiegenden Mehrheit eine Mitläufermentalität vor. Wer von einer inspirierenden Bewegung hört, sagt: „Das überzeugt mich ja, aber erst mal abwarten, ob da wirklich was in Gang kommt, dann kann ich ja immer noch mitmachen. Vorher ist mir die Sache zu heiß/mühselig/aufwendig/gefährlich etc., was auch immer. Ich will keine Schwierigkeiten bekommen. Erst wenn ich spüre, dass die Sache Erfolg haben wird, mache ich mit. Bis dahin passe ich mich an und schau einfach nur, dass ich für mich klarkomme."

Ein Mensch, der ungeachtet der in der Gesellschaft vorherrschenden Haltung einen festen Stand für eine positive Sache einnimmt, strahlt auf seine Umgebung aus wie solche positiv dominanten Mikroorganismen. Beispiele in der Geschichte hierfür sind Mahatma Gandhi und Martin Luther King. Eine unbeirrt positive Haltung wird von einem negativ dominierten Milieu bekämpft, weil die Leute sagen: „Sei still, Du bringst uns nur in Schwierigkeiten", weil sie die Reaktion der Herrschenden fürchten. Oder Sie sagen: „Du bist doch ein Spinner. Wenn an dem, was Du sagst, was dran wäre, hätte ich doch schon in der Zeitung davon gelesen."

Die positiv dominante Haltung behauptet sich trotz der Widrigkeiten und hält aktiv an seiner positiven Vision fest. Analog dem Geschehen in einem See bedarf es nun nicht 50% der Menschen, um einen tatsächlichen Wandel zu einer positiv gestimmten Welt herbeizuführen, sondern es genügen 1–3% der Menschen, die eine feste Haltung für die Sache einnehmen, um eine Dynamik in Gang zu setzen, die durch nichts mehr gestoppt werden kann. Denn irgendwo ab einer Menge zwischen 1 und 3% finden sich die Ersten, die sagen: „Das verspricht ja schon was, jetzt mache ich auch mit. Dann werden es 5–6%. Jetzt kommen noch mehr die sagen: „Das sieht doch sehr viel versprechend aus, jetzt hänge ich mich auch rein." Dann bei 10% werden noch viel mehr von Mut und Zuversicht erfasst und so weiter, bis das Milieu umgestimmt ist und der positive Wandel zur Realität wird.

Trotz der scheinbaren Allmacht der Geldelite und des Geldmachtapparats genügen wahrscheinlich 1–3% der Menschen, die eine feste Haltung für die Einführung einer umlaufgesicherten Währung in ihrem Land einnehmen, um eine Dynamik in Gang zu setzen, die auch von der Täuschung, Drohung, Desinformation und den Verwirrspielen des Geldmachtapparats nicht mehr gestoppt werden kann. Wenn man diese Relationen sieht, dann wird klar, dass es wirklich auf jeden einzelnen Menschen ankommt und dass jeder einzelne Mensch, der eine feste positive Haltung einnimmt, einen großen Unterschied macht in dem Bemühen, eine umlaufgesicherte Währung in seinem Land herbeizuführen und damit auf Erden ein blühendes Zeitalter herbeizuführen.

Auch die Zinswirtschaft lässt eine Entfaltung einer umlaufgesicherten Währung nicht zu. In Kapitel IV sind wir bereits auf die Gemeinde Wörgl eingegangen. 1932 führte die Gemeinde Wörgl in Tirol eine umlaufgesicherte Währung ein. In kurzer Zeit entstanden mitten in der Weltwirtschaftskrise viele Arbeitsplätze. Es wurde überschüssiges Geld für Gemeindeprojekte erwirtschaftet. Die umlaufgesicherte Währung „drohte", auf andere Gemeinden überzuspringen. Andere Bürgermeister versuchten, diese positiven Effekte für ihre Gemeinden nutzbar zu machen. Da griff die Zinsherrschaft in der Gestalt der österreichischen Zentralbank ein, stoppte das Projekt, erklärte es über die Medien als Zufall und als eigentlich unwirksam und ließ es danach soweit möglich in Vergessenheit geraten.

Wie eine nicht ausreichende Menge positiv dominanter Mikroorganismen in einem umgekippten See wurde die umlaufgesicherte Währung angegriffen und eliminiert.

Wäre die Zinswirtschaft nicht NEGATIV DOMINANT, hätte die umlaufgesicherte Währung schon damals, 1932, ihre hohe Überlegenheit im Erzeugen von Wohlstand für alle Menschen unter Beweis gestellt. Sie hätte die Zinswirtschaft in relativ raschem Umgang vom Angesicht der Erde entfernt.

Wie aber soll man nun die negative Dominanz der Zinswirtschaft durchbrechen, wo sie doch immer noch die ganze Erde beherrscht? Es braucht zum einen in erster Linie jene kollektive Transformation unseres Bewusstseins, durch die wir uns über die herrschende Negativität erheben können. Und es braucht zum anderen etwa 1–3% der

Menschen, die eine feste Haltung für die Einführung Fließenden Geldes einnehmen, um die kritische Masse zu überschreiten, die den Wandel ins Rollen bringt.

Es gibt eine anschauliche Verfahrensweise aus Japan, die zeigt, wie ein umgekippter See wieder ins Leben geholt werden kann. Professor Teruo Higa hat eine Mischung positiv dominanter Mikroorganismen entwickelt, die er „Effektive Mikroorganismen" nennt. Um nun einen See wiederzubeleben, formt eine ganze Gruppe von Menschen eine Vielzahl kleiner Kugeln aus einem Sandgemisch, das mit Effektiven Mikroorganismen getränkt ist. Die Gruppe wirft diese Kugeln überall verteilt in den See hinein. Ab einem bestimmten Punkt stimmen die positiv dominanten Mikroorganismen das Milieu des Sees um und der See kommt zurück ins Leben.

Was es also braucht, ist eine Aufklärungsarbeit und öffentliche Diskussion, die alle Bereiche der Gesellschaft erreicht, und voraussichtlich etwa 1-3% der Menschen dafür gewinnt, eine aktive feste Haltung für die Einführung einer umlaufgesicherten Währung in ihrem Land einzunehmen. Dies wird eine Dynamik in Gang setzen, die durch nichts und niemanden mehr gestoppt werden kann, auch nicht durch den Geldmachtapparat.

Nach meiner Beobachtung nähern wir uns diesem Prozentsatz von 1–3% heute bereits an. Es gibt überall in der Welt zunehmend umlaufgesicherte Regionalwährungen, die aufzeigen, dass unser Bewusstsein zunehmend Herr über das Geld wird und nicht umgekehrt. Sie werden als mögliche Wirtschaftsordnung immer präsenter. Die Zinswirtschaft wird bei immer mehr Menschen fragwürdig.

Warum Zinsgeld und Fließendes Geld auf Dauer nicht gleichzeitig gleichrangig verbreitet sein können

Ein See ist immer entweder umgekippt oder lebendig (oder vielleicht gerade dabei, von der einen in die andere Richtung zu kippen), aber er kann niemals in der einen Hälfte umgekippt und in der anderen Hälfte voller Leben sein. Genau so verhält es sich mit dem Geldsystem eines Kulturraums: der Raum wird entweder beherrscht von einer Zinswährung (mit all ihren Auswirkungen auf die Kultur) oder von einer umlaufgesicherten Währung (mit all ihren Auswirkungen auf die Kultur).

Es ist egal, welche demokratische Partei an der Regierung ist, wenn alle in Frage kommenden Parteien die Zinswährung aufrecht erhalten. Es ist in dem Sinne egal, dass es keiner Partei gelingen wird, einen gerechten Wohlstand für alle herbeizuführen und die kontinuierliche Umverteilung des Volksvermögens von unten nach oben zu stoppen.

Es ist ebenfalls egal, welche demokratische Partei an der Regierung ist, wenn alle in Frage kommenden Parteien eine einmal eingeführte umlaufgesicherte Währung unterstützen und die Rhythmen der Gebührenerhebung zur Umlaufsicherung gleich bleibend verlässlich aufrecht erhalten. Es ist in dem Sinne egal, dass es keiner Partei gelingen wird, den Reichtum in den Händen weniger zu konzentrieren oder ausbeutende Systeme einzuführen. Es wird keine Korruption herrschen können, weil niemand anderen gegen Bestechung wirtschaftliche Vorteile verschaffen kann.

Die Erde ist in unserer Zeit zu einem einzigen Kultur- und Wirtschaftsraum geworden. Es genügt daher wahrscheinlich die Einführung einer umlaufgesicherten Währung in einem Land wie Deutschland, um eine Kettenreaktion in Gang zu setzen, die die Zinswirtschaft vom Angesicht der Erde verschwinden lassen wird. Zusammen mit ihr werden alle Übel, die durch die Zinswirtschaft erzeugt werden, gehen: Armut, Elend, Massenarbeitslosigkeit, Massenausbeutung von Arbeit, Staatsverschuldung, Kriege, organisierte Kriminalität, etc.

Warum ist das so?

Es gibt Fürsprecher der Einführung Fließenden Geldes, die es durch eine sukzessive Einführung innerhalb einiger Jahre einführen wollen. Während dieser Zeit sollen Zinsgeld und Fließendes Geld gleichwertig nebeneinander als Zahlungsmittel in Umlauf sein. Ein derartiger Plan ist auf Grund der dominant negativen Struktur der Zinswirtschaft und der dominant positiven Struktur des Fließenden Geldes nicht durchführbar.

Das Prinzip der Belohnung des In-Umlauf-Bringens von Geld durch einen Zins und das Prinzip des Erwirkens des Geldumlaufs durch eine Umlaufsicherungsgebühr können nicht nebeneinander existieren. Der Raum, den ein Geldsystem erschafft, nimmt dem anderen Geldsystem seinen Raum. Beide Systeme wollen die Welt nach ihrem Bauplan gestalten. Diese Baupläne sind nicht kompatibel.

Gesetzt den Fall, wir führten die erste Stufe eines solchen Plans durch. 90% des in Umlauf befindlichen Geldes sind der Euro (Zinsgeld) und 10% des in Umlauf befindlichen Geldes sind umlaufgesichertes Geld (wie z. B. der Chiemgauer, aktuell eine Regionalwährung im Chiemgau).

Euro und Chiemgauer sind gesetzlich gleichgestellt. Jeder kann frei wählen, ob er das eine oder das andere Geld ausgibt. Jeder nimmt beides an, weil er weiß, dass er auch beides überall wieder ausgeben kann.

Jeder, der Euro und Chiemgauer in Händen hält, gibt zunächst den Chiemgauer aus und verwendet den Euro eher als Wertspeicher, weil das Zurückhalten des Euros nicht mit einer Gebühr belegt, sondern sogar mit einem Zins belohnt wird. Jeder, der einen Kredit aufnehmen will, wird versuchen einen Chiemgauer-Kredit zu erhalten, da er hierfür (bis auf eine geringe Bankmarge) keine Zinsen bezahlen muss. Das heißt, tendenziell wird jeder, der Geschäfte macht, mehr als 10% seines Umsatzes mit dem Chiemgauer machen. Diesen Umsatz wird er schnellstens wieder in Umlauf bringen, um der Umlaufsicherungsgebühr zu entgehen. Und dies geht jedem so, der ihn zur Zahlung annimmt.

Das heißt, der Chiemgauer wird mit einer weit höheren Geschwindigkeit umlaufen als der Euro. Weit mehr als 10% des Bruttoinlandsprodukts wird in Chiemgauer erwirtschaftet. Dies sorgt dann auch dafür, dass weit mehr als 10% des Kreditvolumens in Chiemgauer angeboten werden kann.

Im Gegenzug wird der Euro in verstärktem Maße zurückgehalten werden. Dies wird eine Euro-Deflation erzeugen. Gleichzeitig sinkt die Nachfrage nach Euro-Krediten drastisch in dem Maße ab, in dem fast zinsfreie Chiemgauer-Kredit verfügbar sind. Dies verstärkt die Euro-Deflation weiter.

Um die zurückgehaltenen Euro in Umlauf zu bringen, müssten die Geschäftsbanken die Zinsen anheben. Um die Nachfrage nach Euro-Krediten zu steigern, müssten sie die Zinsen senken. Dies ist eine unmögliche Situation mit der Folge: die zurückgehaltenen Euro kommen nicht verstärkt in Umlauf und die Nachfrage nach Euro-Krediten kann nicht gesteigert werden. Das Euro-System kollabiert, während die Nachfrage nach dem Chiemgauer so stark wird, dass er zum einzigen Währungssystem wird und jetzt voll durchstarten kann.

Die Einführung von 10% einer umlaufgesicherten Währung ist also quasi identisch mit der sofortigen Abschaffung des Euros per Volksbeschluss. Eine 10%ige Einführung einer umlaufgesicherten Währung wird die positive Dominanz einer umlaufgesicherten Währung sofort für alle Menschen offensichtlich machen, indem es den Euro rasch aus dem Feld drängt und Wohlstand, Arbeit und ein entspanntes Leben für alle herbeiführt.

Dies sollte man niemandem vorenthalten und sofort eine 100%ige Währungsumstellung beschließen, weil es sowieso darauf hinausliefe.

Das Zinsgeld übt aber eine negative Dominanz aus. Die Kräfte, die sich ihre Vorteile durch die Zinswirtschaft erhalten wollen, sind eifersüchtig auf der Hut, keine Lücke zu bieten. Der Widerstand des Geldmachtapparats gegen jedwede Form oder auch nur Insel der Einführung Fließenden Geldes wird beträchtlich sein. Es geht für die Geldelite um das Überleben ihrer Dominanz der Gesellschaften dieser Erde.

Sie sehen, obwohl die Geldelite die Weltwirtschaft und damit die Menschheit noch weitgehend dominiert, steht ihre Macht bereits jetzt kurz vor dem Untergang. Es genügen 1–3% in einem industriell entwickelten Land, um die Geldmachtapparate der Erde wie Kartenhäuser in sich zusammenfallen zu lassen und die ganze Menschheit zu erlösen!

Wir sehen am Beispiel der Mikroorganismen, dass der Übergang zwischen dominanten Systemen immer recht abrupt und plötzlich erfolgt, da immer nur das Negative oder das Positive dominieren kann.

Die Zinswirtschaft übt eine negative Dominanz aus. Das Fließende Geld übt eine positive Dominanz aus.

Die Transformation des Bewusstseins und das Fließende Geld werden den Übergang in das kommende Goldene Zeitalter bewirken. Dieser Übergang wird mit dem Durchsetzen des Fließenden Geldes gegenüber der Zinswirtschaft abrupt und plötzlich stattfinden.

Es wird vielleicht noch für eine Weile nicht danach aussehen. Aber ich denke, dass dieser Übergang schon im Jahr 2009 stattfinden kann.

Morphogenetische Felder

Aus der modernen Biologie ist das Phänomen der morphogenetischen Felder bekannt. Dominant negative Mikroorganismen erzeugen ein eigenes morphogenetisches Feld, das z. B. einen umgekippten See beherrscht. Dominant positive Mikroorganismen erzeugen ein ganz anderes morphogenetisches Feld. Beide morphogenetische Felder sind vollständig inkompatibel. Es kann nur das eine oder das andere Feld herrschen, so dass ein Übergang vom einen zum anderen sehr plötzlich stattfindet.

Auch die Zinsherrschaft auf Erden erzeugt ein eigenes morphogenetisches Feld, nur wirkt dieses morphogenetische Feld global auf das Gesamtbewusstsein der Menschheit ein.

Im morphogenetischen Feld der Zinsherrschaft haben die *Neun ND-Tendenzen* der Zinswirtschaft das Sagen: Mangel und Gier, feindlicher Wettbewerb, Beraubung, Verschwendung, Bestechung, Täuschung, Verwirrung, Angst und Schuldzuweisung.

Diese Tendenzen werden entgegen der Bemühungen der Menschen um eine Transformation durch das morphogenetische Feld immer wieder neu erzeugt und zwar solange, bis die innere Transformation der Menschheit einen Punkt erreicht hat, an dem eine ausreichende kollektive Immunität gegen diese Machtprinzipien vorhanden ist, so dass sich eine ausreichend große Tür zur Einführung Fließenden Geldes öffnet.

Sobald das Fließende Geld dann eingeführt ist und die Verbreitung des Fließenden Geldes das morphogenetische Feld des Gesamt-bewusstseins der Menschheit beeinflusst, wandeln sich die *ND-Tendenzen* des Zinswirtschaft in kurzer Zeit global zu einem Klima, das nichts weniger als den Namen „Goldenes Zeitalter" verdient hat: Wohlstand und Glück, Frieden, Großzügigkeit, Achtsamkeit, Integrität, Wahrhaftigkeit, Klarheit, Mut, Selbstverantwortung und ähnlich positive Qualitäten werden Einzug halten und das Leben der Menschen kennzeichnen.

Ich vermute, dass die Menschheit innerhalb weniger Jahre nach dem Ende der Zinswirtschaft in ein hohes spirituelles Bewusstsein transformiert sein wird. Nichts auf Erden wird dann noch an die Schatten der dunklen Zeit erinnern. Das Leben wird ein immerwährendes Fest überfließenden, voll ausgedrückten Lebens sein, der höchste Himmel direkt auf Erden.

Bevor ich zu den verschiedenen Punkten eines Plans komme, wie die Einführung Fließenden Geldes aktiv zu betreiben ist, gehe ich nun zu einer Prophezeiung über. In dieser wird der baldige Übergang in ein vor uns liegendes Goldenes Zeitalter vorausgesagt. Bei dieser Prophezeiung handelt es sich um „den Herrn der Ringe".

Vorwort zum Herrn der Ringe, 4. September 2008

Ich habe den Herrn der Ringe vor 25 Jahren gelesen. Seit ich im Mai 2008 seine Relevanz für das Thema des Buches erkannte, hatte ich keine Zeit mehr, die Bücher noch einmal zu lesen und meine Erinnerung aufzufrischen. Dadurch konnte ich in vielen Punkten nicht mehr klären, in welchen Aspekten die Verfilmung von der Buchversion abweicht.

Es ergab sich, dass mein Setzer die Buchversion vor kurzem gelesen hat. Er machte mich auf die Abweichungen der Verfilmung mit den Büchern aufmerksam. Ich erkannte, dass sich mir die Filme doch stärker eingeprägt hatten als ich gedacht hatte. Jetzt, einen Tag vor dem Versand der Druckdateien, fehlt die Zeit für Anpassungen. Ich werde die Interpretation für die nächste Auflage an das Buchoriginal angleichen.

Boromir sagt im Buch zum Beispiel nicht „Mein König" zu Aragorn. Das passt zwar auch ganz gut für die Deutung, wird aber in einer neuen Auflage weggelassen. Das Buch ist die relevante Prophezeiung, nicht der Film. Die eigentliche Bedeutung und Aussage seines Todes wird durch die Filmänderung jedoch nicht beeinträchtigt.

Faramir erwägt im Buch nicht, den Ring an sich zu nehmen, um ihn seinem Vater zu geben. Er freundet sich rasch mit Frodo an. Dies passt noch besser für die Deutung und wird entsprechend angeglichen.

Die Hauptaussage des Herrn der Ringe ist aus meiner Sicht durch die Verfilmung nicht beeinträchtigt. Das Thema der Geschichte der Zinswirtschaft und ihrer Wirkung auf das kollektive Bewusstsein der Menschen ist auch im Film deutlich erhalten geblieben.

Kommen wir jetzt also zum Thema.

Der Herr der Ringe

Beim „Herrn der Ringe" handelt es sich um eine detaillierte und genaue Prophezeiung über das Ende der Zinsherrschaft auf Erden. Sie ist stark symbolisch verschlüsselt. Die Entschlüsselung fällt nicht sofort ins Auge. Die Zusammenhänge werden jedoch klar und nachvollziehbar, sobald sie einmal entschlüsselt wurden. Für das Nachvollziehen der vorgelegten Entschlüsselung sollte man den Herrn der Ringe zumindest als Film gesehen und einige Kenntnisse über geschichtliche Zusammenhänge haben.

Das Geniale am Herrn der Ringe besteht darin, dass seine Symbolsprache so auf unsere Seele und unser Bewusstsein wirkt, dass sie einen Beitrag zu unserer Transformation leistet, auch ohne dass wir in unserem Bewusstsein verstehen, was genau da eigentlich mitgeteilt wird. Viele Menschen fühlen sich von der Lektüre tief berührt, ohne zu wissen warum.

Selbst in der „Action"-Verfilmung bleibt die Symbolsprache nachvollziehbar. Für mich war J.R.R. Tolkien ein genial inspirierter Prophet. Jenen, die sich fragen, was sich hinter dieser Trilogie verbirgt, präsentiere ich im Folgenden eine umfassende Entschlüsselung der psychologischen, spirituellen, geschichtlichen und monetären Inhalte. Sie sollten Kapitel I und II gelesen haben, um die Schwarzen Reiter und Elronds Rat nachvollziehen zu können.

Die Symbolsprache des Herrn der Ringe veranschaulicht bildhaft die Zustände in unserer heutigen Welt und im Bewusstsein der Menschen unserer Zeit. Sie verschlüsselt innere Vorgänge, also das Geschehen im Bewusstsein der Menschen und der Menschheit, vor dem Hintergrund der äußeren geschichtlichen Ereignisse des 19. bis 21. Jahrhunderts. Die Verschlüsselung der geschichtlichen Ereignisse konzentriert sich jeweils auf die dabei wirkenden Kräfte im Bewusstsein der Menschen. Es wird genau aufgezeigt, was in den Menschen vorging und vorgeht und in welchem Bewusstseinszustand sie sich befanden und befinden.

Die äußeren Bezüge weisen immer auf das zugrunde liegende Bewusstsein hin. Letztlich wird die Entwicklung und Transformation des menschlichen Bewusstseins vor dem Hintergrund der Zins-herrschaft dargestellt, welche das Bewusstsein der Menschheit und damit die Menschheit selbst unter ihre Kontrolle bringen will. Am Ende des Herrn der Ringe fallen zwei Dinge zusammen: die Abschaffung der Zinswirtschaft, welche die Herrschaft des Geldes beendet und die darauf folgende vollständige Transformation der Menschheit.

Die Zinsherrschaft besteht heute (im August 2008) noch. Die Prophezeiungen des „Herrn der Ringe" über ihr letztendliches Ende auf Erden liegen also noch in der Zukunft. Ich glaube, dass es nicht mehr lange bis dorthin dauern wird. Die Beantwortung der Frage: „Wie lange dauert es denn noch?" liegt an uns allen. Ich denke, wenn wir Verantwortung übernehmen und unsere Transformation entschlossen voranbringen, dürfte sich das Ende der Zinsherrschaft auf Erden noch im Jahre 2009 erzielen lassen.

Die Entschlüsselung der Symbole

Bevor ich zu einer chronologischen Entschlüsselung übergehe, werde ich zunächst auflisten, wofür die Personen und Dinge im Herrn der Ringe symbolisch stehen. Anschließend gehe ich näher auf die Bedeutung der verschiedenen Ringe ein: den Einen, die Drei, die Sieben, und die Neun.

Der „Eine Ring"	die Zinswirtschaft
Sauron	die Geldelite, die Zinsherrschaft
Mordor	der nackte, seelenlose Materialismus
der Schicksalsberg	die aus der Abtrennung vom authentischen Selbst entstehende Kraft des Mangels und der Gier
die Orks	die niederen, egoistischen Tendenzen
Saruman	der europäische Nationalismus und Faschismus
Elrond	Mitgefühl, die mitfühlende Weisheit
Galadriel	Selbsterkenntnis, die erkennende Weisheit
Gandalf	Unterscheidungskraft, die unterscheidende Weisheit

Arwen	die universelle Liebe
Aragorn	die kosmische Gerechtigkeit, die göttliche Ordnung
die Elben	die spirituellen Kräfte
die Zwerge	die Kräfte des Menschseins
Legolas	die spirituelle Kraft im Menschen
Gimli	die Kraft des Menschseins
Frodo	der gesunde Menschenverstand
Sam	das Gemüt, die Emotionen
Merry	die Kraft der Fröhlichkeit
Pippin	die Kraft der Leichtigkeit, Unbeschwertheit
Gollum	das Unbewusste, der Zinsjunkie in uns
Denethor	das herrschende, von Menschen gemachte Recht
Boromir	die Selbstgerechtigkeit
Faramir	das Pflichtgefühl
Theoden	die Ehrenhaftigkeit, das Ehrgefühl
Eowen	das Bedürfnis nach Größe und Großartigkeit
der Balrog	die Gründung der Federal Reserve Bank
die Schlacht um Helm's Klamm	der II. Weltkrieg

Die Bedeutung der verschiedenen Ringe

Der „Eine Ring"

Der „Eine Ring" selbst steht für die Zinswirtschaft. Sauron steht für die Zinsherrschaft, oder jene Teile der Geldelite, die am meisten bestimmen, was auf der Erde geschieht. Der „Eine Ring" und Sauron gehören zusammen, sind nicht voneinander trennbar. Die Zinswirtschaft erzeugt eine Geldelite und am Ende profitiert immer nur die Geldelite von der Zinswirtschaft. Es ist nicht möglich, die Geldelite abzuschaffen, während die Zinswirtschaft weitergeführt wird. Die Zinswirtschaft würde durch die unablässige Vermögensumverteilung von unten nach oben immer wieder neu eine Geldelite erzeugen. Niemand kann der Selbstbereicherung der Geldelite durch die Zinswirtschaft entgehen.

Ein Ring, sie zu knechten, sie alle zu finden,
Ins Dunkel zu treiben und ewig zu binden,
Im Lande Mordor, wo die Schatten drohn.

Die Zinswirtschaft verteilt immer und ausnahmslos AUTOMATISCH das Vermögen eines Volkes von unten nach oben. Damit ist sie so konstruiert, dass sie die gesamte Menschheit in die Verschuldung treiben und von einer kleinen Geldelite abhängig machen kann, die das Geld kontrolliert. Jeder Mensch, jedes Unternehmen, jedes Volk kann durch seine Verschuldung kontrolliert und in eine Zinsknechtschaft genommen werden. Sobald ein Staat oder eine Wirtschaft verschuldet ist, befindet sich dessen Volk, bzw. Gesellschaft in der Zinsknechtschaft. Es muss in Form von Steuern Zinsen für die Staatsschulden und in Form hoher Produktpreise Zinsen für die Unternehmensschulden zahlen. Kaum jemand auf Erden kann der Zinsknechtschaft entgehen.

Da eine Zinswirtschaft nur weiterexistieren kann, wenn die Verschuldung permanent anwächst, besteht die ständige Gefahr, in eine Schuldenfalle zu geraten, aus der man nie wieder entkommen kann, wenn man nicht mehr zur Schuldentilgung kommt. Das Volk eines Staates, der sich neuverschulden muss, um überhaupt seine Zinsen zahlen zu können, ist wie ewig an seine Knechtschaft bei der Geldelite gebunden und kann den permanenten Steuererhöhungen und der permanenten Verschlimmerung der Lebensumstände nicht entkommen.

So wie der „Eine Ring" eine Gier nach ihm weckt, erzeugt die Zinswirtschaft ein für viele unwiderstehliches Verlangen, so reich zu werden, dass man durch die Zinseinnahmen (also durch die Arbeit anderer) großartig leben kann. Die Zinswirtschaft erzeugt eine Sucht nach Geld, die tief ins Unbewusste reicht. Gollum symbolisiert dieses Unbewusste. Für unser Unbewusstes ist alles, was wir in Form von Geldzinsen, Sachkapitalzinsen, Renditen, Mieten, Pachten etc. an leistungslosen Einnahmen erzielen können: „Mein Schatz!" Es ist die unbewusste

Sucht, die aus solchen Einnahmen einen „Schatz" macht. Unser Unbewusstes ist ein Zinsjunkie.

Die Weisen im Herrn der Ringe betonen wiederholt, dass der Eine Ring nur Sauron dient, niemandem sonst. Dies ist nicht nur ein Hinweis darauf, dass die größten Vermögen die höchsten Zinseinnahmen erzielen, sondern z. B. auch ein Hinweis auf die Börsen und den Devisenhandel, bei denen (wie wir in Kapitel I „Beraubung" gesehen haben) stets die größten Vermögen die Kurse so steuern können, dass sie die Investitionen der kleineren Anleger abschöpfen können. Nur die größten Vermögen sind in der Lage, durch gezielte Devisenverkäufe eine Volkswirtschaft in den Ruin zu treiben. Nur die größten Vermögen bringen das gesamt Finanzsystem an den Rand des Zusammenbruchs, wenn sie verspekuliert werden, so dass nur die wirklich großen Crashs vom Steuerzahler (also auf unser aller Kosten) aufgefangen werden. Es ist also nur den größten Vermögen gestattet, ihre Gier ausgiebig zu füttern, nicht den kleineren Anlegern und Spekulanten. Da es sich sowohl bei den Börsen als auch beim internationalen Devisenhandel um reine Zinsphänomene handelt, sieht man, dass der Eine Ring tatsächlich nur Sauron (nur der Geldelite) dient, sonst niemandem.

Orks repräsentieren die niederen Tendenzen in unserem Bewusstsein, uns auf Kosten anderer Vorteile zu verschaffen. Dass im Herrn der Ringe überall Heerscharen an Orks drohen, zeigt dass die ganze Menschheit mit den von der Zinswirtschaft verstärkten niederen Tendenzen zu kämpfen hat. Es sind unsere niederen, egoistischen Tendenzen, die der Zinsherrschaft (Sauron) unmittelbar dienen, weil ausbeutende Herrschaft nur funktioniert, wenn man Menschen gegeneinander ausspielen kann. Ohne unseren Egoismus könnten wir nicht gegen andere Menschen ausgespielt und als Gesellschaft ausgebeutet werden. So dienen unsere egoistischen Tendenzen der Zinsherrschaft unmittelbar, sind quasi ihr Fußvolk, die Grundvoraussetzung.

Der Eine Ring kann nicht für einen Kampf gegen Sauron verwendet werden. Wer Vermögen anhäuft und durch die Verzinsung immer mehr vermehrt und dabei die Absicht verfolgt, das Vermögen für die Transformation der Gesellschaft einzusetzen und die Geldelite abzuschaffen, müsste dabei mindestens so reich und mächtig werden wie die Geldelite selbst. Dies könnte er nur, wenn er seine Zinsforderungen genauso rücksichtslos durchsetzte wie die Geldelite es tut. Er würde durch dieses Verhalten dieselben Missstände in der Welt erzeugen wie die übrige Geldelite und dadurch selber so werden wie sie. Der Eine Ring verdirbt also auch die beste Absicht, ihn für Gutes zu verwenden und kann aus Prinzip immer nur Sauron dienen. Die Zinswirtschaft dient am Ende immer nur der Geldelite, die durch sie ihr Geld und damit ihre Macht bekommt.

So wie der „Eine Ring" nicht durch Gewalt zerstört werden kann, so lässt sich auch die Zinswirtschaft nicht durch einen Krieg, eine Revolution oder einen Klassenkampf zerstören. Kriege und Revolutionen haben den Zinsherren immer nur dazu gedient, reicher und mächtiger zu werden, da es ihnen stets gelungen ist, Menschen gegeneinander auszuspielen und die Sieger durch deren Verschuldung zu kontrollieren. Sie konnten militante Freiheitsbewegungen stets unterwandern. Da sie sowohl Diktatoren als auch Freiheitskämpfern gegenüber als Freunde und Geldgeber auftreten, gewinnen sie immer an allen Kriegen und Revolutionen.

Auch der Sowjetkommunismus diente der Zinswirtschaft unmittelbar, da er Russland als wirtschaftlich starken Wettbewerber ausschaltete, die Völker der kapitalistischen Welt in Angst versetzte und auf Jahrzehnte für hohe Renditen aus dem Rüstungsgeschäft sorgte. Die Bereitschaft von Menschen, andere Menschen als Feinde zu sehen, die gewaltsam bekämpft werden müssen, hat stets zur Erhaltung der Zinswirtschaft beigetragen. Alle antikapitalistische Gewalt hat der Zinsherrschaft stets nur gedient, weil Gewalt ihr dient, egal wie sie sich nennt. Jede gewaltsame Bewegung braucht Geld. In einer Zinswirtschaft lässt sich dieses nur gegen Zinsen beschaffen. So stärkt auch ein gewaltsamer Kampf gegen die Zinswirtschaft die Zinsherrschaft.

So wie die Weisen sagen, dass Sauron nicht im direkten Kampf besiegt werden kann, da er zu starke Mächte um sich geschart hat, so kann die Geldelite und ihre Zinsherrschaft nicht wirklich angegriffen werden, da sie verschiedene Wälle um sich errichtet hat, durch die sie sich beschützt, die Wirtschaftselite, die Politelite und die Wissenselite. So wie die Weisen sagen, dass dieser Kampf auch gar nicht notwendig ist, sondern nur der Eine Ring zerstört werden muss, so genügt es, die Zinswirtschaft durch die Einführung Fließenden Geldes abzuschaffen, um den Geldmachtapparat in sich zusammensinken zu lassen.

Es gibt im Bewusstsein der Menschheit ein Zusammenspiel zwischen Herrschenden und Beherrschten. In diesem Zusammenspiel sorgt die in allen vorhandene Negativität für die Spaltung im Außen. So kann nur die Transformation dieser Negativität den Wandel im Außen möglich machen. Der „Ring" muss also zuerst durch Transformation in unserem Bewusstsein vernichtet werden. Durch die persönliche Teilnahme am Transformationsprozess wird sich eine Tür öffnen, die das Einführen Fließenden Geldes möglich macht. Die Weisheit in uns weiß das.

Die Weisen schrecken davor zurück, den Einen Ring an sich zu nehmen und sich an Saurons Stelle zu setzen, um die Welt gerecht zu beherrschen, weil sie wissen, dass der Eine Ring sie verderben wird. Dies bedeutet, es ist nutzlos und nicht hilfreich, Mitglieder der Geldelite oder der anderen Eliten aus ihren Positionen zu entfernen, um dadurch die Welt zu verbessern. Würden sie beseitigt und durch andere, gerechtere Personen ersetzt, würde die Welt in kurzer Zeit wieder genauso aussehen wie sie jetzt aussieht, weil die Missstände in der Welt durch die Zinswirtschaft erzeugt werden, nicht durch irgendwelche Personen. Wer ehrlich ist zu sich selbst, (wer weise ist) der weiß dies. Die Figuren innerhalb der Geldelite (und natürlich auch in den Mitläufer-Eliten) sind beliebig austauschbar, ohne dass sich etwas grundsätzlich ändern würde.

So wie den Figuren im Herrn der Ringe ganz schlecht wird bei dem Gedanken, den Einen Ring zu zerstören, so wird den meisten Leuten irgendwie schlecht bei dem Gedanken, die Zinswirtschaft abzuschaffen. Der Gedanke an sich hat etwas Ungeheuerliches an sich, das die Menschen kaum ernsthaft zu denken wagen. Dennoch erkennen die „Weisen" (die tiefere Weisheit in jedem Menschen), dass die Zerstörung des Einen Ringes der einzige Weg ist, um die Welt zu retten. Jeder, der die Lage nüchtern betrachtet und die tiefere Weisheit in sich selbst zu

Rate zieht, wird erkennen, dass die Zinswirtschaft abgeschafft werden muss, wenn wir die Zerstörung unseres Planeten verhindern wollen, dass es einerseits keinen anderen Weg gibt, und dass es andererseits allerdings auch genügt, um die Erde und die Menschheit vor der Selbstzerstörung zu retten.

Dass der Ring unsichtbar macht, ist ein Hinweis darauf, dass die Geldelite, die durch die Zinswirtschaft entsteht und die mit Hilfe des Zinses herrscht, sich so unsichtbar macht, dass sie von der Bevölkerung kaum als existent wahrgenommen wird. Sie wird gewissermaßen aus dem Gesamtbild herausgeschnitten, so dass wir nur mitbekommen, dass alles immer knapper wird, dass wir immer kürzer treten müssen, dass die Zeiten für uns halt nicht besser werden. Die Geldelite ist aus diesem „WIR" natürlich ausgenommen, so dass es so aussieht, als wäre die Verknappung eine Realität, die alle betrifft, und nicht bloß ein Verteilungsproblem. Viele Menschen in der Bevölkerung fordern sich gegenseitig auf, solidarisch zu sein und die staatlichen Kürzungen gemeinsam hinzunehmen. Viele Menschen finden es vernünftig, dass eine Große Koalition an der Macht ist, welche die „notwendigen" Kürzungen für das Volk vornimmt. Ihnen ist nicht klar, dass niemand ihnen diese Solidarität jemals danken wird, dass die Geldelite der einzige Nutznießer dieser „vernünftigen" solidarischen Haltung im Volk ist und dass diese Solidarität gnadenlos weiter strapaziert werden wird, weil die Verknappung nur noch weiter zunehmen wird bis das System zusammenbricht. Die Verknappung ist einfach nur die eine Seite einer automatischen Umverteilung, deren oberes Ende (offensichtlich erfolgreich, da kaum einer protestiert) ausgeblendet wird. Offensichtlich macht der „Eine Ring" tatsächlich unsichtbar.

Die Drei Ringe der Elben

Die drei Ringe der Elben-Fürsten im Licht, weisen auf drei Qualitäten höherer Weisheit, welche wir nutzen können, um mit der zinsbedingten geistigen Dunkelheit unserer Zeit fertig zu werden und Licht, das heißt klares, liebevolles Bewusstsein, herbeizuführen. Jeder Mensch verfügt potentiell über diese drei Formen der Weisheit, kann sie aktivieren und nutzen, um seinen Weg zu finden.

Elrond steht für die mitfühlende göttliche Weisheit in uns, welche immer auf das Wohl und die Versorgung des Ganzen ausgerichtet ist und erkennt, was zum Wohle des Ganzen notwendig ist. Es waren Elrond und Gandalf, die erkannten, dass der „Eine Ring" vernichtet werden muss. Wer Mitgefühl hat und sieht, welche Armut und Ungerechtigkeit in der Welt durch die Zinswirtschaft entsteht, erkennt sofort, dass die Zinswirtschaft abgeschafft werden muss. – Es ist auch Elrond, der später (und zu diesen Zusammenhängen kommen wir weiter unten) Aragorn rät, sich die Dienste der Toten zu sichern, um in der Schlacht von Minas Tirith siegreich zu sein. Es ist in erster Linie die mitfühlende göttliche Weisheit, die beschließt, Menschen, die üble Taten begangen haben zu vergeben, damit diese einen wiedergut-machenden Beitrag für einen siegreichen Wandel in der Welt leisten. Elrond ist auch der Vater von Arwen, dem Abendstern, welche, wie die Venus, für die universelle Liebe steht. Die mitfühlende göttliche Weisheit und die universelle Liebe sind eng verwandt.

Galadriel steht für die erkennende Weisheit. Sie ist sowohl in der Lage, zukünftige Entwicklungen vorauszuschauen, als auch bis in die tiefste Tiefe eines menschlichen Herzens, vor allem des eigenen Herzens, zu schauen, jede verborgene Absicht und Tendenz zu durch-schauen und dadurch Klarheit zu erlangen. Galadriel ist in der Lage, uns auch vor den größten inneren Gefahren zu warnen und uns auch in der größten inneren Dunkelheit beizustehen, damit wir den Weg zur Klärung unseres Bewusstseins finden. Es ist Galadriels Licht, das Frodo und Sam (gesunder Menschenverstand und Gemüt) aus der größten Gefahr rettet, in die Gollum (das verdrängte Unbewusste) die beiden gebracht hat. Auch wenn wir absolut in die Irre gegangen sind, weil wir nicht bemerkt haben, wie sehr wir durch unbewusste Tendenzen und vor uns selber verborgene Ziele in eine schlimme Lage gekommen sind, kann eine Erforschung unserer eigenen wahren Absichten und Tendenzen uns wieder ins Licht eines klaren Bewusstseins führen.

Gandalf, der den dritten Elben-Ring trägt, steht für die unterschei-dende Weisheit. Dass er der fast ständige Wegbegleiter der Gefährten ist, weist darauf hin, dass diese Form der Weisheit in unserer Zeit die wichtigste ist. Denn zur Klärung unseres Bewusstseins müssen wir unterscheiden können,

- was wahr ist von dem was unwahr ist
- was authentisch ist von dem was inauthentisch ist
- was unsere Integrität wahrt von dem was sie zerstört
- was ewig in uns währt von dem, was vorübergehend in uns ist (z. B. Liebe, Mitgefühl, Wahrhaftigkeit, Versöhnlichkeit und der Frieden in unserem Geist können ewig währen, wenn wir sie richtig entwickeln, während Emotionen, Suchtgefühle, egoistische Tendenzen und dergleichen nur vorübergehender Natur sind und uns niemals wirklich inneren Halt geben können; wer dies richtig unterscheidet und „das Ewige" weiterentwickelt, wird als Mensch immer stärker)
- was uns stärker macht von dem was uns schwächer macht
- was unser Leben wirklich bereichert von dem, was es ärmer macht
- usw.

Die Sieben Ringe der Zwerge

Zwerge stehen für die Kräfte des Menschseins, mit deren Hilfe ein kraftvolles und ausgeglichenes Leben möglich ist. Bei der Frage, welche Kräfte damit gemeint sein könnten, denke ich an Kulturen zurück, die einen engen Bezug zur Erde hatten und stark mit der Natur, ihren Kräften und Rhythmen verbunden waren, vor allem an die Indianer Amerikas und an die alten Kelten. Ich habe daher sieben der wichtigsten gallischen Götter genommen und mir angeschaut, welche Eigenschaften oder Kräfte diese Götter verkörpern. Hier ist die Auflistung:

Teutates	Schöpferkraft
Birgit	Mütterlichkeit
Nemetona	Durchsetzungskraft
Esus	Versöhnlichkeit
Belenus	Heilkraft
Cernunnos	Selbstbeherrschung
Taranis	Selbstreinigung

Falls Sie die Asterix-Hefte kennen, werden Ihnen zumindest Teutates und Belenus bekannt sein.

Wem diese sieben Kräfte voll zur Verfügung stehen, hat, was er braucht, um ein kraftvolles und ausgeglichenes Leben zu führen. Mütterlichkeit ist hier als dem Menschen innewohnende Kraft gemeint, die als solches jedem zur Verfügung steht, auch Männern.

Man könnte sagen: ich erschaffe etwas in meinem Leben, ich hege, pflege und behüte es, bis es reif und kraftvoll ist, ich bringe es erfolgreich in die Welt, ich bin versöhnlich in der Auseinandersetzung mit anderen, ich finde und bringe Heilung, wo Schaden entsteht, ich unterscheide und beherrsche meine negativen Emotionen und Gedanken, dass andere nicht darunter leiden müssen und ich finde einen Weg, mich so zu reinigen, dass ich wieder in meiner vollen positiven Schöpferkraft stehe, wodurch sich der Kreis schließt und das Gleichgewicht in der Schöpferkraft wiederhergestellt ist.

Die sieben Ringe der Zwerge gingen im Verlaufe der Herrschaft des Ringes verloren. Diese Kräfte haben in der Zeit der Zinsherrschaft also stark gelitten. Sie sind in jedem Menschen vollkommen angelegt und in unserer Zeit nicht als solche präsent. Die eine oder andere Kraft mag uns zur Verfügung stehen, aber selten alle sieben und alle im Gleichgewicht. Und wo ein Organ geschwächt ist, schwächt es den ganzen Organismus.

Esoterisch denkende Menschen können hier einen Entsprechung zu den sieben Chakren erkennen, wobei das unterste Chakra für die Schöpferkraft steht, das Nabelchakra für die Mütterlichkeit (der Bauch nährt uns), das Solarplexus-Chakra für die Durchsetzungskraft, das Herzchakra für die Versöhnlichkeit (zum Ausdruck gebrachte Liebe versöhnt), das Chakra an der Halsgrube für die Heilkraft (das mit Liebe und Unterscheidung gesprochene Wort hat Heilkraft), das Chakra an der Stirn für die Selbstbeherrschung und Unterscheidungskraft (was man auch Weisheit nennen könnte) und das oberste Chakra für die Selbstreinigung. Mit seiner Energie können wir uns reinigen und die Verbindung zum Ganzen herstellen. Es ist das Tor zum Einheitsbewusstsein.

Interessant ist, dass es auch ein deutsches Märchen gibt, in dem die Zahl der Zwerge sieben lautet. Vielleicht gab es einmal eine Zeit, in der allgemein bekannt war, dass es diese sieben Kräfte sind, die ein ausgeglichenes und kraftvolles Leben ermöglichen.

Die Neun Schwarzen Reiter

Die Zinswirtschaft erzeugt neun negativ dominante Tendenzen. Die Neun Schwarzen Reiter repräsentieren diese Neun. In Kapitel I habe ich dargelegt, wie die Zinswirtschaft diese *Neun ND-Tendenzen* erzeugt. Diese Neun wirken auch unablässig auf unser Bewusstsein ein.

Verknappung
Feindlicher Wettbewerb
Beraubung
Verschwendung
Bestechung
Täuschung
Verwirrung
Angst
Schuldzuweisung

Der König der Neun Schwarzen Reiter steht für die ND-Tendenz der Verknappung, das Prinzip der Knappheit, der Gier, des Mangels, der Armut, des Hungers, die erste, unmittelbar Auswirkung der Zinswirtschaft, aus der heraus sich die acht anderen *ND-Tendenzen* ergeben.

Das Bewusstsein der Menschheit wird durch das Ausgeliefertsein an diese *Neun ND-Tendenzen* in die Dunkelheit getrieben und dort so gebunden, dass es unmöglich erscheint, diesen Kräften zu entkommen und je ein glückliches, kraftvolles Leben im Wohlstand führen zu können.

Im Herrn der Ringe wird berichtet, dass es sich bei den neun einst um Menschen handelte, die dann unter den Einfluss des Ringes gerieten und dadurch zu schrecklichen Geistern wurden. Das bedeutet, dass die *Neun ND-Tendenzen* auch schon vor der Zinswirtschaft in den Menschen vorhanden waren, durch sie aber zu richtigen Plagen und Heimsuchungen der Menschen wurden.

Dass sich die Hobbits von Anfang bis zum Ende der Geschichte des Herrn der Ringe vor dem Zugriff der Schwarzen Reiter hüten müssen, weil sonst alles verloren ist, weist darauf hin, dass wir unser Bewusstsein vor den *Neun ND-Tendenzen* freihalten müssen, um das Ziel unserer Transformation und der Einführung Fließenden Geldes erreichen zu können. Nur wenn diese Tendenzen nicht unser kollektives Bewusstsein beherrschen, werden wir das Ziel erreichen.

Das Land Mordor ist der Ort, an dem Sauron und die neun schwarzen Reiter zu Hause sind, die Welt des absoluten Materialismus, in der keine Seelenkräfte mehr spürbar sind. Man könnte es als das aurische Feld der Zinswirtschaft bezeichnen. Mordor symbolisiert also, dass die Zinswirtschaft ausschließlich mit den *Neun ND-Tendenzen* auf unsere Welt und unser Bewusstsein einwirkt. Sie verdrängt und unterdrückt unsere Seelenkräfte. Nur durch die Transformation unseres Bewusstseins können wir uns davon frei halten und befreien.

Es handelt sich bei den *Neun ND-Tendenzen* also auch um Kräfte, die durch die Zinswirtschaft in unser Bewusstsein eindringen und uns von innen her in die Dunkelheit und in die Irre führen, wenn wir sie uns zu Eigen machen. Wie im Herrn der Ringe häufiger zitiert, sind diese Kräfte absolut schrecklich und unbarmherzig. Wie man sieht, ist die Zinswirtschaft (der „Eine Ring") tatsächlich eine Schöpfung, die alle Ausgeburten der Hölle in sich birgt und über die Menschen hereinbrechen lässt.

Die neun schwarzen Reiter sind deswegen so mächtig, weil sie – solange es eine Zinswirtschaft gibt – im Außen praktisch nicht besiegt werden können und von außen als *ND-Tendenzen* auf jeden Menschen einwirken. Die Zinsherrschaft nutzt sie daher für ihre Macht. Diese Tendenzen versuchen sozusagen permanent, sich in unserem Bewusstsein niederzulassen, so dass sie uns beherrschen. Wenn wir unser

Bewusstsein von diesen Tendenzen „reiten lassen", können wir die Zinswirtschaft nicht abschaffen.

| Die chronologische Entschlüsselung der Geschichte des Ringes

Ich werde die Hauptstationen und Ereignisse entschlüsseln, damit die Gesamtentwicklung als Bild sichtbar wird. Ich werde die für den Geschichtsverlauf nicht so wichtigen Details unbeachtet lassen. Es wäre ein eigenes dickes Buch, den ganzen Herrn der Ringe zu entschlüsseln.

Im Herrn der Ringe wird erzählt, dass der Ring einst bereits große Macht hatte, seine Macht dann gebrochen wurde, und er verloren ging. Was nicht hätte vergessen werden dürfen, geriet in Vergessenheit. Damit ist das Alte Rom gemeint, in dem die Zinswirtschaft eine mächtige Plutokratie (= Herrschaft einer Geldelite) und Massenarbeitslosigkeit erzeugte, die mit Brot und Spielen ruhiggestellt wurde. Soweit ich weiß, steht es nicht in den Geschichtsbüchern der Schulen, aber ich würde wetten, dass die Plutokraten Roms stets die wahren Machthaber waren, die aus dem Verborgenen heraus die Römischen Kaiser kontrollierten und nach ihrem Bedarf auch eliminierten. Überliefert ist, dass in 500 Jahren Römischen Kaiserreichs kaum ein Kaiser eines natürlichen Todes starb.

Dass Sauron den Ring in der Alten Zeit an der Hand trug, ist ein Hinweis darauf, dass die Macht der Plutokraten des Alten Rom praktisch grenzenlos war. Sie konnten nach Belieben Kriege führen. Sie konnten nach Belieben die römischen Kolonien ausbeuten. Sie konnten ungestraft ein riesiges Herr Arbeitsloser entstehen lassen und mit Brot und Spielen bei Laune halten. Sie konnten aus dem Verborgenen heraus nach Belieben römische Kaiser ernennen und nach Bedarf wieder umbringen lassen. Die Plutokraten des Alten Rom treten in den Geschichtsbüchern nicht oder kaum auf. Auch hier machte der „Eine Ring" unsichtbar.

Dass Sauron zu Zeiten von Frodo und Sam, also in unserer Zeit, den Ring nicht an der Hand trägt, jedoch ständig danach trachtet, ihn in seine Hände zu kriegen, ist ein Hinweis darauf, dass die Zinsherrschaft in unserer Zeit nicht so allmächtig ist wie im Alten Rom, dass es jedoch Kreise innerhalb der internationalen Geldelite gibt, die nach einer Weltherrschaft streben. Falls es Sauron gelänge, den Ring in die Hand zu bekommen, würde er alles beherrschen, auch die Ringe, die er bis dahin nicht in seine Gewalt bekommen konnte. Auch die drei Elben-Ringe, mitfühlende Weisheit, erkennende Weisheit und unterscheidende Weisheit, könnten uns dann nicht mehr helfen. Falls es der Geldelite also gelänge, die Weltherrschaft zu erlangen, könnten wir nichts mehr tun. Dass Sauron den Ring nicht mehr in seine Hände kriegen konnte, zeigt uns jedoch, dass wir uns wegen dieser Bestrebungen keine Sorgen zu machen brauchen. Falls die Zinsherrschaft tatsächlich eine Weltherrschaft, eine „Neue Weltordnung" anstreben sollte, so werden sie dieses Ziel gemäß der Prophezeiung aus dem Herrn der Ringe nie erreichen.

Nach dem Untergang Roms verschwand die Zinswirtschaft. Im Mittelalter des 11.–13. Jahrhunderts wurde umlaufgesichertes Geld verwendet, das eine große Blüte und Wohlstand erzeugte. (Siehe Kapitel IV.) Dies ging leider wieder verloren und die Zinswirtschaft (der Eine Ring) kehrte wieder zurück. Was nicht hätte vergessen werden dürfen (die zinsbedingten Missstände im Alten Rom) geriet in Vergessenheit und die Zinswirtschaft gewann erneut die Oberhand über die Welt. Die umlaufgesicherten Währungen des Hochmittelalters waren gewissermaßen ein Zufall und ihre Einführung ging nicht auf eine bewusste Wahl zurück, so dass die Menschen nicht wussten, warum sie eine solche Blüte erlebten. Da die Menschen die Ursache für ihren Wohlstand nicht kannten, konnten sie ihn auch nicht verteidigen, als diese Ursache bedroht und das Fließende Geld zerstört wurde.

Deagol findet den „Einen Ring" wieder und Smeagol entreißt ihn ihm durch Mord. Durch den Einfluss des Ringes wird Smeagol zu Gollum. Smeagol/Gollum steht für unser Unbewusstes, unseren Schatten, das Verdrängte, nicht Angeschaute, die blinden Flecken, von denen wir nicht wissen, wie sie unser Verhalten beeinflussen, und für unsere vor uns selbst verborgenen Ziele. Dass es Deagol war, der den Ring wiederfand, und Smeagol ihm diesen durch Mord entriss, zeigt, dass die europäischen Gesellschaften des späteren Mittelalters die Zinswirtschaft durch eine unbewusste Wahl, in die sich Gier mischte, wieder einführten. Und diese unbewusste Wahl setzte das ganze Unglück wieder in Gang, das die Zinswirtschaft (nach den schrecklichen Missständen im Alten Rom) erneut über die Menschen brachte. Smeagol ist im Laufe der Jahrhunderte sehr hässlich geworden, zu Gollum. Die Hässlichkeit, die die Zinswirtschaft in die Menschen hineinbrachte, ist überwiegend ins Unbewusste verdrängt worden, weil sich niemand gerne solch hässliche Dinge anschaut.

Der Ring war nur verloren und nicht zerstört worden. Das heißt, zwar bestand die Zinswirtschaft im Außen für einige Jahrhunderte nicht, aber die Anfälligkeit für eine Zinswirtschaft war im Bewusstsein der Menschen noch nicht transformiert worden. Die Anfälligkeit der Menschen für die *ND-Tendenzen* der Zinswirtschaft, vor allem die Anfälligkeit für die mit dem Mangel verbundene Gier, führte schließlich wieder zu deren Einführung.

Der Ring wandert schließlich von Gollum über Bilbo zu Frodo. Gandalf ahnt wegen der Missstände in der Welt, dass der Ring von übler Natur sein muss, aber er ahnt noch nicht, dass es der „Eine Ring der Macht" ist. Gandalf weiß, dass Saurons Macht wiedererstarkt. Er ist zwar immer noch nur ein Schatten seiner früheren Macht, aber diese wächst beständig. Er erkennt noch nicht den direkten Zusammenhang zwischen dem „Einen Ring" und Sauron und verlässt Frodo. Frodo muss sich schließlich notgedrungen ohne Gandalf mit dem Ring auf den Weg machen, als die beiden ersten Schwarzen Reiter nach ihm suchen.

Wir befinden uns hier wohl in der ersten Hälfte des 19. Jahrhunderts. Der gesunde Menschenverstand nimmt die Zinswirtschaft als etwas wahr, was es in der Welt gibt. Das Unterscheidungsvermögen der Menschen, ahnt dass die Zinswirtschaft nichts Gutes sein kann, unterscheidet aber noch nicht, dass sie die Ursache für die zunehmenden Missstände in der Welt ist. Die Menschen unterscheiden, dass es eine zunehmende Spaltung zwischen arm und reich gibt. Sie sehen, dass die Reichsten immer reicher werden, aber sie unterscheiden noch nicht den direkten Zusammenhang davon mit der Zinswirtschaft. 1848 kommt es in Frankreich zu Aufständen wegen Arbeitslosigkeit, denen verschiedene Aufstände in anderen Ländern folgen. Hier wirken die Tendenzen der Schuldzuweisung seitens der Arbeiter und der Unterdrückung seitens der Regierung. Zum ersten Mal macht sich der gesunde Menschenverstand auf den Weg, der herrschenden Gewalt zu entkommen, die Ursachen zu finden und die Probleme zu lösen. Man unterscheidet jedoch noch nicht, wieso die Zinswirtschaft die Probleme verursacht und worin die Lösung besteht. Frodos und Sams Reise beginnt also im Jahre 1848.

Die nächste Station ist ein Abstecher von der eigentlichen Geschichte. Frodo, Sam, Merry und Pippin besuchen Tom Bombadil, der in der Verfilmung nicht vorkommt. Tom Bombadil ist „der Älteste, der vor allen anderen da war". Er hat die Ausstrahlung, dass nichts jemals wirklich schief gehen kann und sich alle Kümmernisse und Widrigkeiten mit Leichtigkeit überwinden lassen, wenn man ihn ruft. Der Ring hat keine Wirkung auf ihn. Die Hobbits müssen sich aber wieder von ihm verabschieden und ihren Weg alleine finden.

Dies ist auch geschichtlich gesehen ein Abstecher, der nicht zum Geschichtsverlauf gehört. Tom Bombadil ist ein Symbol für die unsterbliche Seele des Menschen. Diese unsterbliche Seele ist sogar von der Magie des Ringes vollständig unberührt. Selbst die Schrecken, die die Zinswirtschaft in die Welt bringt, berühren die eigentliche Seele des Menschen letztendlich nicht. Diese bleibt ein Ort, der Trost und Kraft spendet, wenn man ihn aufsucht. Den Weg zu unserer Befreiung und Transformation können wir jedoch nicht an unsere Seele abtreten. Wir müssen uns selbst mit unserem Bewusstsein auf den Weg machen, unsere Transformation und die Lösung für die Missstände in der Welt zu finden.

Die Hobbits treffen auf Aragorn, der ihnen hilft und sie auch vor den Schwarzen Reitern in Sicherheit bringt. Es gibt keine Botschaft von Gandalf.

Das menschliche Bewusstsein verfügt über keine Unterscheidung, was die Probleme verursacht und worin die Lösung bestehen könnte. Die Missstände und die Macht der *Neun ND-Tendenzen* der Zinswirtschaft nehmen unterdessen in der Welt zu und greifen auch immer mehr nach dem Bewusstsein der Menschen. Die einzige Zuflucht, die das Bewusstsein nehmen kann, besteht in Rechtschaffenheit und Integrität. Diese beschützen die Menschen vor den schlimmsten Gefahren, von den *ND-Tendenzen* überwältigt zu werden. Im Buddhismus heißt es: „Wer Zuflucht im Dharma (der Rechtschaffenheit) sucht, wird vom Dharma beschützt." Dies war der einzige Schutz der Menschen in jenen Jahren.

Aragorn und die Hobbits kommen zur Wetterspitze. Gandalf ist immer noch nicht da, um ihnen zu helfen. Hier werden die Hobbits von vier Schwarzen Reitern angegriffen. Frodo wird schwer verletzt. Aragorn rettet sie in letzter Sekunde. Hätten die Reiter den Ring erhalten, wäre alles verloren gewesen und Sauron hätte alle Macht gehabt. Im Film wird Frodo von Arwen in Sicherheit gebracht. Im Buch ist es Glorfindel. Im Bruchtal wird er von Elrond geheilt. Dennoch bleibt ihm ein Rest des Gifts und die Wunde heilt nie ganz aus.

Dies ist die Verschlüsselung der in der 2. Hälfte des 19. Jahrhunderts um sich greifenden sozialistischen und marxistischen Tendenzen. Der Marxismus unterscheidet falsch (Gandalf ist nicht da), wie und warum die Zinswirtschaft die Missstände erzeugt und zeigt einen Lösungsansatz auf, der der Zinsherrschaft nur dient, weil er die *ND-Tendenzen* durch Unterdrückung verstärkt. Die *ND-Tendenzen* im Bewusstsein der Menschen dienen der Zinsherrschaft unmittelbar. Wenn die Schlussfolgerung in der Enteignung des Sachkapitals besteht, welches einer Diktatur des Proletariats unterstellt wird, entsteht eine Diktatur, die selbst, wie alle Diktaturen, von der Zinsherrschaft kontrolliert werden kann und ihre Macht vergrößert. Im Bewusstsein der Menschen existieren nur die beiden Möglichkeiten, die Liquiditätspräferenz mit Zins zu bedienen oder durch Diktatur zu unterdrücken. Der rettende Ausweg ist noch nicht gefunden. Bei den um sich greifenden *ND-Tendenzen* im Bewusstsein handelt es sich vermutlich um:

Schuldzuweisung	die bösen Kapitalisten
Beraubung	die vorgeschlagene Enteignung des Sachkapitals ist eine Beraubung der Unternehmer
feindlicher Wettbewerb	Unterdrückung des Wettbewerbsgedanken an sich
Verwirrung	durch das Nichterkennen der Zusammenhänge

Der gesunde Menschenverstand wird schwer durch das marxistische Gift angeschlagen. Hätte er sich diesem damals hingegeben, es hätte zu einer kapitalistischen Weltherrschaft geführt. Das Gefühl der Rechtschaffenheit, dann die Aktivierung der Liebe in den Menschen und schließlich das Mitgefühlt rettet das Bewusstsein davor, an die negativen Tendenzen verloren zu gehen. Die Liebe (Arwen) ist jederzeit in der Lage, die negativen Tendenzen aus dem Bewusstsein zu verscheuchen, wenn sie aktiviert wird. Alternativ, die spirituelle Herzenskraft (Glorfindel) ist dazu in der Lage. Aber es bedurfte der mitfühlenden Weisheit, um Klarheit zu finden, dass der Marxismus nicht die Lösung sein kann. Dennoch bleibt ein Rest des marxistischen Gifts und wirkt in den Menschen fort.

Elronds Rat findet statt. Gandalf stößt wieder zur Gemeinschaft hinzu. Er erzählt, dass Saruman zum Verräter geworden ist und ihn gefangen gehalten hatte. Elrond und Gandalf erläutern, dass es nur eine einzige Möglichkeit gibt, den Ring zu vernichten. Der Eine Ring kann nur an dem Ort vernichtet werden, an dem er geschmiedet wurde. Er muss in den Schicksalsberg geworfen werden. Frodo übernimmt den Ring. Die Ringgemeinschaft macht sich auf den Weg.

Zeitlich befinden wir uns hier gegen Ende des 19. Jahrhunderts. Das kollektive Bewusstsein der Menschen erholt sich langsam von den marxistischen Theorien und erliegt ihnen nicht, obwohl der Marxismus natürlich viele Anhänger behält. Die Unterscheidungskraft der Menschen merkt, dass sie sich lange vom in Europa aufkommenden Nationalismus hat gefangen nehmen lassen. Saruman muss ursprünglich für eine gesunde nationale Würde gestanden haben, die den Menschen Kraft gegeben hat. Im Laufe des 19. Jahrhunderts war diese durch den zinsbedingten feindlichen Wettbewerb zwischen den europäischen

Nationen zum Nationalismus verkommen, welcher erheblich die Unterscheidungskraft der Menschen behinderte.

Die mitfühlende und unterscheidende Weisheit im Menschen finden die Lösung für das Problem, das sich der Menschheit durch die Zinswirtschaft bietet. Das heißt, es tritt ein Mensch auf, der die auftretenden Missstände mit großem Mitgefühl und mit einem scharfen Unterscheidungsvermögen beobachtet und die Lösung findet, welche von da an als Möglichkeit für die Menschheit verfügbar ist. Es handelt sich hierbei um Silvio Gesell.

Wenn ein Mensch eine Lösung findet, eine Erfindung oder Entdeckung macht, so ist dies immer auch ein Ausdruck kollektiver Kräfte, die in diesem Menschen zum Ausdruck kommen. Dass Gesell die rettende Lösung formulierte, zeigt, dass sich im Bewusstsein der Menschen eine Tür dafür geöffnet hatte.

Dass der „Ring" nur im Feuer zerstört werden kann, in dem er geschmiedet wurde, hat eine doppelte Bedeutung, eine materielle und eine hinsichtlich des menschlichen Bewusstseins. Es ist die Kombination dieser beiden, welche schließlich die Abschaffung der Zinswirtschaft gestatten wird.

1. Materiell gesehen bedeutet dieses Symbol, dass die Knappheit, die die Zinswirtschaft in der Welt erzeugt, auf den Zins selbst angewendet werden muss. Man muss ihn gegen Null laufen lassen. Durch die Einführung einer Umlaufsicherungsgebühr, läuft der Sachkapitalzins gegen Null und ertrinkt damit. Der Zins ertrinkt in der Umlaufsicherungsgebühr, in sich selbst, im Nichts. Dadurch fängt das Geld an zu fließen, erzeugt Wohlstand und Fülle und führt zu einem vollständigen Wandel der Welt und des Bewusstseins der Menschen.

2. Für das menschliche Bewusstsein bedeutet dieses Symbol: die Zinswirtschaft kann nur durch die Transformation jenes Mangels und jener Gier, durch die sie in die Welt gerufen wurde, abgeschafft werden. Dies schließt die Transformation der weiteren aus der ersten entstehenden acht *ND-Tendenzen* ein. Wenn der Mensch sein Klammern an materiellen Sicherheiten aufgibt und durch Trans-

formation Halt und Sicherheit in seinem authentischen Selbst findet, baut er eine Kraft auf, die von der Zinsherrschaft nicht mehr beherrscht werden kann. Mit der zunehmenden Transformation findet sich ein Weg, Fließendes Geld einzuführen.

Für die Menschheit als Ganzes geht es nur um die Transformation der Negativität. Jeder kollektive Prozess muss vor diesem Hintergrund gesehen werden. Die Menschheit hat ihre Verbindung zu ihrer Seele verloren, ist dadurch in Negativität abgerutscht und sucht ihren Weg zurück zu sich selbst, zurück zu ihrer wahren Kraft und Größe.

Wir haben im Umgang mit unseren *ND-Tendenzen* die Möglichkeit, uns damit zu identifizieren, ihnen also Raum zu geben und sie sich ausdehnen zu lassen. Durch diese Haltung sind wir ganz darauf ausgerichtet, unsere Macht auszudehnen und unserem Ego Geltung zu verschaffen. Solche Macht, negative Macht, bedeutet immer Macht über andere, die wir dominieren oder gegen die wir uns auf deren Kosten durchsetzen können. Alle, die sich in diesem Prozess durchsetzen, bedingen viele andere, die dadurch nach unten gedrückt werden. Wenn die Haltung, den eigenen *ND-Tendenzen* diesen Raum zu geben, zu einer kollektiven Haltung wird, kann nur eine Machthierarchie entstehen, deren Spitze die Macht hat. Durch das Gerangel um Vorteile geht die kreative Energie verloren.

Sodann können wir die *ND-Tendenzen* in uns unterdrücken, weil wir sie nicht wahr haben wollen. Vielleicht wollen wir als besonders gut dastehen, als besonders moralisch und vorbildlich. Die Unterdrückung kann die Tendenz aber niemals auflösen, so dass sie am Ende immer wieder zum Vorschein kommt und sich in ihr Gegenteil verkehrt. Die kreative Energie wird unterdrückt und nicht befreit.

Der einzige Weg zu unserer Befreiung besteht darin, unserer Negativität weder Raum zu geben, indem wir uns mit ihr identifizieren, als wäre sie ein wertvoller Teil von uns, noch sie zu unterdrücken, sondern sie zu neutralisieren. Wir können die Negativität nur neutralisieren, indem wir sie transformieren. Es gilt, der Negativität keinen Raum zu geben und uns als die Person zu erschaffen, die wir in Wahrheit als Potential sind und in der Wirklichkeit sein wollen. Dies befreit die kreative Energie.

Genauso können wir das Problem der Liquiditätspräferenz nicht lösen, indem wir ihr Raum geben und einen Zins dafür zahlen. Denn dies führt zu einer hemmungslosen Anhäufung von Geld und Macht Einzelner auf Kosten der großen Mehrheit.

Genauso können wir das Problem nicht lösen, indem wir die Zinswirtschaft unterdrücken und eine kommunistische Diktatur errichten. Eine kommunistische Diktatur ist erstens keine Lösung und kann zweitens nie von Dauer sein, da sie am Ende immer wieder zurückpendelt in ihr Gegenteil, nämlich die Zinswirtschaft. Genauso wie das Unterdrücken unserer Negativität letztlich nur unser negatives Machtbestreben verstärkt, genauso verstärkt der Kommunismus am Ende immer die Zinswirtschaft und dient dieser also.

Genauso wie der einzige Weg zur Neutralisierung unserer Negativität in der Transformation besteht, genauso besteht der einzige Weg zur Lösung des Problems der Liquiditätspräferenz in dessen Neutralisierung durch eine Umlaufsicherungsgebühr.

So wie die Umlaufsicherungsgebühr das Geld zum Segen aller ins Fließen bringt, so bringt unsere Transformation die Fülle, das Glück und die Liebe in unserem Leben ins Fließen.

Nachdem der Marxismus nur eine Verschlimmerung der Zinswirtschaft durch den Versuch ihrer Unterdrückung bewirkte, ist nun endlich die rettende Lösung, der dritte Weg, die Neutralisierung des Problems gefunden.

Das Auftreten Silvio Gesells ist der äußere Hinweis darauf, dass sich in der Menschheit zur Jahrhundertwende eine Tür zur Transformation der Negativität geöffnet hat, und damit eine Tür zur Rückkehr zu ihrem wahren Selbst. Von diesem Zeitpunkt an ist die Reise der Menschheit eine Reise der Transformation, eine kollektive Suche nach der Klärung, Reinigung und Transformation des Bewusstseins. Es wurde eine sehr gefährliche Reise.

Silvio Gesell hat die *ND-Tendenzen*, die von der Zinswirtschaft erzeugt werden, wahrgenommen und immer für Großzügigkeit und

Akzeptanz plädiert. Als Henry Ford gegen „die jüdischen Kapitalisten" wetterte, kritisierte Gesell ihn scharf dafür. Gesell hatte erkannt, dass jedes Schuldzuweisen nur der Entzweiung der Menschen und jenem negativen Klima dient, durch das die Zinswirtschaft erhalten bleibt.

Frodo nimmt den Ring. Die Ringgemeinschaft macht sich auf den Weg. Sie besteht aus Gandalf, Boromir, Aragorn.

Das kollektive Bewusstsein macht sich auf die Suche nach seiner Transformation, um die Zinswirtschaft abschaffen zu können. Die Unterscheidungskraft der Menschen nimmt noch nicht wahr, dass eine Menge Selbstgerechtigkeit im Spiel ist. Ein Gewahrsein für wahre Gerechtigkeit ist da.

Legolas, seine Pfeile finden sicher ihr Ziel, meistens Orks.

Es ist eine spirituelle Kraft in den Menschen erwacht. Spiritualität bedeutet, das, was ewig in uns währt, zu verstärken und dem nur vorübergehend Irdischen keine Macht über uns zu geben. Es bedeutet, in der Welt zu sein, ohne mit ihr identifiziert zu sein. Es bedeutet, glücklich sein zu können, egal wie die äußeren Umstände sind. Es bedeutet, ausgerichtet zu bleiben auf das Ziel, das eigene wahre Selbst zu erkennen und in der Welt zum Ausdruck zu bringen. Es bedeutet letztlich, die Liebe zu erkennen, die man ist, und diese im Leben auch zu sein und zum Ausdruck zu bringen. Die klar auf ihr Ziel ausgerichtete spirituelle Kraft ist stets in der Lage, negative Tendenzen im Bewusstsein wahrzunehmen und gezielt zu neutralisieren.

Gimlis Axt bringt genauso Orks zur Strecke wie die Pfeile von Legolas.

Die Kraft des Menschseins, im Leben unseren Mann (oder unsere Frau) zu stehen und uns dabei selbst in einem inneren Gleichgewicht zu halten. Es ist unser einfaches Menschsein. Diese Kraft ist genau so in der Lage, negative Tendenzen zu neutralisieren. Dass sich Gimli und Legolas im Verlauf der Geschichte zunehmend befreunden, weist darauf hin, dass sich unser Menschsein im Laufe der Transformation immer mehr für die spirituelle Kraft öffnet.

Frodo, Sam.

Unser gesunder Menschenverstand und unser Gemüt, unsere Emotionen, treten immer zusammen auf, sind untrennbar verbunden.

Merry und Pippin, der später auch im Haus der Heilung in Gondor dient.

Fröhlichkeit ist sehr wichtig für uns selbst und für unsere Mitmenschen. Immer ein echtes Lächeln auf den Lippen zu haben, gibt unseren Mitmenschen eine Menge Kraft. Merry leistet im Verlauf der Geschichte einen unschätzbaren Beitrag für das Gelingen der Transformation.

Es ist wichtig, immer wieder Leichtigkeit ins Leben zu bringen und sich von schweren Gedanken und schweren Gefühlen frei zu machen. Die Leichtigkeit ist wichtig, wo es um unsere Heilung der Wunden der Vergangenheit geht.

Die Ringgemeinschaft ist unterwegs. Gandalf will nicht in Sarumans Nähe kommen. Er versucht den Weg über die Berge. Dieser scheitert. Er scheut die Alternative, durch Moria zu gehen und lässt Frodo wählen.

Das Bewusstsein der Menschen sucht nach einem Weg, die zinsbedingte Negativität im Bewusstsein zu transformieren. Es scheut die auftauchenden nationalistischen Strömungen. Die Bemühungen der Intellektuellen und Philosophen (der Weg in die Höhe) führt nicht zum Ziel. Die Unterscheidungskraft scheut die Alternative und lässt den gesunden Menschenverstand wählen.

Frodo wählt Moria als Weg. Hier stellt sich jedoch heraus, dass die Zwerge verschwunden sind und die Orks einen gefährlichen Ort daraus gemacht haben.

Eine kollektive Mehrheit wählt, auf psychologischen und esoterischen Wegen eine Klärung und Reinigung des Bewusstseins zu finden. Der Weg nach innen zu den Kräften des Menschseins, zur menschlichen Psyche, ist jedoch gefährlich, weil die Psyche der Menschen verseucht ist von niederen und egoistischen Tendenzen. Die Selbstreinigung ist nicht wirklich erfolgreich und die Bewusstseinsreise bleibt gefährlich.

Pippin wirft einen Stein in einen tiefen Brunnen. Gandalf wird zornig auf Pippin.

Einige therapeutische und/oder esoterische Methoden graben leichtsinnig zu tief in die Psyche und wecken negative Kräfte. Die Unterscheidungskraft wird zornig mit der Tendenz zum Leichtsinn in den Lösungsbemühungen.

Die Gemeinschaft wird von Orks angegriffen. Diese jedoch weichen zurück, als ein mächtiger Balrog auftaucht. Der Balrog reißt Gandalf in die Tiefe. Die Gemeinschaft muss ohne ihn weiterziehen.

Der Weg zur therapeutischen und/oder esoterischen Reinigung der menschlichen Psyche gerät zunehmend in Bedrängnis durch niedere Tendenzen. Als sich das Bewusstsein der Menschen schon in einem Zustand aufgewühlter negativer Tendenzen befindet, geschieht etwas noch Schlimmeres, was das Unterscheidungsvermögen der Menschen auf viele Jahre hinaus überfordert. Sie wissen von diesem Zeitpunkt an nicht mehr, was in der Welt los ist, was richtig ist, was falsch ist, wem sie trauen können, und wem nicht, was die Probleme löst und was nicht. Es handelt sich dabei um die Gründung der Federal Reserve Bank in Amerika. Durch diese Privatisierung der amerikanischen Zentralbank sind private Bankiers nun in der Lage, nach ihrem eigenen Ermessen und Gutdünken Wirtschaftskrisen und Umwälzungen auszulösen. Die daraus entstehenden Missstände, Inflation, Weltwirtschaftskrise und politischen Umwälzungen überfordern das Unterscheidungsvermögen der Menschen. Sie können den aufkommenden Nationalismus nicht als schädlich unterscheiden, so dass der Nationalismus an Macht und Zulauf gewinnt. Die Menschen findet keine Unterscheidung mehr bei ihrer Suche nach dem rettenden Weg.

Die Gemeinschaft kommt zu Galadriel. Frodo schaut in ihren Spiegel. Er sieht das Auge Saurons, das nach ihm sucht und erschrickt. Galadriel sagt Frodo, wenn Du keinen Weg findest, findet ihn niemand.

Ich vermute, dass sich der Aufenthalt bei Galadriel auf der Zeitachse gegen Ende des 1. Weltkriegs befindet. Es gab damals Menschen, die plötzlich erkannten, dass hinter dem Kapitalismus, Nationalismus und Bolschewismus in der Welt eine Kraft wirkte, die nach einer Herrschaft über die Menschheit strebt. Global scheint es nur die Alternative zwischen

Kapitalismus, Nationalismus oder Sowjetkommunismus zu geben. Der gesunde Menschenverstand erschrickt bei dieser Aussicht, erkennt aber, dass niemand einen Weg finden kann, wenn er ihn nicht selbst findet. Der Sowjetkommunismus taucht nicht extra verschlüsselt auf. Tolkien sieht ihn wohl als unmittelbaren Bestandteil der Zinsherrschaft, da es sich nur um die Unterdrückung der Zinswirtschaft handelt, welche unausweichlich in diese zurückführen wird. Russland war durch den Sowjetkommunismus wirtschaftlich lahmgelegt. Es war dadurch als eigenständige Kraft ausgeschaltet und schuf ein Klima der Angst, das der Zinsherrschaft Jahrzehnte sattester Rüstungsrenditen bescherte.

Boromir will den Ring an sich bringen und für den Kampf gegen Sauron nutzen. Frodo weicht zurück und macht sich allein auf den Weg. Boromir wird von den Orks Sarumans getötet.

Dies symbolisiert die Selbstgerechtigkeit in der Anklage jüdischer Kapitalisten, welche in den ersten Jahrzehnten des 20. Jahrhunderts für das Übel in der Welt verantwortlich gemacht wurden. Gleichzeitig wollten diese Menschen die Zinswirtschaft an sich behalten und für sich und ihren Kampf gegen den damals so genannten jüdischen Kapitalismus nutzen. Diese selbstgerechte Haltung wurde anfällig für die im Nationalismus grassierende Niedertracht, viel ihr zum Opfer und leistete einen großen Beitrag für den Aufstieg des Faschismus. Wer an der Absicht festhält, die Zinswirtschaft gegen die Geldelite zu nutzen, muss immer mehr mit seinen niederen egoistischen Tendenzen kämpfen und wird am Ende von ihnen überwältigt.

Dies ist auch wieder ein Hinweis darauf, dass Widerstandsbewegungen gegen kapitalistische Herrschaft jede möglicherweise vorhandene positive Kraft zerstören, wenn sie selbst die Zinswirtschaft für ihre Zwecke nutzen wollen und ein Teil des Zinssystems bleiben, das sie bekämpft haben. Der gesunde Menschenverstand erkennt schon vor dem Scheitern solcher Widerstandsbewegungen, dass dieser Weg nicht zum Ziel führt und wendet sich davon ab. Er wendete sich von der Selbstgerechtigkeit in der damaligen Anklage jüdischer Kapitalisten ab und macht sich allein auf den Weg nach der Lösung.

Noch im Sterben nennt Boromir Aragorn: „Mein König."

Als sich eine Mehrheit der Menschen ihrer selbstgerechten Verurteilung der jüdischen Kapitalisten und der Juden bewusst wird, bereuen sie ihre Haltung. Dadurch konnte die Neigung zur Selbstgerechtigkeit an sich kollektiv in großem Maße transformiert werden und einem Sinn für die universelle Gerechtigkeit Platz machen, in deren Augen alle Menschen gleich sind.

Merry und Pippin geraten in die Hände von Sarumans Orks, welche glauben, sie hätten die richtigen Hobbits erwischt. Sarumans Orks sind größer und stärker als die Orks Saurons und können auch bei Tag marschieren. Sie werden von Aragorn, Legolas und Gimli gejagt, welche vergeblich versuchen, sie zu befreien. Aragorn wird im weiteren Verlauf ständig von Legolas und Gimli begleitet.

Der Faschismus glaubte, er könnte die Macht an sich bringen und die Weltherrschaft erreichen, raubte den Menschen aber zum Glück nur für eine Zeitlang ihre Fröhlichkeit und Leichtigkeit. Während des Faschismus sind die niederen Tendenzen in den Menschen noch stärker als unter der Zinsherrschaft. Die Niedertracht wurde im Faschismus nicht verborgen, da sie sogar gesellschaftsfähig geworden war, sich sogar bei Tageslicht zeigen zu können. Z. B. durfte Rassenhass öffentlich zum Ausdruck gebracht werden. In dieser Zeit gelang es dem Gerechtigkeitsgefühl, der spirituellen Kraft und der Kraft des Menschseins nicht, Fröhlichkeit und Leichtigkeit in das Leben der Menschen zu bringen. Die Bestrebungen der Menschen, eine gerechte Welt herbeizuführen, werden von nun an von ihrer spirituellen Kraft und der Kraft ihres Menschseins voll unterstützt.

Die zwei Türme stehen für die Epoche der 1920er bis 1940er Jahre. Der Turm Sarumans bezeichnet den europäischen Faschismus, während Sauron für die Zinsherrschaft und den Kommunismus steht, welche ja zusammen gehören, da das eine nur das Gegenteil des anderen ist. Nur für eine kurze Zeitlang drohte der europäische Faschismus genauso mächtig zu werden wie die Zinsherrschaft, während er dieser in Wirklichkeit nur gute Dienste erwiesen hat. Die Schlacht von Helms

Klamm symbolisiert den 2. Weltkrieg, an dessen Ende der Untergang des Faschismus steht. Sarumans große Macht, Menschen zu täuschen, weist auf die okkulte Macht des deutschen Reichsführers hin, Menschen glauben zu machen, sie würden für eine gute Sache kämpfen, wenn sie ihm folgten. Jene, die seiner magischen Ausstrahlung erlagen, haben ihn nicht durchschaut, während jene, die sich von der Ausstrahlung frei machen konnten, sofort erkannten, dass er nur Schwachsinn daherredete.

Dass Gandalf nach seinem Kampf mit dem Balrog nicht mehr der Graue, sondern der Weiße ist, bedeutet, dass die Unterscheidungsfähigkeit der Menschen durch die Verwirrung im 2. und 3. Jahrzehnt des 20. Jahrhunderts stärker geworden ist. Als „der Weiße Reiter" konnte Gandalf seinen Beitrag zum Sieg über Saruman, gegen den er vorher unterlegen war, leisten. Der Faschismus hatte die verwirrte Unterscheidungsfähigkeit vieler Menschen zunächst überfordert. Es ist seither aber nicht mehr so leicht, Menschen für Dinge zu gewinnen, die schädlich für sie sind, da sie die Schädlichkeit besser unterscheiden können. Der Faschismus steht für alle Zeiten als hässlich da. Niederträchtiges Verhalten steht als hässlich da, egal welchem Zweck es dient. Das hemmungslose Schlechtmachen von Andersdenkenden steht als hässlich da. Der gezielte Angriff auf gesellschaftliche Gruppen als Sündenböcke steht als hässlich da. Das Gewahrsein der Missstände als das, was sie sind, nämlich Missstände, ist stärker geworden.

So wie Aragorn, ist auch Theoden ein König, der König von Rohan. Er steht also für eine verwandte Qualität, nämlich für die Ehrenhaftigkeit. Theoden ist durch die Einflüsterungen von Grima Schlangenzunge seiner ganzen Kraft beraubt. Seine Nichte Eowen ist verzweifelt darüber. Schließlich, als der Krieg Sarumans zu schlimm wird, gelingt es Gandalf, Theoden zu wecken. Theoden rüstet sich für die Schlacht und führt sein Heer zum Sieg gegen das Heer Sarumans. Eowen durfte nicht mit. Nach der siegreichen Schlacht ist Sarumans Macht gebrochen.

Im Faschismus wurde die Ehrenhaftigkeit der Menschen durch Täuschung eingeschläfert. Erst als die Missstände Überhand nehmen, erwacht die Unterscheidungskraft der Menschen und sie treten (in ihrem

Bewusstsein) dem Faschismus entgegen. Während des II. Weltkrieg findet im Bewusstsein der Menschen ein gewaltiges Ringen zwischen positiven und negativen Kräften statt. Es gelingt den positiven Kräften siegreich zu bleiben. Die große Mehrheit der Menschen bewahrt sich ihre Ehrenhaftigkeit. Allerdings gestattet der Krieg der Menschheit nicht, wahre Größe zu zeigen. Nach dem II. Weltkrieg war die Macht des Nationalismus über das Bewusstsein der Menschen für alle Zeit gebrochen.

Im Folgenden werde ich von dem bisherigen Schema abweichen. Der weitere Handlungsverlauf ist zu komplex verwoben. Ich werde nicht mehr in der Abfolge „Herr der Ringe"–Absatz und anschließend Entschlüsselungs-Absatz schreiben, sondern beides satzweise aufeinander folgen lassen und mischen.

Wie im Herrn der Ringe der Wald abgeholzt wird, wird auf der Erde der Urwald durch die Zinswirtschaft immer weiter zerstört. Die Abholzung des Waldes im Herrn der Ringe weist auch symbolisch auf die generelle Tendenz der Beraubung hin. In der Zinswirtschaft führt der verantwortungsbewusste Umgang mit den Ressourcen der Natur zu wirtschaftlichen Nachteilen, was zu einer kontinuierlichen Umweltzerstörung führt.

Die Zinswirtschaft belohnt die Tendenzen des Raffens mehr als die Tendenzen zur Großzügigkeit, so dass Egoismus, Ungerechtigkeiten und Rücksichtslosigkeiten entstehen, die die Menschen an der Macht der Rechtschaffenheit zweifeln und sie die Macht der Zinsherren fürchten lässt.

Aragorn, der König, steht für die Rechtschaffenheit, die unter den Menschen herrscht, für das, was die Inder und Tibeter „das Dharma" nennen, die göttliche Ordnung und Gerechtigkeit. Während der Zinsherrschaft war der König im Exil. Da überall auf Erden die Bestechung herrschte, gab es keine Rechtschaffenheit. In unserer von Missständen und Bestechung erfüllten Zinswirtschaft haben viele Menschen keinen Glauben an die Macht der Rechtschaffenheit und halten sie eher für eine skurrile Erscheinung, so wie die Menschen im Herrn der Ringe den Waldläufer „Streicher" für seltsam halten. Die Rechtschaffenheit ist hier zu einem „Landstreicher" geworden, dem die

Menschen nicht trauen. Mit dem Ende der Zinswirtschaft kehrt die Rechtschaffenheit als herrschende Kraft zu den Menschen zurück, „Die Rückkehr des Königs" findet statt.

Im zweiten Band verliebt Eowen sich in Aragorn. Dieser jedoch ist mit Arwen liiert, der universellen Liebe. Die göttliche Gerechtigkeit in uns ist ganz auf die universelle Liebe als höchstem Ausdruck der Gerechtigkeit ausgerichtet. Höchste göttliche Rechtschaffenheit besteht darin, aus Liebe zu handeln und am Ende ganz und gar Liebe zu sein. Aragorn erwidert Eowens Liebe nicht. Der göttlichen Gerechtigkeit in uns geht es nicht so sehr um unsere Großartigkeit als vielmehr um die Ausbreitung universeller Liebe.

Denethor, der Truchsess von Gondor, der statt Aragorn, dem wahren König, Gondor regiert, steht für den Ersatz für wahre Gerechtigkeit, den sich die Menschen durch ihre Gesetze machen. Während der Zinsherrschaft herrscht nicht die göttliche Ordnung, sondern ein von Menschen gemachtes Recht. Da die Zinswirtschaft eine grundlegende Ungerechtigkeit erschafft, bei der das Erwirtschaftete Vermögen automatisch von unten nach oben verteilt wird, kann eine Gesetzgebung, welche diese grundlegende Ungerechtigkeit unterstützt, nicht wirklich gerecht sein. Unter einer Zinsherrschaft gibt es also ein „herrschendes Recht", aber keine Gerechtigkeit. Es herrscht die Haltung vor, dass Gesetze dazu benutzt werden dürfen, sich persönliche Vorteile zu verschaffen. Sie werden nicht zur Orientierung benutzt, dass eine Gerechtigkeit für alle herbeigeführt wird. Häufig bekommt daher der Recht, der über mehr Mittel und Wege verfügt, sein „Recht" durchzusetzen. Das Geld übt einen realen Einfluss auf die Gesetzgebung (die Geldelite beauftragt die Politelite mit der Gesetzgebung) und damit auch auf die Rechtsprechung aus, also nicht nur dadurch, wie viele und wie teure Anwälte man sich leisten kann.

Denethor hat eine unberechenbare Ausstrahlung. Er lässt sich in seiner Einschätzung über die tatsächlichen Zustände leicht täuschen. Von wirtschaftlichen Interessen dominiertes „herrschendes Recht" ist oft vage, unverständlich und wandelbar. Wahrhaftige Gerechtigkeit, bei der sowohl die Gesetzgebung als auch die Rechtsprechung bedingungslos an höheren Werten und am besten Gewissen des Menschen ausgerichtet sind, führt in der Regel zu klaren, eindeutigen Rechtssprüchen, die jeder einfache Mensch als gerecht nachvollziehen kann. Wenn es um den Erhalt seiner selbst und seine bedingungslose Durchsetzung geht, ist das „herrschende Recht" auch nicht geneigt, auf die unterscheidende Weisheit zu hören, wenn diese verlangt, dass das herrschende Recht einer höheren Gerechtigkeit weichen muss. Denethor ist nicht gewillt, auf Gandalf zu hören. Am Ende wird er dadurch vom Lauf der Geschichte hinweggefegt und zerstört sich selbst. Wir können nur herausfinden, welches Handeln im Leben richtiges Handeln ist, wenn wir bereit sind, unsere Unterscheidungskraft einzusetzen und unseren Sinn für göttliche, wahrhaftige Gerechtigkeit als übergeordnet zu akzeptieren.

Denethor hat zwei Söhne, Boromir und Faramir. Boromir steht für die Tendenz zur Selbstgerechtigkeit. Faramir steht für das Pflichtgefühl. Wenn das herrschende Recht (Denethor) höher steht als die grundlegende göttliche oder kosmische Gerechtigkeit (Aragorn) – welche eigentlich über dem herrschenden, von Menschen gemacht Recht steht – und die Verbindung dazu verloren hat, neigt solches Rechtsempfinden auf der einen Seite zur Selbstgerechtigkeit (Boromir) und auf der anderen Seite zu übertriebenem Pflichtgefühl (Faramir).

Als Frodo und Sam (gesunder Menschenverstand und Gemüt) auf ihrer Reise zur Vernichtung des Ringes Faramir in die Hände fallen, denkt dieser zunächst, es wäre seine Pflicht, die Hobbits und den Ring an sich zu nehmen und seinem Vater (dem herrschenden Recht) zu übergeben. Erst als er im letzten Moment erkennt, dass es eine höhere Pflicht gibt, den Ring zu vernichten, lässt er Hobbits und Ring laufen. Unser Pflichtgefühl kann dazu neigen, die geltenden Gesetze unseres Staates höher zu stellen als die Notwendigkeit, eine höhere Gerechtigkeit herbeizuführen und unseren Planeten vor dem Untergang zu bewahren. Wenn unser Pflichtgefühl seine eigentliche tiefste Pflicht erkennt, nämlich eine Welt der Gerechtigkeit und Liebe herbeizuführen, ist es dann jedoch bereit, das zum Wohle des Ganzen Notwendige zu tun, und in diesem Falle die Zinswirtschaft abzuschaffen und das Fließende Geld einzuführen.

Als Faramir aus blindem Gehorsam gegenüber seinem Vater Denethor in den fast sicheren Tod reitet, weist er auch Gandalf ab. Wenn das herrschende Recht (Denethor) unser Pflichtgefühl (Faramir) zu stark beansprucht, um der Missstände in der Welt Herr zu werden und wir setzen unsere unterscheidende Weisheit (Gandalf) nicht ein, um das richtige Handeln zu erkennen, vergeuden wir unser Pflichtgefühl in sinnlose Anstrengungen. Wenn wir uns einerseits zu stark in eine sinnlose Pflicht nehmen lassen und andererseits nichts gegen die Missstände ausrichten können, geht uns unser Pflichtgefühl immer mehr verloren. Wir werden verunsichert darüber, was eigentlich unsere Pflicht ist.

Pippin steht für unsere Fröhlichkeit. Es ist Pippin, der Gandalf zu Hilfe ruft und Faramir das Leben rettet, als Denethor ihn verbrennen will. Wenn wir nicht mehr wissen, was unsere Pflicht ist (Faramir ist fast tot), weil das herrschende Recht uns völlig überstrapaziert und uns nicht in Ruhe lässt, jedoch ein Gefühl der Leichtigkeit (Pippin) erwacht und wir unsere unterscheidende Weisheit einsetzen (Gandalf), können wir uns innerlich über den Ernst der Lage erheben und ein natürliches Gefühl von Pflicht wiedererwecken. Blindes Pflichtgefühl zerstört unsere tiefere Wahrnehmung, was eigentlich in einer Lebenssituation unsere Pflicht ist. Am Ende ist es der König, Aragorn, der ihn heilen kann. Sich für die höhere, kosmische, göttliche Gerechtigkeit zu öffnen, rückt das Pflichtgefühl an seinen richtigen Platz.

Die Zukunft

Im Folgenden geht die Entschlüsselung der Geschichte des Herrn der Ring in Bereiche, die noch in der Zukunft liegen oder deren Richtigkeit sich erst in der Zukunft zeigen wird. Ich habe keine verlässlichen Informationen außer die Entschlüsselung der Symbole selbst.

Die spätere Schlacht um Minas Tirith zeigt das Ringen zwischen den positiven und negativen Kräften in der heutigen Zeit. Die Menschheit ringt um das Herbeiführen einer gerechten Welt (Aragorn). Sie ist bemüht, ihre Ehrenhaftigkeit (Theoden) zu behaupten. Sie will ihre wahre Größe (Eowen) zeigen.

Nach dem II. Weltkrieg setzte einher mit der Schaffung der Weltbank und des Internationalen Währungsfonds eine verschärfte Ausbeutung der ehemaligen Kolonien in der Dritten Welt ein. Eine erhöhte Vergabe viel zu hoher Kredite, die mehr oder weniger verschwendet wurden, lieferte die Rohstoffe und Wälder zahlreicher Ländern der Zinsherrschaft und damit der rücksichtslosen Ausbeutung aus. Die Geldelite wurde immer reicher, während dadurch bedingt Milliarden von Menschen hungern und in bitterster Armut leben müssen.

Es wäre unwahrscheinlich, davon auszugehen, dass es keine Gruppierungen in der Menschheit gibt, die sich um eine gerechte Rückverteilung der geraubten Vermögen bemühen, um den Hunger in der Welt zu beseitigen. Möglicherweise gibt es Gruppierungen, die seit Jahrzehnten die Zinsherrschaft herausfordern und um eine gerechte Verteilung von angehäuften Geldern kämpfen.

Die Toten, die dem König im Kampf um Minas Tirith helfen, stehen für jene, die sich im Laufe der Zinsherrschaft durch Bestechung Vorteile verschafften, die ihre höheren Werte gegen persönliche Vorteile verraten haben und Erlösung finden können, indem sie einen Beitrag zum Wandel der Welt leisten. Dies ist ein Hinweis darauf, dass seit einigen Jahren immer mehr ehemalige Gefolgsleute der Zinsherren die Seiten gewechselt haben und einen aktiven Beitrag für das Ende der Missstände auf der Erde leisten. Sie haben erkannt, dass sie eine für sie selbst befreiende Wiedergutmachung leisten können, wenn sie die Seiten wechseln und einen positiven Beitrag leisten. Da die positiven Kräfte in der Menschheit siegen werden, wird die Wiedergutmachung gelingen.

Der Hinweis auf den zentralen äußeren Gegenstand, um den es bei der Schlacht um Minas Tirith geht, findet sich in der Person des Königs der Schwarzen Reiter. Bei diesem handelt es sich um die Tendenz zur Verknappung, die erste, unmittelbare Auswirkung der Zinswirtschaft, welche im Laufe der Zeit zu Mangel, Armut, Hunger und Elend führt. Dass im Zuge der Schlacht um Minas Tirith der König der neun Reiter stirbt, prophezeit, dass der Kampf um die Beseitigung der Armut in der Menschheit schließlich erfolgreich sein wird und heute (im August 2008) vielleicht schon in naher Zukunft zu erwarten ist.

Dabei ist ein Aspekt wichtig: dieser König der neun Schwarzen Reiter kann nicht von einem Mann getötet werden, sondern nur von einer Frau. Was bedeutet das? In den sehr alten Weisheitsschriften der Menschheit deutet die Verwendung des Männlichen generell auf ein geistiges und die Verwendung des Weiblichen auf ein materielles Prinzip hin. Dass nur eine Frau den König der neun Schwarzen Reiter töten kann, deutet also darauf hin, dass die Tendenz zu einem Mangelbewusstsein global nicht durch geistige, transformative Arbeit, sondern nur durch die tatsächliche Ausschüttung von Geld transformiert werden kann, welches die Armut konkret beendet.

Bei der Tendenz zu Mangel und Knappheit handelt es sich um die materiellste der *Neun ND-Tendenzen*. Das bedeutet, das Unterfangen, allein durch Bewusstseinstransformation Wohlstand herbeizuführen, ist zumindest für die Mehrheit der Menschen zu schwierig. Sie bedürfen der Hilfe von außen, bevor eine Transformation auf breiter Basis stattfinden kann. Erst die Beseitigung der Armut im Materiellen durch die globale Ausschüttung von Geld kann die Tendenz zum Mangelbewusstsein überwinden, durch welches die Menschheit der Zinsherrschaft ausgeliefert ist.

In der Schlacht um Minas Tirith fällt Theoden im Kampf gegen den König der Schwarzen Reiter, während es seiner Nichte Eowen gelingt, diesen zu töten. Dies heißt nicht, dass die Ehrenhaftigkeit der Menschen sterben wird. Da Theoden einen ehrenvollen Tod stirbt, heißt dies, dass die ganze Menschheit durch die Beseitigung des Hungers in der Welt ihre volle Ehre wiederherstellen wird, die sie durch das Zulassen der Massenarmut verloren hatte.

Es ist Eowen, die Prinzessin von Rohan, welche den König der Schwarzen Reiter tötet. Eowen steht für das Bedürfnis des Menschen, im Leben Großes zu leisten, das Bedürfnis nach Größe und Großartigkeit. In der Schlacht um Minas Tirith ist es also das Bedürfnis der Menschheit, ihre wahre Größe zu zeigen, welches es sie gelingen lässt, den König der Schwarzen Reiter zu vernichten und die Massenarmut auf Erden durch die Ausschüttung von Geld zu beenden. Entscheidende Hilfe dabei leistet ihr Merry, der den König der Schwarzen

Reiter an der Ferse verletzt. Merry steht für die Fröhlichkeit. Dass viele Menschen, die in Armut leben mussten, es geschafft hatten, sich ihre Fröhlichkeit zu bewahren, hat der Armut ihren schlimmsten Stachel und damit einen guten Teil ihrer Macht über die Menschheit genommen. Dies hat der Menschheit entscheidend geholfen, die benötigte Größe zur Überwindung der Armut aufzubringen.

Sollten diese Entschlüsselung richtig sein, Tolkiens Prophezeiung auch zutreffen und die Geldfonds tatsächlich ausgeschüttet werden, sollten wir daran denken, dass die Geschichte des Herrn der Ringe damit noch nicht endet:

Die Beseitigung der Armut auf Erden ist ein großer Sieg, aber noch nicht der endgültige Beginn des Goldenen Zeitalters. Denn mit dem Austeilen der Fonds erleidet die Zinsherrschaft zwar eine Niederlage, ist in ihrer Macht aber noch nicht am Ende. Das morphogenetische Feld der Erde wird auch dann immer noch von der Zinswirtschaft bestimmt. Die übrigen acht schwarzen Reiter existieren dann immer noch und werden immer noch das Bewusstsein der Mehrheit der Menschen beherrschen.

Das Austeilen von Fonds wird also das wichtigste Vorzeichen für das bevorstehende Ende der Zinsherrschaft auf Erden sein, aber noch nicht das Ende selbst. Um das endgültige Ende herbeizuführen, bedarf es der Einführung Fließenden Geldes als offizielle Währung. Erst durch das Fließende Geld endet die automatische Umverteilung des globalen Vermögens von der Menschheit weg hin zur Geldelite. Erst dadurch wird auch die Gefahr, dass neue Armut entsteht, gebannt, so dass wahrer, dauerhafter Wohlstand einkehrt.

Die Bemühungen um die Einführung Fließenden Geldes sollten durch das Austeilen der Wohlstandsfonds also nicht enden, sondern dann erst recht verstärkt werden. Man muss das kochende Wasser nicht nur durch frisches kaltes Wasser ersetzen, sondern vor allen Dingen das Feuer unter dem Kessel ausmachen. Das Fließende Geld löscht die flammende Gefahr globaler Verarmung.

Durch die Schlacht von Minas Tirith wurden Eowen und Merry schwer verletzt. Beide werden später von Aragorn geheilt. Es ist schließlich die göttliche Gerechtigkeit und Ordnung, welche die Fröhlichkeit und Großartigkeit der Menschen, die unter der Armut gelitten haben, wieder hervorbringt.

Frodos, Sams und Gollums Reise

Frodo steht für unseren gesunden Menschenverstand. Sam steht für unser Gemüt und unsere Emotionen. Er ist ein richtiger Gemüts-Hobbit. Gollum ist unser Unbewusstes. Da wir eine unbewusste Sucht nach den Verheißungen der Zinswirtschaft entwickelt haben, macht sich unser Unbewusstes auch verstärkt bemerkbar, wenn wir nach seiner Transformation trachten und die Absicht entwickeln, Fließendes Geld einzuführen. Wenn wir Zweifel haben, ob es richtig ist, Fließendes Geld einzuführen, oder so ein komisches Gefühl dabei haben, gilt es diese richtig zu unterscheiden als von unserer unbewussten Sucht kommend. Wir sollten uns dann nicht von dem Ziel abbringen lassen, das uns der gesunde Menschenverstand (Frodo) gebietet.

Dass Gandalf Frodo rät, barmherzig mit Gollum umzugehen, zeigt dass die unterscheidende Weisheit in uns weiß, dass unser Unbewusstes nicht mit Gewalt unterdrückt werden sollte, da es sich sonst bestimmt rächt, dass wir es nur durch Transformation auflösen können und dass es nur transformiert werden kann, wenn es nicht unterdrückt wird. Sam, unser Gemüt, will das nicht so wahr haben und ist eher intolerant gegen unbewusste Neigungen. Andererseits wissen wir im Bauch (im Gemüt = Sam) oft besser als im Verstand (Frodo), dass wir unseren unbewussten Absichten zu keiner Zeit trauen können und dass wir gefährlich leben, wenn wir den verdrängten Inhalten des Unbewussten gestatten, uns die Richtung zu weisen. Unser gesunder Verstand (Frodo) weiß aber, dass nur unser Unbewusstes uns zu unserer Transformation führen kann, nur unser Unbewusstes den Weg kennt. Nur Gollum kennt den Weg nach Mordor.

Dadurch, dass wir in der Vergangenheit – meist in der Kindheit – Entscheidungen getroffen und dann vergessen haben, sind sie ins

Unbewusste gewandert und schränken von dort aus unser Leben ein. Insofern kann uns nur das Unbewusste den Weg zu unserer Transformation weisen, indem wir seine Inhalte aufdecken und transformieren. Die Probleme in unserem Leben stoßen uns auf unsere blinden Flecken und wunden Punkte. Unser Unbewusstes verfolgt leider seinen eigenen Plan. Unsere Entscheidungen als Kind waren sehr machtvoll und steuern immer noch unser Leben, ungeachtet des bewussten Plans, den wir verfolgen. Unser Unbewusstes neigt dazu, unsere bewussten Absichten zum Systemwandel in das Netz des herrschenden Systems zu führen, so dass sie darin stecken bleiben. Neuerungen scheitern an diesem Netz. Das herrschende Netz der Zinswirtschaft, in dem wir immer wieder hängen bleiben und unserer Lebenskräfte beraubt werden, ist durch die Riesenspinne Kankra symbolisiert.

Mit der richtigen verantwortungsbewussten Haltung gegenüber dem Unbewussten und der Verpflichtung für unsere Transformation gelingt diese am Ende dennoch. Wir kommen immer mehr zum vollen, authentischen Ausdruck unserer Selbst, verwirklichen unser Potential und können Fließendes Geld einführen (Gollum und der Ring werden gleichzeitig vernichtet). Der Erfolg des Fließenden Geldes im Außen spiegelt den Erfolg unserer Transformation wider.

Um den „Einen Ring" vernichten zu können, muss Mordor durchquert werden. Das heißt, wir müssen den nackten, seelenlosen Materialismus der Zinswirtschaft ertragen können, der gegen unseren Bewusstseinwandel anarbeitet und unsere Seelenkräfte unterdrückt.

Das ist ein Hinweis darauf, dass sich die gesamte Menschheit in einer groß angelegten spirituellen Prüfung befindet, von der niemand ausgeschlossen ist. Es ist sogar ein Hinweis darauf, dass es diese spirituelle Prüfung, diese Transformation der Menschheit ist, um die es die ganze Zeit (schon seit vielen Jahrtausenden) eigentlich wirklich geht. Ebenso weist der weitere Ablauf im Herrn der Ringe darauf hin, dass wir als Menschheit heute (im August 2008) kurz vor dem erfolgreichen Abschluss dieser Prüfung stehen (obwohl Mordor bis zum letzten Moment der Vernichtung des „Einen Ringes" so dunkel droht wie eh und je) und dass wir es tatsächlich schaffen werden, die Zinswirtschaft abzuschaffen.

So wie der geschichtlich jüngste Beweis der positiven Dominanz des Fließenden Geldes, nämlich das Wunder von Wörgl, mitten in der Weltwirtschaftskrise erbracht wurde, so sind es auch heute die zunehmend kritischen wirtschaftlichen Verhältnisse, welche ein verstärktes Potential für die Einführung Fließenden Geldes erzeugen. Vor der tatsächlichen und endgültigen globalen Einführung Fließenden Geldes findet zurzeit also ein „Gang durch Mordor" statt, eine Phase zunehmender Not, in der auch die *Neun ND-Tendenzen* verstärkt von außen auf uns einwirken. Wenn wir trotz aller Drangsal als Volk die richtige Einstellung bewahren, wird unser Weg mit dem Siegeszug des Fließenden Geldes gekrönt werden.

Dass der Gang Frodos und Sams durch Mordor ihnen endlos vorkommt, ist auch ein Hinweis darauf, dass sich der Zusammenbruch der Zinswirtschaft unserer Zeit im Vergleich zu früheren Malen stark hinauszögert. Das liegt daran, dass die Zinsherrschaft das System nicht einfach einstürzen lassen und durch Währungsreformen neue Zinswährungen schaffen will, wie sie es in der Vergangenheit immer getan hat. Sie weiß – oder spürt zumindest – dass auf den kommenden Zusammenbruch ihre endgültige Entmachtung folgen wird. Daher wird sie den jetzigen Zusammenbruch so weit wie möglich hinauszögern (was durch die wiederholte Teilvernichtung von Kapital auch für eine Weile geht), bis das System auch gegen den Willen der Zinsherrschaft zusammenbricht, weil es nicht mehr anders geht.

In letzter Zeit wurde der Zusammenbruch wiederholt dadurch hinausgezögert, dass die eine oder andere Zentralbank neues Geld druckte, um zahlungsunfähige Banken zu retten, wodurch dann lediglich die Inflation angeheizt wurde, aber das System weiterbestand. Der Zusammenbruch einer größeren Bank könnte sonst in einer Kettenreaktion das Bankenwesen und damit die Wirtschaft zum Einsturz bringen. Das endlos erscheinende Hinauszögern des Zusammenbruchs verlängert allerdings auch – und das ist das Vorteilhafte daran – die förderlichen Bedingungen für die Einführung Fließenden Geldes und wird am Ende auch zu diesem Ausgang führen. Denn einerseits besteht durch die extremen Zinslasten ein sehr hoher Transformationsdruck auf unser Bewusstsein und andererseits eignet sich eine Wirtschaftskrise wie in der Weltwirtschaftskrise Anfang der 30er Jahre für die Einführung Fließenden Geldes.

So wie der Ring in Mordor unerträglich schwer geworden ist, so hat die Verschuldung der Menschheit 2008 ein Rekordniveau erreicht und die Zinslasten, unter denen die Menschen ächzen, sind unerträglich schwer geworden. In Deutschland hat die Verschuldung der Wirtschaft 2008 ein Niveau erreicht, dass über 40% jedes ausgegebenen Euros in Zinszahlungen abfließen lässt. Die Verschuldung des Staates hat ein Ausmaß erreicht, dass auch die Steuern auf Rekordniveau stehen. Die Regierung drückt die Steuererhöhung da durch, wo noch die wenigsten Widerstände bei den Bürgern sind. – Kurz, die Steuer- und anderen Zinslasten ziehen die Menschen fast auf den Boden, dass sie sich nicht mehr bewegen können.

Das zunehmende Gewicht des „Einen Ringes" repräsentiert das ansteigende Verhältnis des Geldes, das in Zinszahlungen abfließt. 2015 fließt 50% des Erwirtschafteten in Zinszahlungen.

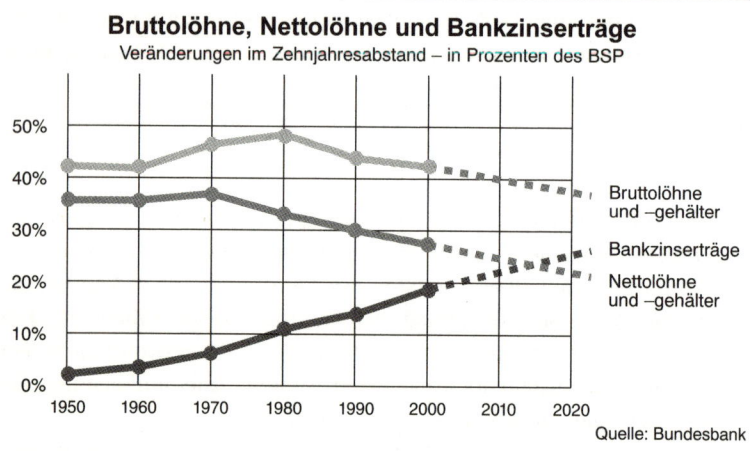

Bruttolöhne, Nettolöhne und Bankzinserträge
Veränderungen im Zehnjahresabstand – in Prozenten des BSP

Quelle: Bundesbank

Abb. 7: Bruttolöhne, Nettolöhne und Bankzinserträge

Die weitere Aussicht ist: falls die Zinswirtschaft nicht vorher zusammenbricht oder durch Fließendes Geld ersetzt wird, wird der

Anteil der Zinslasten im Jahr 2015 ganze 50% erreicht haben, was bedeutet, dass das Geld für sechs Monate Arbeit im Jahr für Zinszahlungen an die Inhaber der Privatguthaben abgetreten werden muss. Die vom Herrn der Ringe prophezeite Ausschüttung der Geldfonds wird – wenn sie denn stattfindet – die schrecklichste Armut auf Erden lindern. Sie wird möglicherweise aber wenig an den Zinslasten der Menschen in den westlichen Ländern ändern, wenn die Verschuldung bleibt und die Belastung weiterläuft.

Das zunehmende Gewicht des Ringes in Mordor repräsentiert zudem den zunehmenden Transformationsdruck, dem die Menschheit durch die Zinsbelastung ausgesetzt ist. Der Druck erhöht sich, weil uns immer weniger Zeit bleibt, den benötigten inneren Wandel so zu vollziehen, dass wir auf das Goldene Zeitalter vorbereitet sind.

Es wird in den kommenden Monaten vor allem deswegen nicht danach aussehen, dass wir kurz vor einem Goldenen Zeitalter stehen, weil das Zinshaus wohl erst zusammenbrechen muss, bevor das Fließende Geld die wirtschaftliche Tätigkeit übernehmen kann. In Anbetracht der Macht der Zinsherrschaft ist wohl eher davon auszugehen, dass sich der Volkswille nicht so ohne weiteres und so rasch in die Einführung des Fließenden Geldes umsetzen lässt. Die Turbulenzen werden bis zum endgültigen Übergang also vermutlich noch zunehmen. Wahrscheinlich wird erst der Zusammenbruch den Durchbruch bringen. Je massiver die Zinswirtschaft vom Zusammenbruch bedroht ist, desto knapper wird alles. Kurz vor dem Zusammenbruch erreicht das für die Menschen verfügbare Geld seine maximale Knappheit und die Versorgung mit dem Nötigsten könnte schwierig werden wie nie. Deswegen kann sich die Situation bis zum Ende der Zinswirtschaft noch verschlimmern. Das wäre normal und ist zu erwarten. Vor dem Übergang kann es also noch zu Härten kommen. Die dunkelste Stunde ist vielleicht die vor dem Zusammenbruch.

Aufgrund des fast unerträglichen Gewichts, als das Frodo den Einen Ring wahrnimmt, dringt kaum in sein Bewusstsein, dass das Leiden fast ein Ende hat und die Mission fast vollbracht ist. Während also die ganze Welt unter den zunehmenden Missständen der Zinsherrschaft ächzt, steht diese Herrschaft in Wahrheit bereits kurz vor ihrem unentrinnbaren Ende. In Wahrheit steht die Menschheit also kurz vor dem Durchbruch in ein Goldenes Zeitalter, das die Schrecken der jahrhundertelangen Zinsherrschaft rasch vergessen lassen wird. Unser gesunder Menschenverstand (Frodo) kann dies nur noch nicht wahrnehmen.

Das Heer Mittelerdes zieht zu den Pellenor-Feldern vor dem Schwarzen Tor, um Sauron von Frodo und Sam abzulenken. Dies zeigt, dass es wichtig ist, sich auch im Außen um die Einführung des Fließenden Geldes zu bemühen. Im Schutze dieses Kampfes für ein gerechtes System kann jene innere Transformation stattfinden, worin in Wirklichkeit tatsächlich die einzige Hoffnung der Menschheit besteht. Entscheidend ist letztlich vorrangig der Erfolg in der Transformation. Obwohl die äußeren Bemühungen für das Fließende Geld an sich nicht geeignet sind, am Geldmachtapparat vorbei die Währung umzustellen, sind sie dennoch wichtig, damit das Fließende Geld als Idee in den Menschen präsent ist, sobald die Transformation des kollektiven Bewusstseins die Tür für seine Einführung öffnet.

Dass Frodo zum Schluss vom Ring und von Gollum übermannt wird, weist darauf hin, dass die verdrängte unbewusste Gier gegen unsere bewusste Absicht anarbeitet, die Zinswirtschaft abzuschaffen, was uns in unserer Absicht auch ins Zögern und Zaudern geraten lassen kann. Aber gerade die Tatsache, dass sich das Verdrängte immer wieder mit Macht zeigt, führt dazu, dass es transformiert werden kann und sich in der Folge der Abschaffung der Zinswirtschaft schließlich vollständig transformieren lassen wird.

Vor der endgültigen Vernichtung setzt Frodo den Ring auf, der ihm anschließend von Gollum abgebissen wird, wonach Gollum mit dem Ring in den Abgrund stürzt. Dies ist eine symbolische Darstellung dafür, dass sich der Mensch nicht aus eigener Kraft vollkommen zu Ende transformieren kann, sondern dass er für das letztendliche Gelingen der Transformation immer auch der Gnade bedarf, die das Gelingen herbeiführt. Für eine erfolgreiche Transformation bedarf es sowohl unseres Bemühens als auch der Gnade, die für das Gelingen sorgt.

Wenn die Menschheit kollektiv lernt, sich nicht mehr gegeneinander ausspielen zu lassen, kann die Zinswirtschaft abgeschafft werden. Durch Transformation kann die benötigte wahre Brüderlichkeit erreicht werden. Die Transformation der Menschheit ist aber nicht nur ihre einzige Chance, sich der Macht der Geldelite zu entziehen und Fließendes Geld einzuführen. Die Transformation ist ebenfalls eine notwendige Voraussetzung dafür, an der kommenden Goldenen Zeit teilhaben und darin leben zu können.

Die negativen Tendenzen werden enden, weil sie in der transformierten Welt nicht mehr existieren können. Menschen, die mit ihrer Negativität identifiziert bleiben, wird es nicht möglich sein, dauerhaft in einer positiven Welt weiterzuleben. Wer sich für die Transformation öffnet, wird sich auf die positiv gewandelte Umwelt einstellen können. Wenn unser Bewusstsein in den negativen Tendenzen verhaftet bleibt und sich auch trotz des positiven Wandels der äußeren Welt nicht davon lösen kann, passen Bewusstsein und Welt nicht mehr zusammen. Die Verhaftung wird dann dazu führen, dass unser physischer Körper in der gewandelten Welt nicht mehr weiterleben kann. Es gilt also, das Goldene Zeitalter nicht nur herbeizuführen, sondern auch möglichst vielen unserer Mitmenschen dazu beizutragen, durch Transformation darauf vorbereitet zu sein.

Die Bewusstseinsfähigkeit, gegen Mangel, feindlichen Wettbewerb, Beraubung, Verschwendung, Bestechung, Täuschung, Verwirrung, Angst und Schuldzuweisen immun zu werden, wurde während der Zeit der Zinsherrschaft dadurch trainiert, dass die äußeren Einflüsse, welche diese Eigenschaften stimuliert haben, unablässig vorhanden waren und nicht besiegt werden konnten. Mit dem Ende der Zinsherrschaft wird die spirituelle Stärke, die in diesem Kampf entwickelt wurde, das kollektive Bewusstsein dominieren und eine rasche und vollständige Transformation all jener gestatten, die in der Lage sind, sich dafür zu öffnen und sich vollständig wandeln zu lassen. Es ist für uns alle eine einmalige Chance, einen gigantischen Entwicklungssprung zu machen.

Sauron, die Schwarzen Reiter und andere Diener Saurons verlassen Mittelerde im Moment der Vernichtung des Einen Ringes. Im selben Moment der Einführung Fließenden Geldes verliert die Geldelite ihre

Macht, hört die Zinswirtschaft auf, ihre negativen Tendenzen in der Welt und in unserem Bewusstsein zu erzeugen. Die Welt wandelt sich von Grund auf. In einer kurzen Übergangsphase treten wir vom aktuellen Dunklen Zeitalter in ein Goldenes Zeitalter.

Am Ende heiraten Faramir und Eowen. Die Menschen vereinen Pflichtgefühl und Großartigkeit miteinander.

Aragorn und Arwen heiraten. Die Menschheit verwirklicht die universelle Liebe als höchsten Ausdruck göttlicher Gerechtigkeit und Ordnung. Das höchste Ziel der Transformation ist damit erreicht. Nicht nur die Gerechtigkeit hält Einzug auf Erden, sondern vor allem die Liebe.

Schauen wir uns im Folgenden also an, warum rein wirtschaftlich gesehen der Plan zur Einführung Fließenden Geldes nicht scheitern kann, wenn eine Mehrheit der Bevölkerung dies will, und warum die Einführung Fließenden Geldes in einem industriellen entwickelten Land genügt, um das Fließende Geld auch weltweit einzuführen.

Das sichere Gelingen der Einführung Fließenden Geldes in einem Land und der darauf folgende weltweite Siegeszug

Warum kann das Projekt einer vom Volk eingeführten umlaufgesicherten Währung nicht schief gehen und durch nichts gestoppt werden? Warum also gibt es nichts, was wir zu fürchten hätten?

Der Herr der Ringe geht also davon aus, dass die Zinswirtschaft in einem einzigen Moment auf der Erde enden wird. Im selben Moment wird sich die ganze Erde und die ganze Welt wandeln. Die Welt wird nicht mehr sein, was sie bis dahin war. Die Negativität im Außen wird vollkommen verschwinden und die Negativität in unserem Bewusstsein wird transformiert.

Wenn Fließendes Geld eingeführt wird, muss ein Land damit anfangen. Die Einführung des Fließenden Geldes in einem Land wird seine rasche globale Verbreitung nach sich ziehen. Vollziehen wir noch einmal nach, warum das so ist.

Drei Faktoren stellen sicher, dass die von einem Volk beabsichtigte Währungsumstellung auf Fließendes Geld in einem Land nicht gestoppt werden kann, garantiert erfolgreich sein wird und im Anschluss auch zu einer Umstellung der Währungen in allen anderen Ländern der Erde führen wird.

Ich gehe die Umstellung exemplarisch am Beispiel Deutschlands durch, weil ich Deutscher bin. Dasselbe gilt für jedes andere Land der Erde auch, solange sich die angrenzenden Länder von der Attraktivität des Fließendes Geldes berühren und gewinnen lassen und keine zinsradikalen Kräfte auf den Plan treten lassen, die das Fließende Geld wieder unterdrücken.

1. Die völlige Unabhängigkeit einer Ganzheitlich-Freien Marktwirtschaft von Investoren aus dem In- und Ausland

Vorausgesetzt, Deutschland steigt aus dem Euro aus, reaktiviert seine Zentralbank und führt eine eigene umlaufgesicherte Währung ein. Alles nicht für den Konsum benötigte Geld unterliegt nun der Umlaufsicherungsgebühr und wird zur Bank gebracht oder privat investiert. Somit gibt es reichlich als Niedrigstzinskredit verfügbares Geld.

Das Unternehmerrisiko sinkt. Die in der Zinswirtschaft mangels ausreichender Rentabilität nicht zustande gekommenen Unternehmungen werden nun zustande kommen. Die Arbeitslosigkeit nimmt kontinuierlich ab, die Kosten der Unternehmen für Kapitalaufnahme laufen nach und nach gegen Null. Die Löhne werden daher steigen. Sowohl die Unternehmen als auch die Angestellten verfügen über mehr Geld. Der Siegeszug zum allgemeinen Wohlstand kann nur erfolgreich sein.

Das ausländische Investitionskapital zieht sich zurück, wenn nur noch sinkende Sachkapitalzinsen zu erwirtschaften sind. Dies senkt den Wechselkurs der neuen Währung.

Der vorübergehend fallende Kurs der neuen Währung ist für den Binnenmarkt egal, für den Export hervorragend und für Auslandsreisen und Importe von Nachteil.

Eine Volkswirtschaft, die mit Fließendem Geld operiert, ist für ihr Wachstum oder überhaupt für ihr reibungsloses Funktionieren nicht auf Auslandsinvestitionen angewiesen. Die Zentralbank passt den Geldumlauf an die Wirtschaftsleistung an. Sie schöpft das dazu erforderliche Geld und bringt es zinslos in Umlauf. Sie tut dies praktisch genauso wie es auch in Wörgl gemacht wurde.

Niemand muss Aktien oder Schuldscheine oder Wertpapiere ausgeben, um risikolos oder zu einem Niedrigstzins an genug Geld zu kommen. Kein Unternehmen und auch keine Volkswirtschaft als Ganzes benötigt Investoren, wenn es seinen Finanzierungsbedarf fast zinslos auf dem Kapitalmarkt decken kann.

2. Die persönlichen Freundschaften zwischen den Völkern

Manchmal sagen mir Leute: bevor eine solche Umstellung passieren kann, werden doch bestimmt Truppen geschickt, um das ganze Projekt zu stoppen. Ich halte diese Angst oder diesen Einwand für übertrieben. Natürlich tut die Zinsherrschaft alles, um die Einführung Fließenden Geldes zu verhindern. Aber sie hat nur die Macht, die wir ihr geben. Sie hat nur die Macht, Völker in einen Krieg zu führen, wenn diese sich den Tendenzen des feindlichen Wettbewerbs und der Schuldzuweisung gegen eine bösen Feind hingeben.

In Anbetracht der millionenfachen persönlichen Freundschaften, die gerade die Deutschen zu den Menschen im umgebenden Ausland haben, ist es nicht denkbar, dass zinsradikale Kräfte solche Länder zu einem Krieg gegen Deutschland bewegen könnten. Dies umso weniger, je mehr unsere Nachbarn verstehen, worum es geht. Viele werden sich auf das Gelingen der Umstellung freuen, weil sie dann bald selber zinsloses Geld für ihr Leben zur Verfügung haben.

3. Die unwiderstehliche Attraktivität und Ausstrahlung einer Gesellschaft, die mit Fließendem Geld operiert

Sobald die Umstellung vorgenommen wurde, setzt sich eine starke positive Dynamik in Gang, welche sowohl die materielle Welt als auch das Bewusstsein der Menschen betrifft. Es wird ähnlich sein wie in Wörgl, nur vielleicht um das Hundertfache stärker.

Das Wörgl-Projekt lockte mitten in der Weltwirtschaftskrise Ökonomen aus ganz Europa und Amerika an, welche begeistert waren über das, was sie hier sahen. Sie nahmen die Wörgler Bürger als „fanatische" Freigeldler wahr, die eine große positive und kreative Geschäftigkeit entwickelten.

Als das Fließende Geld nach 13 Monaten verboten wurde, war nicht nur die Arbeitslosigkeit zurückgegangen. Die Gemeinde hatte auch zusätzliches Geld für die Realisierung einer Reihe von Gemeindeprojekte erwirtschaftet: Kanalisation, Feuerlöschbasin, Schisprungschanze, öffentliches Waschhaus, Notstandsküche für die Armen, Bau einer neuen Brücke, Bau eines Schwimmbads, viele Kilometer Wanderwege mit vielen neuen Sitzbänken. Die Preise blieben in der ganzen Zeit überall stabil.

Wenn eine kleine Gemeinde mitten aus der Depression heraus derartige Ergebnisse erzielt, was glauben Sie, wird in einem ganzen Land los sein? Um im Bild eines umgekippten Sees zu bleiben: die positiv dominanten Organismen hatten gerade erst angefangen, einen positiven Raum zu schaffen. Sie durften nur für eine kleine Weile eine kleine Insel bilden und wurden dann von der umgebenden negativen Dominanz an der Ausbreitung gestoppt. Wenn der ganze See zum Leben erweckt wird, entsteht eine vielfach stärkere positive Kraft, die ihn in eine Fülle von Leben verwandelt.

Wie wird das Leben in Deutschland aussehen?

Niemand muss mehr dem Geld hinterherjagen, weil niemand es zurückhält. Es kommt tendenziell von selber, solange man etwas Gutes dafür zu bieten hat. Alle Geschäfte werden ermöglicht. Der entstehende Wohlstand, der drastische Rückgang der Arbeitslosigkeit, die Freiheit, die Lösung der gesellschaftlichen Probleme, das Ende von Korruption und Kriminalität, das Ende von Geiz und Gier, die begeisterte Stimmung, welche die Frustration des Geldmangels beendet, die Entspanntheit und Gutgelauntheit, sich für alles genug Zeit lassen zu können, wirklich Zeit zu haben, um bewusst und genussvoll zu leben, die entstehende Großzügigkeit, Solidarität und Brüderlichkeit unter den Menschen, das entstehende Wohlwollen und das für alle sichtbare Glück und die Freude der Menschen, all dies wird eine so unwiderstehliche Faszination ausüben, dass Scharen von Menschen aus der ganzen Welt kommen werden, nur um das selber vor Ort mitzuerleben.

Es wird unmöglich sein, die Auswirkungen zu verschweigen, schlecht zu machen oder zu unterdrücken, so dass andere Völker sich rasch anschließen werden. Welcher Mensch könnte das Paradies sehen und es dann vorziehen, in einem trostlosen Hinterhof sitzen zu bleiben? Alle werden sie das Fließende Geld für sich wollen. In der Summe wird eine relativ stürmische Ausbreitung des Fließenden Geldes über den ganzen Planeten stehen. Die positive Kraft, die alleine in Wörgl mitten in der Negativität der Depression aufleuchtete, wird um ein Vielfaches potenziert die ganze Menschheit in einen erlösten Taumel der Erleichterung und des Wohlstands versetzen. Es wird das Goldene Zeitalter sein.

Schauen wir uns im Folgenden an, was der Einzelne je nach Geschmack zur Einführung Fließenden Geldes beitragen kann. Der Plan für die Einführung beinhaltet vier Komponenten, Plan A, B, C und D.

Plan A des Planes für die Einführung Fließenden Geldes: Der verpflichtete Einsatz für die eigene Transformation und die Unterstützung der Mitmenschen in ihrer Transformation

Dieser Plan muss nicht erst extra in die Wege geleitet werden, weil er sowieso schon seit vielen Jahrzehnten aktiv von immer mehr Menschen betrieben wird. Für diesen Plan ist es auch nicht von Belang, dass diese Menschen nicht wissen, dass sie durch ihre Arbeit für Transformation die Einführung Fließenden Geldes möglich machen. Die Einführung des Fließenden Geldes wird ihre Bemühungen schließlich um eine Vielfaches beschleunigen. Da dieser von den aufgelisteten Plänen mehrfach wichtiger ist als alle anderen zusammen, habe ich ihn seinem Platz gebührend an die erste Stelle gesetzt.

Zur Einführung Fließenden Geldes genügt es nicht, den Unterschied der Geldsysteme nur zu verstehen. Die Zinswirtschaft erzeugt
a) einen Geldmachtapparat und
b) die *Neun ND-Tendenzen* in der Welt und in unserem Bewusstsein.

Die Zinsherrschaft nutzt die Tendenzen, um ihre Macht aufrechtzuerhalten.

Sie nutzt den Mangel im Außen, damit wir wie ein Hamster im Rad dagegen ankämpfen und jenes Wirtschaftswachstum produzieren, durch das sie immer reicher wird.

Sie nutzt den Mangel in unserem Bewusstsein, um über unsere Gier die Konsumsucht zu steigern.

Sie nutzt den feindlichen Wettbewerb im Außen, um Unternehmen zu Höchstleistungen anzutreiben.

Sie nutzt die Tendenz zum feindlichen Wettbewerb in unserem Bewusstsein, um immer wieder Menschen gegeneinander auszuspielen, damit wir unsere Einheit und Verbundenheit als Menschen nicht erkennen, nicht auf das Ganze schauen und nicht tun, was für das Ganze am besten ist.

Sie nutzt die Beraubung im Außen, um immer reicher zu werden.

Sie nutzt die Tendenz zur Beraubung in unserem Bewusstsein, damit wir uns gegenseitig schwächen und nicht als Einheit im Sinne des Besten für das Ganze auftreten.

Sie nutzt die Verschwendung im Außen, dass das Leben für alle so schwer bleibt, dass wir vollauf mit unseren Problemen und/oder überflüssigen Tätigkeiten beschäftigt sind.

Sie nutzt die Verschwendung in unserem Bewusstsein, dass wir nicht in unsere Kraft kommen und zu unserem wahren Potential erwachen.

Sie nutzt die Bestechung im Außen, um die äußere Welt und unser Denken zu beeinflussen.

Sie kann unseren Mangel an Integrität so nutzen, dass unser Andersdenken als unglaubwürdig dasteht. Ohne Integrität können wir nichts Positives in der Welt bewegen. Sie ist eine zwingende Bedingung für alle, die einen positiven Wandel herbeiführen wollen, sonst dienen unsere Verfehlungen als Rechtfertigung für die Verfehlungen anderer.

Sie nutzt die Täuschung im Außen, dass wir das Spiel nicht durchschauen.

Sie nutzt unsere Tendenz zum „Gut dastehen wollen", damit wir nicht wir selber sind und als wir selber eine Kraft für einen positiven Wandel in der Welt darstellen.

Sie nutzt die gesellschaftliche und individuelle Verwirrung, damit „ihre" Lösungen akzeptiert werden, welche die Probleme niemals lösen, und damit wir nicht verstehen, was los ist.

Sie nutzt unsere Tendenz zur Angst, damit wir uns an alle materiellen Sicherheiten klammern, welche die Zinswirtschaft nur bieten kann. Über die Angst, die sie uns über die Massenmedien macht, lähmt und schwächt sie uns zudem.

Sie nutzt unsere Tendenz zur Schuldzuweisung, damit wir keine Verantwortung für unser Leben und die Probleme in unserem Leben übernehmen und unsere kreative Energie an Vorwürfe gegen Menschen und Beschwerden über die Missstände in der Welt verschwenden.

Wir können die benötigte Transformation erzielen, wenn wir die volle Verantwortung für unsere Leben, unseren Erfolg und unser Glück übernehmen, in allem was wir anstreben, den erforderlichen Mut aufbringen, klar denken und vor allen Dingen selber denken, unser „Gut dastehen wollen" aufgeben und authentisch sind, integer leben, unser Leben nicht an das Erzielen flüchtiger Werte wie Ansehen, Ruhm und Vermögen verschwenden, unsere Kraft in der unermesslichen Quelle in uns finden, die Menschen in unserem Leben als Geschenk und Beitrag wahrnehmen und uns voll ausdrücken und unser volles Potential entfalten.

In uns allen findet Transformation statt, wenn wir dem Leben erlauben, uns zu berühren und uns für Dankbarkeit, Wertschätzung, Verbundenheit, Versöhnlichkeit und dergleichen gewinnen zu lassen.

Es ist aber auch hilfreich und häufig notwendig, sich die richtige professionelle Hilfe zu holen, um eine solche Transformation zu verwirklichen.

Das Ziel der Menschheit besteht in der Transformation des Bewusstseins, dessen endgültiger Durchbruch mit der Einführung Fließenden Geldes auf der materiellen Ebene geschehen wird. Das Voranbringen der Transformation ist eine notwendige Voraussetzung, um die Einführung Fließenden Geldes allein von unserem Bewusstsein her überhaupt möglich zu machen.

Wenn Sie also zu den Menschen gehören, die sowieso in diesem Bereich tätig sind, und vielleicht sogar eine Arbeit zur Transformation Ihrer Mitmenschen verrichten, spreche ich Ihnen hiermit meinen Dank und meine Anerkennung aus. Machen Sie einfach weiter.

Sie können sich ja zusätzlich mit dem Geldthema näher auseinandersetzen. Sie können Lektüre wie z. B. dieses Buch weiterempfehlen. Sie können sich in einer Regionalwährung vernetzen, indem Sie einen Teil Ihrer Bezahlung in solcher Währung akzeptieren und Stellen ermitteln, an denen Sie dieses Geld für ihre Bedürfnisse ausgeben können.

Wenn Sie andererseits ein Mensch sind, der sehr mit den Schwierigkeiten in seinem Leben hadert und bisher wenig Erfolg in den Bemühungen zu seiner Transformation sieht, geben Sie nicht auf. Vielleicht haben Sie noch nicht das Richtige gefunden. Transformation ist das, worauf alles sowieso hinausläuft. Die Einführung Fließenden Geldes wird ihre Transformation einerseits beschleunigen, und wird andererseits ihren inneren Druck erhöhen, falls Sie sich gegen Transformation sperren. Setzen Sie sich also besser heute als morgen für den Erfolg ihrer Transformation ein. Es wird sowohl ihr Leben erleichtern als auch ein großer Beitrag für die Einführung des Fließenden Geldes und damit für den Beginn des Goldenen Zeitalters der Menschheit sein.

An dieser Stelle mag es Sie interessieren, welchen Weg ich zu meiner Transformation gegangen bin und gehe. Da gibt es vier Wege, die sehr heilsam und transformativ für mich waren und sind.

Bis Mitte der 90er Jahre habe ich bei den armenischen Heilern und Seminarleitern David Khatchaturyan und Aida Kakosyan gelernt, mich mit Hilfe meiner Chakren energetisch zu reinigen, mich vor negativen Energien und Gedanken aus meiner Umgebung sowie vor Energieraub zu schützen. Ich habe gelernt, positive Kraft aufzubauen, andere Menschen durch meine Energien und Gedanken zu reinigen und dadurch tiefen Frieden auszustrahlen und auf andere zu übertragen. Ich habe erfahren, wie sehr ich an Frieden, Kraft und Ausstrahlung gewinne, wenn ich mich systematisch von anklagendem und schuldzuweisendem Denken frei halte. Ich habe gelernt, die energetische Ausstrahlung von Menschen zu analysieren und die in ihrer Tiefe wirkenden Absichten zu erkennen. Die Ausbildung war eine enorme Unterstützung für klares Denken. Was ich damals gelernt habe, ist eine bleibende Kraft in meinem Leben. Ich spreche David und Aida an dieser Stelle meine tiefe Dankbarkeit für ihre Mühen aus, mich auf meinem Weg zu unterstützen.

Seit Jahren bin ich den karitativen Bemühungen des M.A. Math zur Linderung der Not in Indien verbunden. Selbstloses Dienen schafft eine tiefe Verbindung mit den Menschen, denen man dient. Es hat eine unvergleichliche Kraft in der Transformation hin zu einem freien Mitgefühl mit dem Leiden in der Welt. An dieser Stelle geht mein tiefer Dank an mein großes Vorbild und meine Lehrerin, an die indische Meisterin Mata Amritanandamayi, Amma, für ihr unendliches Mitgefühl und ihre tiefste Weisheit im Dienst an der Menschheit und ihre nie endende Inspiration zu mitfühlendem Handeln. Was ich ihr insgesamt für mein Leben und meine Entwicklung zu verdanken habe, kann ich nicht in Worte fassen. - Meditation, Yoga, aus dem Herzen kommendes Singen und Tanzen für das göttliche Bewusstsein und/oder andere spirituelle Übungen bringen die Unrast in unseren Gedanken zur Ruhe, lassen unser tieferes inneres Wesen aufleuchten und leisten damit einen Beitrag zu unserer Transformation und zur Transformation in der Welt.

Seit vielen Jahren nehme ich eine homöopathische Behandlung in Anspruch. Sie hat auch meine (eher geringfügigen) körperlichen Leiden geheilt. In erster Linie jedoch hat sie die Transformation meines

Bewusstseins hin zu mehr Kraft, Klarheit, Präsenz, Leichtigkeit und Selbstbewusstsein bewirkt. An dieser Stelle geht mein Dank an meinen Homöopathen Alfred Stellbrink für die Rettung aus meinen Nöten, die seine homöopathische Behandlung mir geschenkt hat, meine gute Freundin Beatrice Hentschel für die zahllosen inspirierenden Gespräche über Homöopathie, sowie vor allen Dingen an meinen Freund und Lehrer in Homöopathie, Aleksandar Stefanovic, dem ich das meiste zu verdanken habe, was ich über Homöopathie weiß (und der übrigens gerade ein geniales Buch über die Geheimsprache der Bibel veröffentlicht hat).

Sodann belege ich Seminare der Firma Landmark Education. In dieser Arbeit habe ich gelernt, die mir von mir unbewusst geschaffenen und mir selbst unbewusst auferlegten Einschränkungen in meinem Leben zu überwinden und jene Dinge möglich zu machen, die mir wirklich wichtig sind und die ich wirklich erreichen will. Was ich hier transformieren konnte und kann, ist meine subtile Arroganz und mein „Immer schon alles wissen", so dass es mir möglich wurde, den Menschen in meinem Leben wirklich zuzuhören und auf einer tiefen Ebene mit ihnen verbunden und eins zu sein. Ohne Landmark wäre mir nicht wirklich bewusst geworden, welch großartige Eltern ich habe, wie zutiefst dankbar ich für sie bin und wie stolz ich auf sie bin. Allein diese tiefe Erfahrung der Zugehörigkeit und des Einsseins mit den Menschen in meinem Leben ist mir jeden Seminaraufwand wert. Mein tiefer Dank geht an dieser Stelle an die Forum-, Seminar- und Einführungsleiter von Landmark, vor allem an Frau Prof. Dorothée Brämer, deren kontinuierliches Coaching eine unschätzbare Unterstützung für meinen Schreibprozess ausgemacht hat. Die Landmark-Arbeit hat mich insgesamt inspiriert, den Sprung ins kalte Wasser zu wagen und dieses Buch einfach zu schreiben.

Ohne diese vier Wege wäre ich nicht der Mensch, der ich durch die auf diesen Wegen erfahrene Transformation heute bin, und hätte ich dieses Buch niemals schreiben können.

Ich weiß, dass dies eine unübliche Stelle eines Buches ist, um Dankbarkeit zum Ausdruck zu bringen, aber es passt einfach gut in diesen Abschnitt hinein.

Wenn Transformation für Sie wie etwas aussieht, das schwierige und mühselige Arbeit mit sich bringt, kann ich Sie beruhigen, dass es das wirklich nicht sein muss.

Schon der authentische Ausdruck von Dankbarkeit und die Anerkennung für das, was die Menschen in unserem Leben Gutes für uns bedeuten, haben einen enorm transformativen Wert, der unser Herz öffnet, tiefe Verbindung schafft und glücklich macht.

Jede solche für jeden von uns zu erzielende Transformation leistet einen Beitrag zu jenem Maß globaler Transformation, welches die Einführung Fließenden Geldes und in der Folge dessen das Goldene Zeitalter in der Außenwelt sowie auch in unserem Innern ermöglichen wird, also die vollständige Transformation der Menschheit.

Plan B für die Einführung Fließenden Geldes: Die Verbreitung des Wissens um das Fließende Geld in unserem Bekanntenkreis, die Gewinnung der politischen Parteien, der Berufs- und Wirtschaftsverbände und gesellschaftlichen Gruppen für die Einführung Fließenden Geldes

Folgen Sie Ihrer Inspiration und Begeisterung, das Wissen um das Fließende Geld zu verbreiten. Seien Sie dabei geduldig und geben Sie Ihren Mitmenschen Zeit, die Zusammenhänge zu durchschauen. Nachdem der Tabustatus der Themen Sexualität und Tod in den vergangen Jahrzehnten aufgelöst wurde, handelt es sich beim Thema Geld um das letzte im Bewusstsein der Menschen immer noch aktive Tabu. Dies gilt es zwar entschlossen, aber auch achtsam und verständnisvoll aufzulösen.

Die Parteispitzen der politischen Parteien machen eine Politelite aus, die unmittelbar von der Geldelite kontrolliert wird. Diese Elite sorgt im Allgemeinen dafür, dass die ideologischen Vorgaben der Geldelite in der Partei umgesetzt werden. Dies tut sie, indem Mitglieder, die selber denken und die anders denken, nicht in verantwortliche Positionen kommen. Sie werden isoliert und ausgegrenzt, wenn sie nicht von ihren abweichenden Positionen ablassen. Was politisch korrekt ist, wird genau festgelegt und durchgesetzt. Auf diese Weise kommt im Willen der zinsradikalen Parteien immer ausschließlich der Wille der Geldelite zum Ausdruck.

Aus diesem Grunde ist es eher unwahrscheinlich, dass ein Prozess in Gang gesetzt werden kann, welcher eine zinsradikale Partei in eine demokratische Partei wandelt, die sich für die Einführung Fließenden Geldes einsetzt.

Dies heißt jedoch nicht, dass die jeweiligen Parteibasen genauso bedingungslos zinsradikal denken wie ihre Parteibosse. Nach meinem Eindruck sind die meisten Parteimitglieder an den Parteibasen mehr den Idealen ihrer Partei verpflichtet als dem Gehorsam gegenüber ihrer zinsradikalen Parteispitze. Sie merken nur nicht, dass die Parteispitze die Parteiideale verrät. Wenn ihnen bewusst wird, dass die Zinswirtschaft die Ideale ihrer Partei systematisch untergräbt und verrät, und dass Fließendes Geld die erfolgreiche Umsetzung ihrer Ideale mit sich bringt, werden sie sich voraussichtlich für die Möglichkeit der Einführung Fließenden Geldes öffnen. Dies gilt für alle Bundestagsparteien.

Wenn Sie sich also in Ihrer Partei für die Einführung Fließenden Geldes einsetzen wollen, machen Sie sich einfach an die Arbeit. Wenn das Fließende Geld eine gewisse Anzahl von Mitgliedern in ihrer Partei begeistert und inspiriert, kommt vielleicht ein Prozess in Gang, der ihre Partei als Ganzes umstimmt oder es kommt zu einer Spaltung der Partei oder Sie werden ausgegrenzt. In jedem Falle hätten Sie Ihr Bestes versucht. Nach einer Spaltung der Partei können Sie mit jener Gruppierung, die sich für Fließendes Geld einsetzt, einen wachsenden Zulauf erleben. Bleiben Sie Ihrer Haltung treu und Vertrauen Sie auf die Macht der Wahrheit und der Rechtschaffenheit, bis Sie Ihr Ziel erreicht haben.

Wenn Sie ein Wähler sind, der sich keiner Partei zugehörig fühlt, würde ich Ihnen raten, bei den nächsten Wahlen die Humanwirtschaftspartei oder die Violetten zu wählen. Diese beiden Parteien setzen sich ausdrücklich für die Einführung Fließenden Geldes ein. Machen Sie bei den Interessierten an der Idee Fließenden Geldes Werbung für diese Parteien.

Wenn Sie zu einer der etablierten zinsradikalen Parteien gehören, wechseln Sie in eine dieser Parteien, bevor Sie bei den Bemühungen verbittern, ihre Parteifreunde umzustimmen, oder falls Sie ausgegrenzt werden. Falls ihre Partei eine Spaltung erlebt, überlegen Sie, ob Ihre Gruppierung sich nicht am besten mit einer dieser beiden Parteien zusammenschließt.

Da das Grundgesetz der Deutschen die Möglichkeit einer Volksabstimmung zur Währungsfrage nicht vorsieht, besteht der einzige Weg zu einer offiziellen demokratischen Einführung einer umlaufgesicherten Währung darin, die Bundestagsparteien für die Einführung Fließenden Geldes zu gewinnen. Diese müssen dann entweder eine solche beschließen oder eine Änderung des Grundgesetzes veranlassen, damit eine Volksabstimmung zur Währungsfrage stattfinden kann.

Auch die verschiedenen Berufs- und Wirtschaftsverbände und gesellschaftlichen Gruppen sollten von den Vorteilen Fließenden Geldes erfahren und können über kurz oder lang dafür gewonnen werden. Wer immer hier eine feste Haltung für die Einführung Fließenden Geldes einnimmt, kann einen beträchtlichen Beitrag zu seinem Erfolg leisten.

Plan B kann natürlich parallel zu Plan A betrieben werden.

Plan C des Planes für die Einführung Fließenden Geldes: Der Ausbau von umlaufgesicherten Regionalwährungen

In vielen Ländern der Erde gibt es inzwischen umlaufgesicherte komplementäre Regionalwährungen. Dies sind also Währungen, die in einer bestimmten Region zusätzlich zur offiziellen Zinswährung zirkulieren und diese ergänzen. Es gibt überall in der Welt Regionalwährungen. Die größte Dichte gibt es in Japan. In Deutschland sind mehrere Dutzend verbreitet. Hier tritt also eine Koexistenz von Zinsgeld und Fließendem

Geld auf. Man könnte sich fragen, was es mit der Dominanz des jeweiligen Geldes auf sich hat, wenn die Systeme doch offensichtlich nebeneinander existieren können.

Die von der Zinswirtschaft erzeugte Arbeitslosigkeit erschafft damit auch einen Markt an freien Arbeitskräften, die sich durch die Bezahlung in einer komplementären Währung bezahlte Arbeit verschaffen können. Solange eine solche komplementäre Währung nicht überall gleichwertig als Zahlungsmittel akzeptiert wird, hat das Zinsgeld die komplementäre Währung so unter Kontrolle, dass es seine positiv dominante Kraft nicht entfalten kann.

Auch ohne die offizielle Einführung Fließenden Geldes steuern wir aufgrund der starken Verschuldung in den vorhandenen Zinswährungen bereits heute auf das Ende der Zinswirtschaft zu. Falls eine offizielle Umstellung der Währung und damit die Einführung Fließenden Geldes nicht gelingt, wird es über kurz oder lang zu einem Zusammenbruch der aktuellen Zinswährungen kommen, welcher alle geldgebundenen Werte und Rücklagen vernichten wird.

In der Vergangenheit wurde die durch die Zinswirtschaft stattfindende Umverteilung des Volksvermögens von unten nach oben von Wirtschaftskrisen und Währungsreformen nicht unterbrochen, da die Geldelite immer rechtzeitig in Land und andere Sachwerte ausgewichen ist. Die Superreichen merken immer als Erste, wenn sie ihre Kredite nicht mehr an den Mann bringen können und der Zusammenbruch droht. Durch das Ausweichen in Sachwerte war die Geldelite nach einer Reform oder einem Zusammenbruch stets noch reicher als vorher. Sie konnte mit dem neu geschaffenen Geld immer sofort wieder als Kreditgeber auftreten.

Diese Taktik wird ihr diesmal nicht mehr gelingen. Bei dem jetzt anstehenden Zusammenbruch des Geldsystems wird es anders sein. Die Desillusionierung der Menschen durch den Verlust ihres lebenslang angesparten Vermögens wird ihren Glauben an die Vertreter in Wirtschaft, Politik und Wissenschaft erschüttern, die stets behauptet haben, die Zentralbanken hätten aus der Inflation Anfang der 20er Jahre und der Weltwirtschaftskrise Anfang der 30er Jahre gelernt, so dass derlei nicht mehr geschehen würde. Die Desillusionierung wird sie experimentierfreudig und mutiger machen.

Das weltweit verbreitete Wissen um die Möglichkeiten Fließenden Geldes wird dafür sorgen, dass wir nach einem Zusammenbruch der Zinswirtschaften überall im Land und auf Erden das Phänomen Wörgl am Werk sehen, d. h. die Produktion von Wohlstand inmitten der Weltwirtschaftskrise. Diesmal werden zu viele Menschen endgültig die hohe Überlegenheit des Fließenden Geldes klar erkennen und sie werden sich nicht mehr unterdrücken lassen wie noch 1932 in Tirol. Die Menschen werden heute gemäß dem Sponti-Spruch handeln: „Stell Dir vor, es gibt eine Weltwirtschaftskrise, und keiner macht mit."

Es ist denkbar, dass die Regionalwährungen verboten werden, um das zunehmende Wissen um Fließenden Geldes zu stoppen. Wahrscheinlich wird das aber nicht passieren, weil ein Verbot die Bekanntheit des Fließenden Geldes in die Höhe schießen lassen würde. Verbotenes wird interessant, zumindest dafür, über das Verbot nachzudenken. Ein Verbot kann nicht schaden. Es wird, falls es dazu kommt, die Idee des Fließenden Geldes nicht zerstören, sondern nur verbreiten.

Die Desillusionierung durch einen Zusammenbruch der Zinswährung wird aber nicht nur die Experimentierfreudigkeit und den Mut, sondern ebenfalls den zivilen Ungehorsam stärken, sollten die Behörden ein Verbot der Regionalwährungen auch in einer Wirtschaftskrise durchsetzen wollen. Falls Gehorsam zu Notständen und eventuell sogar zu Hunger führen würde, werden die Menschen ungehorsam sein. Auch nachdem Regionalwährungen verboten wurden, könnten wir sie über Nacht wieder einführen. Damit könnten wir uns aus dem Stand heraus voll versorgen und Wohlstand erzeugen. Es ist nur eine Frage des Wissens, des Bewusstseins und der Entschlossenheit. Wissen lässt sich nicht verbieten und nicht unterdrücken!

Das Vorhandensein einer zunehmenden Zahl von Regionalwährungen verkörpert also ein Potential für die mögliche Einführung

Fließenden Geldes, da sie das praktische Wissen über Fließendes Geld verbreiten und daher aus dem Stand neu eingeführt werden können, falls sie vorher verboten werden.

Wenn Sie also einen aktiven Beitrag für die Einführung Fließenden Geldes leisten wollen und sich von der Möglichkeit gerufen fühlen, sich an einer umlaufgesicherten Regionalwährung zu beteiligen, werden Sie hier einfach tätig.

Vor allem, wenn Sie arbeitslos sind oder zu den niederen Einkommensgruppen gehören, sich also zu den Verlierern des Zinsspiels rechnen können, sind Regionalwährungen eine Möglichkeit, sich eine bezahlte Tätigkeit und ein Netz sozialer Kontakte aufzubauen. Lenken Sie Ihre Energie in eine solche Aktivität, die Sie begeistert und Ihre weniger erfreulichen Gedanken vergessen lässt.

Wenn Sie Arbeitslose kennen, die hier ein Betätigungsfeld sehen könnten, machen Sie sie auf ihre Möglichkeiten aufmerksam. Es könnte einen großen Unterschied ausmachen.

Plan C kann ohne weiteres parallel zu Plan A und B betrieben werden.

Plan D für die Einführung Fließenden Geldes: Die systematische Verbreitung von Automobilen mit Wassermotor und von Motoren, die mit Nullpunktenergie fahren

Die Staatsverschuldung hat heute ein Ausmaß erreicht, das eine weiter zunehmende Besteuerung der Bevölkerung zur Zahlung der öffentlichen Zinsleistungen immer schwieriger macht. In Anbetracht der 2008 dramatisch steigenden Spritpreise haben Geld- und Politelite offensichtlich diesen Weg als den gangbarsten zu einer Erhöhung der Steuern gewählt, denn irgendwo müssen die Steuern steigen, um die Zinsleistung des Staates an die Geldelite immer weiter erbringen zu können.

Diese Steuereinnahmen werden alibihaft wenig für den Aufbau alternativer Energiequellen verwendet, da der Staat sie dringend für die besagten Zinsleistungen benötigt.

Die Automobiltechnologie mit Wassermotor auf Nullpunktenergiebasis ist möglicherweise real und möglicherweise nicht. Sollte klar werden, dass sie real und ausreichend für eine Nutzung ausgereift ist, aber dennoch noch nicht verfügbar werden, liegt dies wohl an ihrer direkten oder indirekten Unterdrückung.

Sie könnten hier auf jeden Fall tätig werden, um die Realität der Technologie zu prüfen. Falls sie real ist und Sie sind begeistert von der Idee, einen Beitrag zu ihrer Verbreitung zu leisten, folgen Sie Ihrer Inspiration.

Die wachsende Transformation der Menschheit und der dadurch schwindende Einfluss der Zinswirtschaft auf unser Bewusstsein wird einen baldigen Durchbruch unterdrückter, alternativer Lösungen gestatten.

Sollten derartige Automobile frei verfügbar werden und sich ausbreiten oder jemand tatsächlich einen Motor in Umlauf bringen, der sich durch eine unkomplizierte Umrüstung der Automobile einbauen ließe, durch freie Energie fährt und den Fahrer also von Verbrennungsstoffen (wie Mineralöl und Gas) und Strom unabhängig machte, würde eine massenhaft grassierende Umrüstung der Automobile in der Welt eine zweifache Auswirkung auf unsere Welt haben:

a) die Umwelt würde massiv von Schadstoffen entlastet und die Erde nicht mehr viel länger ihrer Ressourcen an Mineralöl beraubt.
b) der Anteil der Energiekosten an den Lebenshaltungskosten würde drastisch sinken.

Der Wegfall der Mineralölsteuereinnahmen würde zu einem drastischen Einbruch der Steuereinnahmen führen, welcher leicht so manchen Staat zahlungsunfähig machen und einige Zinswährungen zum Einsturz bringen könnte. Dies wird das Szenario beschleunigen, dass sich Fließendes Geld in einer Region durchsetzt und, gemäß dem „Wörgl–Effekt" seiner positiv dominanten Kraft, einen weltweiten Siegeszug antritt.

Eine solche Energierevolution von unten stellt also ein weiteres Potential für die mögliche Einführung Fließenden Geldes dar. Wenn die Zinswirtschaft zusammenbricht, weil wir einen Durchbruch für unsere Umwelt erzielen, hat sie nichts Besseres verdient. Allein, dass unsere Umwelt verpestet werden muss, damit die Zinswirtschaft weiter existieren kann, zeigt schon ihren Irrsinn auf.

Wenn Sie also einen aktiven Beitrag für die Einführung Fließenden Geldes leisten wollen und sich von der Möglichkeit gerufen fühlen, die Realität dieser Technologie zu ergründen und im positiven Falle an der Verbreitung solcher Autos oder Motoren teilzunehmen, informieren Sie sich über ihre Möglichkeiten und werden Sie tätig.

Plan D kann ohne weiteres parallel zu den anderen Plänen betrieben werden.

Unser persönlicher Beitrag

Was immer wir als unseren persönlichen Beitrag sehen und tun wollen, um die Einführung des Fließenden Geldes zu unterstützen, wir haben hier die freie Wahl zu tun, was uns am meisten anspricht.

Wir mögen uns fragen: „Wer sind wir denn, dass wir es wagen, die Geldwährung zum Wohle des Ganzen umstellen zu wollen?" Die Antwort wäre· „Wer sind wir, nichts zu tun, obwohl wir die Lösung kennen?"

Nelson Mandela hat die Haltung, die es hier von jedem von uns braucht, wie folgt beschrieben:
»Unser Licht und nicht unsere Dunkelheit schreckt uns am meisten. Wir fragen uns: Wer bin ich denn, dass ich brillant, fabelhaft und gesund sein soll? Aber mal ehrlich, gibt es einen Grund, es nicht zu

sein? ... Das Licht ist nicht nur in einigen von uns, sondern in jedem einzelnen. Wenn wir unser Licht leuchten lassen, geben wir unbewusst anderen Menschen die Erlaubnis, es uns gleich zu tun«.

Mit jeder Person mehr, in der das Licht der Möglichkeit des Fließenden Geldes als inspirierende positive Kraft aufleuchtet, wird die Möglichkeit des Fließenden Geldes für die übrige Gesellschaft greifbarer. So entsteht ein Teppich leuchtender, positiver Kraft, der sich schließlich immer schneller ausbreitet. Somit sind wir selbst die Verursacher des Goldenen Zeitalters, das wir herbeisehnen, formen selbst unser Schicksal und sind selbst unsere Befreier, auf die wir nicht mehr warten müssen. Das Ziel ist so nahe, dass es schon fast erreicht ist.

Lasst uns die noch verbleibenden Schritte gehen, das Fließende Geld einführen, unsere Transformation vollenden und das Leben auf Erden in ein immer während Fest überfließender Kreativität und Freude verwandeln.

Das Geldsystem ist von Menschen gemacht. Es liegt an uns, es so zu verändern, dass es allen Menschen dient.

Michael Ende

Epilog

Was können wir aus der Geschichte der Zinsherrschaft der letzten Jahrhunderte lernen?

Warum entstehen jemals solche Zustände, unter denen die Menschen so sehr leiden wie unter der Zinswirtschaft? Bewusstsein erschafft Realität. Wenn die Bedingungen für ein glückliches Leben in Wohlstand im Bewusstsein nicht mehr gegeben sind, erfährt das Bewusstsein schmerzhaft die Konsequenzen für das Fehlen dieser Bedingungen, solange, bis es lernt, die notwendigen und hinreichenden Bedingungen für ein glückliches Leben in Fülle wieder herbeizuführen.

Für unser Bewusstsein bedeuten diese hinreichenden Bedingungen, uns mit anderen Menschen verbunden zu fühlen und als Eins zu erleben. Wer würde jemals versuchen, für sich selbst auf Kosten von sich selbst Vorteile herauszuschlagen? Weil wir in Wahrheit mit allem und allen Eins sind, können wir andere Menschen nicht verändern, sondern nur uns selbst wandeln. Unser Wandel lässt andere frei, ihre eigene Wahl zu ihrer eigenen Zeit zu treffen, und öffnet ihnen die Tür sich zu wandeln.

Genau so wie wir andere Menschen nicht ändern können, konnten wir die Zinswirtschaft nie verändern, sondern waren – und sind jetzt noch – gezwungen, unsere Reaktionen auf die Zinswirtschaft durch kollektive Transformation zu wandeln, damit sich am Ende die Zinswirtschaft wandelt und einem gerechten System Platz macht. Die Missstände in der Zinswirtschaft haben uns konsequent dazu erzogen, uns zu wandeln, da der Versuch, die Zinswirtschaft zu ändern, stets zu ihrem Fortbestand führte. So lernen wir am Ende die Lektion, dass wir die äußere Welt nur wandeln können, indem wir zuerst uns selbst wandeln.

Unsere Transformation macht das Fließende Geld einführbar. Sobald es da ist, bestätigt es durch den Wandel in der äußeren Welt unseren Erfolg bei der inneren Transformation. Der Erfolg in der Transformation gibt im Nachhinein die Bestätigung des Wertes der Schwierigkeiten und Missstände, durch die wir in der Zeit der Zinswirtschaft gegangen sind. Diese haben uns durch konsequente Erziehung zu unserer Transformation kraftvoll, liebevoll und bewusst gemacht.

Insofern wird die Zinswirtschaft nur eine schmerzhafte, aber wohl notwendige Lektion für die Menschheit gewesen sein, jenen Mangel und jene Gier aus ihrem Bewusstsein zu reinigen, welche die Zinswirtschaft entstehen ließen. Diese Lektion wird diesmal so gut gelernt worden sein, dass die Zinswirtschaft nie mehr wiederkehren wird, sobald sie erst einmal die Erde verlassen hat.

Spirituell gesehen ist der Mensch nicht dieser Körper, der vielleicht zufällig auch noch eine Seele hat, sondern er ist ein spirituelles Wesen, eine unsterbliche Seele, die vorübergehend die Erfahrung macht, in einem physischen Körper zu wohnen. Wenn wir uns für den Körper halten und versuchen, uns die Materie einzuverleiben, wird die spirituelle Wahrheit verschüttet und wir machen die Erfahrung, von der Materie versklavt zu werden.

Genau diese Erfahrung, versklavt zu werden, machen wir in der Zeit der Zinsherrschaft. Wir haben die Wahrheit vergessen, dass wir die Erde nicht besitzen können, weil sie uns nicht gehört. Dadurch hat die Materie Macht über unser Bewusstsein. Wenn die Wahrheit aufleuchtet, erlischt das Verlangen, uns die Materie einzuverleiben. Ohne das Verlangen, uns die Materie einzuverleiben und aus der Materie Sicherheit, Geborgenheit und Glück herauszuquetschen, bleibt unser Bewusstsein frei und die Materie wird nicht zu einem Gefängnis für unsere Seele.

Wenn wir die Erde als einen Ort erleben, den unsere Seele vorübergehend besucht, um hier die Erfahrung in einem Körper zu machen, so bleiben wir in unserer Beziehung zur Materie frei. Wir können uns eine Wirtschaft im Einklang mit dem Ganzen einrichten, in der wir durch den Besitz von Geld, Land, Immobilien, Unternehmen, Wertpapieren etc. niemanden ausbeuten können. Wenn niemand einen anderen ausbeuten kann, ist unsere eigene Freiheit und ein Leben in Wohlstand garantiert, denn wo kein Ausbeuter sein kann, gibt es auch keine Ausgebeuteten. So bleiben Freiheit, Gleichheit und Einheit aller garantiert.

Die Bühne des körperlichen Lebens wandelt sich von einem Gefängnis, dem wir scheinbar hilflos ausgeliefert sind, zu einem Spielfeld für eine endlose Zahl von Möglichkeiten, die wir uns unserem innersten Wesen gemäß in unserem Leben und für unser Leben erschaffen wollen. Wir entfalten unsere Talente und unser volles Potential und werden zu Schöpfern einer Überfülle von Leben.